ANTON KREUZER

FASZINIERENDE WELT DER ALTEN ARMBANDUHREN

VINTAGE WRIST WATCHES

Ins Englische übersetzt von Dr. Ingeborg Zengerer

Seite 3:
*Carré cambré-Modell, Silbergehäuse, Emailzifferblatt,
Tavannes Watch, Schweiz*

ISBN 3-85378-238-8
Alle Rechte vorbehalten
© 1985 Universitätsverlag Carinthia Klagenfurt
Einband von Dr. Ingeborg Zengerer
Gesamtherstellung: Graphischer Betrieb Carinthia, Klagenfurt

Historischer Rückblick 7
- Armbanduhr – neuer Uhrentyp 9
- Pionier Hans Wilsdorf 11
- Die Marke Rolex 13
- Armband-Chronometer 13
- Juwelier Louis Cartier 15
- Die wasser- und luftdichte Uhr 15
- Die deutsche Uhr mit Wasserdichtheit 19
- Die neue Uhr 21
- Problem Stoßsicherung 25
- Ausschaltung des Magnetismus 29
- Armbanduhren für Piloten 29
- Die Armbanduhr mit Stoppfunktion 41
- Omega und die Armbanduhr 43
- Produkte der Experimentierfreude 43
- Tausende verschiedene Schweizer Kaliber 55
- Wo blieb die englische Armbanduhr 59

Die Damen-Armbanduhr 61
- Die Gebrauchsuhr 61
- Umgebaute Taschenührchen 63
- Die Schmuckuhr 63
- Der miniaturisierte Chronometer 63
- Die sportliche Damenuhr 67
- Die amerikanische Damen-Armbanduhr 69
- Die deutsche Damen-Armbanduhr 71
- Die automatische Damenuhr 75
- Die Reparatur der Armbanduhr 75
- Wenig Spezialitäten 79

Kataloge, Inserate und Werksucher 83
Die Handbibliothek 343
Anhang 347
- Patentschriften 349
- Neuheiten 1960–1984 377
- Bildnachweis 387
- Register 388

A historical retrospect 6
- Wrist watches – a new type of watches 6
- The pioneer Hans Wilsdorf 8
- Rolex 10
- Wrist chronometers 10
- The Jeweller Louis Cartier 12
- Waterproof and dustproof watches 12
- The German waterproof watches 16
- The new watch 16
- The problem of the shock protective device 24
- Avoiding the effects of magnetism 32
- Wrist watches for pilots 32
- The wrist watch with stopping device 34
- Omega and the wrist watch 36
- Results of the pleasure of experimenting 46
- Thousands of different Swiss calibres 54
- What's the matter with the English wrist watch? 56

The Lady's Wrist Watch 60
- The Watch of daily use 60
- Converted pocket watches 60
- The jewelry watch 62
- The miniature chronometer 64
- The lady's sports wrist watch 66
- The American lady's wrist watch 66
- The German lady's wrist watch 70
- Selfwinding lady's wrist watch 72
- The repair of wrist watch 74
- Only a few specialities 80

Catalogues, advertisements and movement classification books 82
Reference Library 342
Appendix 347
- Patent Specifications 349
- Novelties 1960–1984 377
- Origin of illustrations 387
- Index 388

A historical retrospect

Since the end of the 13th century in several European towns our ancestors had the possibility of regulating their day by looking at the imposing cathedral or town-hall clocks which functioned by means of cog- or toothed wheels. At the end of the Middle Ages there were made the first chamber clocks for domestic use: the wall and table clocks. Then there appeared the first watches: very small timepieces which could be worn – at first on a necklace. The possession of such a watch caused a sensation. It really was a rarity, because there were only a few persons able to produce this marvel of engineering. The small clocks or watches were something out of the common, and members of princely families as well as ecclesiastical dignitaries very often insisted on being painted with their timepieces – generally a table clock, less frequently a watch. By the way, after his arrival in London in 1526, Hans Holbein the younger also designed timepiece cases. This painter seems to have been particularly interested in timepieces, because the painting "The Ambassadors" shows two dials indicating time and date of the scene.

From generation to generation the number of owners of small clocks or watches increased, owing to the fact, that every timepiece was preserved like a treasure and passed on to the heirs as a precious heirloom. Furthermore, more and more skilled persons, attracted by watchmaking, learned how to make clocks and watches. But only the industrial mass production of the 19th century let the watch become an article for daily use for wide sections of the population. In Europe, Roskopf produced cheap watches, in America the One-Dollar-Watch was put on the market. Now the manufacturers generally used the stem winding system; the key, belonging to the watch for centuries, had become unnecessary.

Wrist watches – a new type of watches

Already 100 years ago some individualists used to wear their extremly small watches neither in the pocket nor on a necklace, but mounted on a walking stick, on a lorgnette, on a fingerring or on a bracelet made of noble metal. Thus it is proved that even then watch makers were able to make miniature watches in order to realize the most uncommon desires of their customers.

In 1880 the German Navy applied to the watch manufacturing city of La Chaux-de-Fonds, asking watch makers to come to Berlin in order to talk about how to make an officer watch easy to use. The result of this commercial voyage was the order to produce small gold watches mounted on a bracelet to be put around the wrist. This series of officer watches was the beginning of the wrist watch production: a new type of watches was born. Soon the whole Army was interested in wrist watches, because it was easier to turn up one's sleeve than to put the watch out of the pocket after having drawn off the glove and unbuttoned the coat. Thus the wrist watch served for time indication without causing any delay or problems. With the producer's aid the timepiece put around the wrist advanced to an "indispensable component" of the field equipment. In 1904 the "Leipziger Uhrmacherzeitung" published an advertisment as follows: A British lieutenant-colonel reports on his practical experiences concerning wrist watches during the Boer War (1899–1902). He states: "Taking into account the importance of an exactly coinciding time indication for an army fighting a war, I have bought a dozen of Omega wrist watches before leaving Canada... The intensive use during

Historischer Rückblick

Ab dem Ende des 13. Jahrhunderts konnten unsere Vorfahren in verschiedenen Städten Europas die Zeit bereits von Münster- und Rathausuhren ablesen. Zu diesen monumentalen Räderwerkuhren gesellten sich im auslaufenden Mittelalter die ersten Zeitmesser in den Wohnungen in Form von Wand- und Tischuhren. Dann tauchten Uhren auf, die in den Abmessungen so klein waren, daß sie am Körper getragen werden konnten. Ein solcher Besitz war eine Sensation. Jeder dieser Zeitmesser war verständlicherweise eine Seltenheit ersten Ranges, da es nur sehr wenige Personen gab, die ein derartiges technisches Wunderwerk herzustellen vermochten. Jede kleinere Räderuhr war etwas so Außergewöhnliches, daß Mitglieder fürstlicher Familien und geistliche Würdenträger oftmals darauf bestanden, mit ihrem Zeitmesser – meist eine Tischuhr, seltener eine Sackuhr – porträtiert zu werden. Hans Holbein der Jüngere entwarf nach seiner Ankunft in London 1526 übrigens auch Uhrgehäuse. Zum Zeitmesser Räderuhr schien dieser Maler überhaupt eine enge Beziehung gehabt zu haben, denn auf dem Gemälde „Die Gesandten" geben zwei Zifferblätter über Uhrzeit und Kalenderdatum der festgehaltenen Szene erschöpfend Auskunft.

Die Zahl der Uhrenbesitzer nahm von Generation zu Generation zu, da jedes Stück wie ein Schatz gehütet und als kostbares Familienerbe weitergegeben wurde. Außerdem erlernten immer mehr begabte Menschen die Uhrmacherei und ließen sich von ihr in den Bann ziehen. Doch erst die industrielle Massenfabrikation des 19. Jahrhunderts machte die Kleinuhr zu einem Gebrauchsgegenstand für weite Bevölkerungskreise. In Europa verbreitete Roskopf die billige Uhr, in Amerika brachten Fabrikanten die Ein-Dollar-Uhr auf den Markt. Die Hersteller bedienten sich nun allgemein des Kronenaufzuges; der Schlüssel, der jahr-

Der Wiener Holzhändler Johann Baptist Raffelsperger (1720–1793) mit seiner von Beeg in London hergestellten Uhr.

The Viennese timber merchant Johann Baptist Raffelsperger (1720–1793) with his clock made by Beeg in London.

so many months of active service in the cavalry section of the army certainly is a hard test, especially if you consider heat and frost, rain and sand-storms..."

To protect the watch, one often used a cutout metal cover for the glass which either was fastened to the watch case by means of joints and could be opened, or formed a loose component and was fixed only by the watch band.

During World War I, the military watches had just been provided with luminous dials. Thus these timepieces also contributed to the gradual spreading of the wrist watches. Ladies too didn't want to be passed over and desired a modern luxury watch. They had not been denied this pleasure by the watch makers.

The pioneer Hans Wilsdorf

As a young man Hans Wilsdorf (London) was not very impressioned by the wrist watches for officers. He went his own ways trying to make the small wrist watches become a success.

"For this purpose", he told in 1945, "I mobilized all my energy and optimism. In these times it was out of fashion wearing wrist watches. One even laughed at it because it seemed unsuitabel for a man. In addition to that the watch makers of every nation were very sceptical and they foresaw a complete insucess of the wrist watches."

According to the statement of Wilsdorf, the following objections were made:

1st The movements of these small and delicate watches would never endure their being exposed to rougher treatment.
2nd Dust and humidity soon would destroy such movements even if they were made well.
3rd Watches with such a small movement never could keep good time.

On the other hand these inconveniences became an advantage for the watch makers: the need of watches increased, because this type of watches never could survive several generations any more. Beyond that wrist watches had to go with the fashion, and therefore a lady was unable to content herself with no more than one of these small timepieces.

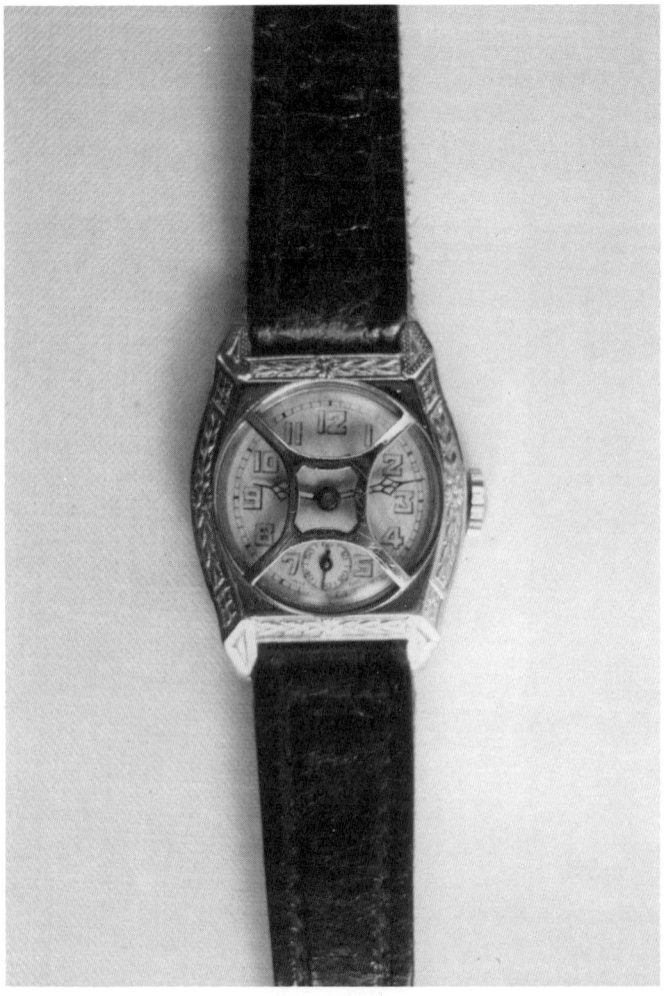

A variation of a military wrist watch of World War I, made by Langendorf, Switzerland, about 1930. Chromium case with rich ornamentation.

Die Schützengraben-Armbanduhr des Ersten Weltkrieges in abgewandelter Form bei Langendorf, Schweiz, um 1930. Reich verziertes Chromgehäuse.

hundertelang zu jeder Uhr gehört hatte, war überflüssig geworden.

Armbanduhr – neuer Uhrentyp

Individualisten trugen ihre Uhr schon vor 100 Jahren bisweilen nicht in der Westentasche oder an der Halskette, sondern hatten einen extrem kleinen Zeitmesser im Spazierstock oder im Lorgnon, im Fingerring oder im Armreif bzw. Schmuckband aus Edelmetall untergebracht. Mit solchen Kreationen stellten die Uhrmacher eindrucksvoll unter Beweis, daß sie in der Lage waren, von an und für sich schon kleinen Uhren noch immer Miniaturen herzustellen und somit auf ausgefallene Kundenwünsche einzugehen. 1880 meldete sich die deutsche Kriegsmarine in der Uhrmacherstadt La Chaux-de-Fonds und bat Uhrenerzeuger nach Berlin, um mit ihnen Gespräche über eine praktische Uhr für Offiziere zu führen. Das Ergebnis dieser Geschäftsreise war ein Lieferauftrag für Uhren am Handgelenk, und zwar waren es Golduhrchen, die mit einer Armkette getragen wurden. Diese Kleinserie Offiziersuhren bildete den Anfang der Armbanduhren-Produktion – ein neuer Uhrentyp war geboren. Seiner bemächtigten sich bald alle Waffengattungen, da es wesentlich einfacher war, den Ärmel zurückzuschieben, als nach dem Abstreifen der Handschuhe und dem Aufknöpfen der Uniform erst mühsam die Uhr aus der Tasche zu ziehen. Die Armbanduhr hatte ihre spezielle Funktion: rasche und problemlose Zeitangabe. Mit Hilfe der Fabrikanten wurde der ans Handgelenk geschnallte Zeitmesser zum „unerläßlichen Bestandteil" jeder Feldausrüstung hochgejubelt. 1904 erschien in der Leipziger Uhrmacher-Zeitung eine Großanzeige, in der ein britischer Oberstleutnant über seine praktischen Erfahrungen mit der Armbanduhr während des Burenkrieges 1899–1902 berichtete: Es heißt darin: „Der Bedeutung Rechnung tragend, in einem aktiven Armee-Corps übereinstimmende Zeit zu haben, verschaffte ich mir vor der Abreise in Canada ein Dutzend Omega-Armbanduhren.. . Der ausgiebige Gebrauch während soviel Dienstmonaten in einem berittenen Corps ist sicher eine harte Probe, besonders wenn man die Extreme der Hitze und Kälte sowie des starken Regens und der fortwährenden Sandstürme... in Berücksichtigung zieht."

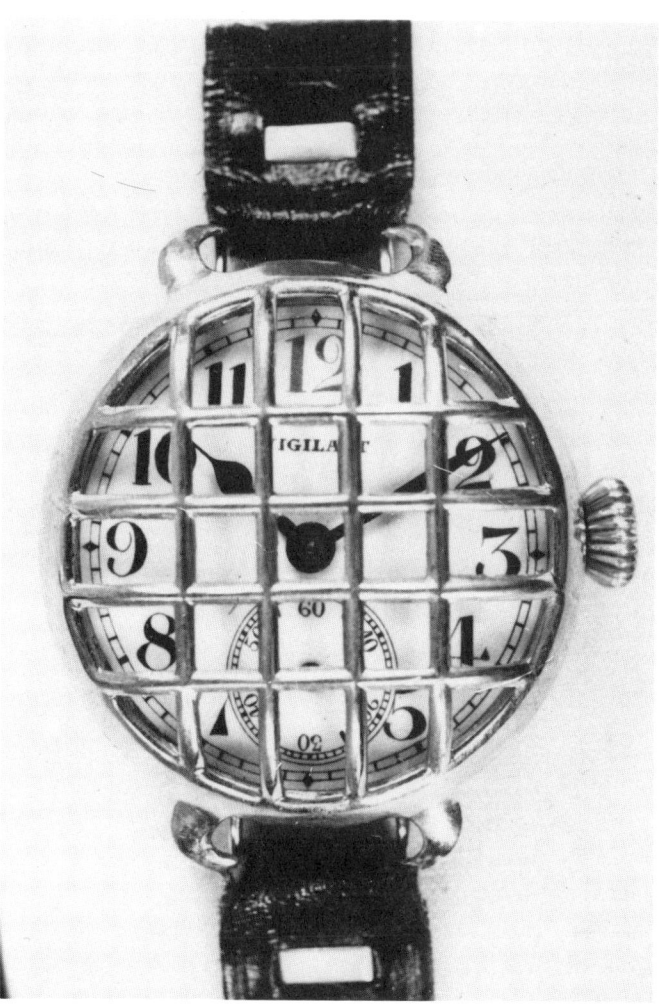

Militär-Armbanduhr mit Schutzgitter, Marke Vigilant. Im Gehäuse befindet sich ein Zylinderwerk.

Military wrist watch (Vigilant) with protective cutout metal cover and cylinder movement.

"After the foundation of the firm of Wilsdorf & Davis in 1905", Wilsdorf told, "I went to Biel, where I placed an order for wrist watches with Mr. Aegler. Undoubtedly it was the largest order of this kind ever given till then and it amounted to hundreds of thousands of francs. This was the beginning of my career which was tightly connected with the factory at Biel, where I went every year for several times, bringing new ideas and personal suggestions. Thus it was possible to create hundreds of models which were spread all over the United Kingdom and the countries of the Far East. Especially Australia and New Zealand were interested in the new fashion of wearing wrist watches."

The beginning was a success. Wilsdorf: "Everything had to be invented. First of all I created a small number of silver models for ladies and gentlemen with leather watch bands. I had an enormous success; it was necessary to prepare a larger number of watches, and soon there were added gold models too. Now flexible metal watch bands – invented in 1906 – were produced for the first time, and very soon they were favoured by the British customers. Henceforth our small gold watch sold incredibly well. Orders were placed for ten thousands of watches."

Till 1908 Wilsdorf's collection included about 200 models, furnished with a small Swiss lever movement.

Rolex

About 1908 Wilsdorf & Davis was one of the leading firms trading in watches, and Wilsdorf thought that the time had come to give his watches a trade name, even though on the British island it was a common practice for importers to put only their name on the dial or on the plate. It had to be a short one in order to leave enough space on the dial for the name of the commercial house too; it had to sound well; it had to be easy to remember and – if possible – it had to be pronounced in a similar way in foreign languages. Wilsdorf chose the word "Rolex".

According to the words of Wilsdorf, no less than 20 years of intensive work went by till it became a success. First he tried to write "Rolex" on one of those 6 watches put together into a box for sale, than on two watches, later on on three of them. After all, it was a little success, but he suspected that the real object of his desire could be achieved only after years. Therefore in 1925 he decided to start a large-scale publicity campaign which cost him in England 300,000 francs every year.

Because of high import duties – originating from World War I – the Director of the "Rolex" factory had to leave England for economic reasons. In 1919, Genf became the new site of the firm "Montres Rolex S. A.". The movements had been made in a factory at Biel just for several years.

Wrist chronometers

Even in London Hans Wilsdorf aimed very high.
He wanted

1st to create watch models approved by ladies as well as by gentlemen;
2nd to offer a number of movements of different sizes;
3rd to reach such a high quality to call the attention of official examination boards to his watches;
4th to make – considering the daily production – practical use of the results obtained with watches especially made for reaching the highest possible precision;
5th to guarantee the precision, finally reached, protecting the movement of the watch against dust, dirt and humidity.

First his dearest wish was a wrist watch with the precision of a chronometer. Already in 1910 one of his watches, a round wrist watch with a movement diameter of only 25 mm, obtained a first class certificate of rate of the official examination board of Biel. This had never happened before; now the wrist chronometer had become reality! It is obvious that Wilsdorf didn't rest content with this success, he aspired to obtain the certificate intended for marine chronometers. With all his might he tried to attain his end. On the 15th of July, 1914 the Observatory of Kew-Teddington in London, after a very rigorous test lasting 45 days in 5

Zum Schutz wurde das Glas vielfach mit einem metallenen Gitter versehen, das mit dem Uhrgehäuse durch ein Scharnier fest verbunden war und sich aufklappen ließ oder aber einen losen Bestandteil darstellte und vom Uhrband festgehalten wurde.

Im Ersten Weltkrieg waren die Militäruhren bereits mit Leuchtzahlen und Leuchtzeigern ausgestattet. So trugen diese Zeitmesser nicht unwesentlich zur allmählichen Verbreitung der Armbanduhr bei.

Auch die Damen der Gesellschaft wollten nicht nachstehen und verlangten nach einer modernisierten Schmuckuhr, die ihnen die Uhrenhersteller natürlich nicht vorenthielten.

Pionier Hans Wilsdorf

Der junge Hans Wilsdorf in London ließ sich von den Offiziersuhren am Handgelenk offenbar nicht sonderlich beeindrucken, er ging als Armbanduhr-Pionier seine eigenen Wege, um dem kleinen Zeitmesser am Arm zum Durchbruch zu verhelfen.

„Für diese Aufgabe" – sagte er 1945 rückblickend – „setzte ich die ganze Energie meiner Jugend und meinen nie versagenden Optimismus ein." Und er fuhr dann fort: „Zu jener Zeit war die Art, Uhren am Arm zu tragen, nicht nur nicht modern, nein, man lachte sogar darüber, weil man sie mit dem Begriff der Männlichkeit ganz einfach nicht vereinbar fand. Zudem waren die Uhrmacher aller Länder skeptisch, sie sahen einen vollständigen Mißerfolg der Armbanduhr voraus."

Nach Wilsdorfs Worten gingen die Einwände in folgende Richtung:
1. Der Mechanismus solcher Uhren, die notgedrungen klein und fein sein müssen, würde der Heftigkeit menschlicher Bewegungen nicht standhalten.
2. Staub und Feuchtigkeit würden einen solchen Mechanismus rasch zerstören, auch wenn er solid gebaut wäre.
3. Ein solch kleines Werk könne unmöglich genau sein noch regelmäßig gehen.

Diese Beanspruchungen kamen den Uhrenherstellern andererseits auch zu Hilfe, denn der Bedarf wurde größer, weil die Uhr nicht mehr der Besitz mehrerer Generationen sein konnte. Hinzu kam weiters, daß die Uhr am Handgelenk der Mode unterworfen war und die Dame mit einem Modell kaum das Auslangen finden konnte.

„Nach der Gründung der Firma Wilsdorf & Davis im Jahre 1905" – schilderte Wilsdorf seinen Einstieg in die Branche – „begab ich mich nach Biel, wo ich Herrn Aegler eine Bestellung, ausschließlich auf Armbanduhren, übergab, zweifellos der größte Auftrag dieser Art, der bis dahin je vergeben worden war. Er belief sich auf mehrere Hunderttausend Franken. Das war der Anfang meines Aufstieges, mit dem die Bieler Fabrik eng verknüpft war, denn jedes Jahr wiederholte ich mehrmals meine Besuche, zu denen ich fortwährend neue Ideen und persönliche Anregungen mitbrachte. So war es möglich, Hunderte Modelle zu schaffen, die im gesamten britischen Reich und in den Ländern des Fernen Ostens Verbreitung fanden. Für die neue Mode, die Uhr am Handgelenk zu tragen, interessierten sich vor allem Australien und Neuseeland."

Der Start war gelungen. Wilsdorf: „Alles mußte erfunden werden. Zuerst schuf ich eine kleine Anzahl von Modellen aus Silber mit Lederarmband, sowohl für Herren als auch für Damen. Ich erzielte damit einen durchschlagenden Erfolg; es mußte unverzüglich eine größere Auswahl vorbereitet werden, und bald gesellten sich auch Modelle aus Gold dazu. Zu jenem Zeitpunkt wurde erstmals das dehnbare Armband hergestellt, das gegen 1906 erfunden worden war und sehr bald die Gunst der englischen Kundschaft eroberte. Unsere kleine Golduhr fand fortan eine unglaublich rasche Verbreitung. Es wurden Bestellungen für Zehntausende von Uhren aufgegeben."

In der Zeit bis 1908 waren es etwa 200 Modelle, ausgestattet mit einem kleinen Schweizer Ankerwerk, die Wilsdorf in seiner Kollektion hatte.

WILSDORF, Hans: Von Stufe zu Stufe. Heft I des Rolex-Vademecums. Genf 1945.

positions and at 3 differing temperatures (with the pendant up, to the left, to the right and flat – that is with the dial up and down –, at the "ambient" temperature of about 18° centigrade, in a refrigerator and in a regulating stove), gave the first class A certificate of rate in the history of the wrist watches for a watch of Hans Wilsdorf. Again it was a round movement with a diameter of only 25 mm that could be compared with one of the great marine chronometers. This was nearly incredible, but the official certificate does not allow any doubt.

The next step was to make known this wrist chronometer to the public. It had to be much more than a piece of a museum, it had to conquer the wrists of the buyers of watches. Subsequently whole series of wrist chronometers were presented to impartial institutions and then put on the market together with the certificate of rate.

Other factories made good watches too. For instance "Movado" that put on the dial of its models the word "Chronomètre", but without any certificate. By the way, the "Movado" movement had – in the American manner – three jewels in screwed settings.

The Jeweller Louis Cartier

In Paris it was Louis Cartier who took an interest in wrist watches and was concerned in their distribution. Half a dozen of models is closely connected with his name and is sold in the whole world. Like all the other creations of Cartier also the watches symbolize an elevated mode of life. In consideration of their determination, Louis Cartier (1875–1942) created luxury watches looking like pieces of jewellery. In 1904, resultant from his friendship with the Brazilian flying pioneer Alberto Santos-Dumont, there was made the first wrist watch of Cartier, called "Santos". With this model a new style was born which combined technical perfection with luxury. The rectangular "Santos", being very flat, functional and elegant, was a so-called modern wrist watch and an example of an excellent combination of watch and watch band. (The model of the year 1978 became the most frequently copied wrist watch; falsifiers too like that model of Cartier.)

In 1912 there followed the so-called "Tortue" (tortoise). According to ancient traditions under the tortoise shell there is hidden an image of the myth of creation. It was comprehensible that the jeweller created a very precious wrist watch: the case was the back shell, symbolizing the vault of heaven, the movement was the front shell, flat like the sea.

Another model was the "Baignoire".

In 1917 Louis Cartier created – in memory of the tank crews of the allies – his "Tank" model. With the exception of its martial name this watch, made for a delicate lady's wrist, has nothing to do with a military watch.

In 1933 he took out a patent for his watch "Vendôme". In this case the connection piece between case and watch band is looking like a swingle tree of a horse drawn vehicle. The watch was signed L. C. Today only 18 carat gold watches are provided with these initials.

Waterproof and dustproof watches

The second cap – the so-called dust cap – of the pocket watches was not used any more. But this doesn't mean that one didn't pay sufficient attention to the prevention of the influence of dust and humidity any more. The parts of the watch to be particularly protected were the watch glasses, the joints of the case and the openings for the winding stem. The infiltrating dust particles were able to transform the oil of the movement affecting the perfect going of the watch. Humidity of the atmosphere or infiltrating water could cause spots of rust, and the watch would not indicate the correct time any more. Another danger was the water of condensation on the inner surface of the watch-glasses, the coldest part of the whole watch.

For these reasons it was necessary to find new ways of protection.

Die Marke Rolex

Um 1908 zählte Wilsdorf & Davis bereits zu den ersten Uhrenhandelsfirmen Englands, und Wilsdorf fand, daß es an der Zeit war, seinen Uhren einen Markennamen zu geben, obwohl es auf der Insel üblich war, daß Importgeschäfte ausschließlich ihre Namen auf Zifferblatt oder Platine setzten. Bei der Namenssuche wurden seine Vorstellungen von der Überlegung getragen, daß dieser kurz sein mußte, damit auch das Handelshaus auf dem Zifferblatt noch Platz hatte, gut klang, leicht zu behalten und nach Möglichkeit in verschiedenen Sprachen gleich auszusprechen war. Hiebei verfiel der Uhrenhändler auf das Wort „Rolex".

Dazu Wilsdorf: „Es bedurfte nicht weniger als 20 Jahre angestrengtester Arbeit, um ihn durchzusetzen. Anfänglich wagte ich es, den Namen ‚Rolex' auf eine von sechs Uhren zu setzen, so viele befanden sich in einem Verkaufskarton, dann auf zwei, später auf drei. Es war also immerhin ein halber Erfolg, doch fühlten wir, daß Jahre vergehen würden, ehe das erstrebte Ziel zu erreichen war. Ich entschloß mich daher im Jahr 1925, die Marke Rolex durch eine großangelegte Reklame bekanntzumachen."

Wilsdorf legte dafür allein in England pro Jahr 300.000 Franken aus.

Wegen der hohen Einfuhrzölle, die England zu seinem Schutz im Ersten Weltkrieg beschlossen hatte, mußte der Rolex-Chef aus wirtschaftlichen Gründen London verlassen. Neuer Standort des Unternehmens wurde 1919 Genf, wo die Firma nun die Bezeichnung „Montres Rolex S.A." führte. Die Herstellung der Uhrwerke erfolgte seit Jahren in einer eigenen Fabrik in Biel.

Armband-Chronometer

Hans Wilsdorf verfolgte schon in London hochgesteckte Ziele. Er wollte

1. Uhrenmodelle schaffen, die sowohl bei Damen als auch bei Herren Anklang fanden.
2. Eine Palette von Werken verschiedener Größe anbieten.
3. Eine so hohe Qualität erreichen, daß seinen Uhren die Aufmerksamkeit offzieller Prüfstellen zuteil wurde.
4. Die Resultate mit Uhren, welche ganz speziell zur Erreichung höchster Ganggenauigkeit hergestellt worden waren, für die laufende Produktion nutzbar machen.
5. Die einmal erreichte Präzision durch einen zuverlässigen und dauernden Schutz des Uhrwerkes vor Verschmutzung und Feuchtigkeit garantieren.

Sein Traum war zunächst die Armbanduhr mit Chronometerqualität. Schon 1910 erhielt eine seiner Uhren eine bis dahin für Armbanduhren nie vergebene Auszeichnung: Die amtliche Uhrenkontrollstelle Biel stellte für eine runde Armbanduhr mit einem Werkdurchmesser von 25 mm einen Gangschein 1. Klasse aus. Der Armband-Chronometer war Wirklichkeit geworden! Es versteht sich, daß sich Wilsdorf mit diesem Erfolg nicht zufriedengab, er wollte für eine Rolex jenes Zertifikat, das für Marinechronometer vorgesehen war. Mit ganzer Konzentration steuerte er darauf zu. Am 15. Juli 1914 stellte die Sternwarte Kew in London für eine Uhr von Hans Wilsdorf nach 45tägiger eingehender Prüfung in fünf Lagen und bei drei Temperaturen (Krone oben, Krone links, Krone rechts, flach auf dem Gehäuseboden, auf dem Zifferblatt, Lufttemperatur etwa 18 Grad, Eiskasten, Regulierofen) den ersten Gangschein der Klasse A in der Geschichte der Armbanduhr aus. Wieder war es ein rundes Werk mit einem Durchmesser von nur 25 mm, das einem großen Bordchronometer ebenbürtig war. Eine unvorstellbare Leistung, aber die offizielle Anerkennung ließ an dieser Tatsache keinen Zweifel.

Der nächste Schritt bestand darin, das Käuferpublikum auf den Armband-Chronometer aufmerksam zu machen. Er mußte mehr sein als ein Museumsstück, er mußte sich das Handgelenk der Uhrenliebhaber erobern. In der Folge wurden ganze Serien Armband-Chronometer unparteiischen Instituten vorgelegt und dann mit dem Gangschein der Kontrollstelle in den Handel gebracht.

Feine Uhren bauten auch andere, etwa Movado, das seine Modelle auf dem Zifferblatt mit der Bezeichnung „Chro-

Today one distinguishes the dustproof, the waterproof, the splashproof watch and the watch for divers. A watch can be called waterproof, if it can be put into one cubic metre of water for more than 30 minutes without being damaged. This protection is not enough for a diver's watch. For reasons of security the glasses of diver's watches may not be covered with moisture while remaining under water, therefore they should be kept dry and warm.

Jacques Depollier of Brooklyn was among the first to make publicity for water- and dustproof wrist watch cases. His "Waterproof" had a Waltham movement and was tested under water before being sold. Such a model was used by the pilot Roland Rohlfs during his record flight (altitude: 34.610 feet) on the 18th of September, 1919. The tested watch had the following numbers: 1935 (case); 21142850 (movement).

In the twenties one had not yet found a satisfactory solution, but we must also admit, that there was no real request for waterproof watches. Some manufacturers and technicians even found it ridicular to deal with this problem. Who occupied himself with waterproof watches, often got into troubles. As there told a contemporary:

"First one used a piece of caoutchouc pressed together and put between the bezel and the middle part of the case and another one put on the winding stem. But soon one had to realize, that caoutchouc, drying after a while, was not suitable. Leather, used for the same purpose, had the disadvantage of hardening. Then one took into consideration the use of a special liquid, mainly of specific oils, for steady moistering of the locking devices. Grooves, engraved into the metal, should contain the liquid, but the main obstacle was the property of liquids. Finally one had the idea of using elastic substances, all of them with the same disadvantage: when fabricated, the watch was water-tight, but it could not last, because the elastic substances soon began to decompose."

Now Hans Wilsdorf, the owner of the firm of Rolex, made his appearance. "He had the courage to occupy himself with this matter, because he was no technician", said a historian interested in the history of watches. "Not only he succeeded in resolving the problem, but his solution was even the best one, excluding the use of any kind of elastic material."

To make a waterproof watch three particularities had to be observed:

1st The watch glass had to fit exactly.
2nd The case had to be sealed hermetically.
3rd The winding crown needed a special sealing.

The first problem was resolved with the aid of an artificial glass that was shaped precisely and mounted carefully.

Wilsdorf used the following method for sealing the case hermetically: He took the middle part of the case which was provided with a screw thread on both sides, put into it a metal ring of the fitting calibre and screwed on the screw thread – in contrarotating directions – the parts of the case with the glass and the bottom. Then he found the best solution how to seal the crown: the crown screwed into the case. This invention was patented on the 18th of October, 1926. "With this invention", said Hans Wilsdorf, "originally made to increase the precision of the Rolex watch, at the same time the first waterproof watch of the world was created. Like an oyster it could remain in the water for indetermined time without being damaged. Therefore I called it Rolex-Oyster, a name that became famous all over the world."

This astonishing result brought a complete change-over of the case manufactures, because the old machines were not fitted for producing precision cases.

Tests proved, that the Oyster even was dustproof.

Now there was not only a wrist watch with the precision of a good pocket watch, but also one that could easily endure rougher treatment. And what about the waterproof luxury watch? The answer gives the chronical of Cartier: "I would like to know the exact time while swimming in my swimming-pool", the Pasha of Marrakesch said to Louis Cartier in 1932. In the same year his desire was fulfilled, he got the first waterproof luxury watch of the world.

nomètre" versah, aber man verzichtete auf das Zertifikat. Das Movado-Werk hatte nach amerikanischer Manier drei verschraubte Chatons.

Bei Rolex ging die Forschung unaufhörlich weiter. Man schrieb allerdings bereits das Jahr 1925, als erstmals ein Damen-Armband-Chronometer einen offiziellen Gangschein errang.

Juwelier Louis Cartier

In Paris war es Louis Cartier, der sich der Armbanduhr in besonderer Weise annahm und sich für ihre Verbreitung einsetzte. Ein halbes Dutzend Modelle ist untrennbar mit seinem Namen verbunden und wird noch immer in alle Welt verkauft. Wie alles von Cartier, stellen auch die Uhren ein Symbol für gehobenen Lebensstil dar.

Louis Cartier (1875–1942) gab seinen Uhren unter Bedachtnahme auf ihre Funktion den Rang eines Schmuckstücks. Aus seiner Freundschaft mit dem brasilianischen Flugpionier Alberto Santos-Dumont resultierte Cartiers erste Armbanduhr-Kreation, die aus dem Jahr 1904 stammende „Santos". Mit ihr prägte er einen eigenständigen Stil, indem er Luxus und Technik in gleicher Weise berücksichtigte. Die viereckige Santos war, da flach, funktionell und elegant, eine in heutigem Sinn moderne Armbanduhr und ein Beispiel für die optimale Verbindung von Uhr und Armband. (Das Modell des Jahres 1978 wurde die am meisten kopierte Armbanduhr, auch Fälschern sticht dieses Cartier-Modell immer wieder ins Auge).

1912 folgte die „Tortue", zu deutsch Schildkröte. Nach alten Überlieferungen verbirgt sich unter dem Panzer dieses Tieres ein Abbild des Schöpfungsmythos. Was war da für den Juwelier naheliegender, als eine kostbare Cartier für das Handgelenk zu schaffen: Das Gehäuse war der Rückenpanzer, den Himmelsschild verkörpernd, das Werk war der Bauch, flach wie das Meer.

Ein weiteres Modell war die „Baignoire".

1917 kreierte Louis Cartier zum Andenken an die alliierten Panzerbesatzungen sein „Tank"-Modell. Außer dem martialischen Namen hat sie kaum etwas mit einer Militäruhr gemein, schmückt dieses dezente Modell doch hervorragend jedes zarte Handgelenk einer Dame.

1933 ließ er die „Vendôme" patentieren, eine Uhr, deren Verbindung zwischen Gehäuse und Band an das Zugscheit einer Pferdebespannung erinnerte. Die Signatur bestand aus dem L. C. Am längsten trug diese Initialen das Tank-Modell. Heute sind sie Uhren in 18karätigem Gold vorbehalten.

Die wasser- und luftdichte Uhr

Wenn man den von der Taschenuhr her bekannten zweiten Deckel, den sogenannten Staubdeckel, bei der Gehäusefertigung wegließ, hieß das nicht, daß man nicht doch um den Schutz des Werkes vor Verschmutzung bemüht war. Die kritischsten Stellen waren das Uhrglas, die Gehäusescharniere und die Öffnung, durch die die Aufzugswelle nach außen geführt wurde. Die Schmutzteilchen, die eindrangen, veränderten das Öl im Räderwerk, was sich auf den Gang der Uhr ungünstig auswirkte.

War die Luftfeuchtigkeit zu hoch oder drang Wasser ein, konnten die Stahlteile Rost ansetzen und die Funktionsfähigkeit der Uhr in Frage stellen. Eine Gefahr bildete weiters das Kondenswasser am Uhrglas innen, der kältesten Stelle der Uhr.

Aus allen diesen Gründen war es daher ein unabdingbares Erfordernis, diese Mängel nach und nach zu beseitigen.

Heute unterscheidet man die staubgeschützte, spritzwassergeschützte, die wasserdichte Uhr und schließlich die Taucheruhr. Wasserdichtheit ist dann zu bescheinigen, wenn eine Uhr über 30 Minuten lang in einen Kubikmeter Wasser eingetaucht werden kann, ohne Schaden zu nehmen. Dieser Schutz reichte natürlich für eine Taucheruhr noch bei weitem nicht aus. Das Glas der Taucheruhr darf sich während des Tauchens aus Sicherheitsgründen nicht beschlagen; um dem vorzubeugen ist es deshalb ratsam, sie trocken und warm aufzubewahren.

The German waterproof watches

In the thirties, Paul Raff (Para) of Pforzheim tried to make water-tight shaped cases. The result was the watch "Neptun". It was difficult to lay open the movement of this watch. Only after having removed the watch band, the bezel and the glass could be taken away. But before being able to take out the movement, one had to put the winding crown into the position for hands setting and to turn a marking spot upwards to the figure 3. The watch was sealed between the bezel and the case as well as around the winding crown.

Kollmar & Jourdan of Pforzheim fastened the bottom of the shaped case with four screws. In this construction the two parts of the winding stem were connected with one another by means of a spring, the movement was fastened to the case with two lateral straps.

Concerning the round Para model, the access to the movement occured by the bezel which one could take off with a simple key after having removed the crown.

Walter Storz (Stowa) of Rheinfelden (from 1935 on at Pforzheim) und Rodi & Wienenberger, also of Pforzheim, made use of a tonneau-shaped case, which was hold together by two strong pivots. One could draw out the one-piece winding stem after having unscrewed the setting lever screw. But how could you reach it? It was situated exactly under the bore-hole for a screw in the bottom of the case. Rodi & Wienenberger called this model "Roxy-Delphin". These examples prove that one used unsuitable means or too complicated constructions which could not guarantee permanent water-tightness.

The new watch

Searching for possibilities of a better protection of the wrist watch against outward influences, L. Leroy of Paris made experiences on constructions for a selfwinding wrist watch (1922). The Englishman John Harwood, born in 1894, had similar ideas. As a young soldier he had learned that a watch was not very resistant. For this reason he tried to find a system how to prevent the infiltration of humidity into the movement. The weak point was the winding crown, thus he wanted to tackle the matter there. Wilsdorf had the idea of a special sealing of the crown. Harwood however wanted to make a watch that didn't need any crown at all. In 1924 the new watch was created. He had made it with the help of Harry Cutts. With detailed designs of all parts of the watch the thirty years old inventor went to Switzerland to show his new invention to the Swiss watch industry. But nobody was interested in making a watch with an oscillating weight for winding up the mainspring, because one feared the high expenses.

This idea didn't succeed, all went wrong. Harwood, a watch maker, insisted in his watch bearing his name; but the recently founded Harwood Watch Company that should commercialize the invention, only wanted to gain but not to invest much money.

In 1926 the difficulties seemed to be surmounted, because the Schild AG (Switzerland) decided to produce this selfwinding movement in series and the Fortis AG engaged themselves to bring the Harwood watch on the market.

We dont't know if it was the lack of publicity, if the international economic crisis prevented a real success or if the time had not yet come for this new kind of watch. At any rate, the watch manufacturers were not interested in the selfwinding watch. Thus the Harwood watch remained the problem of the Schild AG as well as of the Fortis AG, and after great financial losses one renounced. Besides that the inventor had the right to offer his patent also to other firms. The Selze Watch tried the luck, but without success. In 1930 the "Deutsche Uhrmacher-Genossenschaft Alpina" offered three different models of this "epochal" invention: of nickel, silver and gold. The prices were not higher than the prices of similar watches with a stemwinding system. A Harwood watch of gold cost 195 marks, one of silver 120. In a word, the Harwood watch was a failure. In addition to that there appeared constructional defects. If the spring was run down, the watch could be set in motion only with difficulty. And because of the many screws of the selfwin-

Einer der ersten, die für das wasser- und staubdichte Armbanduhrgehäuse warben, war Jacques Depollier in Brooklyn. Seine „Waterproof" war mit einem Waltham-Werk ausgestattet und wurde vor Auslieferung unter Wasser getestet. Ein solches Modell hatte der Pilot Roland Rohlfs bei seinem Rekordflug in 10.549 m Höhe am 18. September 1919 mit. Die Testuhr hatte folgende Nummern: 1935 (Gehäuse), 21142850 (Werk).

Der Stand der zwanziger Jahre war in jeder Hinsicht unbefriedigend, aber man muß fairerweise auch festhalten, daß es an und für sich keinen Bedarf an einer wasserdichten Uhr gab. Manche Fabrikanten und Techniker fanden es lächerlich, sich mit dieser Frage auseinanderzusetzen. Wer es dennoch tat, stieß auf Schwierigkeiten über Schwierigkeiten. Dazu ein Zeitgenosse:

„Vorerst paßte man eine zusammengepreßte Kautschukscheibe zwischen Glasreifen und Gehäusemittelteil und eine weitere auf die Aufzugswelle. Man mußte jedoch bald feststellen, daß der Kautschuk, der nach und nach austrocknet, nicht das geeignete Material war. Leder, das man zum gleichen Zweck verwendete, hatte den Nachteil, hart zu werden. Man dachte dann an die Verwendung einer besonderen Flüssigkeit, hauptsächlich an bestimmte Öle, mit der die Verschlußteile ständig befeuchtet sein sollten. Rillen, die ins Metall eingeritzt wurden, sollten die Flüssigkeit festhalten, doch dem stand das Verhalten von Flüssigkeiten entgegen. Schließlich verfiel man auf den Gedanken, die Fugen und den Boden der Krone mit elastischen Stoffen abzudichten, die allerdings samt und sonders den gleichen Nachteil aufwiesen: Die Uhr war zum Zeitpunkt der Fabrikation wasserdicht, gewährte jedoch keine Garantie für dauernde Wasserdichtheit, da die elastischen Stoffe sehr leicht verderben und sich nach einer gewissen Zeit zersetzen."

Da trat Hans Wilsdorf, der Inhaber der Marke Rolex, auf den Plan. „Er hat sich wohl deshalb erkühnt", sagt ein Erforscher der Uhrengeschichte, „diese Frage anzupacken, weil er selbst kein Techniker war. Es gelang ihm nicht nur, das Problem zu lösen, seine Lösung war auch noch die beste, denn sie schloß von vornherein die Verwendung jeglicher elastischer Stoffe aus."

Um eine wasserdichte Uhr herstellen zu können, waren drei Punkte zu beachten:
1. Das Glas mußte ganz genau eingepaßt sein.
2. Das Gehäuse mußte hermetisch schließen.
3. Die Aufzugskrone bedurfte einer speziellen Abdichtung.

Die erste Schwierigkeit löste der Uhrenfabrikant mit Hilfe eines synthetisch hergestellten Glases, das ganz präzise geformt war und sehr sorgfältig montiert wurde.

Bei der hermetischen Abdichtung des Gehäuses ging Wildsdorf wie folgt zu Werke: Er nahm den Mittelteil des Gehäuses, der auf beiden Seiten je ein Gewinde besaß, legte in diesen einen Metallring mit dem Kaliber ein und schraubte auf das Gewinde oben und unten den Gehäuseteil mit dem Glas und den Boden auf, und zwar gegeneinander. Für die Abdichtung der Krone fand er die Patentlösung schlechthin. Sie bestand in der mit dem Gehäuse verschraubten Krone. Die Erfindung wurde am 18. Oktober 1926 zum Patent angemeldet. Hans Wilsdorf: „Mit dieser Erfindung, die ursprünglich ausschließlich der Präzision der Rolex-Uhr galt, wurde aber auch die erste wasserdichte Uhr der Welt geschaffen. Da sie wie eine Auster unbegrenzte Zeit im Wasser liegen kann, ohne daß das Werk Schaden nähme, wählte ich für sie den Namen Rolex-Oyster, unter dem sie in allen Ländern der Welt berühmt geworden ist."

Dieses überraschende Ergebnis zwang die Schweizer Schalenfabrikanten zu einer völligen Umstellung, da sie mit dem vorhandenen Maschinenpark nicht in der Lage waren, Präzisionsgehäuse herzustellen.

Untersuchungen ergaben, daß die Oyster sogar luftdicht war, also eine Uhr, die nicht atmete.

Nun gab es nicht nur die Armbanduhr, die die Ganggenauigkeit einer feinen Taschenuhr erreichte, sondern auch jene, die die rauhe Behandlung im Alltag spielend aushielt. Und wie sah es mit der wasserdichten Luxusuhr aus? Darüber gibt die Cartier-Chronik Auskunft. „Ich würde gern in meinem Schwimmbecken baden und dabei die genaue

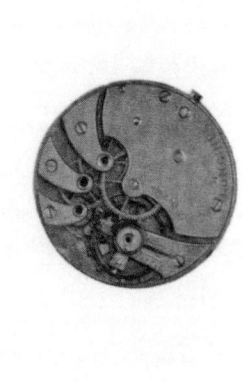

Longines for ladies, model 1912
Longines für die Dame, Modell 1912

Longines model, circa 1913
Longines-Modell um 1913

Longines wrist watches from 1920
Longines-Armbanduhren von 1920

Longines model from 1933
Longines-Kreation aus dem Jahr 1933

Zeit wissen", sagte 1932 der Pascha von Marrakesch zu Louis Cartier. Noch im selben Jahr ward ihm der ausgefallene Wunsch erfüllt, er bekam die erste wasserdichte Luxusuhr der Welt.

Prof. Dr. Günther GLASER, Handbuch Uhren, Band II Mechanische Uhren, Kapitel 6.7: Die wasserdichte Uhr. Stuttgart 1981.

Die deutsche Uhr mit Wasserdichtheit

Paul Raff (Para) in Pforzheim suchte, das in den dreißiger Jahren beliebte Formgehäuse entsprechend abzudichten. Das Ergebnis war die „Neptun". Es bedurfte vieler Handgriffe, um das Werk freilegen zu können. Zunächst war das Uhrband durch Entfernen der Federstege von den Bandanstößen zu lösen, damit deren Stellstifte zugänglich wurden. Nach Herausziehen des mittleren, der lose war und die Fixierung besorgte, konnte der ganze Backen des Bandanstoßes abgenommen werden. Auf diese Weise war der Zugang zum Werk möglich, denn Glasrand und Glas ließen sich nun abheben. Bevor jedoch das Werk herausgekippt werden konnte, mußte die Aufzugskrone in Position Zeigerstellung gebracht und eine Markierung nach oben (zur Stundenziffer 3) gedreht werden, damit sich die zweiteilige Welle aushaken ließ. Dichtungen gab es zwischen Glasrand und Gehäuse und im Bereich der Aufzugskrone.

Kollmar & Jourdan in Pforzheim befestigte den Boden seines Formgehäuses mittels vier Schrauben. Bei dieser Konstruktion waren die zwei Teile der Aufzugswelle federnd miteinander verbunden, das Werk war durch zwei seitliche Laschen im Gehäuse zusätzlich fixiert.

Beim runden Para-Modell erfolgte der Zugang zum Werk über den Glasreif, der nach Herausnehmen der Krone mit einem einfachen Schlüssel abgesprengt wurde.

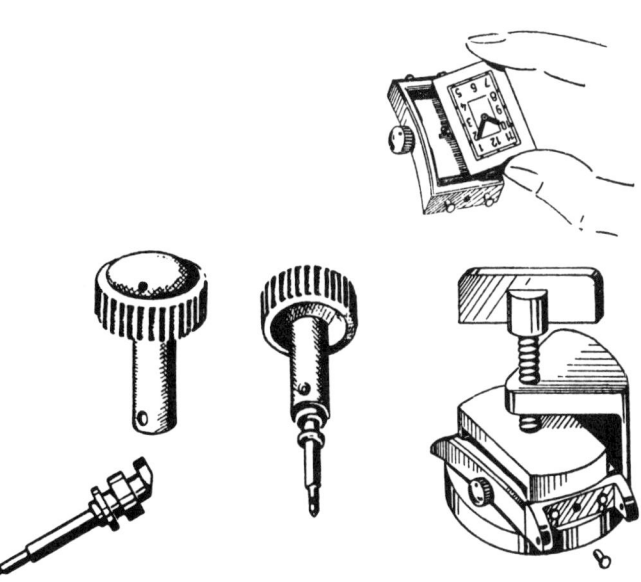

Die wasserdichte Uhr im Formgehäuse bei Para und Wyler. Die Abbildungen sind der Broschüre „Die Reparatur der Armbanduhr" von Jendritzki entnommen.

Para and Wyler. Waterproof watch, shaped case. The illustrations are borrowed from the booklet "Die Reparatur der Armbanduhr" by Jendritzki.

Oben, von links nach rechts:
Goldene Rolex Prince im Zweifarbengold, 1930
Goldene Rolex Prince mit sehr kleiner Sekundenanzeige
Goldenes Kalendermodell von Patek Philippe mit Mondphase, 1948
Rolex Prince im Zweifarbengold, 1929
Rolex Prince im Zweifarbengold, 1930

Unten, von links nach rechts:
Goldene Rolex Prince, 1934
Goldene Reverso von LeCoultre, mit zentralem Sekundenzifferblatt und Sekundenzeiger, 1924
Modernes Modell von Cartier
Goldene und mit Email verzierte Tank von Cartier, 1930
Goldene Rolex, 1931
Foto: By courtesy of Sotheby's

Walter Storz (Stowa) in Rheinfelden (ab 1935 in Pforzheim) und Rodi & Wienenberger, gleichfalls Pforzheim, bedienten sich eines tonneauförmigen Gehäuses, das im Bereich der Bandanstöße durch zwei kräftige, parallel zu den Bandbügeln verlaufende Stifte zusammengehalten wurde. Sie konnten mittels des Scharnierausschlägers entfernt werden. Die einteilige Aufzugswelle war nach Lösen der Winkelhebelschraube herauszuziehen. Aber wie kam man an sie heran? Sie lag genau unter der Bohrung für eine Schraube im Boden des Gehäuses. Bei Rodi & Wienenberger hieß das Modell „Roxy-Delphin".

Wie diese wenigen Beispiele zeigen, ging man teils mit untauglichen Mitteln zu Werke, teils mit äußerst aufwendigen Konstruktionen, die jedoch auf Dauer keine Wasserdichtheit gewährleisteten.

Die neue Uhr

Auf der Suche nach Möglichkeiten, die Armbanduhr vor äußeren Einflüssen besser zu schützen, experimentierte L. Leroy in Paris 1922 mit Konstruktionen, die die Uhr, wenn sie am Handgelenk getragen wurde, selbsttätig aufzogen. In die gleiche Richtung gingen die Überlegungen des Engländers John Harwood, Jahrgang 1894. Wie anfällig Uhren sein konnten, war ihm während des Krieges als junger Frontsoldat bewußt geworden. Und so forschte auch er nach einem System, das das Eindringen von Feuchtigkeit und Wasser in das Uhrwerk ausschließen sollte. Da die größte Schwachstelle im Bereich der Aufzugskrone lag, wollte er hier den Hebel ansetzen. Während Wilsdorf an eine spezielle Kronendichtung dachte, spukte in seinem Kopf die Idee von einer Uhr herum, die überhaupt keiner Aufzugskrone bedurfte. 1924 lag die neue Uhr als Prototyp vor. Sie war mit Hilfe Harry Cutts gebaut worden. Mit genauen Zeichnungen aller Spezialteile im Reisegepäck erschien der 30 jährige Erfinder in der Schweiz, um der Uhrenindustrie seine Errungenschaft zu präsentieren. Doch niemand ließ sich begeistern, niemand wollte die Uhr, bei welcher eine Schwingmasse – gelagert auf beiden Seiten des Werkes – zwischen zwei Puffern hin und her pendelte und auf diese Weise während des Tragens das Aufziehen besorgen konnte, ins Produktionsprogramm zu nehmen, weil man die hohen Investitionskosten scheute.

Die Harwood-Uhr erlitt ein glückloses Schicksal, es lief einfach alles verkehrt. Die Initiativen, die von verschiedenen Seiten gesetzt wurden, verliefen irgendwann wieder im Sand oder erwiesen sich als nicht sehr wirksam. Harwood – von Beruf Uhrmacher – bestand darauf, daß die neue Uhr seinen Namen tragen mußte; die gegründete Harwood Watch Company, welche die Erfindung kommerziell verwerten sollte, war nur auf rasche Gewinne bedacht und nicht bereit, entsprechend zu investieren. 1926 schienen die Schwierigkeiten überwunden zu sein, als die renommierte Schweizer Schild AG sich entschloß, das Automaticwerk in Serie zu produzieren, und die Fortis AG sich verpflichtete, die Harwood-Uhr in den Handel zu bringen.

Above, from left to right:
9 carat tu-tone gold Rolex Prince, movement signed Rolex Extra prima No. 71954. Dial with Arabic figures and subsidiary seconds set, in a rectangular case, 24×42 mm, import mark Glasgow 1930.
9 carat Rolex Prince, movement with micrometer adjustment. Subsidiary seconds.
18 carat gold calendar wrist watch, movement with micrometer adjustment. Day and month windows, moonphase mechanism. Patek Philippe, 1948.
9 carat white and yellow gold Rolex Prince, No. 7300, import mark Glasgow 1929.
9 carat tu-tone gold Rolex Prince, No. 71236, import mark Glasgow 1930.
Below, from left to right:
9 carat gold Rolex Prince, signed Rolex Prince Chronometer, 22×33 mm. Import mark Glasgow 1934.
LeCoultre. 18 carat tu-tone gold Reverso, 22×33 mm, center seconds. Hallmark London 1924.
Cartier. Modern gold wrist watch.
Cartier. Gold and enamel "Tank" case, 23×30 mm, circa 1930.
9 carat gold Rolex, No. 76628, rectangular moulded case with curved back, 20×40 mm, import mark Glasgow 1931.

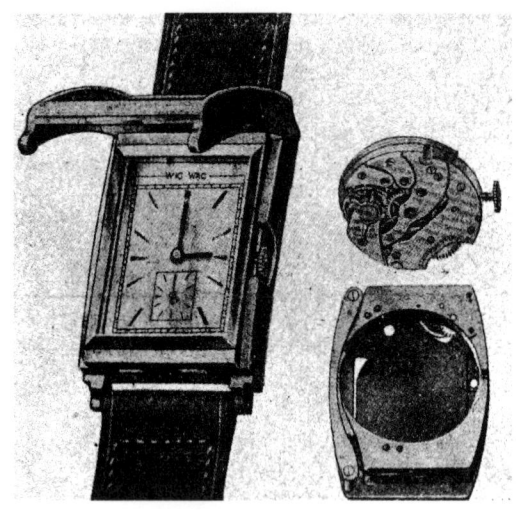

Details of the WIG-WAG mechanism. The illustrations are borrowed from the booklet "Die Reparatur der Armbanduhr" by Jendritzki.

Einzelheiten der WIG-WAG-Konstruktion. Die Zeichnungen sind der Publikation "Die Reparatur der Armbanduhr" von Jendritzki entnommen.

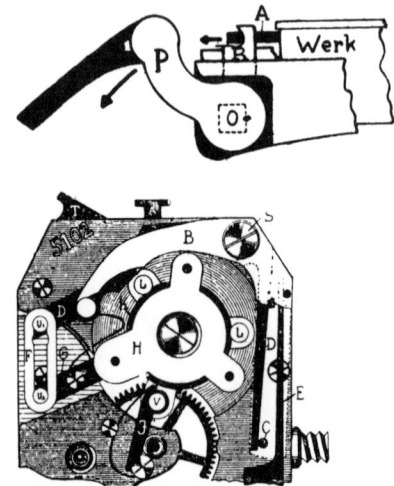

Selfwinding by movement removal man's wrist watch with hidden crown. Chromium nickel case. Movement: 8¾ lignes, 15 jewels, rectangular case, WIG-WAG. Circa 1932.

Automatische Herren-Armbanduhr im Chrom-Nickel-Gehäuse. Das Werk kann sich im Gehäuse hin- und herbewegen. Der Aufzug erfolgt durch dieses "Rütteln" ("Rüttelaufzug"). Die Zeigerstellkrone wird nach Hochklappen der Lunette sichtbar. 8¾liniges Formwerk, 15 Steine. WIG-WAG. Um 1932.

Bei der Autorist erfolgt der Aufzug über das Lederband und die Anstoßbügel.

Ob es an der richtigen Propagierung fehlte, die Weltwirtschaftskrise einen Erfolg verhinderte oder die Zeit noch nicht reif war für diese neue Uhr, bleibe dahingestellt. Jedenfalls waren die Uhrenfabrikanten nicht zu bewegen, die sich selbst aufziehende Uhr ins Programm zu nehmen. Die Harwood-Uhr blieb sowohl bei der Schild AG als auch bei Fortis ein Sorgenkind. Die Pionierleistung zeitigte nicht die erhofften Umsätze. Fortis wendete bedeutende Mittel auf, um der Novität zum Durchbruch zu verhelfen, doch umsonst. Nach großen finanziellen Verlusten gab man auf. Überdies hatte der Erfinder sich das Recht vorbehalten, das Patent auch der Konkurrenz anzubieten. Die Selze Watch wagte einen Versuch, blieb aber gleichfalls auf der Strecke. Die Deutsche Uhrmacher-Genossenschaft Alpina bot von der „epochemachenden" Erfindung im Katalog des Jahres 1930 drei verschiedene Modelle in Nickel, Silber und Gold an. Die Preise lagen nicht höher als jene einer vergleichbaren Ausführung mit Handaufzug. Eine goldene Harwood kostete 195 Mark, eine silberne 120.

Mit einem Wort: Die Harwood-Uhr blieb ein Fehlschlag, nachdem sich obendrein Konstruktionsmängel gezeigt hatten. War die Feder abgelaufen, konnte die Uhr nur schwer wieder in Gang gebracht werden, und durch die vielen Schrauben der Automatic bestand die Gefahr, daß sich eine löste und ins Werk fiel. Umso mehr nimmt es wunder, daß Fortis mit einem zweiten Automaticmodell von Harwood die Hürden zu überwinden hoffte – und abermals auf der Strecke blieb. Es ging um die Autorist, die über die veränderliche Spannung des Armbandes aufgezogen wurde. Zu diesem Zweck waren die Bandanstöße beweglich gestaltet und über einen Federbügel mit dem Hebelsystem auf der Federhausbrücke verbunden.

Die Krone blieb, damit das Zeigerstellen bewerkstelligt werden konnte. Anders verhielt es sich beim runden Modell: Dort gab es keine Aufzugskrone, und das Zeigerstellen erfolgte mittels des drehbaren Glasreifes.

Die automatische Uhr der zwanziger Jahre vermochte sich zwar nicht durchzusetzen, aber das Eis war gebrochen. Allein von 1929 bis 1933 wurden in der Schweiz 53 Patente hinterlegt, die sich mit dem Selbstaufzug der Uhr befaßten. Die Lösung schlechthin fand auch diesmal Hans Wilsdorf mit der „Perpetual" des Jahres 1931. Mit ihr gelang ihm die Verwirklichung des Traumes von einer Uhr, die das Aufziehen von selbst erledigte. Er sah die Oyster-Perpetual denn auch als Krönung seines Lebenswerkes an. Ab 1933 war das Modell durch ein Patent geschützt. Wilsdorf hatte den Rotor neu entdeckt, jenen Rotor, der schon vor 160 Jahren in einem Taschenuhrmodell Anwendung gefunden hatte. Wilsdorfs Konstruktion zog allerdings nur in einer Richtung auf, der Aufzug in beiden Drehrichtungen wurde bei Armbanduhren erst 1942 (Felsa) möglich.

Das Rotorprinzip setzte sich in der Folge allgemein durch, da niemand eine bessere Lösung gefunden hatte. Wieder einmal hatte Rolex der Uhrenindustrie den Weg in die Zukunft gewiesen. Mit einem Automatic-Kaliber kam Schild erst 1938 wieder auf den Markt. Das Werk hatte einen Durchmesser von 11¼ Linien und eine Bauhöhe von 5,20 mm. 1939 folgte Eterna mit einem 12linigen Werk (5,30 mm hoch) und 1942 mit einem 9¾linigen (4,50 mm hoch).

ding system there was the great danger that one of them could unscrew and fall into the movement. It is astonishing, that Fortis hoped to be successful with another selfwinding model of Harwood – and again they failed. This time it was the Autorist, which could be winded up by the variable tension of the watch band.

The crown remained to allow the setting of the hands. The round model had no winding crown and the setting of the hands had to be done with the aid of the movable bezel.

The selfwinding watch of the twenties was no success, but the ice was broken. From 1929 to 1933 in Switzerland 53 patents concerning the selfwinding system were presented. The best solution was found by Hans Wilsdorf with his "Perpetual" in the year 1931. He succeeded in creating a watch that realized the dream of a selfwinding watch. The Oyster-Perpetual really was the crowning moment of his life's work. From 1933 on this model was protected by a patent. Wilsdorf hat discovered again the rotor, in use in pocket watches 160 years ago. The construction of Wilsdorf allowed the winding of the watch in only one direction; the winding in both of the directions was not possible before 1942 (Felsa).

The priniciple of the rotor was a success because nobody could find a better solution. Again "Rolex" had shown a new way for the future. Only in 1938 Schild brought a selfwinding calibre on the market. The movement had a diameter of 11¼ lignes and a height of 5,20 mm. In 1939 there followed Eterna with a movement of 12 lignes and a height of 5,30 mm, and in 1942 with a movement of 9¾ lignes and a height of 4,50 mm.

The problem of the shock protective device

In the twenties, a watch could be damaged after a shock or falling down on a stone-floor from a height of only 10 cm, because there didn't exist any kind of shock protective device.

Now and then there were made some efforts to protect the movement against shocks. For instance the calibre was put into an elastic case or it was spring-mounted, but these measures were not enough to protect the delicate parts of the watch. First of all the "heart", of the watch, the balance, was in danger. Even if it was made of temperinged steel, it was one of the most vulnerable parts of the movement, because its extreme points, having a diameter of lesser than 0,1 mm to avoid friction, easily could break if the axial or lateral pressure became too fast. The so-called pivots could not endure the forces caused by a shock, because they could not make way in the direction of the blow.

Someone thought to risolve the problem of an effective shock protective device using elastic balance arms – system of Wyler. This way was chosen later on when one tried to avoid problems of the bearing of the oscillating weight of selfwinding watches. The elastic balance arms could be efficient only concerning axial shocks; they were useless concerning lateral pressure. Because of the danger of distortion they couldn't be a success.

Some technician thought of elastic pivot bearings; producers of cheap watches were interested in this idea.

One tried to use spring-mounted jewels to absorb axial shocks, but this system had the disadvantage of difficulties concerning the lubrication. Another one prefered long elastic pivots. This solution was a success, but it caused a greater height of the movement.

Another experiment consists of pivots shaped like trumpets. They were shock resistant but easily could damage the hole jewel.

Only after 1930 there was found a satisfactory solution. It was exactly in the year, when the wrist watch finally was generally accepted. In 1931, at La Chaux-de-Fonds, the system "incabloc" was developed which transformed the shock into precisely controlled mechanical movements. In 1933 the first "incabloc"-shock protective device was put on the market, four years later there was sold a million of it. In 1938 this system was perfectionated. It can be used for every jewel lever movement – but only for this kind of watches.

Problem Stoßsicherung

Bekam die Uhr der zwanziger Jahre einen zu harten Stoß oder fiel sie aus nur 10 cm Höhe auf den Steinboden, war es um sie meist schlecht bestellt, denn das Werk verfügte zu jener Zeit in der Regel über keine wie immer geartete Stoßsicherung. Das Fallenlassen der Uhr war daher eine Katastrophe für den Besitzer, sein persönlicher Zeitmesser mußte in die Uhrmacherwerkstatt. Für den Uhrmacher war es ein gutes Geschäft, den Schaden wieder zu beheben.

Es mangelte zwar nicht an vereinzelten Bemühungen, das Werk der Armbanduhr gegen Stöße zu sichern, etwa durch das Einbetten des Kalibers in ein elastisches Gehäuse oder durch federnde Aufhängung desselben, diese Maßnahmen reichten aber nicht aus, die plötzlich auftretende Energie zu vernichten und die empfindlichen Teile der Uhr ausreichend zu schützen. Schaden nahm vornehmlich das Herz des Zeitmessers, die Unruh. Sie war mit den Lagerstellen der Welle der heikelste Teil des Mechanismus. Sie bestand zwar aus gehärtetem Stahl, aber die Enden, die aus Gründen einer möglichst geringen Reibung nicht einmal einen Durchmesser von 0,1 mm aufwiesen, brachen, wenn der axiale oder radiale Druck auf sie zu stark wurde. Die sogenannten Zapfen vermochten die Kräfte, die bei Schlägen, Stößen und beim Fallenlassen auftraten, nicht auszuhalten, weil sie in Stoßrichtung nicht ausweichen konnten, bei axialen Kräften beispielsweise bis zu den massiveren Ansätzen der Welle.

Manche meinten, dem Problem einer wirksamen Stoßsicherung mit federnden Unruhschenkeln – bekannt geworden ist das System Wyler – Herr zu werden. Diesen Weg suchte man später auch bei der Überwindung von Schwierigkeiten bei der Lagerung der Schwingmasse von Automatic-Modellen zu gehen. Die schwingenden Unruhschenkel konnten die ihnen zugedachte Aufgabe allerdings bloß bei axial auftretenden Kräften erfüllen, nicht aber bei seitlichem Druck. Wegen der Gefahr des Verziehens konnten sie sich nicht durchsetzen.

Die Überlegung der Techniker ging daher zum Beispiel in Richtung elastischer Zapfenlager, um die Belastbarkeit dieser Bauteile zu erhöhen. Daran waren auch die Hersteller billiger Uhren interessiert.

Die einen versuchten es mit einem federnd gelagerten Deckstein gegen axiale Einwirkungen und mußten zur Kenntnis nehmen, daß das System den großen Nachteil hatte, daß sich nach seiner Bewährung die Ölblase im Lager verändert hatte und die Schmierung nicht mehr optimal arbeitete. Andere bevorzugten lange flexible Zapfen, die sich im Notfall elastisch durchbogen, so daß der Wellenansatz am Stoßfänger anschlagen konnte. Diese Lösung wurde nicht ohne Erfolg angewendet, und zwar so lange die damit verbundene größere Bauhöhe des Werkes keine Rolle spielte.

Ein weiterer Versuch bestand in trompetenförmigen Zapfen, die sich zwar als widerstandsfähig erwiesen, aber bei stärkeren Stößen den Lochstein ruinierten.

Eine befriedigende Lösung erfuhr die Stoßsicherung erst nach 1930, als die Armbanduhr auch sonst ihren Siegeszug antrat. Ein 1931 in La Chaux-de-Fonds gegründetes Unternehmen entwickelte das System incabloc, bei welchem Stöße in genau gelenkte mechanische Bewegungen verwandelt wurden. Schon 1933 kam die erste incabloc-Stoßsicherung auf den Markt, vier Jahre danach waren davon bereits eine Million verkauft. 1938 erfuhr das System seine Vervollkommnung. Es läßt sich in jede Steinankeruhr (nur in diese!) einbauen. Die Lagerung der Unruhsteine erfolgt in einer konischen Führung. Überschreitet die Intensität eines Stoßes die zulässige Grenze, geben die Unruhsteine dem Zapfendruck nach. Sie weichen zurück, bis der widerstandsfähige Teil der Unruhwelle gegen die Auffangfläche trifft, die den Stoß schließlich absorbiert. Hinterher bringt der Druck der Haltefeder das System in seine Ausgangsstellung zurück. Bei incabloc hat diese Feder die markante Form einer Lyra; da sie mit einem Scharnier gelagert ist, wird sie als unverlierbar bezeichnet. Die Wiederzentrierung erfolgt unmittelbar und mit solcher Präzision, daß überhaupt keine Abweichung eintritt. Die Ölhaltung ist gleichfalls optimal gewährleistet. Die Ölreserve ist staubgeschützt in einer Kammer eingeschlossen und bewahrt ihre Schmier-

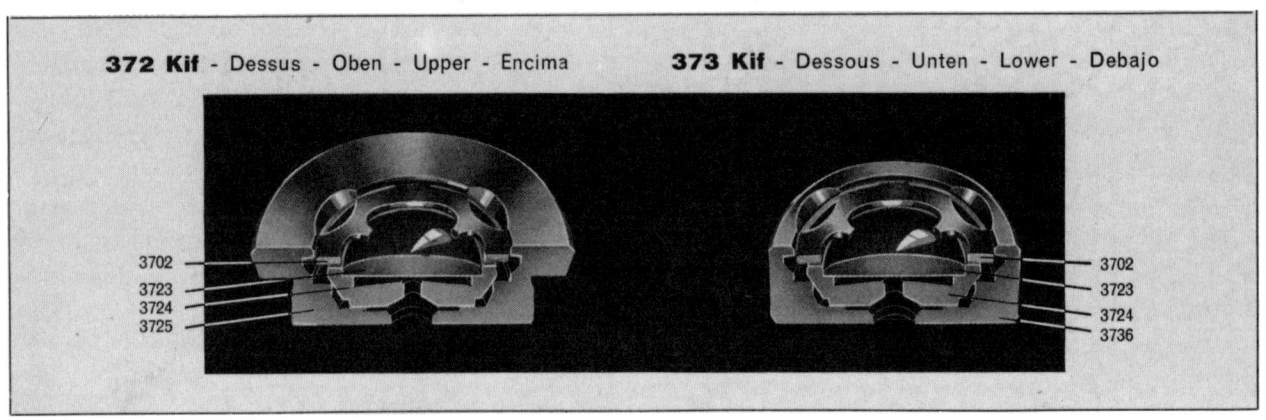

The shock protective systems Kif, incabloc and Shock Resist
Die Stoßsicherungen Kif, incabloc und Shock Resist

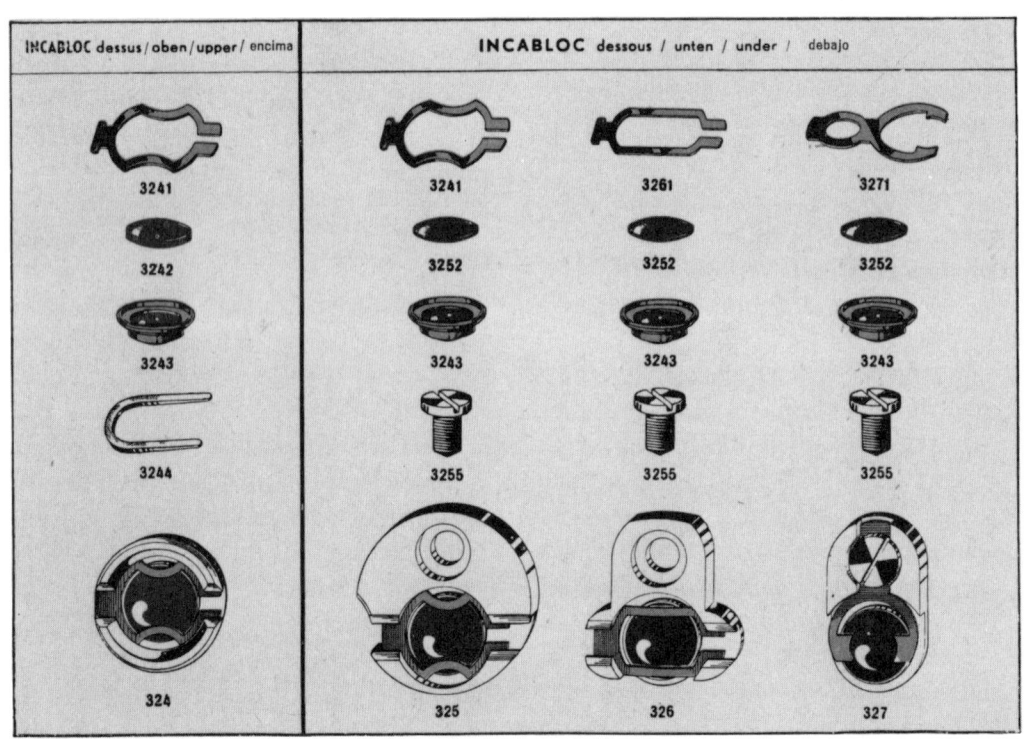

eigenschaften. Das System incabloc wurde die bekannteste und meistverbreitete Stoßsicherung. Von dieser Schweizer Erfindung waren 1952 schon 25 Millionen Stück verkauft, 1981 war die stolze Zahl von 700 Millionen erreicht.

Die technische Vorkehrung gegen Schaden anrichtende Stöße ist unterdessen längst zu einem Gütesiegel für den Zeitmesser am Handgelenk geworden. Heute gelten Kleinuhren als stoßsicher, wenn sie in beliebiger Lage einen freien Fall aus 1 m Höhe auf einen Hartholzboden oder eine dem entsprechende Beanspruchung ertragen, ohne daß dabei störende Beschädigungen auftreten und ohne daß die dadurch verursachte Gangänderung mehr als 60 Sekunden je Tag beträgt. Das heißt mit anderen Worten, daß bei Energien, die das 5000fache Gewicht der Unruh erreichen, die Stoßsicherung noch immer ihre Aufgabe zu erfüllen vermag.

Ein Konkurrenzprodukt von incabloc war der Shock Absorber, der 1925 lanciert wurde und zunächst nur auf axiale Stöße ausgerichtet war. Die Weiterentwicklung waren die Systeme Shock Resist und 1933 Super Shock Resist (mit einem Lochstein, der in eine Ringfeder eingebettet ist). Das System konnte sich bis nach dem Krieg bedeutende Marktanteile sichern.

Helvetia baute in den dreißiger Jahren in die Uhren eine eigene Stoßsicherung ein.

Der Fortschritt war so gewaltig, daß die Werbung Formulierungen wie „für höchste Beanspruchung", „unzerbrechliche Uhr", „stärksten Erschütterungen" gewachsen, „stoßfest" usw. wählte.

In den fünfziger Jahren war es bei verschiedenen Herstellern vorübergehend Mode, den Namen des Stoßsicherungssystems auf dem Zifferblatt anzubringen.

Prof. Dr. Günther GLASER, Handbuch Uhren, Band II Mechanische Uhren, Kapitel 6.8: Die stoßsichere Uhr. Stuttgart 1981.

The settings of the balance jewels have a conical shape. If the intensity of a shock is too strong, the jewels give way to the pressure of the pivots. As soon as the shock is absorbed, a spring brings the system back into its original position. ("Incabloc" shows a lyre shaped spring.) The system is brought back into the original position at once and with such a precision, that there is no time difference at all. The lubrication too is guaranteed at the best. The oil reserve is protected against dust and preserves its lubricating qualification. The system "incabloc" became the most famous shock protective device. In 1952 already 25 millions of pieces were sold, in 1981 even 700 millions.

Now the shock protective system has become a quality mark of every wrist watch. Today watches are shock resistant, if they can fall on a hardwood floor from a height of 1 m or can suffer a corresponding blow without being damaged and without beginning to vary more than 60 seconds in 24 hours. That means, that in case of energies of the 5000-fold weight of the balance, the shock protective device has to fulfil its duty.

A rival product of "incabloc" was the "Shock Absorber", put on the market in 1925 and at first used only to protect against axial blows. The further developement were the systems "Shock Resist" and in 1933 "Super Shock Resist"

The IWC aviator watch, World War II. 5,000 pieces had been made of this observation watch with non-magnetic inner case.

Die IWC-Flieger-Armbanduhr aus dem Zweiten Weltkrieg. Von dieser großen Beobachtungsuhr mit antimagnetischem Innengehäuse wurden 5000 Stück hergestellt.

Ausschaltung des Magnetismus

Andere Bemühungen galten der Ausschaltung des Magnetismus, der den Gang der Uhr beeinträchtigen und sogar zum Stillstand bringen konnte. Schon in den dreißiger Jahren versuchte man das Werk vor Kraftfeldern (Elektromotoren usw.) durch Kalotten zu schützen. Bei Omega bestand dieser Mantel aus Weicheisen. Die magnetischen Einflüsse konnten nicht nur durch solche Innengehäuse abgewehrt, sondern auch dadurch ausgeschaltet werden, daß bei feinen Uhren für Anker und Ankerrad statt Stahl Gold verwendet wurde.

War eine Uhr durch magnetische Einflüsse beeinträchtigt, mußte sie entmagnetisiert werden. Es war nicht ganz einfach, dies zu bewerkstelligen. Um überprüfen zu können, inwieweit eine Uhr magnetisch war, schlug Jendritzki in seinem Reparaturleitfaden vor, selbst aus einem Taschenuhr-Federhaus einen Kompaß anzufertigen, da ein einfacher Kompaß zu unempfindlich sei und ein astatisches Nadelpaar überempfindlich reagiere.

Armbanduhren für Piloten

Schon für die Pioniere der Luftfahrt waren gut ablesbare, robuste und genau gehende Uhren wichtig. Sie mußten sich auf den Zeitmesser verlassen können, um die entsprechenden Orts- und Flugdauerbestimmungen exakt durchführen zu können. Die erste Armbanduhr, die für einen Flieger entwickelt wurde, war die von Louis Cartier für den Brasilianer Alberto Santos-Dumont aus dem Jahr 1904. Sie erfüllte ohne Zweifel alle drei Anforderungen.

Als Charles Lindbergh 1927 die Strecke New York – Paris erstmals im Nonstoppflug bewältigte, unterstützten sein Unterfangen zwei Armbanduhren. Der Flugpionier trug eine rechteckige Bulova mit gut ablesbarem Zifferblatt, kleiner Sekunde und Gliederarmband. Longines hatte ihn mit einer Spezialuhr für das Handgelenk ausgestattet. Das runde Modell mit Lederband zeigte nicht nur zuverlässig die Zeit an, sondern verfügte im Zentrum auch über ein verhältnismäßig großes Sekundenzifferblatt mit Zeiger aus der Mitte. Die für Langstreckenflieger konstruierte Uhr zeigte auf Grund spezieller Skalen den Greenwicher Sonnenzeitwinkel direkt an. Diese Stundenwinkel-Armbanduhr gab es nach 1932 in mindestens zwei Ausführungen. Eine hatte einen Durchmesser von 47 mm, die andere einen von rund 35 mm. Bestückt waren sie mit dem 10linigen Kaliber 10.68Z mit 17 Steinen.

Auch Omega war mit von der Partie, wenn es um die Ausstattung von Flugzeugbesatzungen ging.

So waren 1933 alle Mannschaften der 25 am Fliegerrennen Rom–Chicago teilnehmenden Wasserflugzeuge des Feldmarschalls Italo Balbo mit Armband-Chronographen der Marke Omega ausgestattet. Da Balbo italienischer Luftfahrtminister war, wurde Omega sogar offizieller Lieferant der königlichen italienischen Luftfahrt.

Rolex verwies seinerseits mit Stolz auf den englischen Fliegerleutnant Owen Cartheart Jones, der auf seinem Flug London – Melbourne – London eine Oyster trug, die er vor seinem Start gerichtet hatte. Nach der 12tägigen Reise über eine Entfernung von 40.000 km ging der kleine Zeitmesser noch immer bis auf wenige Sekunden genau. „Wenn man in Betracht zieht", hieß es in einer Würdigung, „daß der Flieger nicht nur die extremsten Klimata durchflog – er verließ England im Winter und kam in Australien im Hochsommer an –, sondern daß die Uhr zudem gewaltige Höhendifferenzen und vor allem unterschiedlichem atmosphärischen Druck ausgesetzt war, so darf man sagen, daß das Resultat einen der schönsten Beweise für die Überlegenheit der Schweizer Uhrentechnik darstellt und die Rolex-Oyster sicher ein bemerkenswertes Erzeugnis dieser Technik ist."

Für die Luftwaffe erlangten die Beobachtungsuhren Bedeutung. Ihr Hauptmerkmal war die Unruhstoppung, die mittels Zugs der Krone erfolgte. Wurde die Krone wieder gedrückt, lief die Uhr weiter. Der praktische Wert bestand darin, daß die Uhr zeitzeichengenau eingestellt werden konnte. Außerdem hatte man es bei diesen Beobachtungsuhren mit Präzisionszeitmessern und großkalibrigen Kon-

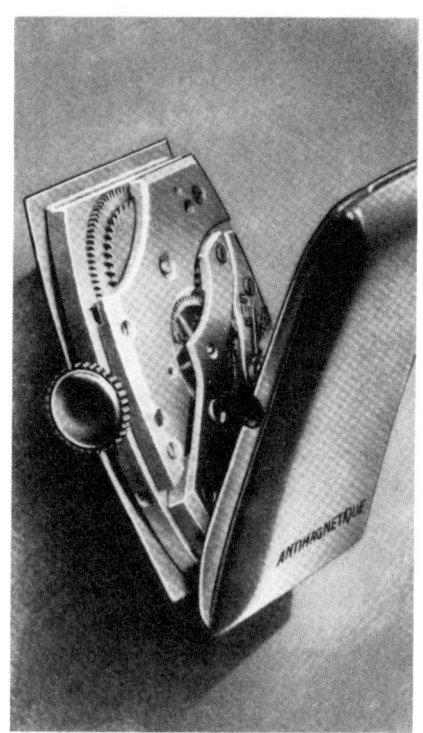

Qualité

La Fabrique Tissot peut garantir la qualité de ses montres. Elle s'appuie sur une expérience presque centenaire. Les mouvements de ses montres sont fabriqués entièrement dans ses propres usines.
Toute montre Tissot, avant de quitter l'usine, subit un sévère examen de réglage.

Qualität

Die Tissot-Fabrik kann die Qualität ihrer Uhren garantieren, denn sie verfügt über eine bald 100 jährige Erfahrung und stellt sämtliche Teile ihrer Uhrwerke her.
Jede Tissot Uhr unterliegt einer strengen Gangkontrolle bevor sie die Fabrik verlässt.

Depuis 1853

le nom Tissot désigne des montres de qualité. Vous pouvez vous fier à leur précision.
Si votre montre Tissot subit un accident, tout concessionnaire Tissot vous la réparera rapidement, car ses pièces sont interchangeables.
Libérée des influences électriques, la montre Tissot est antimagnétique.

Seit 1853

bezeichnet der Name Tissot ausschliesslich Qualitätsuhren. Sie können sich also stets auf ihre Genauigkeit verlassen. Ihre Tissot kann rasch und ohne grosse Kosten bei jedem Tissot Vertreter repariert werden, da alle Teile auswechselbar sind. Die Tissot Uhr kennt keine Gangstörungen durch Magnetisierung, denn sie ist antimagnetisch.

Tissot publicity concerning the non-magnetic watch. Years 30ies.

Tissot-Werbung für die antimagnetische Uhr (dreißiger Jahre).

Avantages
des modèles étanches Tissot

Les montres imperméables Tissot ne laissent pénétrer ni les poussières, ni l'eau. Elles sont rigoureusement contrôlées sous une pression de 2 atmosphères. Les boîtiers sont en acier inrouillable, leur système de fermeture est patenté. Les vis et les charnières vulnérables à la rouille ont été supprimées, d'où sécurité parfaite.
La glace est incassable, le bracelet cuir, imperméable à l'eau, le mouvement, protégé contre les chocs.

Vorteile
der wasserdichten Tissot Modelle

Die wasserdichten Tissot Modelle sind absolut wasser- und staubsicher. Die Dichtheit wird unter einem Druck von 2 Atmosphären geprüft. Die Gehäuse sind aus rostfreiem Stahl mit patentiertem Verschlusssystem, ohne Schrauben und Scharniere (da diese Teile stets eine Rostgefahr bergen). Das Glas ist unzerbrechlich, das Lederband wasserdicht, das Werk stossgesichert.

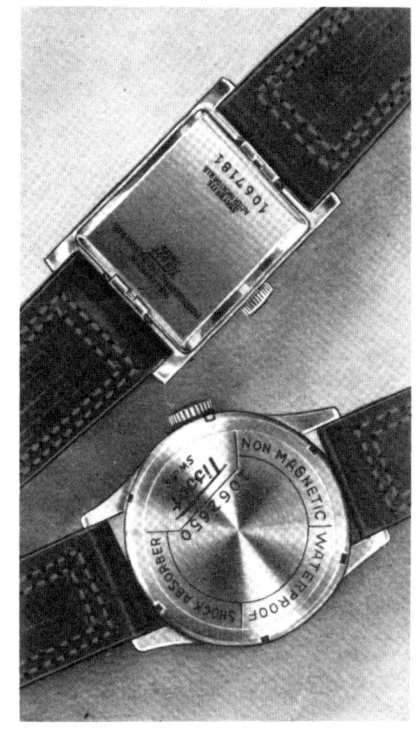

Antimagnétisme

Les influences des champs magnétiques émanant des appareils électriques qui nous entourent sont néfastes à la bonne marche d'une montre habituelle. Ce danger n'existe pas pour la Tissot, parce qu'elle est antimagnétique.
Les usines Tissot possèdent un laboratoire de recherches et de contrôle dont les appareils de vérification des plus sensibles sont uniques en leur genre. Ils permettent d'éprouver scientifiquement l'antimagnétisme de chaque montre Tissot.

Antimagnetisch

Zahlreiche elektrische Apparate entsenden magnetische Ströme, die den Gang gewöhnlicher Uhren stören. Die Tissot Uhr kennt diese Gefahr nicht, denn sie ist antimagnetisch.
Die Tissot-Fabrik verfügt über eine Versuchs- und Kontrollabteilung, die mit den modernsten und empfindlichsten Apparaten zur wissenschaftlichen Prüfung der antimagnetischen Eigenschaften ausgerüstet ist.

(with a hole jewel put into an annular spring). The system was very requested till after the war.

In the thirties Helvetia put into its watches a very special shock protective device.

The progress was so enormous, that the publicity used definitions like "for highest-duty service", "unbreakable watch", "able to endure the most violent shocks", "shock-resisting" and so on.

In the fifties some manufacturers used to write the name of the shock protective system on the dial.

Avoiding the effects of magnetism

Other efforts were made to avoid the influence of the magnetism that is able to cause considerable variations in the daily rate and even can stop the watch. Already in the thirties one tried to protect the movement against magnetic fields (electric motors and so on). Omega used a casing jacket made of soft iron. But one could avoid magnetic influences not only using inner cases of this kind, but also using gold instead of steel for lever and escape wheel in precious watches.

If a watch was affected by magnetic influences, it had to be demagnetized. This was not easy to do. To be able to examine the amount of magnetism retained in a watch, Jendritzki proposed in his repair manual to make a special compass, using the barrel of a pocket watch, because a common compass is too insensitive, and an antistatic pair of needles is responding oversensitively.

Wrist watches for pilots

Already the pioneers of aviation needed easily legible and solid precision watches. They had to rely on their timepiece to be able to make exact position findings and to determine the duration of a flight. The first wrist watch developed for aviators was made by Louis Cartier for the Brazilian pioneer Alberto Santos-Dumont (1904). Undoubtedly it met all requirements above mentioned.

When in 1927 Charles Lindbergh covered the distance New York–Paris for the first time in a non-stop-flight, he wore two wrist watches: a rectangular Bulova with an easily legible dial, subsidiary seconds and a flexible metal watch band. Longines had given him a special wrist watch: the round model with leather band indicated not only the exact time, but it had a relatively large second dial in the center. This watch, made for long-distance-flights, indicated also the hour angle of sun from Greenwich meridian.

After 1932 one could buy this wrist watch indicating the hour angel in at least two different versions: one of them with the diameter of 47 mm, the other one with a diameter of 35 mm. They were both equipped with the calibre 10.68Z (10 lignes, 17 jewels).

Omega too was concerned in the equipment of air crews. In 1933 each crew of the 25 hydroplanes of the fieldmarshal Italo Balbo that took part on the air competition Rome – Chicago was provided with wrist chronographs of Omega. Balbo was the Minister of Civil Aviation of Italy, and therefore Omega became the official supplier of the royal Italian aviation.

Rolex speaks with a certain pride of the English pilot officer Owen Cartheart Jones who wore an Oyster on his flight London – Melbourne – London. This watch had been set before his start. After a flight of 40.000 km in 12 days the small timepiece still indicated the exact time. "If one considers the extreme climatic conditions", they told, "– the aviator left England in winter and arrived in Australia in summer –, and if one considers that the watch had to suffer enormous differences of altitude and atmosferic pressure, we can say, that this is the best proof of the superiority of Swiss watch industry. The Rolex-Oyster is a remarkable product of this ability."

The observation watches became very important for the air force. Their chief characteristic was the stopping of the balance by drawing out the winding crown. After the pushing back of the crown, the watch continued running. Thus

struktionen zu tun. Die Modelle in der Schweiz und in Deutschland hatten einen Durchmesser von 55 mm. In Deutschland mußte jede Beobachtungsuhr für das Handgelenk mit einem amtlichen Gangzeugnis ausgestattet sein. Verpackt war das Instrument im Stahl- oder Aluminiumgußgehäuse, das Zifferblatt war schwarz und mit Leuchtmasse für das Ablesen bei Dunkelheit versehen.

Die Beobachtungs-Armbanduhr, die Wempe in Hamburg lieferte, war mit dem Schweizer Werk Thommen vom Kaliber 36 bestückt. Das Werk mit einem Durchmesser von 41,85 mm war vergoldet, die Räder waren rotvergoldet, die Triebe poliert. Der technische Steckbrief: 15 Steine, 4 verschraubte Chatons, 4fach in Lochsteinen mit Decksteinen gelagerte Unruh, Lochsteine oliviert und bombiert, ohne Stoßsicherung, Beryllium-Unruh mit Regulierschrauben zur Temperaturreglage, Breguetspirale, Feinregulierung mit Schneckenscheibe, Kleinbodenrad mit verlängertem Zapfen für das Übertragungsrad zum Zentralsekundentrieb unter der zusätzlichen Sekundentriebbrücke, Friktionsfeder für Sekundentrieb, Stahlaufzugsräder und Sperrkegel poliert, Federhaus mit Stahlzugfeder, an Zeigerstellung gekoppelte Bremsfeder zur Unruh.

Große Flieger-Armbanduhr aus den dreißiger Jahren. Im Gehäuse: RLM NAV. B-Uhr 0369. Gehäusedurchmesser 51 mm. Bestückt ist sie mit dem Valjoux-Kaliber 61.

Large aviator wrist watch, Valjoux calibre 61, made in the thirties. In the case: RLM NAV. B-Uhr 0369. Case diameter: 51 mm.

the watch could be set exactly according to the time signal. These observation watches with their great calibres were precision timepieces. The models of Switzerland and Germany had a 55 mm diameter. In Germany, every observation wrist watch had to have an official certificate of rate. The watch was put into a cast steel or aluminium case, the dial was black and provided with a luminescent substance to enable the reading of the time also at night.

The observation wrist watch delivered by Wempe of Hamburg had the Swiss movement Thommen – calibre 36. The movement with a 41,85 mm diameter was gilded, the wheels were red gilded, the train wheels polished. The technical description: 15 jewels, 4 jewels in screwed settings, fourfold jewelled bearings of the balance, dished hole jewels, no shock protective device, beryllium balance studded with screws for regulation, Breguet hairspring, micrometer adjustment, polished steel winding wheels and steel barrel spring.

The wrist watch with stopping device

In the field of short-time-measuring the pocket chronograph remained a rival of the wrist chronograph. Nevertheless there also existed wrist watches with stopping devices. Already in 1910 Moeris produced a stop watch worn on a leather band. According to an advertisment Omega made such watches already in 1913. The Omega chronograph had the size of a pocket watch and could be put around the wrist by means of a leather band. The movement and the additional stopping mechanism were positioned in a round case with joints. The successful method of using central seconds hands for the stopping process had been applied again. The dial for the 15 minutes recorder was at the figure three, that of the subsidiary seconds at the figure 9.

The Breitling wrist chronograph from 1915 differed from the Omega model, as it possessed a 30 minutes recorder. The solid push-piece for starting, stopping and returning to "zero" was by the figure two. The Vacheron wrist chronograph from 1917 also had a 30-minutes recorder.

An advertising folder of Longines of the year 1920 shows – on two pages facing each other – the same chronograph of 13 lignes with 1/5 second and 30 minutes recorder: on the one page as a pocket watch, on the other one as a wrist watch. Both models have a little pin for the setting of the hands on the left side of the winding crown.

The silver case of the Alpina chronograph from 1930 was not round but somewhat curved. Here too the solid push-piece is remarkable. It is a typical external characteristic of many chronographs of the thirties. This remarkable push-piece can also be found at the Tissot model and the Minerva model. Both of these movements have no shock protective device.

In 1930 Ulysse Nardin put on the market a model of 13 lignes with a device for measuring the pulse rate. It was a movement with 19 jewels and a Breguet hairspring. In 1935 Cyma also sold a pulsimeter chronograph. The push-piece was in the crown. The gold version had a white dial and a 34 mm diameter. In the thirties there were sold chronographs with tachometer and telemeter dials. Doxa and some other firms prefered the black dial. In the jubilee catalogue of Doxa from 1939 there are five different models. All of them have two push-pieces to allow an interruption and resumption of the measuring process. The stopping mechanism was on the back plate and was controlled by a control gear. The mechanism without control gear was developed only at the beginning of the fifties.

In 1937 Mido presented the first "waterproof" chronograph. The Tutima wrist chronograph was the contribution of Glashütte. This model (calibre 59) was a top-quality product of the Uhrenfabrik AG (UFAG). The movement of 15 lignes had 21 jewels, a monometallic balance, studded with screws, a self compensating Breguet hairspring, a "Shock-Resist" shock protective device, 1/5 second and a 30-minutes recorder.

Just in the thirties Patek Philippe sold a split-seconds chronograph permitting the timing of two different events si-

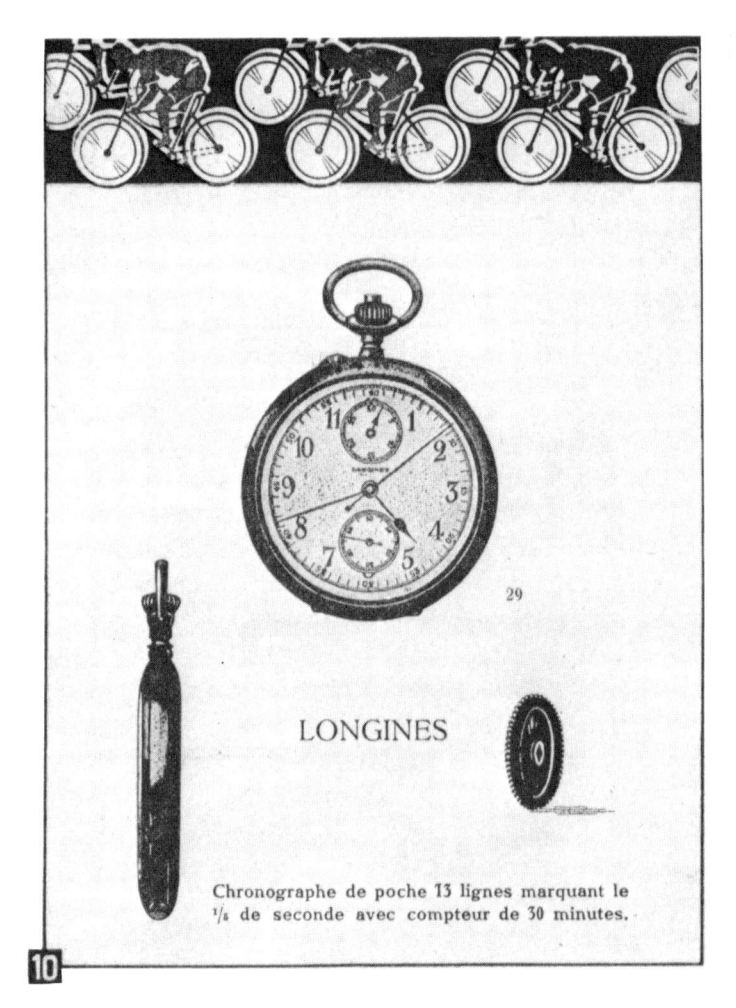

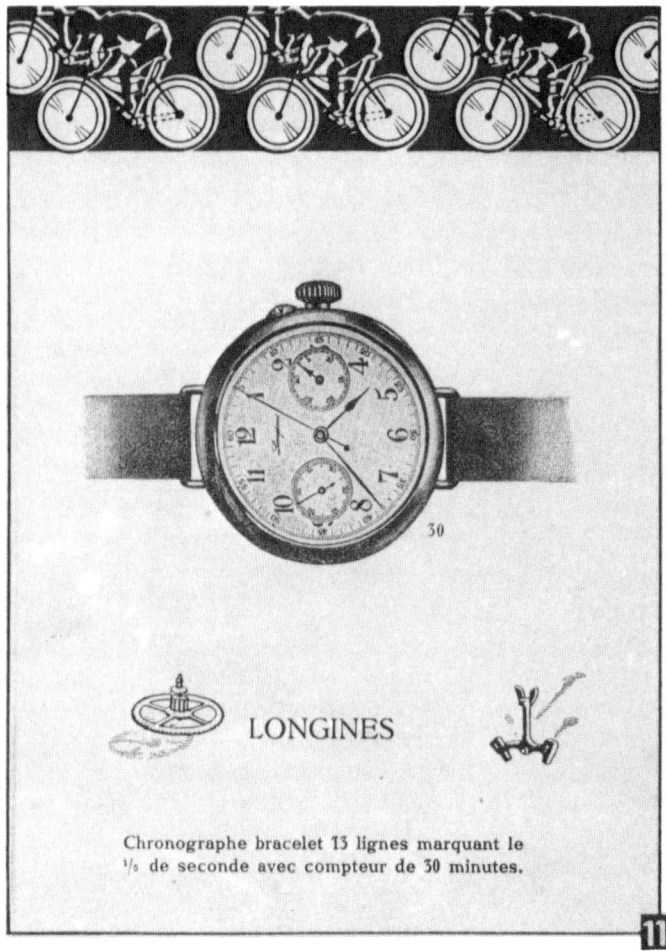

Longines chronographs from 1920: one for the pocket, one for the wrist.

Der Chronograph von Longines aus dem Jahr 1920: einmal für die Westentasche, einmal für das Handgelenk.

multaneously. Other chronographs had a perpetual calendar and a moonphase mechanism. In 1950 the firm, searching for perfection, reserved the factory serial numbers from 867815 to 869999 for the calibre with calendar and/or chronograph.

During World War II some manufacturers of Switzerland started a publicity campaign concerning the wrist chronograph. In 1943, Leonidas of Saint-Imier called the attention to his model with 12 hours recorder, and Pierce of Biel recommended his model with 60 minutes recorder (and official certificate of rate.)

From 1938 on Eberhard sold a wrist chronograph with minutes and hours recorder.

The year 1969 brought the first selfwinding wrist watches with chronograph mechanism.

Omega and the wrist watch

Hardly there is another firm which has gained more merit concerning wrist watches than Louis Brandt & Frère of Biel with their Omega watches.

Among others, the rectangular man's wrist watch with the hidden winding crown by figure 12 was a speciality of the thirties. The crown could be seen only if one opened the case. Another model had – because of protection against dust – caovered dial when the double case was closed. It could be opened like a match box. Omega wanted to offer wrist chronographs and to guarantee technical progress. At watch trial competitions Omega could achieve overwhelming good results again and again. In 1940 Omega broke every record at the Observatory of Kew Teddington presenting four wrist watches (30 mm diameter). In 1946 at Kew Teddington there was registered a new record: the result of 92,7 points for a wrist chronometer, unreached till then. Such news flattered the owners of Omega watches and brought new customers. For instance, from 1939 to 1945 the British governement ordered some ten thousands of waterproof steel wrist watches for the royal Air Force. Thus the famous "Seamaster" was born.

Omega is very interesting for collectors. The firm always tried to find new ways, giving its watches an individual touch. Sombody will remember the pocket watch in the solid silver case, the movement of which could be turned up when the screwed bezel was taken away. In 1920 the wrist watches were provided with a similar construction. The movement was fastened to the silver case by means of a joint and could be turned up. The dial was made of black enamel and was provided with a luminescent substance.

Gold man's chronograph wrist watch with 30 minutes recorder. Movement: 12½ lignes, lever escapement, Breguet hairspring. Omega, circa 1935.

Goldene Herren-Armbanduhr mit Chronograph und 30-Minuten-Zähler. 12½liniges Ankerwerk, Breguetspirale. Omega, um 1935.

1865 - 1926

Georges Eberhard, fondateur de la Manufacture d'Horlogerie Eberhard & Co., à La Chaux-de-Fonds, crée le chronographe Eberhard & Co. de poche, qui gagne par sa qualité et sa précision réputées, une clientèle d'élite.

Le chronographe Eberhard & Co. se répand rapidement, et son nom ne sera jamais utilisé que pour des pièces de qualité.

Eberhard in La Chaux-de-Fonds brachte 1939 eine kurzgefaßte illustrierte Firmengeschichte heraus, die die Entwicklung des Chronographenprogramms im Unternehmen vermittelt. (Für die Reproduktion stand lediglich eine Fotokopie zur Verfügung.)

In 1939 Eberhard (La Chaux-de-Fonds) published an illustrated outline of the firm's history showing the growth of its chronograph programm. (For our reproduction we could use only a fotocopy.)

1919

Georges et Maurice Eberhard, prennent la direction de la Maison Eberhard & Co., et lancent un chronographe bracelet qui se révèle immédiatement digne d'une marque sans défaillance.

Le chronographe bracelet Eberhard & Co. est accueilli d'emblée par tous les sportifs qui comprennent la joie de posséder une montre irréprochable.

1935

Le chronographe Eberhard & Co. subit une nouvelle impulsion, par la création de la pièce à 2 poussoirs, qui ajoute à la perfection technique des possibilités de contrôle nouvelles.

Le chronographe simple tend à disparaître, supplanté par cette nouvelle création, plus complète, que la Maison Eberhard & Co. s'attache à fabriquer avec un soin toujours plus grand.

1938

Pour la première fois un chronographe bracelet est fabriqué avec compteur d'heures, et le siècle des records l'accueille avec enthousiasme.

C'est une fois de plus la Maison Eberhard & Co. qui apporte sa contribution créatrice à cette invention.

1939

Eberhard & Co. Manufacture d'Horlogerie à La Chaux-de-Fonds, annoncent une nouvelle révolution dans la fabrication du chronographe.

L'unique chronographe compteur bracelet, **avec rattrapante,** sortira de la coquille dès 1939.

Une fois de plus, Eberhard & Co. est initiateur d'un progrès scientifique, et donne à la vente du chronographe un essor nouveau.

Le chronographe compteur bracelet, **avec rattrapante,** est une merveille de la technique moderne.

Tissot MEDIOSTAT

FÜR OFFIZIERE, INGENIEURE UND TECHNIKER

Besonders praktisch für Offiziere und Techniker ist der neue Tissot-Mediostat mit nur 1 Drücker, der drei Funktionen erfüllt. Bei normaler Stellung des Drückers läuft der grosse Sekundenzeiger synchronisch mit dem Werk. Beim Druck bis zum 1. Anschlag wird der grosse Sekundenzeiger gestoppt. Beim Druck bis zum 2. Anschlag springt der grosse Sekundenzeiger auf Null. Bei Freilassen des Drückers wird der grosse Sekundenzeiger wieder in Gang gesetzt.
Der Mediostat ist der einfache, zuverlässige und vorteilhafte Zeitmesser der neuen Zeit.

Patent No 71 k 208.585

Zens. Nr. VI B 1017

Aus einem Tissot-Katalog von 1942.

From a Tissot catalogue (1942)

Die Armbanduhr mit Stoppfunktion

Auf dem Gebiet der Kurzzeitmessung blieb der Chronograph in Form der Taschenuhr ein hartnäckiger Gegenspieler des Armband-Chronographen. Trotzdem verirrte sich in die sportlichen Kollektionen hin und wieder eine Uhr mit Stoppfunktion. Moeris pries bereits 1910 die am Lederband zu tragende Stoppuhr an. Omega hatte laut einer Annonce den Kurzzeitmesser schon 1913 im Armbanduhren-Programm. Der Omega-Chronograph hatte Taschenuhrgröße und wurde mittels Lederbandes ans Handgelenk geschnallt. Uhrwerk und Zusatzmechanismus befanden sich in einem runden Scharniergehäuse. Die bewährte Methode, für den Stoppvorgang einen zentralen Zeiger zu verwenden, war beibehalten worden. Das Hilfsziffferblatt für die Zählung des Meßvorganges von höchstens 15 Minuten befand sich in Höhe der 3, das der kleinen Sekunde in Höhe der 9.

Der Breitling-Chronograph für das Handgelenk von 1915 unterschied sich vom Omega-Modell insofern, als er mit einem 30-Minuten-Zähler ausgestattet war. Der massive und breite Drücker für das Ingangsetzen, Stoppen und Nullstellen des Mechanismus für den Meßvorgang lag bei der 2.

Die Vacheron-Armband-Chronographen von 1917 verfügten gleichfalls über einen 30-Minuten-Zähler.

Ein Longines-Prospekt aus dem Jahr 1920 zeigt auf zwei gegenüberliegenden Seiten den gleichen 13linigen Chronographen mit $\frac{1}{5}$ Sekunde und 30-Minuten-Zähler, und zwar einmal als Taschenuhrmodell und einmal als Modell für das Handgelenk. Beide Varianten haben links von der Aufzugskrone den kleinen Stift für die Zeigerstellung der Uhr. Die Armband-Chronographen haben bis dahin ziemlich einheitlich abstehende Drahtbügel, die dem Armband zwischen Gehäuse und Bügel viel Spielraum lassen.

Das Silbergehäuse des Alpina-Chronographen von 1930 war nicht rund, sondern leicht geschweift und hatte Bandanstöße. Auffallend auch hier der breite und dicke Drücker.

Er bildete ein typisches äußeres Merkmal für viele Chronographen der dreißiger Jahre. Dieser markante Drücker prägte auch das Tissot-Modell und das Minerva-Modell. Beide Uhrwerke entbehrten noch der Stoßsicherung.

Ulysse Nardin war um 1930 auf dem Markt mit einem 13linigen Modell mit Pulszähler vertreten. Das Werk hatte 19 Steine und Breguetspirale.

Auch Cyma bot um 1935 Ärzten einen Armband-Chronographen mit Pulszähler an. Der Drücker war in der Krone untergebracht. Die Goldausführung hatte ganz zarte Hörner für die Bandstege und ein weißes Emailzifferblatt. Der Werkdurchmesser betrug 34 mm.

In den dreißiger Jahren wurden weiters Chronographen mit Tachometer- und Telemeterskalen angeboten, Doxa und andere bevorzugten das schwarze Zifferblatt. Im Doxa-Jubiläumskatalog von 1939 sind fünf verschiedene Modelle abgebildet. Sie verfügen ausnahmslos über zwei Drücker. Diese erlaubten eine Unterbrechung und Wiederaufnahme des Meßvorganges. Der Stoppmechanismus war auf der hinteren Platine aufgebaut und wurde über ein Schaltrad gesteuert. Die Konstruktion ohne Schaltrad wurde erst zu Beginn der fünfziger Jahre entwickelt.

Mido hatte 1937 den ersten „wasserdichten" Chronographen vorgestellt.

Der Tutima-Armband-Chronograph war der Beitrag aus Glashütte. Es handelte sich bei diesem Modell Kaliber 59 um ein Spitzenprodukt der Uhrenfabrik AG (UFAG). Das 15linige Werk besaß 21 Steine, monometallische Schraubenunruh, autokompensierende Breguet-Spirale, Shock-Resist-Stoßsicherung, $\frac{1}{5}$ Sekunde, 30-Minuten-Zähler.

Die Manufaktur Patek Philippe lieferte schon in den dreißiger Jahren Armband-Chronographen mit Schleppzeiger, was die Messung zweier verschiedener Vorgänge erlaubte. Andere Chronographen waren noch mit ewigem Kalender und Mondphase ausgerüstet. In seinem Perfektionsstreben reservierte das Unternehmen 1950 die Werksnummern von 867815 bis 869999 für das Kaliber 13 mit Kalender und/ oder Chronograph.

Während des Zweiten Weltkrieges starteten Schweizer

The "Medicus" of the thirties, a rectangular man's wrist watch, had center seconds. Other manufacturers divided the dial of the so-called doctor-watches into two similar parts for separate hour and second dials. But Omega put the second dial in the center. In 1935 Omega made a man's model with a movement of 11¾ lines, that had no shock protective device but was provided with four jewels in screwed settings and a Breguet hairspring. In the following decades too Omega made every effort to produce precision watches like the wrist chronometer of the fourties, the first selfwinding models of the post-war time, among others a watch with power reserve indicator, the man's watch with balance stopping (a small push-piece by figure 8), the wrist tourbillon of 1948, the "Constellation" and so on.

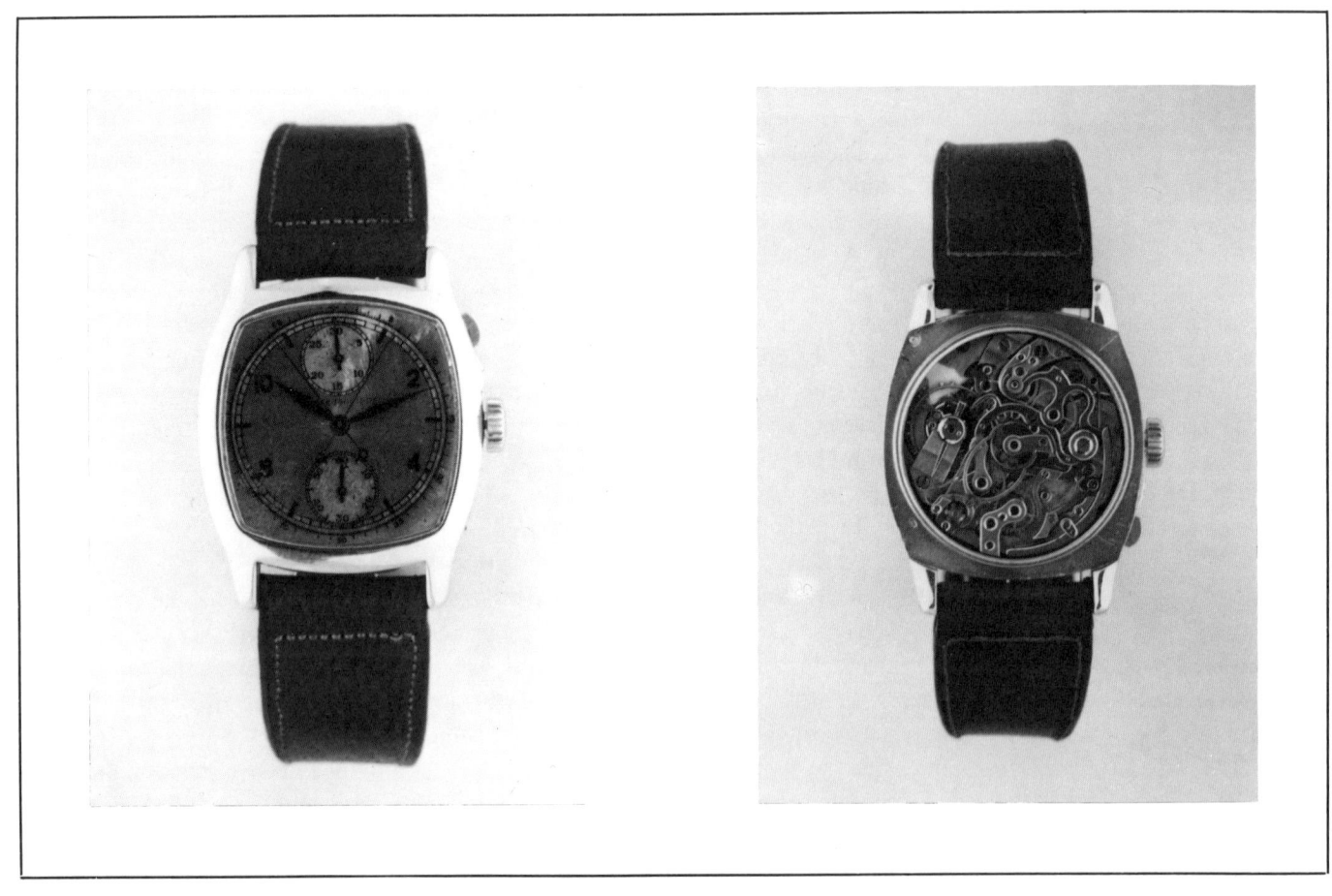

Goldene Herren-Armbanduhr mit Chronograph (Schleppzeiger und 30-Minuten-Zähler). Patek Philippe.

13½liniges rhodiniertes Ankerwerk, 32 Steine.

Man's chronograph wrist watch with split-second mechanism and 30 minutes recorder. 18 carat massive gold. Patek Philippe.

Movement: 13½''', rhodiumed, lever escapement, 32 jewels. Push-piece for the split-seconds and for the chronographer by the crown, blocking bolt for push-pieces.

Fabrikanten eine Werbekampagne für den Chronographen am Handgelenk. Leonidas in Saint-Imier machte 1943 in einer Anzeige auf sein Modell mit 12-Stunden-Zähler aufmerksam, und Pierce in Biel wies auf sein Modell mit 60-Minuten-Zähler (und offiziellem Gangschein) hin. Eberhard hatte ab 1938 einen Armband-Chronographen mit Minuten- und Stundenzähler im Handel.
Die ersten automatischen Armbanduhren mit Chronographenmechanismus brachte das Jahr 1969.

Omega und die Armbanduhr

Kaum ein anderes Unternehmen hat sich mehr Verdienste um die Armbanduhr erworben als die Bieler Firma Louis Brandt & Frère mit ihrer Marke Omega.
Eine Spezialität der dreißiger Jahre war u. a. das rechteckige Herrenmodell mit der verborgenen Aufzugskrone in Höhe der 12. Die Krone wurde erst sichtbar, wenn man das Gehäuse auseinanderschob. Eine andere Kreation hatte auch das Zifferblatt aus Gründen des Staubschutzes verdeckt, wenn das Doppelgehäuse geschlossen war. Es ließ sich wie eine Zündholzschachtel öffnen. Seiner Verpflichtung, Armband-Chronographen anzubieten, war Omega ebenso treu geblieben wie dem Bemühen, technische Fortschritte zu garantieren.
Bei Ganggenauigkeitswettbewerben konnte Omega immer wieder grandiose Erfolge erzielen. 1940 schlug die Schweizer Marke mit vier Armbanduhren (Ø 30 mm) am Observatorium Kew-Teddington alle Rekorde. 1946 wurde in Kew-Teddington ein neuer Rekod verzeichnet: das bisher weltweit unerreichte Resultat von 92,7 Punkten für Armbandchronometer. Solche Meldungen schmeichelten den Besitzern von Omega-Uhren und brachten der Marke neue Kunden. Von 1939 bis 1945 bestellte beispielsweise die britische Regierung einige Zehntausend wasserdichte Stahl-Armbanduhren, um damit die Royal Air Force auszurüsten. So entstand die bekannte „Seamaster".
Omega bietet sich als dankbares Sammelgebiet an. Man ging immer eigene Wege und suchte individuell zu sein. Der eine oder andere wird sich des Taschenuhrmodells mit dem massiven Silbergehäuse erinnern, bei dem nach dem Abnehmen des verschraubten Glasringes das Werk nach vorn herauszuklappen war. Bei den Armbanduhren gab es um 1920 eine ähnliche Konstruktion. Das Werk war mittels eines Scharnieres am silbernen Gehäuse befestigt und konnte hochgeklappt werden. Das Zifferblatt war aus schwarzem Email und mit Leuchtmasse versehen. Aus 1924 ist eine Armbanduhr mit eigenwilligen (beweglichen) Bandanstößen bekannt. Die „Medicus" der dreißiger Jahre, eine rechteckige Herren-Armbanduhr, hatte einen zentralen Sekundenzeiger, und das sonst übliche kleine Sekundenzifferblatt lag in der Mitte und nahm fast die ganze Breite ein. Andere teilten das Zifferblatt der sogenannten Doktoruhren in zwei gleiche Hälften, um zwecks besserer Ablesbarkeit mehr Platz für die Sekunde in der unteren Hälfte zu haben; Omega hingegen legte quasi das vergrößerte Sekundenzifferblatt auf das Stundenzifferblatt. Präzision wurde bei Omega großgeschrieben, und so gab es um 1935 ein Herrenmodell mit einem 11¾linigen Werk, das zwar noch ohne Stoßsicherung war, aber über vier verschraubte Chatons und Breguetspirale verfügte.
Dieser Firmenpolitik blieb man auch in den folgenden Jahrzehnten treu, man denke nur an die Armband-Chronometer der vierziger Jahre, die ersten Automatic-Modelle der Nachkriegszeit, u. a. mit Anzeige der Gangreserve, das Herrenmodell mit Unruhstoppung (kleiner Drücker bei der 8), das Armband-Tourbillon von 1948, die „Constellation" usw.

Produkte der Experimentierfreude

Die zunehmenden Erfolge beflügelten einzelne Armbanduhren-Hersteller zu enormen Leistungen und zu gesteigerter Experimentierfreude, deren Ergebnis in Spezialitäten gipfelte, die wiederum entweder Vorläufer späterer Entwicklungen darstellten oder Sonderkonstruktionen waren, die heute jedes Sammlerherz höher schlagen lassen.

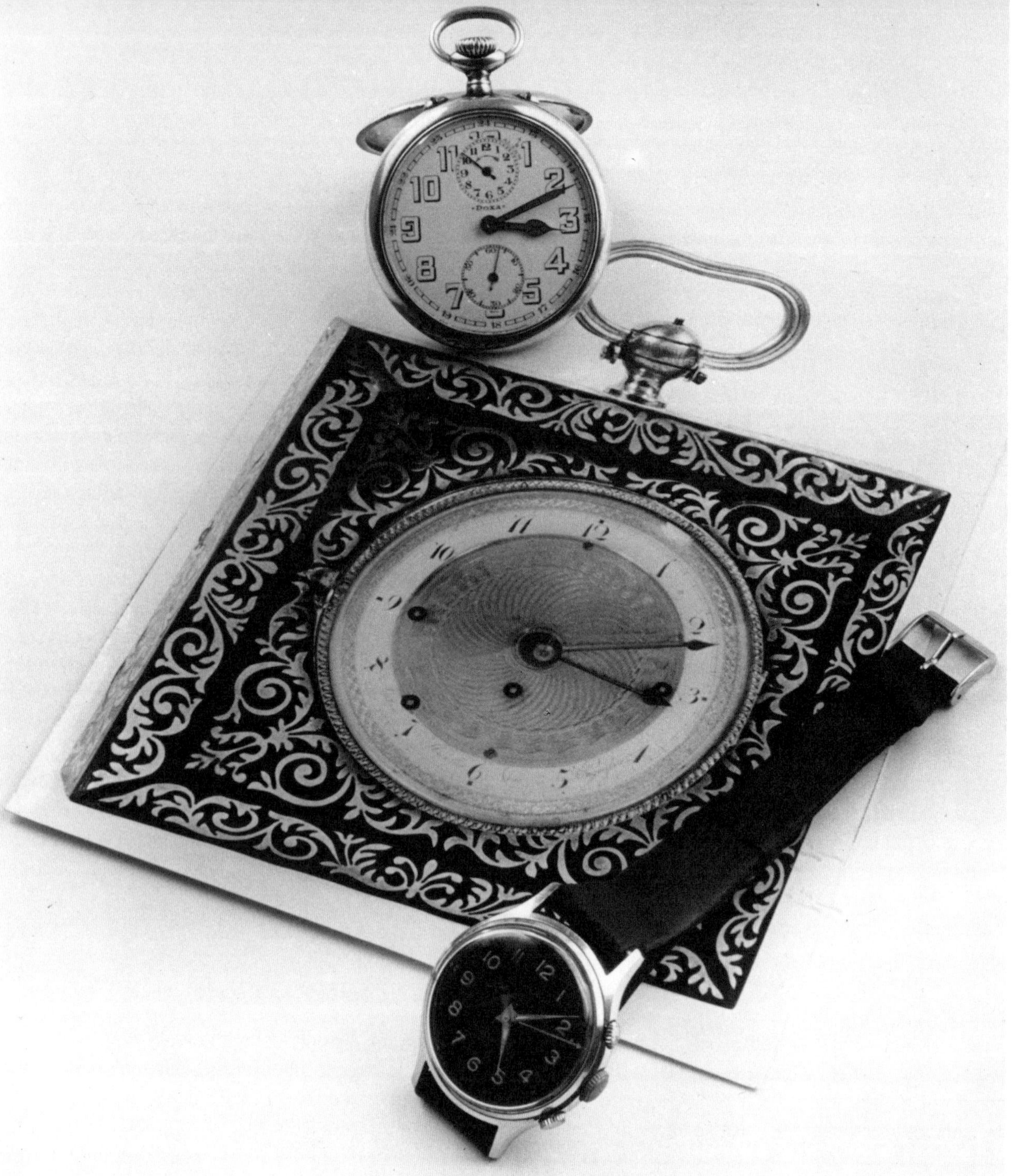

Automatische Herren-Armbanduhr. Stahlgehäuse. Nach einem Patent von L. Hato. Das Werk ist auf Kugeln in zwei Schienen gelagert und zieht sich durch Bewegung in Längsrichtung auf. An Stelle der Aufzugskrone gibt es ein waagrecht angeordnetes Zahnrädchen zum Stellen der Zeiger. 8³/₄liniges Ankerwerk, 17 Steine, Breguetspirale. Rolls, Blancpain. 1930.

Selfwinding man's wrist watch. Steel case. According to patent L. Hatot. Instead of a winding crown there is a toothed wheel for hand setting. Movement: 8³/₄ lignes, lever escapement, 17 jewels, Breguet hairspring. Rolls, Blancpain. 1930.

Man erinnere sich der Polyplan von Movado aus dem Jahr 1912. Sie war ein ausgesprochen schönes Modell mit einer ausgefallenen technischen Konstruktion. Die schmale und längliche Armbanduhr war so gestaltet, daß sie sich der Wölbung des Handgelenks anpaßte. Wie bei allen Movado-Modellen, war auch hier das Gehäuse gediegen ausgeführt. Die Halterung für das Armband war bereits ins Gehäuse integriert, so daß auf die angelötete Kalotte (zeitgenössische Bezeichnung für den Drahtbügel) verzichtet werden konnte. Seitlich war das Gehäuse leicht geschweift, die Aufzugskrone befand sich in Höhe der 12. Das gut lesbare Zifferblatt hatte unterhalb der Mitte ein verhältnismäßig großes Sekundenblatt. Wirft man einen Blick ins Werk, stellt man erstaunt fest, daß es nicht nur den Mittelteil einnimmt, sondern am oberen und unteren Ende geknickt ist und auch den restlichen Platz ausfüllt. So ist die Unruh im schräg zulaufenden unteren Seitenteil plaziert, der Aufzugsmechanismus im oberen. Bei der technischen

Klagenfurter Reise- bzw. Tischuhr von Anton Hueber, um 1820; die Uhr befindet sich in einem massiven Holzgehäuse, Marketerie in Messing. Taschenwecker mit Schlag auf Tonfedern (Doxa). Armbandwecker mit Schlag auf Zapfen im Gehäuseboden (Junghans).

Travelling or table clock by Anton Hueber, Klagenfurt, circa 1820. Massive wooden case with brass inlaid work. – Alarm pocket watch, repeater on gongs (Doxa). – Alarm wrist watch with a hammer striking pins at the bottom of the case (Junghans).

Goldene Herren-Armbanduhr mit tonneauförmigem Gehäuse. 10liniges Ankerwerk, 17 Steine, Breguetspirale. International Watch Co., Schaffhausen, um 1925.

Tonneau shaped man's wrist watch. 18 carat massive gold case. Movement: 10''', nickeled, lever escapement, 17 jewels, Breguet balance-spring. International Watch Co., Schaffhausen, circa 1925.

Results of the pleasure of experimenting

Some wrist watch manufacturers, keen on experimenting and stimulated by the success tried to produce specialities that became forerunners of later developements or rappresented special constructions that are the delight of every collector.

For instance the Polyplan of Movado of the year 1912. It was a beautiful, uncommon watch. This narrow and elongated wrist watch was adapted to the wrist. Like all the other cases of Movado this case too is very solid. The holding device for the watch band was already an integral part of the case and therefore it could do without wire lugs. Lateral the case was somewhat curved, the winding crown was situated by figure 12. The easily legible dial had a relatively large second dial. If one looks at the movement he is surprised to see that it does not occupy only the middle part of the case, but also the rest; the balance is placed in the inferior lateral part, the winding system in the upper part. Concerning the technical equipment, one had spared no costs: three jewels in screwed settings and the "Breguet" hairspring were a matter of course. In 1932 Movado put on the market a new version of this model with the name Curviplan.

The Duoplan of LeCoultre also shows inventive genius and pleasure of experimenting. The elongated movement was divided into two stores, the balance (9,00 mm diameter) was nearly as large as the plate. The winding crown was at the back of the case and partely integrated into it.

Wrist watches with visible balance remained more or less rarities. Round man's wrist watches with eight-day-movement were made already before World War I. Schild made a special ebauche for the Hebdomas.

In 1914 – strange to say – Eterna produced the first wrist alarm watch, a kind of watches that was sold regularely only 35 years later. Soon after World War I Zenith surprised the public with an alarm wrist watch. There were two separate barrels for movement and alarm. The alarm setting indicator was by figure 3, the subsidiary seconds by figure 9. The alarm was caused by a hammer striking a gong. The Breguet hairspring guaranteed a good lever movement.

Sometimes a pocket watch had – in addition to the figures 1–12 – the figures 13–24 too to help the people studying the

Dr. Kurtz was managing director of the UFAG and the UROFA (Glashütte) and tried to establish a watch factory of his own at Pforzheim after World War II. The calibre 25 was a lever escapement of 10¾ lignes with Breguet hairspring, 17 jewels and center seconds.

Dr. Kurtz war Direktor bei der UFAG und UROFA in Glashütte und suchte, nach dem Zweiten Weltkrieg in Pforzheim eine eigene Uhrenfabrikation aufzubauen. Ein Ankerwerk war das Kaliber 25:10 ¾'", Breguet-Spirale, 17 Steine und indirekte Zentralsekunde.

Ausstattung wurde in keiner Weise gespart, die drei verschraubten Chatons waren ebenso selbstverständlich wie die Breguetspirale. 1932 griff Movado dieses interessante Modell noch einmal auf und brachte unter der Bezeichnung Curviplan eine modifizierte Version auf den Markt.
Erfindungsgeist und Liebe zum Experiment verrät auch die Duoplan von Le Coultre um 1932. Das längliche Gehwerk war hier auf zwei Etagen verteilt, die Unruh (Durchmesser 9,00 mm) nahm fast die ganze Breite der Platine ein. Die Aufzugskrone war auf die Rückseite des Gehäuses verlegt und zum Teil in dieses eingelassen.

Mehr oder minder Raritäten blieben die Armbanduhren mit sichtbarer Unruh. Runde Herren-Armbanduhren mit 8-Tage-Werk belebten das Angebot schon vor dem Ersten Weltkrieg. Schild produzierte für die Hebdomas ein eigenes Rohwerk.

1914 – man höre und staune! – präsentierte Eterna den ersten Armbandwecker, einen Uhrentyp, der erst 35 Jahre

Silberne Freimaureruhr für das Handgelenk. 10¼liniges Ankerwerk, 17 Steine. Cervine, um 1940.

Square man's wrist watch with Masonic symbols. Stamped silver case with triangular bezel. Movement: 10¼''', lever escapement, 17 jewels. Cervine, circa 1940.

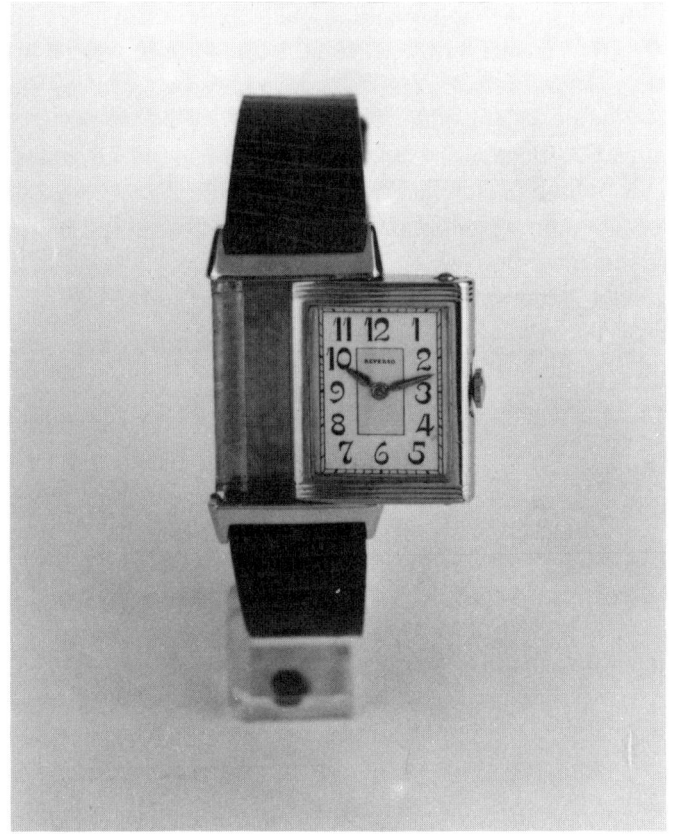

Reverso von LeCoultre. 6¾liniges Formwerk, 15 Steine, Breguetspirale.

Reverso by LeCoultre. Shaped movement, 6¾ lignes, lever escapement, 15 jewels, Breguet hairspring.

time-tables. These indications rarely can be found on wrist watches. In the twenties Tissot had produced such a watch, and about 1955 Universal Genève had made the "Railrouter Chronomètre". The watch of the US paratroopers has this indication even today.

At the beginning of the thirties selfwinding models were made, but they could not prevail on the market. In 1931, the Glycine Watch thought to have found the best solution. Winding system and movement were two separate parts of the watch. The first one was disposed in a steel ring in the center of which the movement could be inserted. The crown served for hands setting, the watch could not be winded up with the crown: that could be done only by means of the oscillating weight. The rectangular WIG-WAG of the firm of La Champagne of Louis Müller & Co had the movement in a "vibration chamber". If this "chamber" was moved, a lever system transmitted the energy to the barrel spring. At first sight the watch seemed to have no crown, because it could be seen only when the lunette had been turned up. The crown served only for hands setting. – The upper part of the case of the Bulova wrist watch from 1933 could be moved to wind up the watch.

A beautiful rectangular wrist watch of platinum with self-winding system, power reserve indicator, subsidiary seconds and date indication was made by Breguet in 1933.

The rectangular Chrono Sport of Invicta (1930) seems to be the most uncommon wrist chronograph. Uncommon was the position of the stopping mechanism in the front part of the movement because of the digital seconds recorder (a circular segment by figure 12). The indication was a part of the round hours recorder. The minutes recorder was by figure 6. The push-piece was by figure 2. Only 50 pieces of this model left the factory.

Wrist watches with digital indications – the hands are replaced by discs, the figures of which can be seen through windows in the dial – are appearing again and again. Rolex contented itself with only one Prince model with digital hour indication. Other firms preferred the complete digital indication.

Soon very expensive minute repeaters were made. About 1909 Audemar Piguet made such a wrist watch with a quadrangular, slightly curved platinum case with a diameter of only 30 mm. In the case there was a round movement. In 1920 Golay Fils & Co made such precious objects, of Cartier

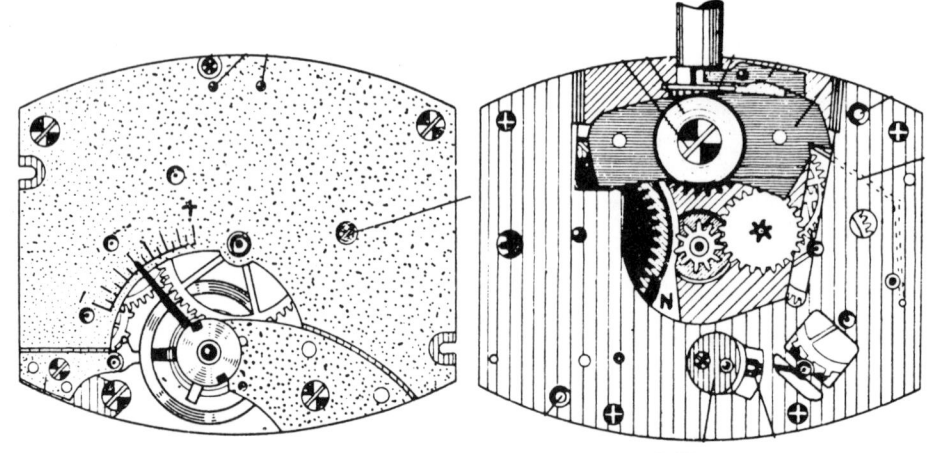

THIEL-RUHLA «HECTOR»

Very cheap shaped movement: Hector von Thiel, Ruhla.
Formwerk in billigster Ausführung: Hector von Thiel in Ruhla.

später Eingang ins Verkaufsprogramm fand. Zenith vermochte sein Publikum schon bald nach dem Ersten Weltkrieg mit einem Armbandwecker zu überraschen. Uhr und Wecker besaßen je ein eigenes Federhaus, das gefällige „Gesicht" hatte in Höhe der 3 das Hilfszifferblatt für den Wecker und in Höhe der 9 jenes für die Sekundenindikation. Das Signal besorgte ein Hammer auf eine Tonfeder. Die Breguetspirale garantierte auch bei dieser Uhr ein gutes Ankerwerk.

War es bei Taschenuhren eine Zeitlang Mode, das Stundenblatt außer mit den Zahlen 1 bis 12 zusätzlich mit den Zahlen 13 bis 24 (meist zur Unterscheidung in Rot) zu versehen, um den Leuten das Studieren von Fahrplänen zu erleichtern, stößt man bei Armbanduhren eigentlich höchst selten auf diese Hilfsangaben. Tissot hatte um die Mitte der zwanziger Jahre nachweislich eine solche Armbanduhr im Programm. Über diese spezielle Indikation verfügte um 1955 auch der „Railrouter Chronomètre" von Universal Genève. Die Dienstuhr der US-Fallschirmjäger besitzt noch heute diese Zusatzindikation.

Zu Beginn der dreißiger Jahre drängten kurze Zeit Automatic-Modelle ins Blickfeld, aber sie konnten sich auf dem Markt nicht behaupten. Die Glycine Watch glaubte 1931, der Patentlösung auf der Spur zu sein. Aufziehmechanismus und Uhrwerk bildeten zwei getrennte Bauteile. Ersterer war in einem Stahlring angeordnet, in ihn konnte das Uhrwerk von vorne eingesetzt werden. Die Krone diente lediglich dem Zeigerstellen, per Hand ließ sich die Uhr nicht aufziehen, das konnte nur mit Hilfe der Schwingmasse geschehen. Bei der rechteckigen WIG-WAG der Firma La Champagne von Louis Müller & Co. befand sich das Uhrwerk in einer Rüttelkammer. Wurde dieses hin- und herbewegt, übertrug ein Hebelmechanismus die dabei auftretende Energie auf die Zugfeder und spannte diese. Beim ersten Hinsehen schien die Uhr keine Krone zu haben, sie wurde erst nach dem Aufklappen der Lunette sichtbar und diente ausschließlich der Stellung der Zeiger. Bei der Bulova-Armbanduhr von 1933 war der gesamte Gehäuseoberteil, der auch das Werk enthielt, zwecks Aufzug der Uhr hin- und herzubewegen. Eine prachtvolle rechteckige Platin-Armbanduhr mit Automatic, Anzeige der Gangreserve, kleiner Sekunde und daran außen anschließendem Zahlenkranz für die Datumsanzeige stammt von Breguet in Paris aus dem Jahr 1933.

Das wohl ausgefallenste Stück zum Armband-Chronographen-Programm steuerte schon um 1930 Invicta mit dem rechteckigen Chrono Sport bei. Ungewöhnlich war die Anbringung des Mechanismus anstatt auf der Rückplatine auf der Werkvorderseite, also unter dem Zifferblatt. Dies hatte allerdings seinen guten Grund, denn die Sekundenzählung beim Stoppvorgang erfolgte in einem kreisförmigen Segment in Höhe der 12 digital. Die Anzeige war in den runden Stundenzähler integriert. Der Minutenzähler war in Höhe der 6. Der Drücker befand sich bei der 2. Von diesem Modell verließen nur 50 Stück die Fabrikationsstätten.

Armbanduhren mit digitaler Anzeige, bei welcher die Zeiger durch Scheiben, deren Zahlen an Fensterausschnitten vorbeiwandern, ersetzt sind, tauchten in größeren Intervallen wiederholt auf. Rolex machte nur halbe Zugeständnisse

Ein-Minuten-Anker-Tourbillon von Lip in Frankreich.
Rectangular man's wrist watch with visible tourbillon.

Z 449   20   Rostfreier Stahl
ON 449 20   Gold 14 kt.
OR 449 20   Gold 18 kt.

Formwerk

Die Stromlinie

Tissot arbeitet die Form der Gehäuse genau so sorgfältig wie die Uhrwerke aus.

Diese zwei hocheleganten Modelle entsprechen dem heutigen Geschmack: Sie schmiegen sich an das Gelenk und sitzen wie angegossen.

Z 450 20 Rostfreier Stahl Formwerk

Tissot Herren-Armband-Uhren in Nickel chrom. von Fr. **42.—** an

From a Tissot catalogue (1941)
Aus einem Tissot-Katalog von 1941.

Die bekannte Tissot QUALITÄT

Z 205	20	Rostfreier Stahl
ON 205	20	Gold 14 kt.
OR 205	20	Gold 18 kt.

Die hier abgebildeten Uhren haben ein Formwerk, welches das ganze Innere des Gehäuses einnimmt. Dadurch ist es möglich, die verschiedenen Organe grösser und widerstandsfähiger zu bauen. Alle **Tissot**-Uhren haben ein 15 steiniges Ankerwerk. - Die Stahlgehäuse sind aus Staybrite, dem besten rostfreien Stahl.

HZ 440	20	Nickel chrom. mit Stahl-Boden rostfrei

Z 462	20	Rostfreier Stahl

HZ 393	20	Nickel chrom. mit Stahl-Boden rostfrei
ON 393	20	Gold 14 kt.
OR 393	20	Gold 18 kt.

Z 418	20	Rostfreier Stahl
ON 418	20	Gold 14 kt.
OR 418	20	Gold 18 kt.

In Nickel chrom. von Fr. **42.—** an   In rostfreier Stahl von Fr. **45.—** an   In Gold von Fr. **100.—** an

Alarm wrist watch by Zenith, developed from a pocket watch calibre about 1920. Instead of the small push-pieces of the pocket watch there are used sliding pieces which allow, when being moved, the hands or alarm setting by the crown.

Dieser Armbandwecker von Zenith wurde um 1920 aus einem Taschenuhrkaliber entwickelt. Statt der bei Taschenuhren sonst üblichen kleinen Stellstifte links und rechts der Krone gibt es hier Schieber, nach deren Betätigung über die Krone die Zeiger gestellt werden können und die Weckzeit fixiert werden kann.

A Futurematic without winding crown made by Jaeger-LeCoultre in the fifties. On the bottom of the case there is a small wheel for hands setting. The round windows in the dial are serving for power reserve indication and second indication. The latter one is provided with an arrow.

Eine Futurematic von Jaeger-LeCoultre in der Ausführung ohne Aufzugskrone. Für die Zeigerstellung gibt es am Boden des Gehäuses ein Rädchen. Die beiden Rundfenster dienen der Gangreserve- und Sekundenanzeige. Letztere bedient sich eines Pfeiles. Modell aus den fünfziger Jahren.

Technisches Detail des Cyma-Herrenmodells Ref. 335.

Detail of the Cyma man's watch Ref. 335.

an diese Mode und begnügte sich bei einem Prince-Modell, die Stunde digital erscheinen zu lassen.

Für dicke Brieftaschen lagen schon sehr bald ganz feine Uhren mit Minutenrepetition bereit. Audemar Piguet baute um 1909 eine solche Armbanduhr mit quadratischem, leicht geschweiftem Platingehäuse, das einen Durchmesser von nur 30 mm hatte. Im Gehäuse befand sich ein rundes Werk. Der Schlag erfolgte auf Tonfedern. Golay Fils & Co. verwöhnte seine Kundschaft schon 1920 mit solchen Kostbarkeiten, von Cartier ist ein tonnenförmiges Modell aus dem Jahr 1925 bekannt. Auch die Minerva Watch brachte dieses Spitzenerzeugnis an Uhrmacherkunst Mitte der zwanziger Jahre auf den Markt.

Fehlte im Reigen der Vielfalt der mechanischen Räderuhr am Handgelenk nur noch die frühe Taucheruhr. Auch sie existierte bereits vor dem Zweiten Weltkrieg: Longines konnte Interessenten ein Modell im verschraubten Stahlgehäuse und mit weit abstehender Kronenverschraubung an sicherndem Kettchen anbieten.

Alarm wrist watch "Cricket", made by Vulcain at La Chaux-de-Fonds in 1947 with center alarm hand and alarm stopping device. The separate springs for alarm and movement are wound up by the crown.

Der Armbandwecker Cricket, den Vulcain in La Chaux-de-Fonds 1947 auf den Markt brachte. Die Alarmzeit wird mit einem zentralen Zeiger eingestellt. Der Alarm kann abgestellt werden. Die getrennten Federn für Geh- und Läutwerk werden über eine Krone aufgezogen.

we know a tonneau-shaped model (1925). In the twenties Minerva too produced such a top-quality product.
Now there is lacking only the wrist watch for the diver. It is to be found before World War II: Longines offered a model in a screwed steel case.

Thousands of different Swiss calibres

The great number of calibres, being on the market, show the importance of the wrist watch industry in the middle of the thirties. In Switzerland there were thousands of different calibres for men's and ladies wrist watches. In Germany the number of calibres was – in relation to Switzerland – very small.
This development caused a decrease of the sale of pocket watches. This can be seen in the structural changes of Pforzheim:

1872   In the course of about ten years the number of factories of costume jewellery almost has redoubled. No less than 425 factories are producing jewellery and watches. With the production of doublè new ways are found.

Triple date selfwinding man's wrist watch. 18 carat massive gold. Moonphase mechanism. Ipso matic, Gübelin, Switzerland, circa 1952.

Goldene automatische Herren-Armbanduhr mit Kalender und Mondphase. Ipso matic, Gübelin, um 1952.

Tausende verschiedene Schweizer Kaliber

Welch gewaltigen Umfang die Armbanduhr-Industrie um die Mitte der dreißiger Jahre angenommen hatte, bezeugen die unzähligen Kaliber, die damals auf dem Markt waren. In der Schweiz zählte man Tausende verschiedene für Herren- und Damen-Armbanduhren. In Deutschland war diese Zahl im Verhältnis zur Schweiz mehr als bescheiden, ja geradezu verschwindend klein.

Diese Entwicklung ließ natürlich den Umsatz mit Taschenuhren zurückgehen. Die Umwälzung kann an den strukturellen Veränderungen von Pforzheim sehr schön verfolgt werden:

1872   In der Stadt hatte sich seit etwa zehn Jahren die Zahl der Bijouteriefabriken mehr als verdoppelt. Es gab nun nicht weniger als 425 Betriebe, die sich mit der Herstellung von Schmuck und Uhren befaßten. Mit der Doubléfabrikation setzte man neue Aktivitäten.

1900   Unternehmen, die Taschenuhrgehäuse hergestellt hatten, begannen in verstärktem Maße mit der Remontage von Schweizer Uhrwerken.

1911   Ein Bericht der Pforzheimer Handelskammer weist auf die Gefahr der Armbanduhren-Mode für die Erzeugung von Uhrketten hin.

1914   550 Schmuckbetriebe beschäftigen 30.000 Arbeiter und Angstellte, davon entfallen 7500 auf die Uhrenindustrie.

1920   Die Fabrikanten von Uhrketten entschließen sich nach und nach zur Umstellung der Produktion auf Uhrarmbänder oder Schmuck.

1930   Gründung von Rohwerke-Fabriken, um die Armbanduhr-Industrie mit heimischen Fabrikaten beliefern zu können.

1939   Die Beschäftigtenzahl ist in Pforzheim zwar auf 24.000 Personen gesunken, aber die der Uhrenindustrie auf 8000 gestiegen.

Herren-Armbanduhr mit Fenster für die Stundenanzeige und zentralem Minutenzeiger. Platingehäuse. 9¾liniges rhodiniertes Ankerwerk, 18 Rubine, Breguetspirale. H. R. Ekegren, Genève, um 1925.

Jump hour rectangular man's wrist watch. Center minutes hand. Massive polished platinum case. Movement: 9¾ lignes, rhodiumed, lever escapement, 18 jewels, Breguet balance-spring. H. R. Ekegren, Genève, circa 1925.

Der Kampf mit der Taschenuhr war längst durchgestanden, die Märkte gehörten nun größtenteils der Armbanduhr. Die Verkaufszahlen kletterten unentwegt, da die Kleinuhr zu einem allgemeinen Gebrauchsgegenstand für jedermann geworden war.

1900 Factories of pocket watch cases began to occupy themselves to a greater extent with the resetting of Swiss movements.
1911 A report of the commercial chamber of Pforzheim speaks of the danger of the new fashion of wearing wrist watches for the production of watch chains.
1914 550 jewellery manufactures were occupying 30.000 workers and employees; 7500 of them are working in watch factories.
1920 The manufacturers of watch chains decided to produce watch bands or jewellery.
1930 Foundation of factories of ebauches to be able to supply the wrist watch industry of Pforzheim.
1939 The number of employees and workers has decreased to 24.000 persons, but now 8000 of them were working in watch factories.

The fight against the pocket watch was over, the wrist watch had conquested the market. The sales were constantly increasing, because the watch had become an article of daily use.

What's the matter with the English wrist watch?

England, the traditional country of watches, was still importing wrist watches. Only after World War II the British Government made an effort to establish a wrist watch industry. After many negotiations the Swiss watch industry was ready to help, leaving among others automatic machines to the English watch factories. In return for that they insisted on fixed import quotas. England pinned its hopes on Smith, Ingersoll (once a subsidiary company of the American factory of the same name which changed the brand name into Timex in 1951) and the armament plant of Wickers. The latter one soon withdrew, the other two founded the Anglo Celtic-Watch Company and produced pocket and wrist watches for several years. Smith had a special planning and research department, where the first British selfwinding wrist watch was developed.

Literature: Eric BRUTON, Uhren, page 195.

Um 1930: Armbanduhrwerk mit Waagebalken. Das von der Schweizer Favoris Watch anscheinend fabriksmäßig hergestellte Kaliber mißt 8 ¾ Linien. Der Waagebalken ist im Kloben (1) gelagert. Die Deckplatte (2) besitzt den einzigen Stein, auf einem unteren Putzen ist der Rückerzeiger (3). Im Klötzchen (4) ist die Spiralfeder (5) in der üblichen Weise verstiftet. Dreht man das Werk auf die andere Seite, kann man den Gang gut beobachten. Der Waagebalken ist im Kloben (8) und unter dem stählernen Deckplättchen (9) gelagert. Es handelt sich um eine kleine Brocot-Hemmung mit den halben Stahlstiften. Die Paletten (11) sind in den Rapid-Anker (10) eingesetzt, der mit dem Waagebalken aus einem Stück ist, das Hemmungsrad mit 30 Zähnen (13) ist mit dem Sekundenrad unter dem Kloben (12) gelagert. Die Rapid – sie hat Sekundenanzeige – macht 36.000 Halbschwingungen die Stunde!

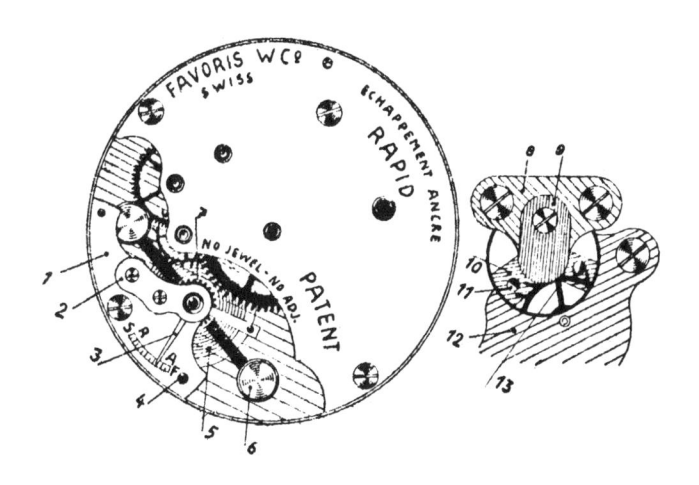

About 1930: Wrist watch movement with small Brocot escapement (36,000 vibrations in an hour) and seconds indication. The calibre of 8¾ lignes is produced by Swiss Favoris Watch, probably in series. The balance bar is pivoted in the balance cock (1). Further you can see the cap jewel end-piece for the balance (2), the regulator for the hairspring (3), the hairspring (5), as usually attached to the small regulating piece on the cock (4). If you turn the movement, on the other side you can observe the escapement very well. The balance bar ist pivoted in the cock (8) under the steel cap jewel end-piece for the balance (9). The pallets (11) are set in the RAPID-lever (10) which forms a unit with the balance bar. The 30-toothed escap wheel (13) is running in bearings under the cock together with the seconds wheel (12).

Herren-Armbanduhr mit Viertelrepetition. Stahlgehäuse. Das Modell war für die gängige Preisklasse gedacht. Driva Repeater, Driva Watch Co., um 1937.

Rectangular man's wrist watch, quarter repeater. Steelcase. Driva Repeater, Driva Watch Co., circa 1937.

6½liniges Formwerk von Driva Watch Co., 15 Steine. Der Schlag erfolgt mittels Hammer auf eine Feder, die Auslösung mittels eines Hebels bei der 1.

Movement: 6½''', nickeled, straight line lever escapement, 15 jewels, repeater with hammer on gongs, alarm release by figure 1. Driva Watch Co.

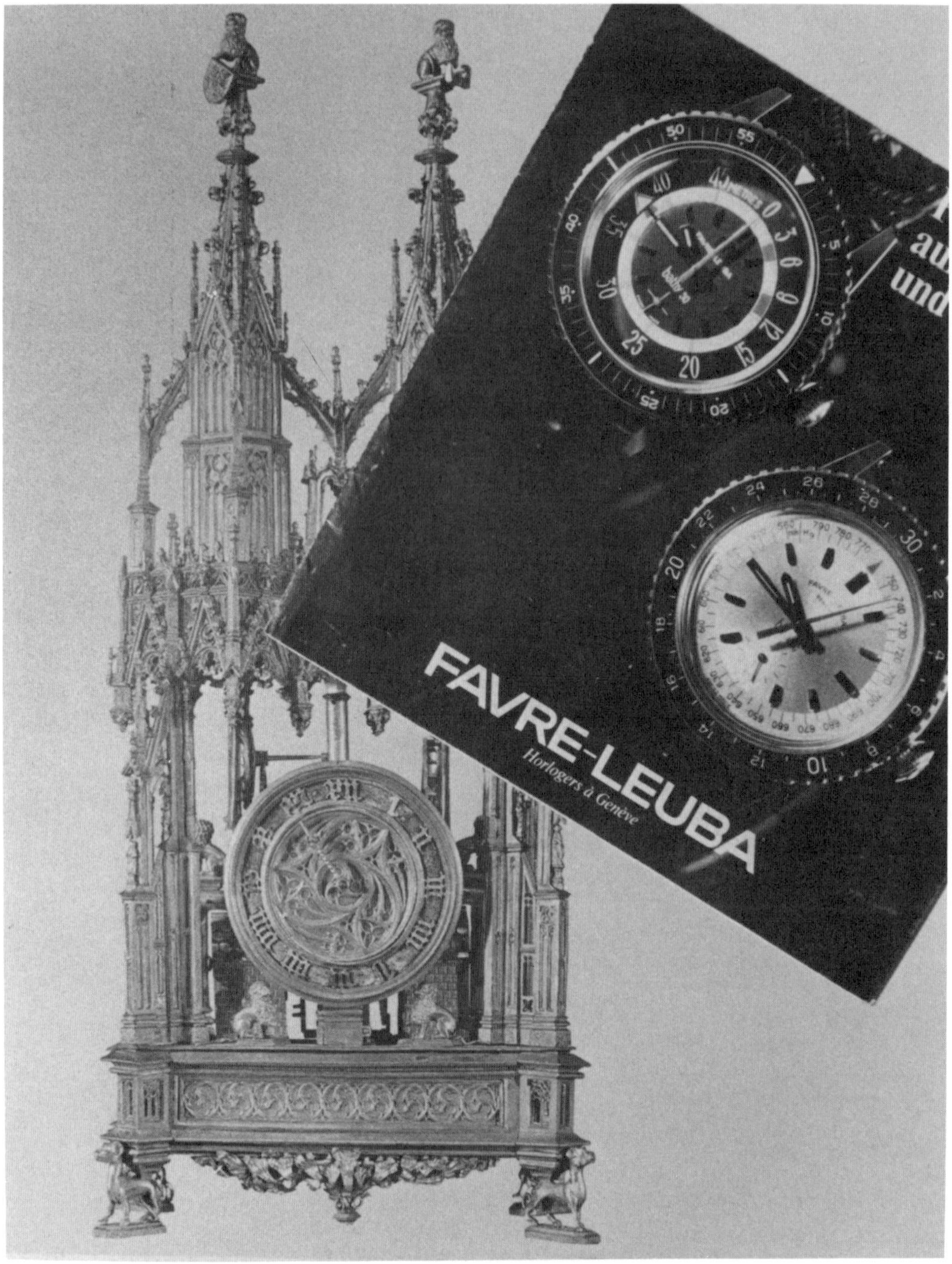
FAVRE-LEUBA
Horlogers à Genève

Goldene Herren-Armbanduhr mit gewölbtem Gehäuse. 9³/₄liniges rhodiniertes Ankerwerk, 15 Rubine. Vacheron & Constantin, Genève, 1923.

Curved rectangular man's wrist watch. 18 carat massive gold case. Movement: 9³/₄''', rhodiumed, lever escapement, 15 jewels. Vacheron & Constantin, Genève, 1923.

Mehr als ein halbes Jahrtausend liegt zwischen diesen Uhrenschöpfungen. Die sogenannte Burgunderuhr – eine 48 cm hohe Tischuhr – entstand um 1430. Das sichtbare Werk verfügt bereits über Federzug und Schnecke, beim Schlagen bewegen sich drei Figürchen. Die Armbanduhren für Bergsteiger und für Taucher hatte Favre-Leuba Ende der sechziger Jahre im Verkaufsprogramm. Die „Bivouac" besitzt einen Höhen- und Luftdruckmesser, Die „Bathy 50" eine Tiefenanzeige.

The so-called "Burgunderuhr" (Burgundy clock) – a table clock of a height of 48 cm – was made in 1430. The visible movement has already spring and fusée. Three figurines are moving when the clock is striking. – More than 500 years later the wrist watches for alpinists and divers were made by Favre-Leuba. The "Bivouac" has an altimeter and an instrument measuring atmospheric pressure. The "Bathy 50" is equipped with a diving depth indicator.

Wo blieb die englische Armbanduhr?

Das klassische Uhrenland England führte Armbanduhren nach wie vor ein. Erst nach dem Zweiten Weltkrieg unternahm die britische Regierung gezielte Anstrengungen, auf der Insel eine eigene Armbanduhrenfabrikation aufzubauen. Nach schwierigen Verhandlungen erklärte sich die Schweizer Uhrenindustrie bereit, den Engländern entsprechend unter die Arme zu greifen. Die Entwicklungshilfe bestand u. a. in der Überlassung von automatischen Produktionsmaschinen, die Gegenleistung bestand in der Bewilligung bestimmter Einfuhrkontingente. Englands Hoffnungen wurden auf Smith, Ingersoll (einst Tochterfirma des amerikanischen Unternehmens gleichen Namens, das 1951 die Markenbezeichnung in Timex änderte) und den Rüstungsbetrieb Wickers gesetzt. Letzterer schied schnell wieder aus, die beiden anderen gründeten die Anglo Celtic-Watch Company und stellten ein paar Jahre lang Taschen- und Armbanduhren her. Smith richtete ein eigenes Planungs- und Forschungslaboratorium ein, dem die erste britische Armbanduhr mit automatischem Aufzug zu danken ist.

Literatur: Eric BRUTON, Uhren, Seite 195.

The Lady's Wrist Watch

One cannot stop talking about wrist watches. Since in 1982 I published the book "Die Uhr am Handgelenk" ("Watches for the Wrist"), I am fascinated by this type of timepieces. And yet once I believed that after my first book about wrist watches I would not write anything else about this topic any more. But a year later there followed the book "Die Armbanduhr" ("The Wrist Watch"), a classification book concerning mechanical, electrical and electronic wrist watches. The 40 chapters of this book let you know the great number of possibilities for a collector of wrist watches. But most of the collectors are only interested in men's watches; ladies' wrist watches are not requested in the same extent, because generally there are no complicated constructions or specialities. Nevertheless I'll make the attempt to occupy myself with the history of the lady's wrist watch.

The watch of daily use

With the beginning of the 20th century also the poorer classes of the population began to show an interest in watches to be put around the wrist. Generally they didn't buy wrist watches but rather small round watches to be worn on a necklace. Then they only had to put this pendant watch into a leather case attached to a leather band, and it was converted to a wrist watch. For attracting special attention, they let the watch slide on the inner side of the wrist. In any case the dial was fastened in such a manner that one could read the time without difficulties. Something very similar was the flexible metal watch band with movable clamps for the watch. An additional chain protected the watch from being lost if the clamping mechanism didn't work. Thus the small round lady's watch paved the way for the wrist watch. It allowed to go with the fashion without possessing any real wrist watch.

The watch manufacturers derived advantage from this trend producing small watches without pendant, providing them with wire lugs for the band by the figures 12 and 6. Ingersoll in America, aiming at cheap watches for everyman, made models of this kind as well as Omega (Switzerland) did. A variation was the watch with the usual pendant. For fastening the watch to the band there was a hole in the middle part of the case by figure 6 into which one could put a second pendant. Then the band was drawn through both of the pendants: The pendant watch had become a wrist watch. In 1912 Pery Watch put such a model on the market. In Germany these possibilities of wearing a watch allowed the band combinations of Ludwig & Fries in Frankfort on the Main. Already before World War I this manufacture sold leather bands with leather cases in different colours for ladies and gentlemen. Naturally they fitted only for one size of watches. The model for ladies had a case with ornamented cap.

In 1913 there was sold a leather band in fashionable colour provided with a case and a movable celluloid cap for the watch.

In this way the pendant watch became a wrist watch for daily use.

Converted pocket watches

Many a lady didn't want such a provisory arrangement. She rather went to a watch maker or to a jeweller to convert the little timepiece to a wrist watch. Now the watch maker had to remove the pendant, to shorten the winding stem, to turn the dial by 90° and to solder on the wire lugs for the attachement of the band. Doing so, enamel and guilloche ornamentations of silver and gold watches often were damaged, even hunters, half-hunters and eight-day watches as

Die Damen-Armbanduhr

Als beinahe unerschöpflich erweist sich das Thema Armbanduhr. Seitdem ich 1982 das Buch „Die Uhr am Handgelenk" veröffentlichte, läßt mich dieser Uhrentyp nicht mehr los. Er ist für mich zur Faszination geworden. Dabei glaubte ich zunächst allen Ernstes, daß jene Arbeit mein einziger Beitrag zu diesem Wissensgebiet bleiben würde, doch schon ein Jahr später ließ ich den Band „Die Armbanduhr" folgen, ein Bestimmungsbuch für mechanische, elektrische und elektronische Zeitmesser am Handgelenk. In 40 Kapiteln wird darin deutlich, wie breitgestreut dieses Sammelgebiet ist. Die meisten Sammler wenden sich den Herrenmodellen zu, die Damenmodelle sind vielfach nicht gefragt, da sie fast immer von komplizierten Fabrikationen und vom Spezialitätenprogramm ausgenommen blieben. Aber der Versuch, die Geschichte der Damen-Armbanduhr ein wenig zu beleuchten, sei nichtsdestoweniger dennoch unternommen.

Die Gebrauchsuhr

Mit Beginn des 20. Jahrhunderts wurde auch in finanzschwachen Bevölkerungskreisen das Verlangen, die Uhr am Handgelenk zu tragen, immer größer. Es waren dies allerdings in der Regel keine Armbanduhren, sondern Anhängeuhren. Die kleinen runden Taschenuhren, die die Frauen an einer Halskette trugen, ließen sich nämlich ohne besonderen Aufwand an Zeit und Geld mit wenigen Handgriffen vorübergehend in eine Armbanduhr umwandeln, indem man sie in eine lederne Kapsel an einem Lederband steckte und sie sich an den Arm schnallte. Wollte man besonders auffallen, ließ man schon damals die Uhr auf die Innenseite des Handgelenks rutschen. In beiden Fällen gab es beim Ablesen der Zeit keine Probleme, da beim Anwinkeln des Armes das Zifferblatt so vor dem Auge der Betrachterin lag, daß sie den Kopf nicht zu verdrehen brauchte. Ähnlich verhielt es sich mit dem schließelosen metallenen Zugband, das über den Handrücken gestreift werden konnte und zur Aufnahme der Uhr mit beweglichen Klammern ausgestattet war. Ein zusätzliches Kettchen sicherte den Zeitmesser, damit er nicht verlorenging, falls der Mechanismus einmal versagte. So waren die runden Damenührchen der Armbanduhr Wegbereiter. Sie erlaubten den Trägerinnen, die Mode mitzumachen, ohne eine Armbanduhr zu besitzen. Diesen Trend machten sich Uhrenfabrikanten zunutze und brachten kleine Uhren ohne Bügel und Bügelknopf auf den Markt und statteten sie in Höhe der 12 und 6 mit Drahtbügeln zum Durchziehen des Bandes aus. Ingersoll in Amerika, deren Ehrgeiz die billige Uhr für jedermann war, trug dieser Entwicklung mit entsprechenden Modellen ebenso Rechnung, wie beispielsweise Omega in der Schweiz. Eine Variante war die Uhr mit dem herkömmlichen Bügelknopf und dem Bügel. Zum Befestigen des Zeitmessers am Band hatte sie in Höhe der 6 im Mittelteil des Gehäuses ein Loch, in das ein kopfartiger Fortsatz eines in sich geschlossenen Bügels geschoben wurde. Durch diese Vorkehrung konnte die Anhängeuhr auch am Handgelenk getragen werden, da das Band durch den losen Bügel und den fixierten Taschenuhrbügel gezogen werden konnte. Pery Watch hatte 1912 ein derartiges Modell auf dem Markt.
Diese Tragemöglichkeiten erlaubten in Deutschland u. a. die Bandkombinationen von Ludwig & Fries in Frankfurt am Main. Schon vor dem Ersten Weltkrieg bot die Firma sowohl für den Herrn als auch für die Dame in verschiedenen Farben gehaltene Lederarmbänder mit Lederkapsel an. Sie waren natürlich lediglich für eine bestimmte Uhrgröße verwendbar. Bei einem Damenmodell war die Kapsel noch

In 1983 Grassy (Madrid) sold by auction a beautiful model of an early jewelry wrist watch made by J. Dent (London) with the No. 9669. The gold watch bracelet has floral enamel ornamentations. The watch (diameter 47 mm) is hidden under a cover that can be opened in the direction of the watch band. The square opening for the winding key is by the numeral V, the joint for the bezel by the numeral III. The watch has an English lever movement with chain and fusée.

Grassy in Madrid versteigerte 1983 ein schönes Modell einer frühen Schmuckuhr für das Handgelenk. Das Londoner Erzeugnis von J. Dent mit der Nr. 9669 ist eine aus sechs Gliedern bestehende Arbeit. Das breite Goldband ist zur Gänze mit floralen Emailverzierungen versehen. Die Uhr (Ø 47 mm) ist unter einem Deckel verborgen, der sich in Bandrichtung aufklappen läßt. Das Zifferblatt ist so fixiert, daß die XII oben liegt und die Zeit daher leicht abzulesen ist. Das Vierkantloch für den Aufzug liegt in Höhe der V, das Scharnier für den Glasring in Höhe der III. Das Herz der Uhr ist ein Spitzzahn-Ankerwerk mit Kette und Schnecke.

well as famous vintage watches were not spared. (In the case of thin-walled cases the watches often were damaged with use, even if put into leather or metal cases.) For the watch band one used different kinds of textile.

The jewelry watch

Undoubtedly the precious bracelet watch was the most important forerunner of wrist watches. In this case the watch was visibly mounted on a bracelet or it was hidden under a cap. In the book "Email-Uhren" ("Enamel Watches") by Leiter/Helfrich-Dörner there is shown a cherry shaped lady's wrist watch. This model, made in Geneva (circa 1900), is exposed at the Schmuckmuseum at Pforzheim. It is a beautiful gold watch. The case – cherry shaped – is made of red enamel, the leaves are studded with diamonds. The bracelet has the shape of a branch without leaves, the locking device is provided with a little security chain. The cherry has a diameter of 22 mm and can be opened by a push-piece. The white enamel dial has Arabic figures. The lever movement – 15 jewels – is winded up turning the bezel.

To give the wrist watch a very luxurious appearance, many manufacturers began to decorate watch and bracelet using jewels and enamel. The Art Deco period of the twenties culminated in creations looking a perfect dream. Since 1920 the most famous manufactures had a great variety of these watches which can fascinate you even today. Because of the rich ornamentations these watches were kept in a safe place. Therefore a collector has good chances to get some.

mit einer Schmuckkappe versehen. Als „elegante" Neuheit von 1913 gab es für die Frau ein modefarbenes Lederband mit einer verschiebbaren Zelluloidkappe zur Aufnahme der runden Uhr. Oder das Lederband war mit einem verstellbaren Uhrhalter aus Metall kombiniert.

Auf diese Weise wurde die Anhängeuhr zur Gebrauchsuhr am Handgelenk. Sie begleitete die Entwicklung der neuen Uhrengattung über weite Strecken.

Umgebaute Taschenührchen

Manche Besitzerin eines Damenührchens beließ es nicht bei dieser provisorischen Tragemöglichkeit, sie suchte vielmehr einen Uhrmacher oder Juwelier auf und beauftragte ihn, den kleinen Zeitmesser zu einer Armbanduhr umzugestalten. Der Umbau war mit dem Entfernen von Bügelknopf und Bügel, Verkürzen der Aufzugswelle, Verdrehen des Zifferblattes um 90 Grad, damit der Handaufzug parallel zum Arm zu liegen kam, sowie dem Anlöten von Drahtbügeln für die Bandbefestigung verbunden. Dem Wunsch nach einer Uhr am Handgelenk wurden Silber- und Goldührchen ohne Rücksicht auf Guillochierung und Emailschmuck bedenkenlos geopfert. Selbst Savonnettes, Halbsavonnettes und 8-Tage-Ührchen entgingen dieser Umrüstung nicht, ebensowenig feine Marken. Bei dünnwandigeren Gehäusen konnte es natürlich zu bösen Überraschungen kommen, denn sie hielten den nun an sie gestellten Anforderungen nicht stand und nahmen Schaden. Davor waren sie auch in Lederkapseln und schon gar nicht in Metallkapseln, wo Metall an Metall scheuerte, gefeit. Für die Armbänder wurde gern geripptes, aus verschiedenem Garnmaterial hergestelltes Gewebe herangezogen.

Die Schmuckuhr

Der wichtigste Vorläufer der Armbanduhr ist ohne Zweifel das kostbare Schmuckband mit Uhr, die entweder sichtbar eingefügt oder durch einen Deckel verborgen war. Im Buch „Email-Uhren" von Leiter/Helfrich-Dörner ist eine Damen-Armbanduhr in Form einer Kirsche abgebildet. Das Stück, das um 1900 in Genf gefertigt wurde, ist im Besitz des Schmuckmuseums in Pforzheim. Bei dem Objekt handelt es sich um eine wunderschöne Arbeit in Gold. Das Uhrgehäuse – als Kirsche gestaltet – ist dunkelrot emailliert, die beiden Blätter sind reich mit Diamanten besetzt. Der Armreif stellt einen Zweig dar mit kurzen abgeschnittenen Blattstielen, die Schließe ist mit einem Sicherheitskettchen versehen. Die Kirsche hat einen Durchmesser von 22 mm, läßt sich mittels eines Druckknopfes öffnen und gibt dann den Blick auf das weißemaillierte Zifferblatt mit arabischen Zahlen frei. Das 15steinige Ankerwerk wird durch Drehen der Lunette aufgezogen.

Um die Uhr am Handgelenk möglichst kostbar erscheinen zu lassen, gingen viele Uhrenhersteller dazu über, die Gehäuse mit Edelsteinen und Emailarbeiten unter Einbeziehung großflächiger Bandanstöße und des ganzen Edelmetallbandes künstlerisch zu gestalten. Das Art deco der zwanziger Jahre kam dieser Art Schmuckuhr besonders entgegen und führte zu traumhaften Schöpfungen. Die Kollektionen namhafter Manufakturen verfügten etwa ab 1920 über eine reiche Auswahl. Das Design besticht noch heute. Wegen der prachtvollen Verarbeitung wurden diese Uhren fast immer vor der Vernichtung bewahrt, und so bieten sich dem Spezialsammler nach 50 und mehr Jahren noch verhältnismäßig gute Chancen, eine ansehnliche Sammlung zusammentragen zu können.

Mit Ende dieser letzten Stilepoche war die große Zeit der künstlerisch gestalteten Schmuckuhr vorbei. Es kam in der Folge nur noch zu Einzelleistungen, eine allgemeine Blüte gab es nicht mehr.

Der miniaturisierte Chronometer

War den einen bei der Gestaltung der Verpackung des Uhrwerkes nichts zu teuer, konzentrierten sich andere auf die Vervollkommnung des winzigen Mechanismus im Gehäuse. Es bedeutet ein wahres Vergnügen, in ein mit „Chronomètre" bezeichnetes Damenmodell von Movado um 1915

Movado used precision movements for ladies' models too: Jewels in screwed gold settings, Breguet hairspring.

Movado stattete auch die Damenmodelle meist mit Präzisionswerken (verschraubte Goldchatons, Breguetspirale) aus.

Concerning the numbers of Movado cases: The 6- or 7-digit number is the factory serial number. The 5-digit number refers to the calibre and the material of the case. The first digit has the following meanings: 1 = steel, 2 = silver, 3 = chromium with steel bottom, 4 = 14 carat gold, 5 = gold plated with steel bottom, 6 = gold plated with gold plated bottom, 9 = 9 carat gold. 18 carat gold cases have a 4-digit number. The letter "R" put at the head of the number means red gold, "G" white gold. If there is no letter, it means yellow gold.

Zu den Ziffernkombinationen in den Movado-Gehäusen: Die sechs- bzw. siebenstellige Zahl ist die Fabrikationsnummer. Die fünfstellige Zahl gibt Auskunft über das Kaliber und das Material des Gehäuses. Die erste Ziffer hat folgende Bedeutung: 1 Stahl, 2 Silber, 3 verchromt und Stahlboden, 4 14 ct Gold, 5 Doublé und Stahlboden, 6 Doublé und Doubléboden, 9 9 ct Gold. 18-ct-Gold-Gehäuse tragen eine vierstellige Zahl. Ein R davor bedeutet Rotgold, ein G Weißgold, fehlt der Buchstabe, dann handelt es sich um ein Gelbgoldgehäuse.

With the end of this cultural period the days of the artistic jewelry watch were over. Subsequently there were made only sporadically watches of that kind.

The miniature chronometer

Someone was interested only in precious ladies' watch cases, another one wanted to perfectionate the miniature mechanism in the case. It means a real pleasure to look at the movement of the lady's wrist watch defined "Chronomètre" (1915, Movado). Large balance studded with screws, Breguet hairspring, three jewels in screwed gold settings. There is only lacking the micrometer adjustment. For further information: The watch is provided with subsidiary seconds too. "Movado" belonged to the family Ditesheim. First (from 1881 on) they produced chiefly ladies' pendant and

Die Armbanduhr entwickelte sich aus der runden Taschenuhr. Das Niello-Damenmodell (links) war schon eine echte Armbanduhr, da sich die Verzierung auf die Vorderseite des Gehäuses beschränkt. Bei Movado (Mitte) wurde das klassische Design der Taschenuhr auf den Zeitmesser für das Handgelenk übertragen. Eine typische Form der dreißiger Jahre war das rechteckige Gehäuse, das vorwiegend aus unedlen Metallen hergestellt wurde. Auch Cyma bediente sich für die Ref. 335 (rechts) dieses Gehäusetyps.

The wrist watch developed from the round pocket watch. The Niello-model (on the left) already was a real wrist watch, because there were ornamentations only on the front of the case. – Movado (in the center) used the characteristic ornamentation of the pocket watches for the wrist watches, too. – A typical model of the thirties was the rectangular case, generally made of base metals. Cyma too produced this type of cases. (For instance Ref. 335, on the right.)

pocket watches at La Chaux-de-Fonds. About 1890 there appeared the first ladies' wrist watches. From 1905 on they had the trade name Movado. The catalogue of ladies' watches from 1921 showed about 100 small wrist timepieces. The variety of the case shapes was astonishing, but one attached only little importance to jewelry watches. From 1924 on the factory had an agency in New York.

But what about Rolex? Already in 1925 Wilsdorf obtained an official certificate of rate for a lady's chronometer. You can read in the annual report of the Observatory of Kew-Teddington: "It is very interesting to record that the firm of Rolex obtained a class A certificate of rate for an oval movement with a size of 13×23 mm. It is the smallest movement that has obtained our class A certificate of rate in the last years."

After this lady's chronometer (5¾ lignes) with certificate soon there followed other Rolex precision watches. In 1927 Wilsdorf obtained a certificate of rate for another masterpiece: A small watch with a rectangular movement (15×24 mm) obtained 86,5 points. The watch manufacturer had obtained another class A certificate of rate and had lowered his record from 1925 for a second time.

On the 31st of May, 1932, the chronicle of Rolex could record with pride that after the observatories of Kew-Teddington, Geneva and Neuchâtel the observatory of Besançon too had issued a class A certificate of rate for a shaped movement (15×24 mm).

After these successes Wilsdorf began to produce wrist chronometers in series. The 25-years-anniversary of reign of King Georges V. of England in 1935 was a welcome occasion. He wanted to offer 500 men's wrist chronometers with certificate of rate. In fact, the official examination board of Biel issued 500 class A certificates of rate for his rectangular Prince models within only 146 days. On the 5th of January, 1945, Rolex had achieved already 50.000 official certificates of rate. What was the secret of success? According to the manufacturer the success is due to the balance staffs made with greatest accuracy.

The lady's sports wrist watch

Wilsdorf neglected the sports watches for ladies, because the Rolex Oyster from 1927 was "for men and women". There existed several types of cases, but there was no exclusive model for ladies. But the calibre of 10½ lignes was well fitting for a lady's wrist too.

The firm of Beyer in Zurich offered ladies's sports watches. For instance a watch in a silver case with center seconds (circa 1930). It was a lever movement of 8¾ lignes, the hands setting was done by a little pin by the crown. Another movement of the same size was put into a waterproof gold case. It had a screwed bezel as well as a screwed and knurled cap put over the crown. The rectangular "Gruen Gilde" from the thirties was a lady's watch with center seconds too. But there could not be found any wrist chronograph for ladies. The smallest calibre with chronograph mechanism was that of 10½ lignes, that means a 23,30 mm diameter. Later on Geneva made a movement of 9½ lignes and Venus a shaped movement of 8¾ × 12 lignes.

After World War II the sportive lady prefered timepieces of greater calibres: a diver's watch, a chronometer or a chronograph. At the beginning of the fifties Mido believed to have invented the ideal chronograph. The "Multicenterchrono" had – instead of the usual auxiliary dials – only center hands and the corresponding indications. It had a 60 minutes recorder, but it remained a temporary fashionable article.

The American lady's wrist watch

Not only Swiss manufacturers sold their products on the American market, there existed also American watch factories with an abundant assortment not differing from Swiss products.

One of the first watch factories, dealing with wrist watches, was the New York Standard Watch Company which came under the control of the Keystone Watch Case Co. just after the turn of the century. At first, wrist watches were made

zu blicken: große Schraubenunruh, Breguetspirale, drei verschraubte und in Gold gefaßte Rubinlager. Es fehlte nur die Feinregulierung. Daß die Uhr über eine kleine Sekunde verfügte, sei nur der Ordnung halber erwähnt. Die Marke gehörte der Familie Ditesheim, die in La Chaux-de-Fonds ab 1881 zunächst vornehmlich Damenührchen erzeugte. Um 1890 tauchten in den Kollektionen die ersten Damen-Armbanduhren auf. Ab 1905 trugen sie die Markenbezeichnung Movado. Der Katalog mit Damenmodellen von 1921 enthielt eine Auswahl von rund 100 kleinen Zeitmessern für das Handgelenk. Die Vielfalt der Gehäuseformen war erstaunlich, auf Schmuckuhren wurde jedoch kaum Wert gelegt. Ideenreichtum zeichnete die Movado-Produktion auch später aus. Ab 1924 hatte das Unternehmen in New York eine Agentur.

Spürt man der Miniaturisierung des Armband-Chronometers bei Rolex nach, stellt man fest, daß Wilsdorf bereits 1925 einen offiziellen Gangschein für einen Damen-Chronometer erhielt. Im Jahresbericht der Sternwarte von Kew heißt es dazu: „Es ist von Interesse, zu vermerken, daß der Firma Rolex für ein ovales Uhrwerk, 13x23 mm, ein Gangschein der Klasse A verliehen wurde. Es handelt sich um das kleinste Uhrwerk, das in den letzten Jahren von der Sternwarte einen Gangschein der Klasse A zuerkannt bekommen hat."

Diesem ersten 5¾linigen Damen-Chronometer mit Zertifikat folgten bei Rolex bald weitere. 1927 gelang Rolex wieder eine Spitzenleistung: Es gab für Wilsdorf ein Gangzeugnis mit der Note „besonders gut". Das vorgelegte Ührchen war mit einem rechteckigen Werk (15x24 mm) bestückt und erreichte 86,5 Punkte. Der Uhrenfabrikant hatte einen weiteren Gangschein der Klasse A und seinen Rekord von 1925 abermals unterboten.

Am 31. Mai 1932 kann die Rolex-Chronik voll Stolz festhalten, daß nach den Observatorien von Kew, Genf und Neuenburg auch jenes von Besançon einem Formwerk mit den Abmessungen 15x24 mm ein Zertifikat der Klasse A ausgestellt hatte.

Nach diesen Erfolgen nahm Wilsdorf die Serienfertigung von Armband-Chronometern in Angriff. Ein willkommener Anlaß war ihm das 25-Jahr-Regierungsjubiläum von König Georg V. von England im Jahr 1935. Er wollte zu diesem Ereignis der Herrenwelt 500 Armband-Chronometer mit Gangschein anbieten. Tatsächlich brachte er es fertig, daß ihm die amtliche Uhrenkontrollstelle in Biel in nur 146 Tagen für 500 rechteckige „Prince"-Modelle je ein Zertifikat der Klasse A mit der Note „besonders gut" ausstellen konnte. Am 5. Jänner 1945 hatte es Rolex bereits auf 50.000 amtliche Gangscheine gebracht. Worin lag das Geheimnis dieses Erfolges? Laut Meinung des Fabrikanten in den mit höchster Präzision hergestellten Unruhwellen.

Die sportliche Damenuhr

Auf diesem Sektor behandelte Wilsdorf die Damen eher stiefmütterlich, denn die Rolex-Oyster von 1927 war „for men and women". Es gab zwar mehrere Gehäusemodelle, aber kein ausgesprochenes Damenmodell. Das 10½linige Kaliber kam dem zarten Handgelenk aber durchaus entgegen.

Die Fa. Beyer in Zürich bot ihren Kundinnen immer wieder Sportmodelle an. Um 1930 war es eine Uhr im Silbergehäuse, die schon eine Zentralsekunde hatte. Das Ankerwerk maß 8¾ Linien, für die Zeigerstellung gab es noch den kleinen Stift bei der Krone. Ein anderes Werk dieser Größe befand sich in einem wassergeschützten Goldgehäuse. Der Glasring war verschraubt, ebenso die über die Krone gestülpte Kappe mit Rändelung. Ein Damenmodell mit zentraler Sekundenanzeige aus den dreißiger Jahren war auch die rechteckige „Gruen Gilde".

Nach einem kleinen Armband-Chronographen suchten die Damen vergebens. Das kleinste Kaliber mit aufgesetztem Chronographenmechanismus hatte 10½ Linien, also einen Durchmesser von 23,30 mm. Diese Kalibergröße wurde später von Geneva mit einem 9½linigen und von Venus mit einem Formwerk 8¾x12‴ unterschritten.

Nach dem Zweiten Weltkrieg griff die sportliche Dame

Radiator grille shaped watches by Mido: a pocket watch, a man's and a lady's wrist watch. Circa 1927.

Die Autokühleruhr von Mido: für die Westentasche, als Herren-Armbanduhr und als Modell für das zarte Handgelenk. Die Kreation stammt aus der Zeit um 1927.

Sports watch by Mido, circa 1927.

Sportliches Modell von Mido, um 1927.

for ladies only. The watches were signed "Standard USA", "Crown" and so on. New York Standard usually made only 7 jewels, inexpensive movements. During World War I, many soldiers began to wear the more practical wrist watches, and only now they began to offer men's wrist watches too.

The first Hamilton wrist watch (Hamilton Watch Company, Lancester) to appear in the product catalogue was "Skylight", (11¼ lignes, 17 jewels), a watch with a converted pendant watch case with detachable band. In the following twenty years Hamilton produced a long line of beautiful wrist watches. If somebody wished a larger model, he could buy the Flintridge (circa 1934), a sports watch of 9 lignes with a protective spring cover.

American Waltham Watch Co., Massachusetts, first listed "Ladies Convertible Bracelet and Strap" wrist watches without subsidiary seconds (1912). The "Sapphire Ladies Bracelet" already had the crown by figure 3 (instead of figure 12), but still it had a movement of 11¼ lignes. In the twenties Waltham too made jewelry watches with textile watch band.

Illinois Watch Co. (Springfield) entered the wrist watch market about 1914 with ladies watches converted from their line of pocket watches. About 1930 there were several models with subsidiary seconds at figure 9, for instance the "New Yorker" of only 11¼ lignes that could be worn by ladies too.

One of the first ladies wrist watches of Ingersoll was "Midget", already with subsidiary seconds at figure 6 and crown by figure 3. The cheap variation had a dial of silvered paper and a pin lever escapement.

zeitweise bewußt nach größerkalibrigen Zeitmessern, war es nun eine Taucheruhr, ein Chronometer oder ein Chronograph. Mido glaubte übrigens zu Beginn der fünfziger Jahre, den idealen Chronographen entwickelt zu haben. Der „Multicenterchrono" hatte nicht die üblichen Hilfszifferblätter, sondern nur zentrale Zeiger und entsprechende Indikationen. Es handelte sich um einen 60-Minuten-Zähler, der sich allerdings nur als eine vorübergehende Modeerscheinung erwies.

Die amerikanische Damen-Armbanduhr

Den amerikanischen Markt betreuten nicht nur Schweizer Fabrikanten oder deren Niederlassungen in den Vereinigten Staaten, sondern von Anfang an auch die amerikanischen Uhrenhersteller. Sie mischten sehr kräftig mit und verfügten über ein reichhaltiges Sortiment, das sich vom eidgenössischen nur wenig unterschied.

Eine der ersten Uhrenfabriken, die sich der Armbanduhr zuwandten, war die New York Standard Watch Company, die nach der Jahrhundertwende in den Besitz der Keystone Watch Case Co. übergegangen war. Zunächst wurden von diesem neuen Uhrentyp ausschließlich Modelle für Damen auf den Markt gebracht. Die Firma signierte mit Standard USA, aber auch mit Crown etc. Es handelte sich um billige Uhren (Werke mit 7 Steinen). Um Herren-Armbanduhren wurde das Angebot erst erweitert, als während des Ersten Weltkrieges immer mehr Soldaten nach einer praktischen Uhr verlangten.

Bei der Hamilton Watch Company in Lancaster begann es um 1913 mit einem zur Armbanduhr adaptierten Anhängeührchen. Die 11¼linige und mit 17 Steinen ausgestattete Skilight hatte am Gehäuse Vorrichtungen, an denen das elastische Zugband eingehakt werden konnte. In den nächsten zwei Jahrzehnten folgten viele schöne Modelle für das Handgelenk. Konnte sich jemand für ein größeres Modell entscheiden, stand um 1934 auch die Flintridge zur Wahl,

Damen-Armbandchronograph mit 30-Minuten-Zähler. 10½liniges Ankerwerk, 15 Steine, Breguetspirale. Eska, Schweiz, vierziger Jahre.

Lady's wrist watch with 30 minutes register. Movement: 10½''', lever escapement, 15 jewels, Breguet balance-spring. Eska, Switzerland, years 40ies.

eine sportliche 9linige Uhr mit einem aufklappbaren Deckel über dem Zifferblatt.

Bei der American Waltham Watch Co. in Massachusetts hießen die Vorläuferinnen des Jahres 1912 Ladies Convertible Bracelet and Strap. Wie bei Hamilton fehlte die kleine Sekunde. Bei der Sapphire Ladies Bracelet war die Aufzugskrone von der 12 bereits zur 3 gewandert, das runde Werk hatte aber noch immer 11¼ Linien. In den zwanziger Jahren gab es wie in Europa auch bei Waltham zahlreiche Schmuckuhren mit Stoffband.

Die Illinois Watch Co. in Springfield vollzog ihren Einstieg in den Armbanduhrenhandel 1914 mit einem Damenmodell,

Very early – about 1913 – Dueber Hampden Watch Co. (Canton, Ohio) started marketing ladies pendant watches that were converted to wrist watches and were signed Hampden.

Another one of the wrist watch pioneers (before 1920) was S. Smith & Son. Last not least there ist the Bulova Watch Company, New York. In the twenties, expecially during the weeks before Christmas Eve, they put advertisements into The Saturday Evening Post trying to beat Elgin, Waltham and others. The advertisements of a full page showed dozens of their products' illustrations.

From 1924 on Movado too had a branch in New York.

The German lady's wrist watch

Already before World War I at Glashütte there were first signes of a wrist watch production. At least in 1912 the Präzisions-Uhrenfabrik AG of Glashütte listed a small lady's pocket watch converted to a wrist watch in gold case (with flexible watch band or massive bracelet, some luxury model studded with diamonds). But after these very promising beginnings this branch of production was not developed further; the pocket watch remained the main purpose. The other manufactures of Glashütte, even A. Lange & Söhne, proceeded in a similar way.

The watch factory Thiel at Ruhla (Thüringen) was interested in ladies wrist watches. They were producing cheap watches for sportive women and for women practising a profession. An advertisement from 1925 is exclusively dedicated to the lady's wrist watch: "Do you already know our novelties, the ladies' wrist watches 'Prinzess' and 'Lolo' of 13 lignes? They are elegant, pretty and solid!" The illustration shows – at a lady's wrist – an octangular model with subsidiary seconds and leather or textile watch band. In the cases there were very simple pocket watch movements.

In 1927 Junghans put wrist watches on the market for the first time. There were four kinds of cases: "Rond", "Carré", "Carré Illusion" and "Octogon", all of them provided with the lever movement of the small pendant watch "Miss" (13 lignes). The Junghans wrist watch of 1927 didn't have any seconds indication.

Only in 1930 Junghans published the following advertisement: "In spite of unfavorable times we have started the production of Junghans high-quality wrist watches, relying on our experiences made with the wellknown Junghans pocket watches. We offer you a great assortment of modern, cheap, easily saleable watches with 15 jewels and cases of chromium plated white metal, of chromium plated silver and of plaqué (20 micron), guaranteed 10 years..."

Concerning the calibre they told: "A lever movement of $10\frac{1}{2}$ lignes and with 15 jewels, with bi-metallic balance and plain steel hairspring made according to the most modern principles of watch production. It is very resistant and, being a bridges movement, easily repairable..."

In addition to the illustration of the movement there were shown ten watches with rectangular or tonneau shaped cases. Evidently they made no difference between ladies and men's models. If a woman wanted to buy a Junghans watch, she had to take a man's model.

The Junghans wrist watch with lever movement was a great progress for the Germann wrist watch production, because till then this type of watches generally had pin lever or cylinder escapements.

An exception was the model "Tutima" (Glashütte). In 1930 the "Deutsche Uhrmacherzeitung" wrote: "The wrist watch 'Tutima' – Glashütte – is the first wrist watch entirely made in Germany. It is produced by the Uhren-Rohwerke-Fabrik Glashütte (Urofa) according to the most modern manufacturing methods. It is made for ladies and gentlemen in only three qualities, each of $8\frac{3}{4}$ lignes... The 'Tutima' is on the market already for some time."

One of the most successful movements of Urofa was the calibre 54, a shaped movement of $5\frac{1}{4}$ lignes for ladies' watches.

In 1928 Bidlingmaier at Schwäbisch Gmünd has started a movements production. Nobody knew that this factory once should become the greatest German manufacture specialized in wrist watches: Bifora became world-famous.

das denen der heimischen Konkurrenz glich. Desgleichen verlief die Entwicklung in ähnlicher Weise. Um 1930 gab es etliche Modelle, bei denen sich die kleine Sekunde in Höhe der 9 befindet, etwa die fast quadratische New Yorker, die wegen ihrer geringen Größe (11¼ Linien) selbst von einer sportlich eingestellten Dame getragen werden konnte.

Eine der ersten Damen-Armbanduhren von Ingersoll war die Midget, schon mit kleiner Sekunde und Aufzugskrone bei der 3. Bei der billigen Ausführung war das Zifferblatt aus silberfarbenem Papier, das Werk hatte Stiftanker.

Zu den frühen Produzenten von Damen-Armbanduhren gehört ferner Dueber Hampden Watch Co. in Canton, Ohio. Die ab 1913 sowohl als Anhänge- wie auch als Armbanduhr zu tragenden Modelle waren mit Hampden signiert.

In der Reihe der Armbanduhr-Pioniere vor 1920 ist überdies S. Smith & Son zu finden.

Nicht vergessen werden darf die Bulova Watch Company in New York. Sie inserierte in den zwanziger Jahren, besonders vor Weihnachten etwa, in The Saturday Evening Post mit Elgin, Waltham usw. um die Wette. Auf ganzseitigen Einschaltungen konnten die Kreationen in Dutzenden Abbildungen bewundert werden.

Ab 1924 war in New York auch Movado durch eine eigene Niederlassung präsent.

Die deutsche Damen-Armbanduhr

In der Stadt Glashütte zeigten sich schon vor dem Ersten Weltkrieg Ansätze zu einer Armbanduhr-Fertigung. Die technisch modernst eingerichtete Glashütter Präzisions-Uhrenfabrik AG hatte spätestens 1912 eine kleine Damen-Taschenuhr als Armbanduhr im Goldgehäuse (mit elastischem Zugband oder massivem Kettenarmband, in der teuren Ausführung mit Brillanten besetzt) im Verkaufsprogramme. Aber diesen hoffnungsvollen Anfängen folgte keine Weiterentwicklung dieses Produktionszweiges – die Taschenuhr blieb das Um und Auf der unternehmerischen Aktivitäten. Das traf übrigens ebenso für die anderen Manufakturen in Glashütte, einschließlich A. Lange & Söhne, zu.

Ein Herz für die Frau bewies die Uhrenfabrik Thiel in Ruhla (Thüringen). Ihr Programm war u. a. auf die sportliche und berufstätige Frau ausgerichtet und auf die magere Geldbörse abgestimmt. In einer Zeitungsanzeige von 1914 ist zwar von einem ausgesprochenen Damenmodell noch nicht die Rede, aber eine weitere aus dem Jahr 1925 wendet sich ausschließlich an das weibliche Geschlecht. Der graphisch gestaltete Text lautet: „Kennen Sie schon unsere entzückenden Neuheiten in 13''' Damen- und Armbanduhren ‚Prinzess' und ‚Lolo'? Sie sind geschmackvoll, zierlich und solide!" Die Abbildung am Handgelenk der Dame vermittelt ein achteckiges Modell mit kleiner Sekunde und schmalem Leder- oder Stoffband. In den Gehäusen befand sich ein Taschenuhrkaliber einfacher Bauart.

Das Unternehmen Junghans hielt es diesbezüglich nicht anders, als es sich 1927 erstmals mit Armbanduhren auf den Markt wagte. In den vier zur Auswahl stehenden Gehäusen „Rond", „Carré", „Carré Illusion" und Octogon" befand sich das 13linige Ankerwerk des Anhängeührchens „Miss". Die Junghans-Armbanduhr von 1927 besaß keine Sekundenindikation.

Erst 1930 war es bei Junghans soweit. „Die Junghans Armband-Uhr ist da!" war die Überschrift der Ankündigung für den Uhrenhandel, in der folgendes ausgeführt wurde: „In aller Stille haben wir, trotz Ungunst der Zeiten, gestützt auf die Erfahrungen unserer anerkannt hochentwickelten Junghans Taschenuhr-Fabrikation, die Herstellung von Junghans Qualitäts-Armbanduhren aufgenommen. In einer reichhaltigen Kollektion moderner, ansprechender und leicht verkäuflicher Gehäuseformen in Weißmetall verchromt, 900 Silber verchromt und Plaqué 20 Mikron (10 Jahre Garantie) bieten wir sie Ihnen noch so zeitgerecht an, daß Sie bei umgehender Bestellung das Weihnachtsgeschäft mit dieser formschönen, guten und preiswürdigen 15steinigen Junghans Qualitäts-Armbanduhr bestreiten können." Die Auskunft zum Kaliber lautet: „Ein 10½''' und

In 1934 the following German factories produced wrist watch movements:

Bauer, Pforzheim	8¾ lignes, round, lever escapement, 7/11/15 jewels
Bidlingmaier, Schwäbisch Gmünd	5¼ lignes, oval, lever escapement, 7/15 jewels
	8¾ lignes, tonneau, lever escapement, 7/15 jewels
	8¾ lignes, round, lever escapement, 7/15 jewels
	10½ lignes, round, lever escapement, 7/15 jewels
Durowe, Pforzheim	5¼ lignes, oval, lever escapement, 7/15 jewels
	8¾ lignes, round, lever escapement, 7/15 jewels
Junghans, Schramberg	8¾ lignes, round, cylinder escapement, 6 jewels
	10½ lignes, round, cylinder escapement, 1 or 6 jewels
	8¾ lignes, round, lever escapement, 15 jewels
	10½ lignes, round, lever escapement, 15 jewels
Kaspar & Co., Pforzheim	8¾ lignes, round, cylinder escapement, 2/6 jewels
Kienzle, Schwenningen	10½ lignes, round, pin lever escapement, 4 jewels
	12 lignes, round, pin lever escapement, 0 jewels
	13 lignes, round, pin lever escapement, 0 jewels
Maurer & Reiling, Pforzheim	10½ lignes, round, cylinder escapement, 0–10 jewels
Müller-Schlenker, Schwenningen	12½ lignes, round, pin lever escapement, 0 jewels
Pforzheimer Uhren-Rohwerke	8¾ lignes, tonneau, lever escapement, 15 jewels
Schätzle & Tschudin, Pforzheim	9 lignes, round, cylinder escapement, 10 jewels
Thiel, Ruhla	10 lignes, round, pin lever escapement, 3 jewels
	12 lignes, round, pin lever escapement, 0 jewels
Uhren-Rohwerke-Fabrik Glashütte	5¼ lignes, oval, lever escapement, 11/15/16 jewels
	8¾ lignes, round, lever escapement, 11/15/16 jewels
	10½ lignes, round, lever escapement, 7/15 jewels

The masterpiece, the precision wrist watch for ladies, should have been produced by A. Lange & Söhne, Glashütte, but they were not interested in it.

Selfwinding ladies' wrist watches

Frequently the selfwinding watch is regarded as the crowning moment of the mechanical wrist watch production. But many years went by, until there were produced selfwinding wrist watches for ladies too. After World War II there was a rapid progress concerning selfwinding men's wrist watches, but only 10 years later one was able to make flat ladies' calibres too. Still in 1969 you can read: "The elegant shape is very important for a lady's wrist watch and the selfwinding watch for ladies will be a success only if you can't identify such a wrist watch by its outward appearance."
In 1966 Buren had attained these ends with a watch of 3,90 mm height but without second indication. Since most of the ladies' watches have no second indicator, one tried to make selfwinding ladies' watches not only as sports watches but also as watches for daily use with a smaller movement diameter." (Hans Kocher, "Automatische Uhren" – "Selfwinding watches".) "We are only in our infancy concerning ladies' wrist watches with selfwinding system, even

15steiniges Ankerwerk mit bimetallischer Unruhe und flacher Stahlspirale ist nach den gewissenhaftesten Grundsätzen modernster Uhrentechnik konstruiert. Es ist dabei solid und kräftig, daher sehr widerstandsfähig und in seiner Eigenschaft als Brückenwerk sehr leicht reparierbar..."
Neben der vergrößerten Werkabbildung waren zehn Uhren mit rechteckigem oder tonnenförmigem Gehäuse im Bild wiedergegeben. Zwischen Damen- und Herrenmodellen wurde offenbar nicht unterschieden. Wollte eine Frau eine Junghans, mußte sie aus dem Herrensortiment wählen.
Die Junghans-Armbanduhr mit Ankerwerk war übrigens ein beachtlicher Fortschritt für die deutsche Uhr am Handgelenk, die bis dahin mehr oder minder Stiftanker- und Zylinderwerke umfaßte.
Zu den Ausnahmen war die Glashütter „Tutima" zu zählen. Über sie kann in der Deutschen Uhrmacher-Zeitung, Jahrgang 1930, recht Interessantes nachgelesen werden: „Die Glashütter Armbanduhr ‚Tutima' ist die erste in Deutschland ganz hergestellte Armbanduhr, die von der Uhren-Rohwerke-Fabrik Glashütte (Urofa) nach den neuesten Fabrikationsverfahren gebaut wird. Sie wird in 8¾'" Größe (rund) für Damen- und Herren-Armbanduhren in drei nur wenig voneinander abweichenden Qualitäten verwendet... Die ‚Tutima' ist schon seit einiger Zeit auf dem Markte."
Eines der erfolgreichsten Werke von Urofa wurde das Kaliber 54, ein Formkaliber von 5¼ Linien für Damenuhren. 1928 hatte weiters Bidlingmaier in Schwäbisch Gmünd mit der Fabrikation eigener Werke begonnen. Niemand ahnte damals, daß das Unternehmen zur größten deutschen Spezialfabrik für Armbanduhren aufsteigen sollte. Die Marke Bifora wurde für viele zu einem Begriff.
1934 waren folgende Betriebe in Deutschland mit der Herstellung von Werken für Armbanduhren befaßt:

Bauer, Pforzheim	8¾ Linien, rund, Ankerhemmung, 7/11/15 Steine
Bidlingmaier, Schwäbisch Gmünd	5¼ Linien, ovalisiert, Ankerhemmung, 7/15 Steine
	8¾ Linien, tonneau, Ankerhemmung, 7/15 Steine
	8¾ Linien, rund, Ankerhemmung, 7/15 Steine
	10½ Linien, rund, Ankerhemmung, 7/15 Steine
Durowe, Pforzheim	5¼ Linien, ovalisiert, Ankerhemmung, 7/15 Steine
	8¾ Linien, rund, Ankerhemmung, 7/15 Steine
Junghans, Schramberg	8¾ Linien, rund, Zylinderhemmung, 6 Steine
	10½ Linien, rund, Zylinderhemmung, 1 oder 6 Steine
	8¾ Linien, rund, Ankerhemmung, 15 Steine
	10½ Linien, rund, Ankerhemmung, 15 Steine
Kasper & Co., Pforzheim	8¾ Linien, rund, Zylinderhemmung, 2/6 Steine
Kienzle, Schwenningen	10½ Linien, rund, Stiftankerhemmung, 4 Steine
	12 Linien, rund, Stiftankerhemmung, 0 Steine
	13 Linien, rund, Stiftankerhemmung, 0 Steine
Maurer & Reiling, Pforzheim	10½ Linien, rund, Zylinderhemmung, 0 bis 10 Steine
Müller-Schlenker, Schwenningen	12½ Linien, rund, Stiftankerhemmung, 0 Steine
Pforzheimer Uhren-Rohwerke	8¾ Linien, tonneau, Ankerhemmung, 15 Steine
Schätzle & Tschudin, Pforzheim	9 Linien, rund, Zylinderhemmung, 10 Steine
Thiel, Ruhla	10 Linien, rund, Stiftankerhemmung, 3 Steine
	12 Linien, rund, Stiftankerhemmung, 0 Steine

Selfwinding lady's wrist watch. Movement: 6¾''', lever escapement, 15 jewels, winding by oscillating weight. Frey, Biel, years 30ies.

Automatische Damen-Armbanduhr. 6¾liniges Ankerwerk. Aufzug nach dem Pendelprinzip. Frey, Biel, dreißiger Jahre.

if a lady is predestinated to wear a selfwinding watch. Without being wound up this watch indicates the exact time for years with a daily difference of rate of 8,6 seconds in 24 hours."

The repair of wrist watches

The repair of wrist watches was a different story. Many a watch maker – especially in Germany – refused to repair a wrist watch, above all a lady's wrist watch. There were lacking repair manuals; only Bruno Hillmann (Zurich) had published a contribution to this subject in 1919. In 1925 his article "Die Armbanduhr, ihr Wesen und ihre Behandlung bei der Reparatur" ("The Wrist Watch and the Methode

The lady's model of a time zones watch by Gubelin (1958).

Das Damenmodell einer Zeitzonenuhr von Gübelin aus dem Jahr 1958.

of Repairing It") was published in Germany. More than 10 years later Hans Jendritzki wrote a more detailed treatise about this subject which was published in 1937 by Knapp Verlag, Halle, with the title: "Die Reparatur der Armbanduhr" ("The Repair of the Wrist Watch"). In the introduction of this booklet of 100 pages Jendritzki explains, that there is no reason for being irritated when one tries to repair a wrist watch, even if there are many different calibres. One only has to gain experiences occupying himself with the wrist watch. Then there follow instructions how to find and how to repair technical defects of different kinds. The explanations are easily understood. Of course he is speaking of the small baguette movement too. Jaeger-LeCoultre produced such a movement since 1929. It consisted of 74 parts and had a size of 4,85×14 mm. It is the smallest mechanical calibre ever produced in series.

Very interesting are some general comments, for instance: "Even if the cylinder escapement is not suitable for wrist watches and not used in many other countries, in Germany

Uhren-Rohwerke-Fabrik Glashütte 5¼ Linien, ovalisiert, Ankerhemmung, 11/15/16 Steine
8¾ Linien, rund, Ankerhemmung, 11/15/16 Steine
10½ Linien, rund, Ankerhemmung, 7/15 Steine

Das Spitzenprodukt, die ganz feine Präzisions-Armbanduhr, auch die für das zarte Handgelenk, hätte von A. Lange & Söhne aus Glashütte kommen müssen. Dort war man an überdurchschnittlichen Leistungen auf diesem Gebiet jedoch nicht sonderlich interessiert. Deutschland blieb ohne Nobelmarke auf dem Sektor Armbanduhr.

Die automatische Damenuhr

Das automatische Modell wird vielfach als die Krönung der mechanischen Armbanduhr angesehen. Die Dame mußte darauf unendlich lange warten. Verlief die Entwicklung bei der Herrenuhr nach dem Zweiten Weltkrieg in einer stürmischen Weise, gelang eine flachere Bauweise bei den Damenkalibern erst ein Jahrzehnt später. Noch 1969 finden sich Formulierungen wie: „Dabei ist das elegante Aussehen der Damenuhr von großer Bedeutung und man darf erwarten, daß sich die automatische Damenuhr durchsetzen wird, sobald sie äußerlich nicht mehr als solche zu erkennen ist. Mit 3,90 mm Werkdicke ist dieses Ziel 1966 von Buren mit einer Uhr ohne Sekundenanzeiger erreicht worden. Da die meisten Damenuhren keinen Sekundenzeiger haben, war es gegeben, einmal diesen Weg zu beschreiten und automatische Damenuhren nicht nur als Sportuhren, sondern auch als Gebrauchsuhren mit kleinerem Werkdurchmesser zu schaffen." Nachzulesen in der Publikation „Automatische Uhren" von Hans Kocher. Auch in der Einleitung befaßt er sich mit dem Damenmodell. Es heißt dort: „Wir sind erst im Begriff, die Damenuhr mit einem automatischen Aufzug auszurüsten und dabei ist doch die Dame in besonderer Weise zum Tragen der automatischen Uhr prädestiniert. Unbekümmert über das Aufziehen liefert diese Uhr für Jahre und bei gelegentlicher Wartung für Jahrzehnte die genaue Zeit. Bei einer täglichen Gangdifferenz von 8,6 Sekunden mißt sie die Länge des Tages auf $1/^{10.000}$ genau, eine Genauigkeit, welche von keinem anderen Gerät des täglichen Gebrauchs erreicht wird."

Die Reparatur der Armbanduhr

Die Reparatur der Armbanduhr war ein Kapitel für sich. So mancher Uhrmacher – vornehmlich in Deutschland – lehnte sie glattweg ab. Er fühlte sich überfordert, es mangelte ihm an der nötigen Erfahrung. Mit der kleinen Damenuhr wollte er sich erst gar nicht befassen. Reparaturanleitungen fehlten, sah man davon ab, daß Bruno Hillmann in Zürich 1919 einen Beitrag zu diesem Thema veröffentlicht hatte. 1925 erschien in Deutschland von ihm eine Publikation unter dem Titel „Die Armbanduhr, ihr Wesen und ihre Behandlung bei der Reparatur". Mehr als zehn Jahre später nahm Hans Jendritzki sich des leidigen Problems an und suchte, diesen Notstand mit einer umfangreicheren Arbeit zu beseitigen. 1937 brachte sie der Knapp Verlag in Halle unter dem Titel „Die Reparatur der Armbanduhr" der über 100 Seiten starken Broschüre heraus. In der Einleitung stellt Jendritzki fest, daß es zwar viele verbaute Kaliber gäbe, aber dies kein Grund sei, widerwillig und nervös an eine Reparatur zu schreiten. Man müsse Erfahrungen sammeln und sich mit der Uhr am Handgelenk auseinandersetzen. Er geht auch gleich in medias res und gibt einfache und praktische Hinweise zur Behebung technischer Gebrechen und Aufdeckung von Fehlern verschiedenster Art. Die Vermittlung einschlägigen Wissens erfolgt in einer so glücklichen Art und Weise, daß die Darlegungen für jedermann verständlich und nachvollziehbar sind. In die Betrachtung waren selbstverständlich die kleinen Baguettewerke mit einbezogen. Jaeger-Le Coultre hatte seit 1929 eines im Programm, das aus 74 Teilen bestand und nur 4,85×14 mm maß. Es sollte das kleinste

A lady's wrist watch in massive silver case. Several repair marks at the bottom of the case.

Damen-Armbanduhr in massivem Silbergehäuse, mit zahlreichen Reparaturzeichen im Boden.

"Diana" was a common watch with "extra equipment". It had an enamel dial, easily legible Arabic figures – figure 12 was of red colour –, second indication, blued steel hands. Near the crown there was a little pin for hands setting. The bottom of the case was attached to its middle part by means of a joint. The movement had cylinder escapement.

Die „Diana" war eine einfache Uhr mit „Sonderausstattung". Sie hatte ein gefälliges Gesicht: Emailzifferblatt, gut lesbare arabische Stundenzahlen, die 12 in Rot, Sekundenanzeige, gebläute Stahlzeiger. Für das Zeigerstellen rechts der Krone der kleine Stift. Der Boden des Gehäuses war mit dem Mittelteil durch ein Scharnier verbunden. Das Werk hatte Zylindergang, Körnerunruh und zwei verschraubte Körnerlager.

Jendritzkis Reparaturleitfaden und zwei Armbanduhren.
The repair manual by Jendritzki and two wrist watches.

mechanische Kaliber bleiben, das je in Serie fabriziert wurde.

Recht aufschlußreich sind bisweilen allgemeine zeitgenössische Hinweise, wie etwa der: „Obgleich für die tragbare Armbanduhr recht wenig geeignet und in vielen Ländern und Werkstätten gänzlich ausgeschaltet, finden wir die Zylinderhemmung bei uns (in Deutschland, Anm. d. Verf.) leider noch sehr oft. Gerade in der gegenwärtigen Zeit müssen wir Uhrmacher auch solche Uhren zu einem leidlich brauchbaren Zeitmesser machen. Wie jede Uhr sollte besonders eine Zylinderuhr entmagnetisiert werden, bevor sie (die Reparatur, Anm. d. Verf.) in Angriff genommen wird."

Jendritzkis Anleitung erlebte mehrere Auflagen und Umfangerweiterungen. In der 4.–5. Auflage von 1948 finden sich u. a. auch Kapitel über die zentrale Sekunde, den Armband-Chronographen, die Uhr mit springenden Zahlen, die Uhr mit Selbstaufzug sowie die Stoßsicherungen der Unruhlagerung.

Baguette-Werke.

Bei einem Baguette-Werk z. B., wie es in Abb. 27 dargestellt ist, nehmen Federhaus und Unruh einen großen Raum des Werkes ein. Der geringe noch verbleibende Platz zwang dazu, die Laufwerksräder stark zusammenzudrängen und sie teilweise in zwei Ebenen zu lagern. Die Unterseite dieses Werkes sieht dadurch so aus, wie die Abb. 28 zeigt. Beim Zusammensetzen der Uhr ist darauf zu achten, daß das Ankerrad — entgegen allem anderen Brauch — **vor** dem Sekunden- und dem Kleinbodenrad eingesetzt werden muß.

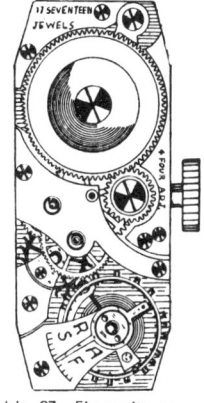

Abb. 27. Ein weit verbreitetes Kaliber.

Abb. 28. Die Unterseite des Baguette-Werkes.

Streng schematisch zeigt die Abb. 29 die Platzverhältnisse im Laufwerk. Das Minutentrieb hat Neigung, in seiner unteren Ausdrehung zu streifen. Der Zapfen der Aufzugwelle bringt

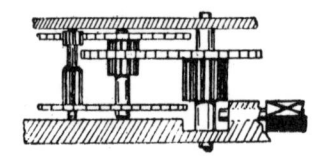

Abb. 29.
Die Laufwerksräder
im Baguette-Werk.

zwar in neuen Uhren keine Gefahr, doch ist bei Ersatz der Welle sorgfältig auf die Länge zu achten, damit nicht das Minutentrieb geklemmt wird. Um dem Minutenrad Platz zu machen, ist das Sekundentrieb ausgedreht. Das Kleinbodenrad läuft nirgends Gefahr, zu streifen, um so mehr aber das Sekundenrad. Es läuft dicht unter dem Minutentrieb, und es genügt ein leichtes Schwanken, um bei entgegengesetzt beanspruchter Höhenluft ein Streifen herbeizuführen. Das Hemmungsrad ist überall gut frei, auch in der so merkwürdig aussehenden Ausdrehung auf der Rückseite unter dem Wechselrad.

Die langgestreckte Baguette-Bauart hat gegenüber den 5¼'''-Kalibern den Vorteil, daß so verhängnisvolle Fehler, wie Streifung zwischen Minutenrad—Aufzugrad oder Wechselrad—Anker, ausgeschlossen sind. Sofern allerdings das Ankerrad zwischen Deckplatten läuft, ist die Höhenluft immer wieder beim Zusammensetzen zu prüfen. Bisweilen vermag die Deckplatte auf dem Ankerradkloben die ziemlich dünne Brücke durchzubiegen und die Höhenluft zu verändern.

Extract from the "Reparatur der Armbanduhr" by Jendritzki.

Auszug aus „Die Reparatur der Armbanduhr" von Jendritzki.

it can be found rather frequently. Especially today watch makers has to repair these watches too. Like every other watch the cylinder watch too has to be demagnetized before being repaired."

The repair manual by Jendritzki war republished and enlarged for several times. In the 4th–5th edition from 1948 there is – among others – a chapter speaking about central seconds, the wrist chronograph, jump hours, selfwinding systems and shock protective devices for balance bearings.

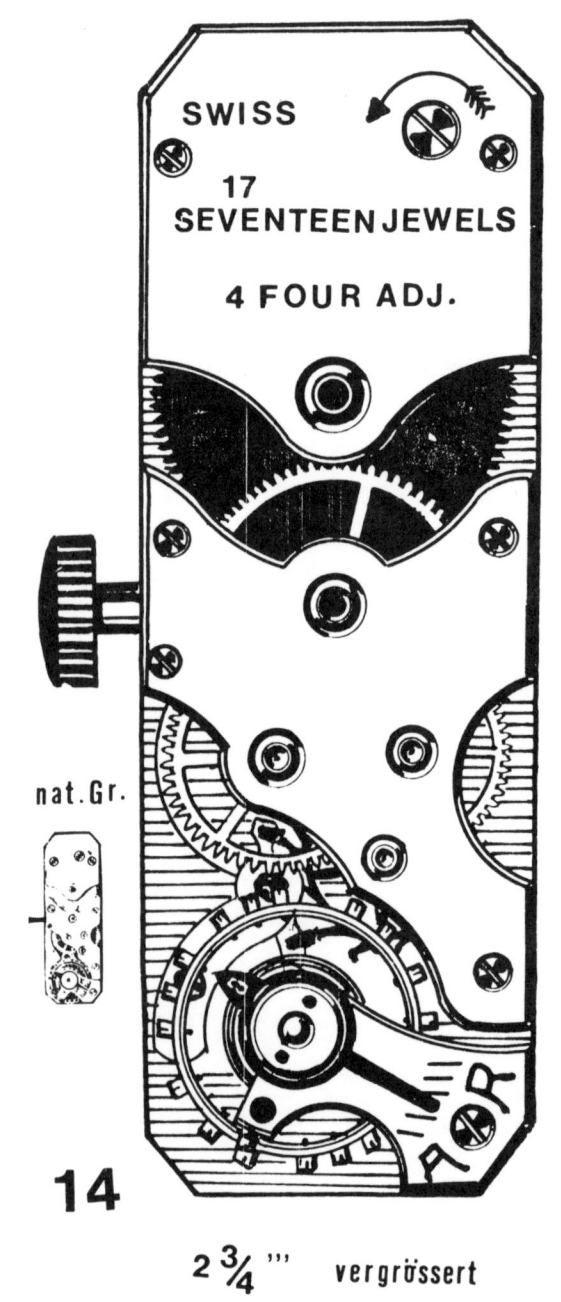

nat. Gr.

14

2¾''' vergrössert

The very frequent baguette-movement of 2¾ lignes.

Das sehr häufige 2¾linige Baguette-Werk.

Tissot

STARK GEBAUT

heisst nicht schwerfällig bei **Tissot**. Diese Uhr gibt den Beweis. Männlich in der Form und trotzdem elegant!

HZ 199 21,7 Nickel chrom. mit Stahl-Boden rostfrei

In Nickel chrom. von Fr. **40.—** an

FORMSCHÖN

ein bevorzugtes Modell mit Leder-Kordel.

HZ 432 19,4 Nickel chrom. mit Stahl-Boden rostfrei

HZ 135 G 19,4 Nickel chrom. mit Stahl-Boden rostfrei

In Nickel chrom. von Fr. **50.—** an
In Gold von Fr. **95.—** an

Aus einem Tissot-Katalog von 1939.

From a Tissot catalogue (1939)

Wenig Spezialitäten

Ähnlich enttäuschend verlief die Entwicklung bei den Spezialitäten. In einem Katalog von Gübelin aus den Jahren 1958/59 steht beispielsweise zu lesen:
„Gübelin bringt die erste Weltzeituhr für Damen – in zwei verschiedenen Ausführungen. Das Modell ‚City time' ermöglicht das mühelose und augenblickliche Ablesen der Ortszeit in allen 24 Zeitzonen der Erde. Das Modell ‚Dual time' gestattet die gleichzeitige Ablesung der Lokalzeit zweier Städte in unterschiedlichen Zeitzonen. So kann z. B. eine Hostess, die regelmäßig die Linie Frankfurt–New York fliegt, mit einem Blick mitteleuropäische und New Yorker Zeit ablesen." Hinter dem Zifferblatt dieser beiden Modelle verbarg sich ein Werk von 5".

Die Damenuhr stand am Anfang der Geschichte des ans Handgelenk geschnallten Zeitmessers, sie verlockte die Fabrikanten zur Miniaturisierung, die bisweilen über ein vernünftiges Maß weit hinausging, sie half dem neuen Uhrentyp bei der Eroberung des Marktes und machte weite Bevölkerungsschichten schon früh zu Besitzern einer eigenen Uhr, die nicht die Woche über in einer Schatulle lag, sondern tagtäglich getragen wurde. Das Damenmodell war nicht mehr Schmuckuhr elitärer Kreise, sondern Gebrauchsuhr für die Frau, ob sie nun in einer Fabrik oder im Büro arbeitete oder den Haushalt versorgte.

Lady's wrist watches with subsidiary seconds by IWC, Paul Ditisheim/Fabricant/La Chaux-de-Fonds, and Eterna.

Damen-Armbanduhren mit kleiner Sekunde von IWC, Paul Ditisheim/Fabricant/La Chaux-de-Fonds, Eterna.

Only a few specialities

The ladys's wrist watch is neglected also concerning specialities. In a catalogue of Gubelin from 1958/59 one can read: "Gubelin offers the first world time watch for ladies in two different models. The model 'City time' allows the quick and simultaneous reading of the local times of the 24 time zones of the world. The model 'Dual Time' allows the simultaneous reading of the local times of two cities in different time zones. For instance a stewardess flying from Frankfort to New York can read simultaneously the Central European time and the time of New York." Both of these watches had a movement of 5'''.

The lady's wrist watch marks the beginning of the history of wrist watches, this timepiece seduced the manufacturers to make miniature watches, sometimes going beyond reasonable measures, it helped the new watch type to conquer the market and it let wide sections of the population become owners of watches for daily use. The lady's model was no jewelry watch for upper classes any more, but a utilitary article for every woman working in factories, in offices or managing the household.

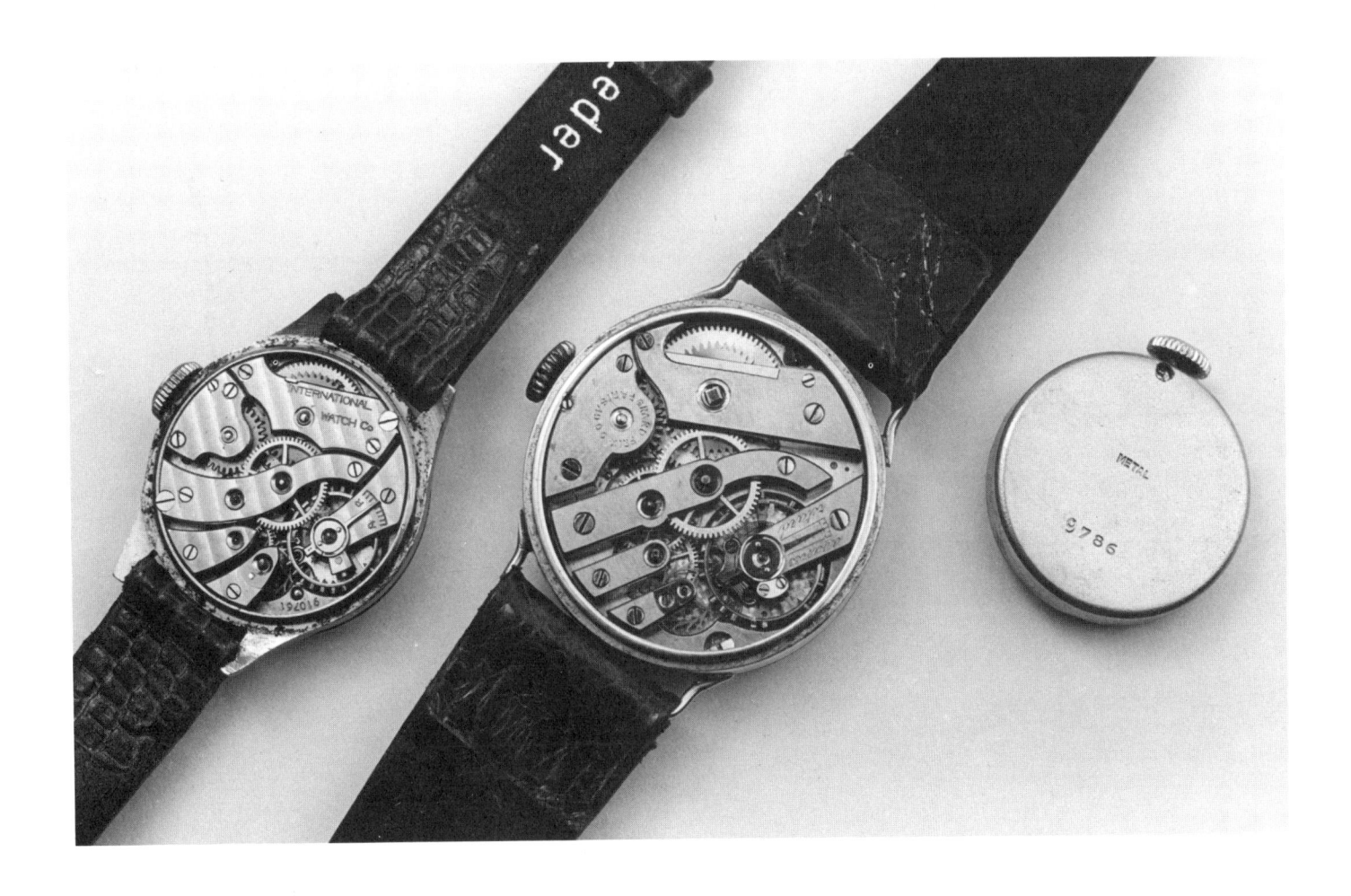

Die Werke der nebenstehend abgebildeten Uhren:
IWC-Kaliber 90 (7½linig, ⌀ 17,30 mm, Höhe 3,10 mm, 15 Rubis, 18.000 Halbschwingungen).
Feines Schweizer Brückenwerk (große Schraubenunruh, 17 Rubis, Breguetspirale, verdeckter Aufzug).
Das Werk der Eterna hat Goldanker und Goldankerrad und befindet sich in einer Kalotte, die es vor Staub schützt. Abnahme nach Verdrehen der Winkelhebelschraube und Entfernen der Aufzugwelle.

The movements of the opposite watches:
IWC calibre 90 (7½ lignes, diameter 17,30 mm, height 3,10 mm, 15 jewels, 18.000 vibrations.)
Swiss bridges movement (great balance studded with screws for regulation, 17 jewels, Breguet hairspring, hidden winding stem.)
The movement of the Eterna watch with gold lever and escape wheel. It is situated in the "Calotte" (an inner case) to be protected against dust. You can take it away turning the setting lever screw and removing the winding stem.

Catalogues, advertisements and movement classification books

Who tries to collect not only watches but also catalogues and advertising literature concerning watches, often will be disappointed, because it is a rarity. It seems as if all the catalogues and so on have been thrown away long ago.

In the catalogues of German department stores of the years between 1910 and 1920 the watches were listed as sports goods. If you open the "Illustrierten Prachtkatalog der Lyra Fahrrad-Werke Hermann Klaassen, Prenzlau" from 1910 you find six pages with pocket and pendant watches and seven pages with watch-chains, but no wrist watches at all. Four years later the main catalogue of the firm of Hans Hartmann at Eisenach ("Fahrräder und Nähmaschinen sowie sämtliche Radfahrer-Bedarfsartikel, Sport- und Haushaltsgegenstände") contains 8 pages with pocket and pendant watches, for prospective buyers of wrist watches there are only two leather watch bands with cases for the pendant watch. The Katalog "Aria-Fahrräder, Pneumatics und Sportartikel" from 1914 (Firm of Franz Verheyen, Frankfort on the Main) contains 4 pages with watches. For the prospective buyer of wrist watches there were only a leather band with leather case, a metallic band with holding device for small pocket watches and only one lady's wrist watch.

The main catalogue No. 15 of Julius Busse, Engros & Export, Berlin ("Uhren, Ketten, Gold-, Silber-, Nickel- und Alfenide-Waren, optische Instrumente, photographische Apparate und Musikwerke", 1913/14), was an exception. 37 pages are showing pocket and pendant watches, the customers could take their choice among 300 men's and 130 ladies' watches. Three pages were showing wrist watches. This assortement of 30 models was meant for ladies who were interested in wrist watches much earlier than the strong sex.

Even watch factories and watch museums very rarely are in possession of catalogues which could inform us about the wrist watch programm during the period of experiment which lasted till 1930. Therefore one has to read advertisements in journals, newspapers and specialist periodicals if one wants to know the cultural history of the wrist watch. Very interesting are the "Journal Suisse d' Horlogerie et de Bijouterie" and the book "Le Livre d'Or de l'Horlogerie", published on the occasion of the 50th anniversary of the Swiss watch journal. This "golden book", published in 1926, contains advertisements with illustrations and colour-plates as well as many details concerning Swiss watch manufactures and their founders. Therefore it is a very important documentation of the twenties.

Since the middle of the thirties you can find more easily catalogues of watch materials and movement classification books. Especially the classification books are very important, because generally the movements had no indication concerning the calibre and therefore it is difficult for the watch maker to classify the respective movement. The most important reference-book for watch collectors is A.-F. Jobin's book "Classification of the Swiss Watch Movements and Watchmaterials", published in three languages by La Classification Horlogère, Bienne, in 1936. This book contains a summary of the Swiss production and deals with more than 3000 movements and watch materials which are reproduced in their original size. It is the production pro-

Kataloge, Inserate und Werksucher

Wer sich in den Kopf setzt, außer Uhren auch einschlägige Kataloge und Prospekte zu sammeln, der kommt aus den Enttäuschungen nie und nimmer heraus. Ist schon das Angebot an älteren Armbanduhren mehr als spärlich, gibt es das dazugehörige gedruckte Informations- und Werbematerial in größerer Zahl so gut wie nicht. Man muß es als reinen Glücksfall ansehen, wenn Bemühungen in dieser Richtung einmal zum Erfolg führen. Auch noch so großer Eifer und Einsatz der Phantasie helfen kaum weiter. Anscheinend landete alles Material im Papierkorb.

In den deutschen Warenhauskatalogen der zehner Jahre galten die Uhren als Sportartikel. Schlägt man im großformatigen „illustrierten Prachtkatalog der Lyra-Fahrrad-Werke Hermann Klaassen, Prenzlau" aus dem Jahr 1910 nach, entdeckt man zwar auf sechs Seiten Taschen- und Anhängeuhren und auf sieben weiteren Seiten Uhrketten, aber Armbanduhren bietet das „erste, älteste, größte und leistungsfähigste Spezialhaus für Fahrräder und Sportartikel" nicht an.

Kaum anders ist es vier Jahre später: Der Hauptkatalog „Fahrräder und Nähmaschinen sowie sämtliche Radfahrer-Bedarfsartikel, Sport- und Haushaltsgegenstände" des Unternehmens Hans Hartmann in Eisenach hat mit 336 Seiten etwa den gleichen Umfang; die Taschen- und Anhängeuhren füllen acht Seiten, für die Freunde der Uhr am Handgelenk gibt es für sie und ihn je ein Lederuhrband mit Kapsel zur Aufnahme der Anhängeuhr. Der Katalog „Aria-Fahrräder, Pneumatics und Sportartikel" von 1914 der Firma Franz Verheyen in Frankfurt am Main hat einen Umfang von 184 Seiten, davon vermitteln vier das Kleinuhrensortiment. Den Armbanduhrinteressenten standen zur Auswahl: das Lederband mit Lederkapsel, ein metallenes Zugband mit Halteklammer zur Fixierung der kleinen Taschenuhr und in Tulasilber-Ausführung eine Damen-Armbanduhr mit Zugband.

Eine Ausnahme bildete der illustrierte Hauptkatalog Nr. 15 „Uhren, Ketten, Gold-, Silber-, Nickel- und Alfenide-Waren, optische Instrumente, photographische Apparate und Musikwerke" für 1913/14 von Julius Busse, Engros & Export, in Berlin. Von den 516 Seiten des Foliobandes sind 37 den Taschen- und Anhängeuhren reserviert. Die Busse-Kunden konnten unter 300 Herren- und 130 Damenuhrmodellen wählen. Die aufkommende Armbanduhr füllt in diesem Katalog immerhin drei Seiten. Die Abbildungen und Beschreibungen stellen eine Begegnung mit der frühen Gebrauchsuhr für das Handgelenk dar. Die aus 30 Modellen bestehende Kollektion richtet sich an die weibliche Kundschaft und läßt die bevorstehende Revolution des neuen Uhrentyps ahnen. In der Tat waren es die Frauen, die sich wesentlich rascher für den Zeitmesser am Arm entschieden als die Herren. Letztere wandten sich erst in den dreißiger Jahren weitgehend von der Taschenuhr ab.

Selbst Uhrenfabriken und Uhrenmuseen besitzen nur höchst selten einzelne Markenkataloge, die Auskunft über das Armbanduhren-Programm der Experimentierphase, die etwa bis 1930 dauerte, geben würden. Deshalb muß der Erforscher der Kulturgeschichte dieses Gegenstandes seine Hoffnung vielfach auf Inserate in Zeitungen, Zeitschriften und Fachblättern setzen. Einblicke in die Entwicklung gewährt beispielsweise das „Journal Suisse d'Horlogerie et de Bijouterie".

Als besondere Fundgrube erweist sich der über 100 Seiten starke Band „Le Livre d'Or de l'Horlogerie", der zum fünfzigjährigen Bestehen des Schweizer Uhrenjournals herausgegeben wurde, allerdings nicht mehr im Jubiläumsjahr (1926) selbst, sondern erst im Jahr darauf. Dieses

gramm of about 50 factories: Most of them has made more wrist watches than pocket watches. In 1939 there followed a supplementary volume which contains assortements of several manufactures and advertisements with illustrations of men's and ladies' watches.

The jubilee-edition of Flume from 1937 is another precious document concerning German watch making. In occasion of the 50th anniversary the establishment published a catalogue for its costumers. "Das Spezialhaus der Branche", the firm of Georg Jacob, Leibzig, established in 1877 and existing till 1974, published movement classification books too. The first volume of the paperback series with the title "Werk-Erkennung" (44 pages) was pubished in 1942 and is dealing with wrist watches. The calibres are shown from the side of the dial – above all the winding system. The German watches with pin lever escapement are shown from the side of the balance cock too in order to facilitate the identification. In 1946 there followed a supplementary volume: "Nachtrag zum I. Teil: Armbanduhren", with 116 pages, showing 650 illustrations of movements. Again the winding system is very important for the classification.

In 1943 the series was continued with: "II. Teil: Taschenuhren und Taschenwecker", then followed, in 1943, "IV. Teil: Wecker", and in 1948 "III. Teil: Chronographen, Stopp- und Autouhren. Nachtrag zum II. Teil: Taschenuhren und Taschenwecker, IV. Teil: Wecker."

In 1949 there appeared the "Official Catalogue of genuine Swiss Watch Repair Parts". The 1st volume contains a summary of subsidiary companies of the Ebauche AG. The numbers of the calibres which were not produced any more were put in parentheses. Therefore one can get a clear idea of the old and new production programm. Among the novelties there were already many selfwinding calibres. A special chapter is dedicated to the chronographs and stopwatches. The 2nd volume contains those factories which had an ebauches production of their own. 30 factories are mentioned; famous manufactures like Patek Philippe, IWC, Rolex and so on relinquished to illustrations of movements or calibre indications.

Nearly without any exception the programm of specialities was left out of account. This is the case with older catalogues too.

Book jacket of the "Werksucher" by Jacob.
Umschlag des Werksuchers von Jacob.

LEIPZIG C1 **Georg Jacob** LEIPZIG C1
G. M. B. H.

Runde Werke

Anker: Kupplungs-Aufzug (à vue)

Durchmesser 27—27,9 mm = 12'''
" 28—28,4 " = 12½'''

Le Coultre
12½''' / 463
U 1275
W 1285
Zf —

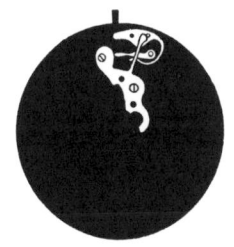

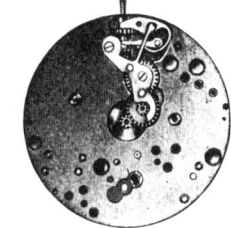

Nr. **11 348** ▲

Zenith
12'''
U 1273
W 1283
Zf 878

Zifferblattseite keine besonderen Erkennungsmerkmale

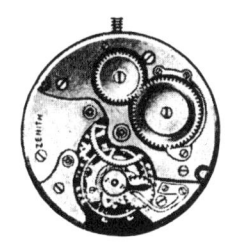

Nr. **11 346**

Lip
28.3
U 1276
W 1286
Zf —

Nr. **11 349** ▲

Zenith
12.4
U 1274
W 1284
Zf 879

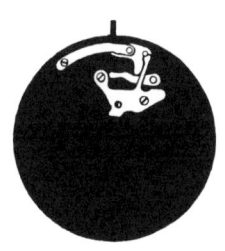

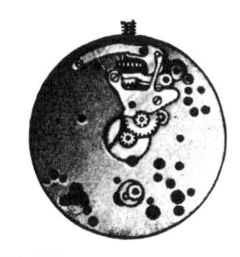

Nr. **11 347** ▲

Mitunter weist die Zifferblattseite keine besonderen Erkennungsmerkmale auf. In diesen Fällen sind die Werke von der Klobenseite abgebildet.

Seite aus dem Werksucher von Jacob.
One page of the "Werksucher" by Jacob.

„goldene Buch" enthält nicht nur einen umfangreichen Inseratenteil mit Abbildungen und Farbtafeln, sondern auch eine Fülle von Daten über Firmengründer und Uhrenfabriken in der Schweiz und stellt deshalb eine wichtige Dokumentation für die zwanziger Jahre dar.

Gut bestellt ist es hingegen ab der zweiten Hälfte der dreißiger Jahre mit Furniturenkatalogen und Werksucherverzeichnissen. Letzteren kam große Bedeutung zu, weil in jener Zeit in der Regel in die Werke keine Kaliberbezeichnungen eingestanzt waren und es für den Uhrmacher deswegen nicht ganz einfach war, das jeweilige Werk zu bestimmen. Das für den Armbanduhrensammler aufschlußreichste Nachschlagewerk ist der von A.-F. Jobin verfaßte und 1936 von „La Classification Horlogère, Bienne" herausgegebene dreisprachige Band „Klassifikation der schweizerischen Uhrwerke und Uhrenfurnituren". Das Buch bringt eine Zusammenfassung der Schweizer Produktion und umfaßt über 3000 Uhrwerke und Bestandteile, die in Originalgröße wiedergegeben sind. Es handelt sich um das Produktionsprogramm von rund 50 Fabriken. Bei den meisten überwiegt die Zahl der Armbanduhrkaliber gegenüber jenen von Taschenuhrwerken. 1939 ließ Jobin einen Ergänzungsband folgen, der neben Kaliberkollektionen einzelner Manufakturen zahlreiche Einschaltungen mit Abbildungen von Herren- und Damenmodellen enthält.

Für Deutschland ist das große Flume-Jubiläumsbuch von 1937 ein wertvolles zeitgenössisches Dokument. Das Unternehmen beging im besagten Jahr sein 50-Jahr-Bestandsjubiläum und überraschte seine Kunden aus diesem Anlaß mit einem dickleibigen Katalog.

Eigene Werksucher publizierte auch „Das Spezialhaus der Branche" in Leipzig, die 1877 gegründete (und bis 1974 bestandene) Firma Georg Jacob. Die broschierte Reihe trägt den Titel „Werk-Erkennung". Bändchen I erschien 1942 und befaßt sich auf 44 Seiten mit den Armbanduhren. Die Kaliber sind zifferblattseitig und mit besonderer Hervorhebung der Aufzugpartie abgebildet. Die deutschen Marken mit Stiftanker werden auch von der Klobenseite her wiedergegeben, „da so die Erkennung leichter ist". 1946 folgte ein „Nachtrag zum I. Teil: Armbanduhren", er enthält auf 112 Seiten 650 Werk-Abbildungen, den Schlüssel zur Erkennung bildet in der Regel wieder die Aufzugpartie (die unter dem Zifferblatt gelegene Winkelhebelfeder bzw. Wippe). Die Reihe wurde 1943 fortgesetzt mit „II. Teil: Taschenuhren und Taschenwecker", 1948 mit „III. Teil: Chronographen, Stopp- und Autouhren. Nachtrag zum II. Teil: Taschenuhren und Taschenwecker, IV. Teil: Wecker", 1943 mit dem „IV. Teil: Wecker".

1949 erschien der „Offizielle Katalog der Ersatzteile der Schweizer Uhr". Der Band 1 gab eine Übersicht über die Marken der Tochtergesellschaften der Ebauche AG. Da die Nummern jener Kaliber, die nicht mehr hergestellt wurden, in Klammern stehen, kann man sich über die alte und neue Produktion ein Bild machen. Unter den Neuheiten befinden sich bereits viele automatische Kaliber. Ein eigener Abschnitt ist Chronographen und Stoppuhren gewidmet. Der Band 2 vereint jene Fabriken, die ihre eigene Rohwerkefabrikation hatten. Insgesamt sind 30 Unternehmen angeführt, Manufakturen wie Patek Philippe, IWC, Rolex usw. verzichteten auf Werkabbildungen und Kaliberangaben, sie begnügten sich mit einem Deckblatt, das den Firmenwortlaut trug.

Das Spezialitätenprogramm blieb fast ausnahmslos unberücksichtigt. Das gilt auch für die älteren Kataloge.

1906

Im Omega-Katalog von 1906 (Format 20,50× 29 cm, 48 + IV Seiten, über 400 Abbildungen) gibt es nur auf Seite 16 oben drei Armbanduhren. Zum Schutz vor Stößen und Schlägen befindet sich die Aufzugskrone bei der 9, also auf der der Hand abgekehrten Seite. Darunter die schwere Taschenuhr mit verschraubtem Glasring, die Eisenbahner-Taschenuhr von Omega.

Only page 16 of the Omega catalogue from 1906 (IV, 48 pages) shows three wrist watches. The winding crown is by figure 9 to be protected against blows. On the same page one can see a pocket watch with screwed bezel, the Omega railroad-watch.

C. 816. C. 815. C. 532.

Lépine 11''' avec bracelet extensible, système spécial breveté et exploité pour la montre exclusivement par les fabricants de la montre *Omega*.

Lépine 13''' avec bracelet cuir peau de porc, système spécial breveté et exploité uniquement par les fabricants de la montre *Omega*. Se fait en grandeurs 12 et 13''', en métal, acier, argent et or. — C. 532.

Ce genre se fait en 20''' avec pendant cylindrique, comme indiqué par les clichés n°s 790 et 472, avec ou sans cache-poussière au pendant. Avec cache-poussière, comme indiqué au cliché n° 790, le mouvement de cette pièce est tout à fait à l'abri de la poussière et de l'humidité. Ce genre se fait également en 19''', avec pendant cylindrique ou pendant ovale, et tant en 19''' qu'en 20''' avec boîtier métal ou argent, également avec incrustation or.

Réf. 108.20. — Lépine 20''', lunette à vis, fond et carrure d'une pièce, avec frappe Locomotive, pendant cylindrique avec cache-poussière. — C 790.

Réf. 108.20. — Lépine 20''', lunette à vis, fond et carrure d'une pièce, cadran heures romaines, pendant cylindrique. — C. 472.

1912

Die amerikanischen Kleinuhren-Fabrikanten boten ab 1912 ein mehr oder weniger einheitliches Modell an: das Anhängeührchen, das mit Hilfe eines Zugbandes zur Armbanduhr wurde. Da letzteres in Höhe der 6 und 12 einzuhaken war, konnte die Zeit bei jeder Trageart leicht abgelesen werden. Diese Kreation gab es beispielsweise auch bei der Hamilton Watch Company in Lancaster. 1912 hatten die Modelle allerdings in der Regel noch keine Sekundenanzeige.

In 1912 all the American watch factories offered nearly the same model: the small pendant watch converted to a wrist watch by means of a band. For instance, this model is produced by Hamilton Watch Company, Lancaster, too. But in 1912 these watches generally had no second indicator.

ENGRAVED   PLAIN

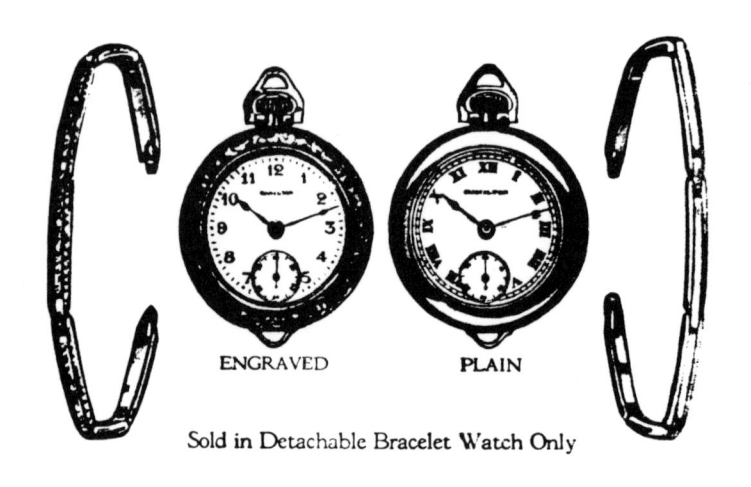

Sold in Detachable Bracelet Watch Only

1913

Die Armbanduhr findet Eingang in deutsche Warenhaus-Versandkataloge. Eine erstaunlich große Auswahl findet man 1913 bei Busse in Berlin. Das Angebot wendet sich vornehmlich an die weibliche Kundschaft.

The wrist watch is listed in catalogues of German department stores. For instance Busse, Berlin, is offering an astonishing variety – mainly of ladies' models – in 1913.

Lederarmbänder und Armbanduhren in Stahl, vergoldet und Amerik. Doublé.

Montres pour bracelets en acier doré et or doublé sur métal. || **Watches for bracelets of gold covered steel and gold plated.** || **Relojes para pulseras de acero dorado y oro doblado sobre metal.**

No. 967 H.iz
Lederarmband in sort. Farben für Damenuhr, passend zu den Uhren (Calotten) No. 974 und 976 . . . . **Mk. 0,60**
Dtz. J.mz Mk. 6,80   Gross JV.sz Mk. 76,—

No. 968. S.iu
Lederarmband in sort. Farben für Damenuhr, passend zu den Uhren (Calotten) No. 974 und 976 . . . . **Mk. 0,70**
Dtz. M.xs Mk. 8,—   Gross MU.xs Mk. 90,—

No. 969. S.uz
Lederarmband in sort. Farben für Damenuhr, passend zu den Uhren (Calotten) No. 974 und 976 . . **Mk. 0,85**
Dtz. U.au Mk. 9,25   Gross LA.xx Mk. 100,—

No. 974. R.vu
Stahl-Ankeruhr (Calotte), schwarz oxydiert, ohne Charnier
Mk. 4,75

*No. 975. PR.vs
Lederarmband in sort. Farben mit Stahluhr, schwarz oxydiert, mit Charnier, Zifferblatt mit vertieftem Mittelteil, **prima Brückenwerk, 10 Rubis** . . . . **Mk. 19,25**
* Sorgfältig reguliert und gut gehend, so dass eine Repassage unnötig ist, dafür wird 2 Jahre Garantie übernommen.

No. 976. J.es
Stahluhr (Calotte), schwarz oxydiert, ohne Charnier, Fondant-Zifferblatt, ³/₄ Platinenwerk
Mk. 6,25

* No. 977. U.au
Selbstschliessendes Zieharmband, für jeden Arm passend, **vergoldet** (Goldimitation), mit Uhr, ohne Charnier, Brückenwerk
Mk. **9,25**

No. 978. L.ru
Matt vergoldetes Kettenarmband mit vergoldeter Uhr, ohne Charnier, Brückenwerk . . . . Mk. **10,—**

* No. 979. V.pu
Matt vergoldetes Gliederarmband, selbstschliessend, mit vergoldeter Uhr, ohne Charnier, Brückenwerk . . Mk. **13,—**

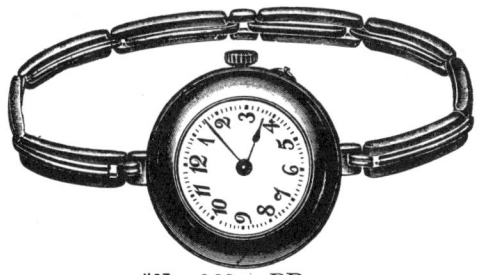

*No. 960. PR.uz
Prima Amerik. Golddoublé-Gliederarmband mit Uhr, ohne Charnier, ³/₄ Platinenwerk
Mk. **18,75**

* No. 961. PJ.au
Prima Amerik. Golddoublé-Gliederarmband, matt vergoldet, **mit Uhr**, ohne Charnier, Brückenwerk, 6 Rubis . . . Mk. **20,75**

* No. 962. PM.au
Prima Amerik. Golddoublé-Gliederarmband mit Uhr, Fondant-Zifferblatt, ohne Charnier, Brückenwerk, **6 Rubis** . . . Mk. **22,25**

=========== *** Selbstschliessende Zieharmbänder.** ===========
Diese ziehen sich durch Feder-Mechanik grösser und kleiner, daher für jeden Arm passend.

No. 963. PM.ru
Prima Amerik. Golddoublé-Kettenarmband (mit Sicherheitskette) u. Uhr, ohne Charnier, Fondant-Zifferblatt, Brückenwerk, 6 Rubis Mk. **21,50**

Echt 14 kar. goldene Armband-Uhren.
585 gestempelt.

| Montres en or de 14 carats pour bracelets. | Watches 14 troy-weight guaranteed for bracelets. | Relojes de oro de 14 quilates para pulseras. |

No. 980. UM.zs
Echt 14 kar. goldenes Kettenarmband, (Glanzgold) mit Uhr, ohne Cuvette, Fondant-Zifferblatt, **gutes Brückenwerk**, 10 Rubis
Mk. **81,—**

ƒ* No. 983. LZ xs
Echt 14 kar. goldenes Gliederarmband, selbstschliessend, (Glanzgold) **mit Uhr**, ohne Cuvette, Fondant-Zifferblatt, **gutes Brückenwerk**, 10 Rubis . . . . . . Mk. **90,—**

No. 985. AZ.gs
Echt 14 kar. goldenes Gliederarmband, mit Sicherheitsschloss, (Mattgold) **mit Uhr**, Fondant-Zifferblatt, **gutes Brückenwerk**, 10 Rubis . . . . . . Mk. **104,75**

ƒ* No. 986. AK.ru
Echt 14 kar. goldenes Gliederarmband, selbstschliessend, (Mattgold) **mit Uhr**, Goldcuvette, Fondant-Zifferblatt, **prima Brückenwerk**, 10 Rubis . . . . . Mk. **116,—**

ƒ* No. 989. VJ.xs
Echt 14 kar. goldenes Gliederarmband, selbstschliessend, (Glanzgold) **mit Uhr**, ohne Cuvette, Zifferblatt mit vertieftem Mittelteil, **prima Ankerwerk**, Spiral Breguet, 15 Rubis . . . . Mk. **124,50**

ƒ* No. 990. PSA.gu
Echt 14 kar. goldenes Gliederarmband, selbstschliessend, mit Sicherheitsschloss, (Glanzgold) **mit Uhr**, Goldcuvette, vorderer Rand mit bunter Emaille und Gold ausgelegt, Fondant-Zifferblatt mit vertieftem Mittelteil, **prima Ankerwerk**, 15 Rubis
Mk. **150,75**

f* No. 987. PUE.zs
Echt 14 kar. goldenes Gliederarmband, selbstschliessend, (Mattgold) **mit Uhr,** Goldcuvette, Gehäuse mit 4 echten Rubinen und 4 echten Brillanten besetzt, Zifferblatt mit vertieftem Mittelteil, **prima Ankerwerk,** Spiral Breguet, **15 Rubis** Mk. **222,50**

f* No. 991. PVZ.sx
Echt 14 kar. goldenes Gliederarmband, selbstschliessend, (Mattgold) **mit Uhr,** Goldcuvette, vorderer Rand mit bunter Emaille ausgelegt und Goldverzierung, Gehäuse mit 6 echten Brillanten besetzt, Fondant-Zifferblatt m. vertieft. Mittelteil, **prima Ankerwerk,** Spiral Breguet, **15 Rubis** Mk. **252,—**

f* No. 988. PVM.ru
Echt 14 kar. goldenes Gliederarmband, selbstschliessend, (Mattgold) **mit Uhr,** Goldcuvette, Gehäuse mit 8 echten Brillanten besetzt, Zifferblatt mit vertieftem Mittelteil, **prima Ankerwerk,** Spiral Breguet, **15 Rubis** . . . . Mk. **258,—**

f* No. 992. PAU.kz
Echt 14 kar. goldenes Gliederarmband, selbstschliessend, mit Sicherheitsschloss, (Mattgold) **mit Uhr,** Goldcuvette, Gehäuse mit 4 echten Brillanten und 4 echten Diamanten (Rosen) besetzt, Zifferblatt mit vertieftem Mittelteil, **prima Ankerwerk, 15 Rubis** . . . . Mk. **245,75**

f Selbstschliessende Zieharmbänder lassen sich durch Feder-Mechanik grösser und kleiner stellen, daher für jeden Arm passend.
* Sorgfältig reguliert und gut gehend, so dass eine Repassage unnötig ist, dafür wird 2 Jahre Garantie übernommen.

Echt silberne Armbanduhren und echt silberne Uhren, für Lederarmbänder passend (800 gestempelt)
Montres en argent pour bracelets. • Real silver watches for bracelets. • Relojes de plata para pulseras.

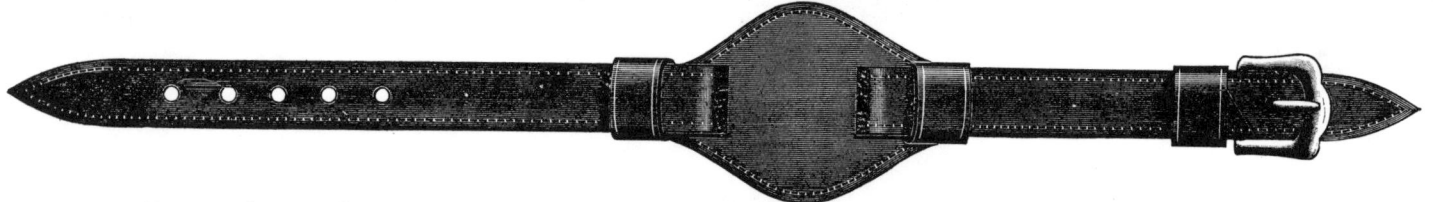

No. 969. **Lederarmband** für Damenuhren, passend zu den Uhren (Calotten) 993, 994, 996, 997 u. 971 S.uz Mk. —,85
Dutzend U.au Mk. 9,25   Gross LA.xx Mk. 100,—

No. 993. U.zs
Echt silberne Uhr (Calotte), mit Bügel für Lederarmband, ohne Charnier, ³/₄-Platinenwerk   Mk. **8,—**

No. 994. U.gz
Echt silberne Uhr (Calotte), m. Bügel f. Lederarmband, mit Charn., ohne Cuvette, ³/₄-Platinenwerk Mk. **8,75**

No. 995. A.ru
Lederarmband mit silb. Uhr (Calotte), Rand der letzteren mit bunter Emaille ausgelegt, ohne Cuvette, mit Charnier, Brückenwerk, 6 Rubis   Mk. **11,75**

*** No. 996. A.ku**
Echt silberne Uhr (Calotte), m. Bügel f. Lederarmband, mit Charn., ohne Cuvette, Zifferblatt mit vertieftem Mittelteil, **prima Brückenwerk, 10 Rubis** Mk. **12,50**

*** No. 997. V.ru**
Echt silb. Tula-Uhr (Calotte) m. Bügel f. Lederarmband, m. Charnier, ohne Cuvette, **prima Brückenwerk, 10 Rubis** Mk. **13,25**

No. 998. PK.au
Echt silbernes Gliederarmband mit Uhr, Zifferblatt mit vertieftem Mittelteil, mit Charnier, ohne Cuvette, gutes Brückenwerk, **10 Rubis** Mk. **17,75**
Selbstschließend, läßt sich durch Feder-Mechanik größer und kleiner stellen, daher für jeden Arm passend.

No. 999. PR.au
Echt silbernes Kettenarmband mit Uhr, Zifferblatt mit vertieftem Mittelteil, ohne Charnier, gutes Brückenwerk, **10 Rubis** . . . Mk. **19,25**

No. 970. PU xs
Echt silbernes Tula-Gliederarmband mit Uhr, ohne Charnier, ³/₄-Platinenwerk . . . Mk. **22,50**
Selbstschließend, läßt sich durch Feder-Mechanik größer und kleiner stellen, daher für jeden Arm passend.

No. 971. PU.ru
Lederarmband mit silb. Uhr, diese mit Charnier, ohne Cuvette, prima Brückenwerk, **10 Rubis**
Mk. **23,—**

*No. 972. PL.uz
Echt silb. Gliederarmband mit Uhr, mit Charnier, ohne Cuvette, prima Brückenwerk, 10 Rubis
Mk. **24,75**
Selbstschließend, läßt sich durch Feder-Mechanik größer und kleiner stellen, daher für jeden Arm passend.

No. 973. PV.ru
Echt silb. Gliederarmband mit Uhr, ohne Charnier, Fondant-Zifferblatt, pa. Brückenwerk, 10´ Rubis
Mk. **27,50**

Neuheit! **Neuheit!**

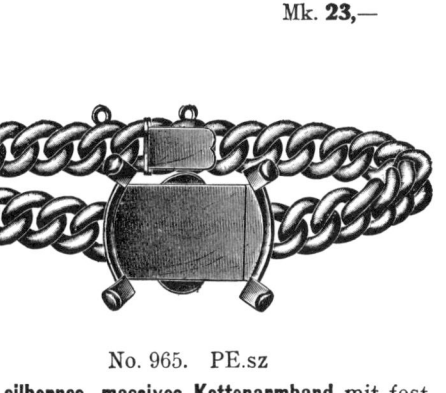

No. 965. PE.sz
Echt silbernes, massives Kettenarmband mit fest verstellbarer Klammer. Damenuhren aller Grössen können ohne weiteres als Armbanduhren getragen werden, verlieren der Uhr ist gänzlich ausgeschlossen, daher sehr praktisch und empfehlenswert . . . . . Mk. **28,50**

No. 964. PE ru
Echt silbernes Collier mit Uhr, ohne Charnier, Deckel mit bunter Emaille ausgelegt, Fondant-Zifferblatt, prima Brückenwerk, 10 Rubis Mk. **28,75**

No. 966. RU.gs
Echt silbernes, massives Tula-Armband mit fest verstellbarer Klammer. Damenuhren aller Grössen können ohne weiteres als Armbanduhren getragen werden, verlieren der Uhr ist gänzlich ausgeschlossen, daher sehr praktisch und empfehlenswert . . . . . Mk **38,25**

*) Die Uhren (Calotten) No. 971, 972, 996 und 997 sind sorgfältig reguliert und gut gehend, so daß eine Repassage unnötig ist, dafür wird 2 Jahre Garantie übernommen.

1914

Die Warenhäuser Verheyen in Frankfurt am Main und Hartmann in Eisenach beziehen die Armbanduhr versuchsweise in das Kleinuhrenangebot ein. Sie wollen ergründen, ob es schon eine Zielgruppe für den neuen Uhrentyp gab und inwieweit sich Leute animieren ließen, sich eine Armbanduhr zuzulegen. Hartmann plazierte die Armbanduhr im Silbergehäuse mit silbernem Zugband bei den goldenen Anhängeührchen, was den Preis als besonders günstig erscheinen ließ. Sie kostete soviel wie eine silberne Anhängeuhr in mittlerer Preislage.

The department stores of Verheyen (Frankfort on the Main) and Hartmann (Eisenach) tried to offer wrist watches too. Hartmann placed the wrist watch with silver case and silver watch band between the gold pendant watches. Compared with the prices of gold watches the silver timepiece – costing as much as a medium-priced silver pendant watch – seemed to be very cheap.

HANS HARTMANN A.-G. EISENACH
Waffen aller Art, Munition und Jagdgerätschaften.

Der Hartmann-Katalog ein sehr geschätzter Ratgeber.

Bar-Einkauf und Bar-Verkauf zu billigsten Preisen.

Damen-Remontoiruhren, sowie hochmoderne Armbänder.

Nr. 5693. Hochelegante, sehr vornehme Damenuhr mit feinem Präzisionswerk auf 10 Steinen (Rubis) gehend, 14 karätig, also 0,585 fein, gestempelt, Zwischendeckel hochglänzend fein vergoldet, sehr feines, weiß emailliertes und facettiertes Zifferblatt mit arabischen Ziffern und sehr gediegener einreihiger Goldpunktierung, Zeiger vergoldet. Äußerst preiswert. Preis im Etui **Mk. 34.75.**

Nr. 5613. Goldene Damenuhr, kleine Fasson. Der äußere Mantel des Gehäuses besteht aus 18 karätigem Gold und ist durch eine darunter geschmolzene Bronzeplatte verstärkt, wodurch das Gehäuse gegen Verbeulen geschützt ist. Garantie für gutes Tragen 10 Jahre. Die Rückseite der Uhr hat schicke Gravierung mit einem solid gefaßten kleinen Diamanten. Das 10 steinige Zylinderwerk ist genau reguliert. Das Zifferblatt ist alabasterfarbig und hat vergoldete Fassonzeiger. Preis im Etui **Mk. 27.50.**

Nr. 5614. Sehr moderne Brosche, prima Doublé, mattgold, mit rotem Stein in der Mitte und Karabiner zum Anhängen der Uhr, jedoch auch ohne diesen zu tragen, sehr praktisch. Preis im Etui **Mk. 4.50.**

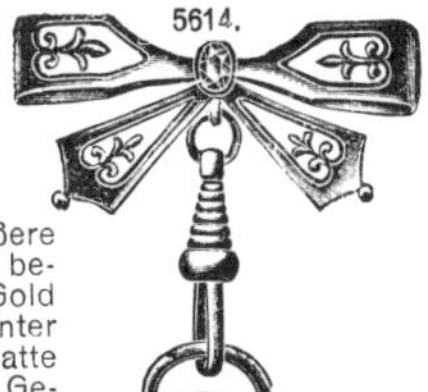

Nr. 10964. Echt goldene Damen-Remontoiruhr in 14 Karat = 0,585 fein gesetzlich gestempeltem Gehäuse mit apart guillochierter und gravierter Rückseite und fein ziselierten Rändern. Die Uhr besitzt ein äußerst gut gehendes 10steiniges Zylinderwerk und hochfein vergoldete glanzpolierte Zwischendeckel. Das Zifferblatt ist alabasterfarbig emailliert und mit vergoldeten Fassonzeigern ausgestattet. Preis im Etui **Mk. 30.50.**

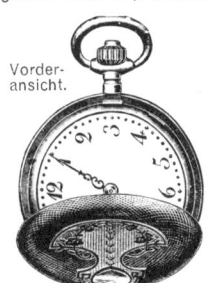

Nr. 5694. Besonders elegante, moderne, echt goldene Damen-Remontoiruhr in feinem 0,585 = 14 karätigem, gestempelten Gehäuse mit Doppeldeckel und hochglänzend vergoldeten Metall-Zwischendeckel; äußerst zuverlässiges Werk auf 10 Rubis gehend. Das weiß emaillierte Zifferblatt besitzt arabische Zahlen und vergoldete Zeiger. Preis im Etui **Mk. 44.—.**

Nr. 5555. Echt silbernes Uhr-Armband, 0,800 gestempelt. Die Uhr hat ein gutes Brückenwerk und geht dasselbe in 10 Rubinsteinen. Das Zifferblatt ist aus Emaille in Cremefarbe. Das silberne Band ist mit Zugfedern versehen, so daß es über jeden Arm paßt. Preis im Etui **Mk. 15.—.**

Nr. 10966. Echt goldene Damen-Remontoiruhr mit Sprungdeckel in 8 karätigem 0,333 fein gestempeltem Goldgehäuse mit fein vergoldetem und poliertem Zwischendeckel. Der vordere sowie der hintere Deckel sind matt gehalten und ist der Sprungdeckel mit 5 echten Diamanten verziert. Äußerst aparte und geschmackvolle Uhr. Preis im Etui **Mk. 36.—.**

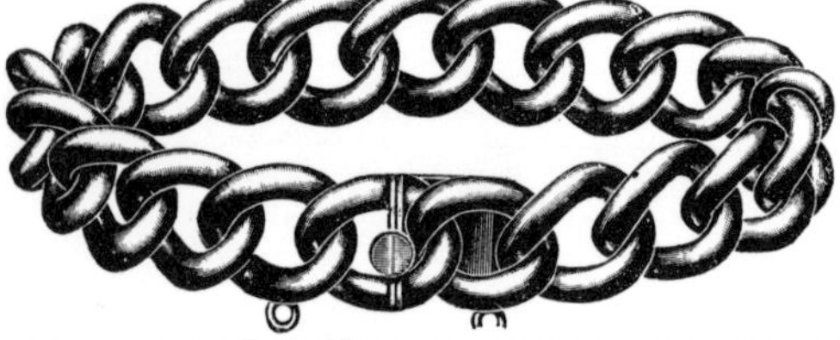

Nr. 10500. Echt silbernes Armband, 0,800 gestempelt, sehr geschmackvolles Panzermuster mit solidem Verschluß . . . . . Preis **Mk. 3.10.**

Nr. 10499. Armband, Alpakka-Silber, stets weißbleibend schöne kräftige Panzerkette, dauerhaft, solide, praktisch . . . . . Preis **Mk. 1.—.**

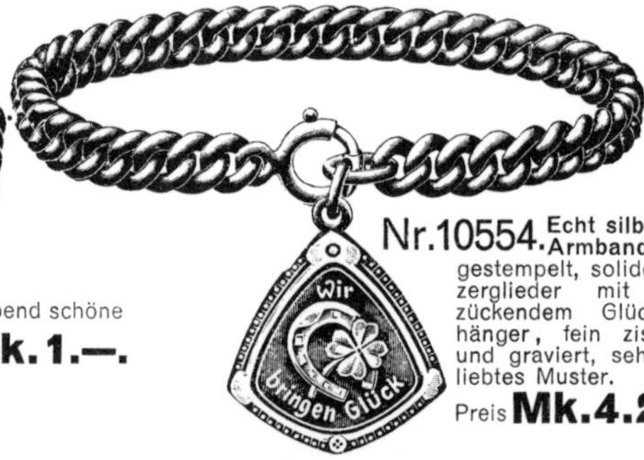

Nr. 10554. Echt silbernes Armband, 0,800 gestempelt, solide Panzerglieder mit entzückendem Glücksanhänger, fein ziseliert und graviert, sehr beliebtes Muster. Preis **Mk. 4.25.**

Nr. 6827. Zieharmband, sehr feine Ausführung, elektroplattiert, garantiert säurefest, mit schwarzer und weißer Email-Einlage, im Feuer emailliert. Preis **Mk. 3.—.**
Nr. 6830. Dasselbe Armband, jedoch in echt Silber, 0,800 gestempelt. Pr. **Mk. 8.—.**

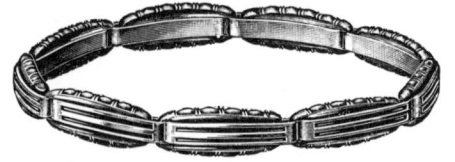

Nr. 6831. Zieharmband, elegante moderne Ausführung, prima gold elektroplattiert, mattgelb, garantiert säurefest. Mit echter roter Email-Einlage, im Feuer emailliert . . . . . Preis **Mk. 3.—.**
Nr. 6855. Dasselbe Armband, jedoch in echt Silber, 0,800 gestempelt. Pr. **Mk. 7.90.**

Nr. 6883. Zieharmband, hochmodern, prima gold elektroplattiert, mattgelb, garantiert säurefest. Preis **Mk. 2.25.**
Nr. 6910. Dasselbe Armband, jedoch in echt Silber, 0,800 gestempelt, fein poliert. Preis **Mk. 4.50.**

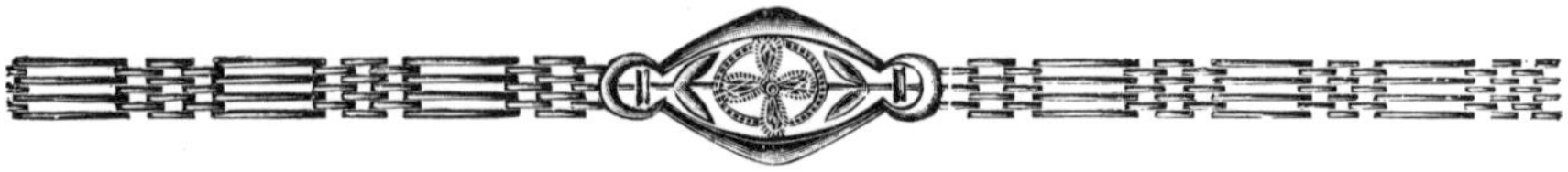

Nr. 5354. Glieder-Armband mit Sicherheitskettchen in hochmoderner Ausführung, prima amerikanischem Doublé, sehr feine Arbeit, reizendes Mittelstück mit 4 feurigen Rubinen. Preis **Mk. 6.60.**

Nr. 7985. Gliederarmband aus amerikanischem Doublé, hochglänzende Politur, mit 3 Rubinen und 3 Perlen. Wirklich sehr feines Armband . . . . . **Mk. 6.25.**

Nr. 5355. Doppelpanzer-Kettenarmband, prima amerikanisches Scharnier, geschmackvoll und solid gearbeitet. Sehr modern. Preis **Mk. 7.—.**

Nr. 7992. Gliederarmband mit 2 Perlen und 1 Saphir, neueste aparte Form. Prima Gold-Doublé, garantiert 50/000 geschmackvolles Muster . . . . . Preis **Mk. 10.75.**

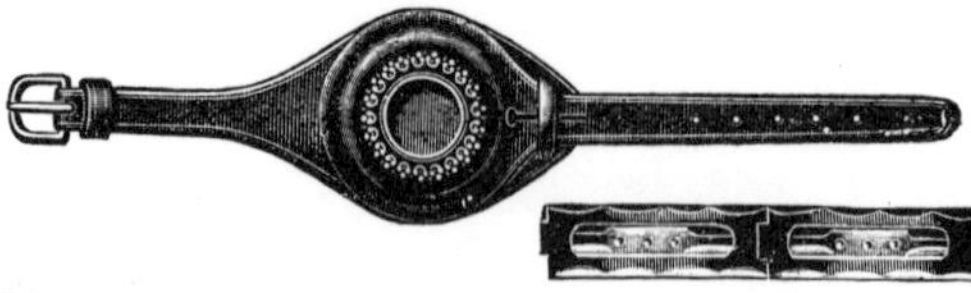

Nr. 1961. Uhrenarmband für Damen, in gleicher Ausführung wie Nr. 1950, nur enger zu schnallen und für Damenuhren passend. Preis **50 Pfg.**

Nr. 10464. Armband in Mattgold, fein ziselierte Glieder mit modernem, hochaparten Mittelstück, Filigraneinsatz, fein durchbrochen mit vier prachtvollen Rubinen gefaßt, in prima amerik. Doublé. Preis **Mk. 8.—.**
Nr. 10465. Dasselbe Armband, jedoch in prima Gold-Doublé, garantiert 50/000. Preis **Mk. 12.50.**

Nr. 1960. Uhrenarmband für Herren, aus Leder gearbeitet, mit Schnalle. Sehr geeignet für Radfahrer, um sich stets schnell über die Zeit zu orientieren. Preis **55 Pfg.**

Wollen Sie gut kaufen, wenden Sie sich vertrauensvoll an uns. — 245 — Eine Probelieferung macht Sie zu unserem ständigen Kunden.

✶✶✶ FRANZ VERHEYEN ✶ FRANKFURT am Main ✶✶✶

Damen-Uhren.

Prima Qualität. Auch in Damen-Uhren führe ich nur gute bewährte Fabrikate mit zuverlässigen, genau gehenden Werken. Speziell erfreuen sich meine Damen-Uhren Nr. 2783 bis 2794 großer Beliebtheit und übernehme ich für **guten und regelmäßigen Gang** dieser Modelle **1 Jahr, 2 Jahre bezw. 3 Jahre Garantie**. — **Sämtliche Uhren werden vollständig gebrauchsfertig geliefert.**

Nr. 2780. Damen-Uhr, (Gangzeit 30 Stunden) in fein vernickeltem, verziertem Gehäuse. Genau gehendes Werk, feines Zifferblatt und vergoldete Zeiger. Zeigerstellung von der Seite.
Stück Mk. 4.30.

Nr. 2781. Damen-Uhr. Fein versilbertes Gehäuse mit vergoldetem Rand. Deckel mit Charnier u. Wappenprägung. Feines Zifferblatt und vergoldete Zeiger. Zeigerstellung von der Seite. Solid gearbeitete Uhr m. vorzüglichem Werk.
Stück Mk. 5.60.

Nr. 2782. Damen-Uhr. Hochelegant gearbeitetes Gehäuse aus Altsilber-Imitation mit fein geprägter Rückseite. Solides Werk mit tadellosem Gang, feinem Zifferblatt, vergold. Zeigern. Zeigerstellung von der Seite. Hinterer Deckel mit Charnier.
Stück Mk. 6.80.

Nr. 2783. Silberne Damen-Remontoir-Uhr, 0,800 gest., mit feinen, facettierten Goldrändern, ausgezeichnet gehendem Zylinderwerk auf 6 Steinen laufend, Staubdeckel, 3 Charnieren und seitlicher Zeigerstellung. Hübsches Uehrchen mit absolut zuverlässigem und genauem Gang.
Stück Mk. 9.—.

1 Jahr Garantie.
Garantieschein wird jeder Uhr beigefügt.

Nr. 2784. Silberne Damen-Remontoir-Uhr. Stabiles Gehäuse, 0,800 gestempelt, mit fein vergoldeten, glatten Rändern u. Wappenprägung auf der Rückseite. Prima Zylinderwerk in 6 Steinen laufend mit zuverlässigem, präzis. Gang. Staubdeckel, 3 Charniere, und seitliche Zeigerstellung. Vorzügliche und sehr preiswerte Uhr.
Stück Mk. 10.20.

1 Jahr Garantie.
Garantieschein wird jeder Uhr beigefügt.

Nr. 2785. Silberne Damenremontoir-Uhr, 0,800 gestempelt, mit reich graviertem Deckel und glatten Goldrändern. **Prima Zylinderwerk,** genau und zuverlässig auf **10 Steinen** gehend. Staubdeckel, drei Charniere, vergoldete Zeiger, seitliche Zeigerstellung. Entzückendes Uehrchen in vorzüglicher Ausführung.
Stück Mk. 12.—.

Nr. 2786. Silberne Damenremontoir-Uhr. Stabiles, schweres Gehäuse, 0,800 gestempelt. mit fein ziselierten, vergoldeten Rändern und silbernem Zwischenrand auf der Vorderseite. Ganz vorzügliches Zylinderwerk in 10 Steinen laufend und absolut zuverlässig u. genau funktionierend. Silbercuvette, 3 Charniere, Alabaster-Zifferblatt, vergold. Zeiger und seitliche Zeigerstellung. Ausgezeichnete Uhr, sehr preiswert.
Stück Mk. 13.20.

2 Jahre Garantie. Garantieschein wird jeder Uhr beigefügt.

Nr. 2787. Silberne Damenremontoir-Uhr, 0,800 gestempelt, mit extra starkem, schweren Gehäuse mit vergoldeten glatten Rändern und Staubdeckel. Prima, prima Zylinderwerk auf **10 Steinen** absolut präzis und zuverlässig gehend. Drei Charniere, vergoldete Zeiger, Alabaster-Zifferblatt, seitliche Zeigerstellung, Ia. Qualität.
Stück Mk. 14.50.

2 Jahre Garantie. Garantieschein wird jeder Uhr beigefügt.

Nr. 2788. Damen-Remontoir-Uhr, mit sorgfältigst gearbeitetem Zylinderwerk auf 8 Rubinsteinen laufend, mit genauestem Gang. Sehr solides Gold-Plaqué-Gehäuse von größter Haltbarkeit, hochfein guillochiert und mit „Glaube, Liebe, Hoffnung" auf der Rückseite. Vergoldeter Staubdeckel und Email-Zifferblatt. Sehr entzückendes Uehrchen, von einer echt goldenen nicht zu unterscheiden.
Stück Mk. 15.50.

Nr. 2789. Silberne Damenremontoir-Uhr. Extra schweres, starkes Gehäuse, 0,800 gestempelt, mit Silber-Cuvette und dauerhaft vergoldeten, glatten Rändern. Prima Zylinderwerk mit genauestem Gang in 6 Steinen laufend. Feines Zifferblatt, vergoldete Zeiger u. Sekundenwerk. 3 Charniere, seitliche Zeigerstellung. Ausgezeichnete und sehr solide Uhr. Sehr empfehlenswert.
Stück Mk. 16.50.

3 Jahre Garantie.

Nr. 2790. Feine, silberne Damen-Remontoir-Uhr mit vorzüglichem, genau gehendem Präzisionszylinderwerk mit 10 Rubinsteinen. Extra starkes, schweres Gehäuse 0,800. gestempelt, mit reicher Gravierung und „Glaube, Liebe, Hoffnung" in Goldauflage auf der Rückseite, vergoldete Ränder und Staubdeckel, 3 Charniere, vergoldete Zeiger, Alabaster-Zifferblatt und seitliche Zeigerstellung. Beste Qualität.
Stück Mk. 18.—.

Garantieschein wird jeder Uhr beigefügt. 2 Jahre Garantie.

Nr. 2791. Damen-Remontoir-Uhr in entzückender, solider Ausführung m. Ia. Präzisions-Zylinderwerk in 10 Rubinsteinen laufend. Hochelegant ausgearbeitetes Gehäuse, **14 kar. Gold** verstärkt, sehr solid und widerstandsfähig, mit reichen Verzierungen, 2 Charniere, Staubdeckel, seitliche Zeigerstellung und Email-Zifferblatt. Für die Haltbarkeit des Gehäuses **10 Jahre Garantie.** Sehr feine Damen-Uhr, von einer echt goldenen nicht zu unterscheiden.
Stück Mk. 20.—.

3 Jahre Garantie. Garantieschein wird jeder Uhr beigefügt.

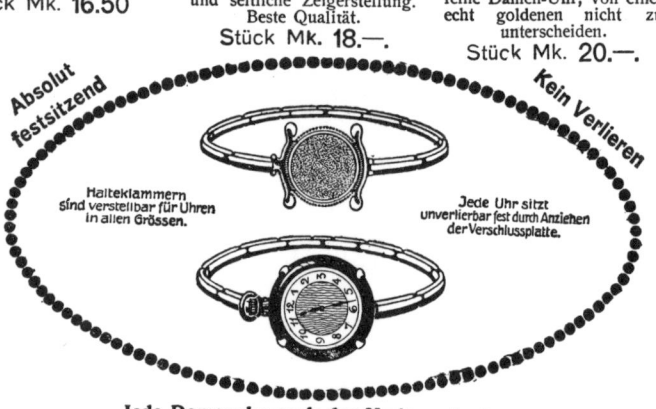

Nr. 2792. Feine Damen-Remontoir-Uhr. Vorzügliches, genau gehendes prima Werk in 10 Steinen laufend. Das prachtvoll ausgeführte Gehäuse mit reichen Verzierungen ist **14 kar. Gold** verstärkt und übernehme ich für d. Qualität d. Gehäuses **10 Jahre Garantie.** 2 Charniere, Staubdeckel, seitliche Zeigerstellung und Email-Zifferblatt. Solide Ausführung, von einer massiv goldenen Uhr nicht zu unterscheiden.
Stück Mk. 21.—.

3 Jahre Garantie. Garantieschein wird jeder Uhr beigefügt.

Nr. 2793. Feine Damen-Remontoir-Uhr, mit prima Präzisions-Zylinderwerk in 10 Rubinsteinen genau und absolut zuverlässig laufend. Fein guillochiertes und ziseliert. Gehäuse, **14 kar. Gold** verstärkt, für dessen Haltbarkeit ich **10 Jahre Garantie** übernehme. 2 Charniere, Staubdeckel, Email-Zifferblatt und seitliche Zeigerstellung. Von einer massiv goldenen Uhr nicht zu unterscheiden.
Stück Mk. 23.50.

Nr. 2794. Sehr feine Savonette-Damen-Remontoir-Uhr mit Sprungdeckel. Vornehm ausgearbeitetes Gehäuse, **14 kar. Gold** verstärkt mit feinen Verzierungen. **Vorzügliches, absolut präzis gehendes Zylinderwerk in 10 Rubinsteinen** laufend. Staubdeckel, 3 Charniere, Email-Zifferblatt und seitliche Zeigerstellung. Sehr zu empfehlende Uhr mit **10 Jahre Garantie** für gut. Tragen u. beste Haltbarkeit d. Gehäuses. St. Mk. 27.-.

Nr. 2798. Uhren-Armband für Herren aus echtem starkem Rindleder mit Schnalle. Sehr praktisch. Ganze Länge ca. 30 cm. Stück 55 Pfg.

Nr. 2799. Uhren-Armband für Damen aus echtem starkem Rindleder mit Schnalle. Sehr praktisch und bequem. Ganze Länge ca. 24½ cm. St. 50 Pfg.

Absolut festsitzend — Kein Verlieren
Halteklammern sind verstellbar für Uhren in allen Grössen.
Jede Uhr sitzt unverlierbar fest durch Anziehen der Verschlussplatte.

Jede Damenuhr nach der Mode zu tragen.

Nr. 2795. Uhren-Passepartout-Armband mit Schraubensystem u. verstellbare Klammern, daher für jede Uhr passend. Sehr elegant und modern ausgearbeitetes Dessin von größter Stabilität und Haltbarkeit in bester und sehr dauerhafter amerik. Doublé-Vergoldung unter weitgehendster Garantie für Haltbarkeit und gutes Tragen, fein hochglänzend poliert. Die dehnbaren Glieder besitzen solide Mechanik und sind von größter Elastizität. Sehr empfehlenswert und äußerst preiswürdig. Ohne Uhr.
Stück Mk. 7.60.

Gebrauchsanweisung für Nr. 2795 zum Einspannen der Uhr.
Das Passepartout läßt sich öffnen wenn man die Schraubenplatte (gezackte Bodenklappe) eine Wendung nach rechts dreht, dann den Schieber herauszieht, die Uhr einspannt und die Schraube alsdann nach links festdreht.

Nr. 2796. Hochfeines Uhren-Armband mit feiner Uhr. Sehr solide u. dauerhaft gearbeitet, mitdehnbaren Mechanikgliedern von größter Elastizität und Haltbarkeit. Vorzügliches Werk in 10 Steinen laufend, mit genauem und zuverlässigem Gang. Hochmodernes und sehr feines Armband ir. Tula-Ausführung mit Silbergliedern.
Stück Mk. 24.—

um 1918

Ein Markenkatalog der Schweizer Selection Watch in La Chaux-de-Fonds um 1918 (?) bringt auf neun Seiten Roskopf-Taschenuhren, dann eine Seite mit drei Anker-Taschenuhren und schließlich zwei Seiten mit 23 Armbanduhren. Die Zeitmesser für das Handgelenk sind ausnahmslos mit Ankerwerken bestückt. Das Modell Nr. 71 hat sogar Zentralsekunde, Nr. 73 ist als Savonnette ausgeführt. Nr. 70 ist eine Halbsavonnette und Nr. 76 stellt eine Abwandlung zu Nr. 70 dar.

In a catalogue of the Swiss Selection Watch, La Chaux-de-Fonds, about 1918 (?), there are 9 pages with Roskopf pocket watches and 2 pages showing 23 wrist watches with lever escapement. The model No. 71 even has central seconds, No 73 has a hunting case, Nr. 70 is a half-hunter and Nr. 76 is a variation of No. 70.

SUR DEMANDE ON FOURNIT CES GENRES, MAIS SEULEMENT AVEC MARQUE «SÉLECTION»

No 67. Ancre 10 ½''', 15 R. 　　　No 68. Ancre 13''', 15 R. 　　　No 69. Ancre 10 ½''', 15 R.

No 70. Ancre 13''', 15 R. 　　　No 71. Ancre 10 ½, 17 R.　　　No 72. Ancre 10 ½, 17 R.　　　No 73. Ancre 13''', 15 R.
　　　　　　　　　　　　　　Seconde au centre.　　　　　Seconde au centre.

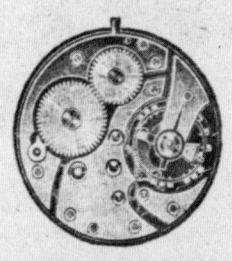

No 74. Ancre 9 ¾''', 15 R. 　　　No 75. Ancre 10 ½, 15 R. 　　　No 76. Ancre 13''', 15 R.

1920

In 1894 a watch was called Omega, that is the last letter of the Greek alphabeth. Later on it became the brand name of one of the most famous watch manufactures which – already from the very beginning – incessantly published advertisements concerning wrist watches. At first it was the military watch, then the wrist watch for everyman. Above all the buyers had to be convinced of the reliability of these small watches, therefore one mentioned continually the high quality of Omega products.

A good example is an advertisement from 1913. The word Omega is dominating the page. In the next line one mentions the quality of Omega products. The following line is refering

Die Markenbezeichnung Omega geht auf ein Kaliber von 1894 zurück, dem man den Namen des letzten Buchstabens im griechischen Alphabet gegeben hatte. Mit einer Hartnäckigkeit ohnegleichen wurde von dieser Uhrenfabrik von Anfang an in Zeitschriften für die Uhr am Handgelenk geworben. Zuerst war es die Militäruhr, die es mit allen Mitteln bekanntzumachen galt, dann – noch vor dem Ersten Weltkrieg – suchten die Verantwortlichen, das Interesse ganz allgemein auf die neue Uhrengattung zu lenken. Und immer wurde die Qualität der Omega-Produkte besonders hervorgehoben. Die Bevölkerung mußte ja erst von der Zuverlässigkeit der kleinen Uhr überzeugt werden, daher konnte nicht oft genug von hoher Präzision die Rede sein,

to the wrist watch with metal or leather band. Then there are following illustrations of different models:
a round wrist watch with leather watch band,
a round lady's jewelry watch with flexible watch band,
a tonneau shaped wrist watch with Art Nouveau dial and leather watch band,
a fancy model with small dial and leather watch band,
a round chronograph with leather watch band, and
a round man's watch with luminous dial and leather watch band.
In 1920, in a Spanish catalogue, Omega offered 130 men's pocket watches and 48 men's and 48 ladies' wrist watches. Among the men's watches there was a watch with a lever movement of $10^1/_2$ lignes and a height of 3,80 mm, and with 15 jewels. Each watch was equipped with subsidiary seconds. The ladies' models had the new lever movement of $8^3/_4$ lignes with a height of 3,15 mm or the very flat oval lever movement of 5 lignes and with 17 jewels.
A French-English Omega wrist watch catalogue from 1925 shows hundreds of models, but there are differing only the cases and the material of the cases. For a man's Omega of base metal one had to spend 90 francs, for one of silver at least 100 francs and for one of gold at least 200 francs. The sports models for the lady – they were sold only in gold – cost at least 250 francs. Nearly all of these watches had textile or leather watch bands and subsidiary seconds. For the very small ladies models one had to pay at least 450 francs, for jewelry watches, studded with diamonds, 1100 to 7500 francs. Wrist watch specialities were not offered, there were only pocket chronographs and chronometers, even if Omega produced wrist chonographs and chronometers too.
The movements had consecutive numbers. Till 1936 nine millions of watches had left the factory: a timepiece with a number lower than 9,000.000 was evidently made before 1936.

wenn sich diese in erster Linie auch nur auf die Taschenuhr beziehen konnte.
Eine Einschaltung von 1913 ist ein schönes Beispiel hiefür. Das Wort Omega beherrscht die plakative Gestaltung, die Zeile darunter wirbt für die hohe Qualität der Marke (montre d'haute précision). In einer weiteren Zeile wird gezielt auf die Armbanduhr mit dem metallenen Zug- oder dem Lederband hingewiesen. Darunter die Zeichnungen sechs verschiedener Modelle:
runde Armbanduhr im Scharniergehäuse mit Lederband,
runde Damen-Schmuckuhr mit elastischem Zugband,
tonnenförmige Armbanduhr mit Jugendstilzifferblatt und Lederband,
Fantasiemodell mit kleinem Zifferblatt und Lederband,
runder Chronograph mit Lederband und
rundes Herrenmodell mit Leuchtzifferblatt und Lederband.
1920 bot Omega in einem spanischen Katalog neben 130 Herren-Taschenuhren je 48 Herren- und Damen-Armbanduhren an. In den Herrenmodellen befand sich ein $10^1/_2$liniges Ankerwerk mit einer Bauhöhe von 3,80 mm und 15 Steinen. Jede Uhr verfügte über die kleine Sekunde. Hinter den Gehäusen der Damenmodelle verbarg sich das neue $8^3/_4$linige Ankerwerk mit der flachen Bauhöhe von 3,15 mm oder das sehr flache 5linige ovale Ankerwerk mit 17 Steinen.
Ein französisch-englischer Omega-Armbanduhren-Katalog von 1925 enthält Hunderte Modelle, aber die Vielfalt bezog sich lediglich auf die Gehäusevarianten und das Material der Gehäuse. Für eine Omega in Metallausführung mußte der Herr 90 Franken auslegen, eine silberne (0,925 fein) kostete mindestens 100, eine goldene mindestens 200 Franken. Die sportlichen Damenmodelle – sie gab es nur in Gold – waren nicht unter 250 Franken zu haben. Fast alle wurden mit Stoff- oder Lederband getragen und verfügten fast ausnahmslos über die kleine Sekunde. Für die miniaturisierten Damenmodelle waren mindestens 450 Franken erforderlich, für Schmuckuhren, die mit Brillanten besetzt waren, 1100 bis 7500 Franken. Spezialitäten enthält keiner der beiden reich bebilderten Kataloge. Chronographen und Chronometer gab es in den besagten Katalogen nur als Taschenuhren. Dennoch hat es diese Spezialuhren für das Handgelenk bei Omega in jedem Dezennium gegeben.
Jedes Uhrwerk war mit einer fortlaufenden Nummer versehen. 1936 hatten die Fabrik neun Millionen Uhren verlassen. Jeder Zeitmesser mit einer Nummer unter 9,000.000 fällt also in die Zeit vor 1936.

Relojes de pulsera

Requiere este artículo una singular atención por el favor que el público le concede. Nosotros llegamos a fabricar verdaderas joyas y contamos con una gran variedad de modelos, pudiendo ofrecer a nuestra clientela un surtido completo y lleno de interés.

En la reciente Exposición de Arte decorativo de París, fué nuestra instalación distinguida por el Jurado y el público a causa precisamente de las verdaderas fantasías que presentamos. Con el calibre 12, 3 F. (5''') fabricamos relojes cuya elegancia y calidad creemos difícil ver aventajada. Este calibre, pequeño y plano, se presta para cajas de una rica variedad en todos los precios.

Ahora lanzamos un nuevo calibre, el 19,4 $^m/_m$ (8 $^3/_4$ ''') que es una verdadera maravilla por su precisión y forma y en el que hemos reunido el caudal de experiencia atesorado en tantos años de trabajo.

No olviden los Relojeros y Joyeros españoles que todos nuestros modelos son originales, creados especialmente por y para nosotros, y que responden a las necesidades del público, cada vez de gusto más refinado y exigente.

OMEGA

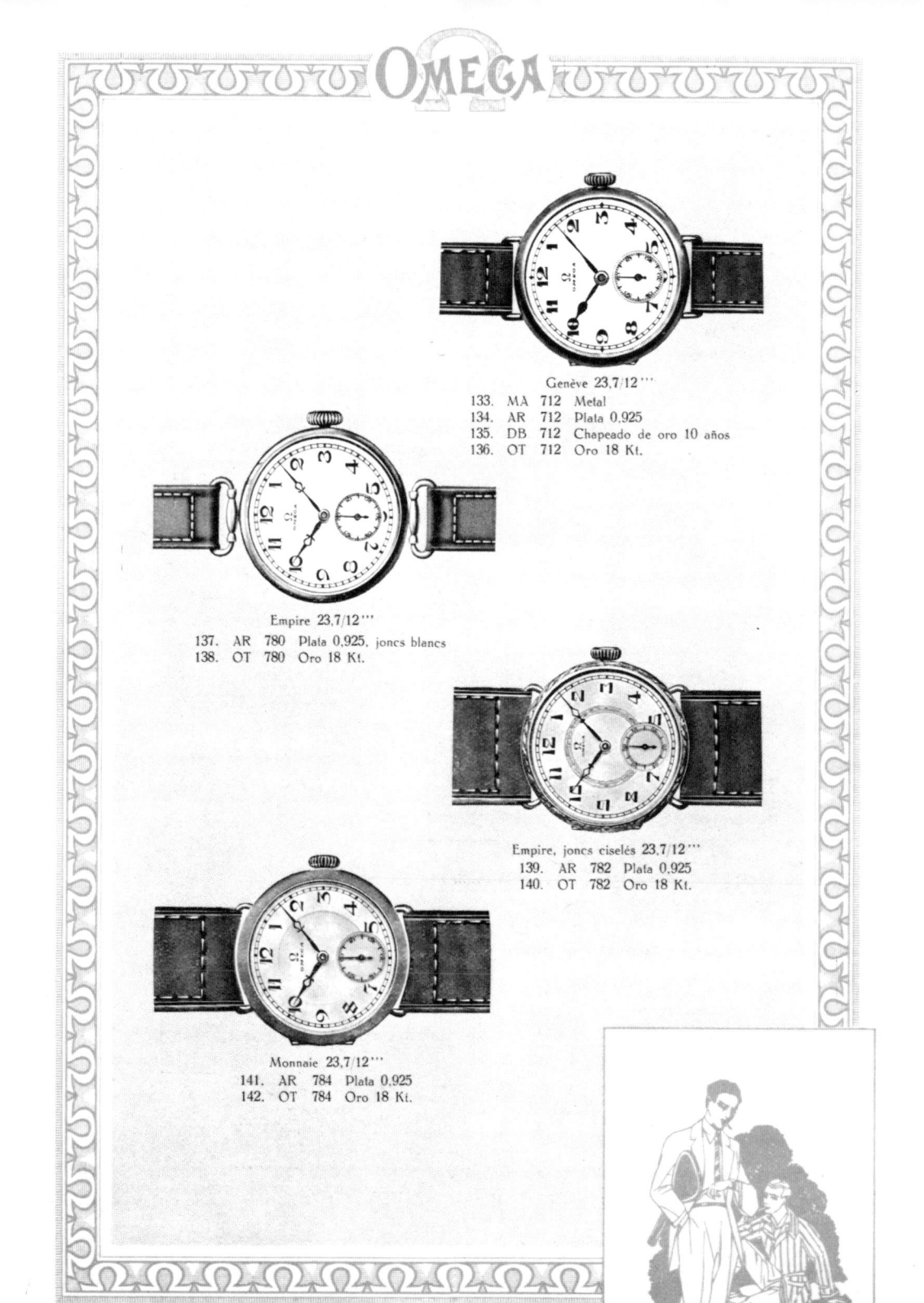

Genève 23,7/12'''
133. MA 712 Metal
134. AR 712 Plata 0,925
135. DB 712 Chapeado de oro 10 años
136. OT 712 Oro 18 Kt.

Empire 23,7/12'''
137. AR 780 Plata 0,925, joncs blancs
138. OT 780 Oro 18 Kt.

Empire, joncs ciselés 23,7/12'''
139. AR 782 Plata 0,925
140. OT 782 Oro 18 Kt.

Monnaie 23,7/12'''
141. AR 784 Plata 0,925
142. OT 784 Oro 18 Kt.

OMEGA

Carrée cintrée 23,7/12'''

- 143. MA 800 Metal
- 144. AR 800 Plata 0,925
- 145. DB 800 Chapeado de oro 10 años
- 146. OT 800 Oro 18 Kt.

Biseau, carrure ciselée 23,7/12'''

- 147. AR 813 Plata 0,925
- 148. DB 813 Chapeado de oro 10 años
- 149. OT 813 Oro 18 Kt.

Double biseau, carrure plate à blocs 23,7/12'''

- 150. AR 814 Plata 0,925
- 151. OT 814 Oro 18 Kt.

Paris, lunette jonc. 23,7/12'''

- 152. AR 817 Plata 0,925
- 153. OT 817 Oro 18 Kt.

OMEGA

Rectangle-losange à biseau à bloc 23,7 mm.
154. AR 721 Plata 0,925
155. OT 721 Oro 18 Kt.

Tonneau allongé à biseau à bloc 23,7 mm.
156. AR 759 Plata 0,925
157. DB 759 Chapeado de oro 10 años
158. OT 759 Oro 18 Kt.

Rectangle à biseau, coins vifs à bloc 23,7 mm.
159. AR 720 Plata 0,925
160. DB 720 Chapeado de oro 10 años
161. OT 720 Oro 18 Kt.

Rectangle bombé 23,7 mm.
162. AR 727 Plata 0,925
163. DB 727 Chapeado de oro 10 años
164. OT 727 Oro 18 Kt.

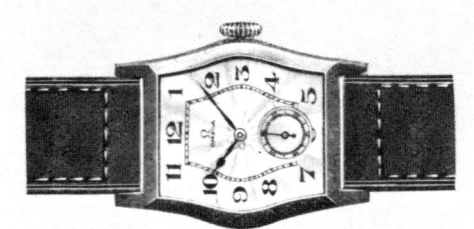

Tonneau losange à biseau, à blocs 23,7 mm.
- 165. AR 775 Plata 0,925
- 166. DB 775 Chapeado de oro 10 años
- 167. OT 775 Oro 18 Kt.

Tonneau tronqué à biseau, à blocs grecs fantaisie 23,7 mm.
- 168. OT 779 Oro 18 Kt.

Carrée à biseau, coins vifs à blocs 23,7 mm.
- 169. AR 797 Plata 0,925
- 170. DB 797 Chapeado de oro 10 años
- 171. OT 797 Oro 18 Kt.

Carrée à biseau à blocs grecs, 23,7 mm.
172. OT 799 Oro 18 Kt.

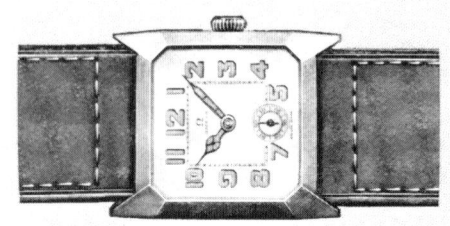

Carrée à biseau, coins coupés à blocs pointus, 23,7 mm.
173. OT 863 Oro 18 Kt.

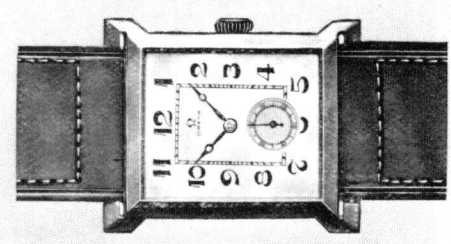

Rectangle à biseau, à blocs grecs 23,7 mm.
174. OT 870 Oro 18 Kt.

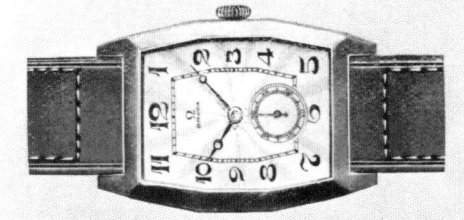

Octogone rectangle à biseau à blocs 23,7 mm.
175. AR 833 Plata 0,925
176. DB 833 Chapeado de oro 10 años
177. OT 833 Oro 18 Kt.

OMEGA

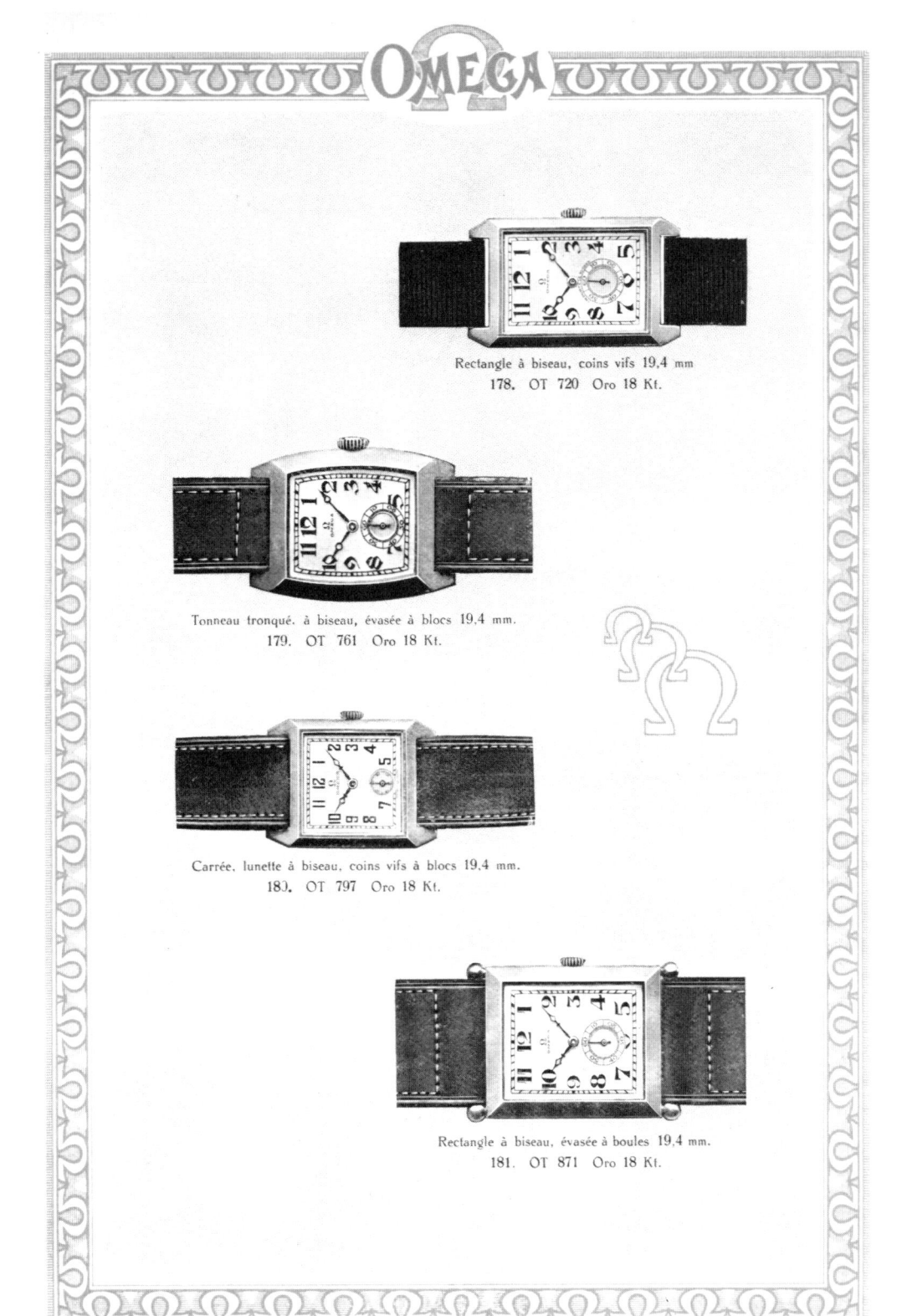

Rectangle à biseau, coins vifs 19,4 mm
178. OT 720 Oro 18 Kt.

Tonneau tronqué, à biseau, évasée à blocs 19,4 mm.
179. OT 761 Oro 18 Kt.

Carrée, lunette à biseau, coins vifs à blocs 19,4 mm.
180. OT 797 Oro 18 Kt.

Rectangle à biseau, évasée à boules 19,4 mm.
181. OT 871 Oro 18 Kt.

OMEGA

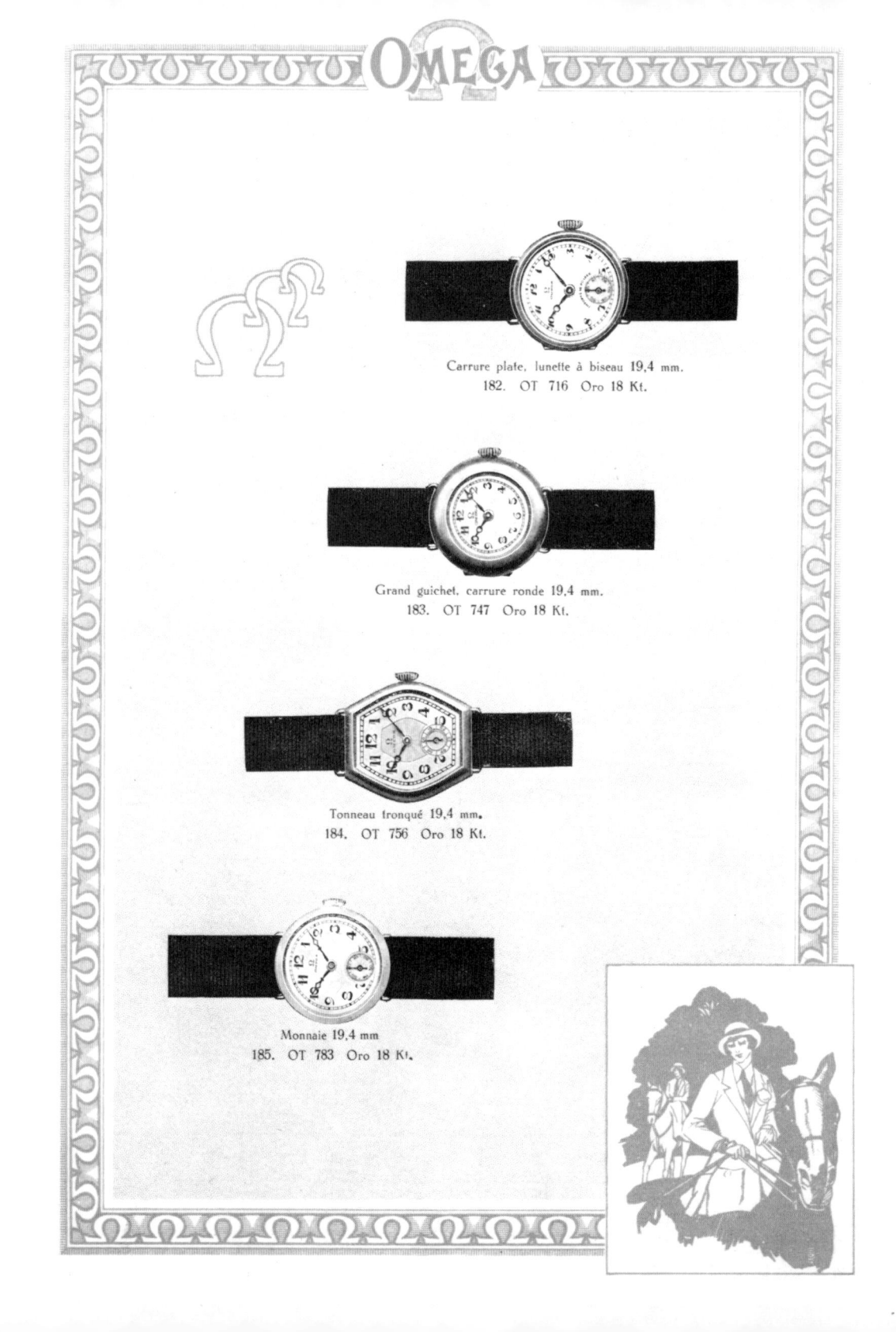

Carrure plate, lunette à biseau 19,4 mm.
182. OT 716 Oro 18 Kt.

Grand guichet, carrure ronde 19,4 mm.
183. OT 747 Oro 18 Kt.

Tonneau tronqué 19,4 mm.
184. OT 756 Oro 18 Kt.

Monnaie 19,4 mm
185. OT 783 Oro 18 Kt.

Tonneau festonné 19,4 mm.
186. OT 776 Oro 18 Kt.

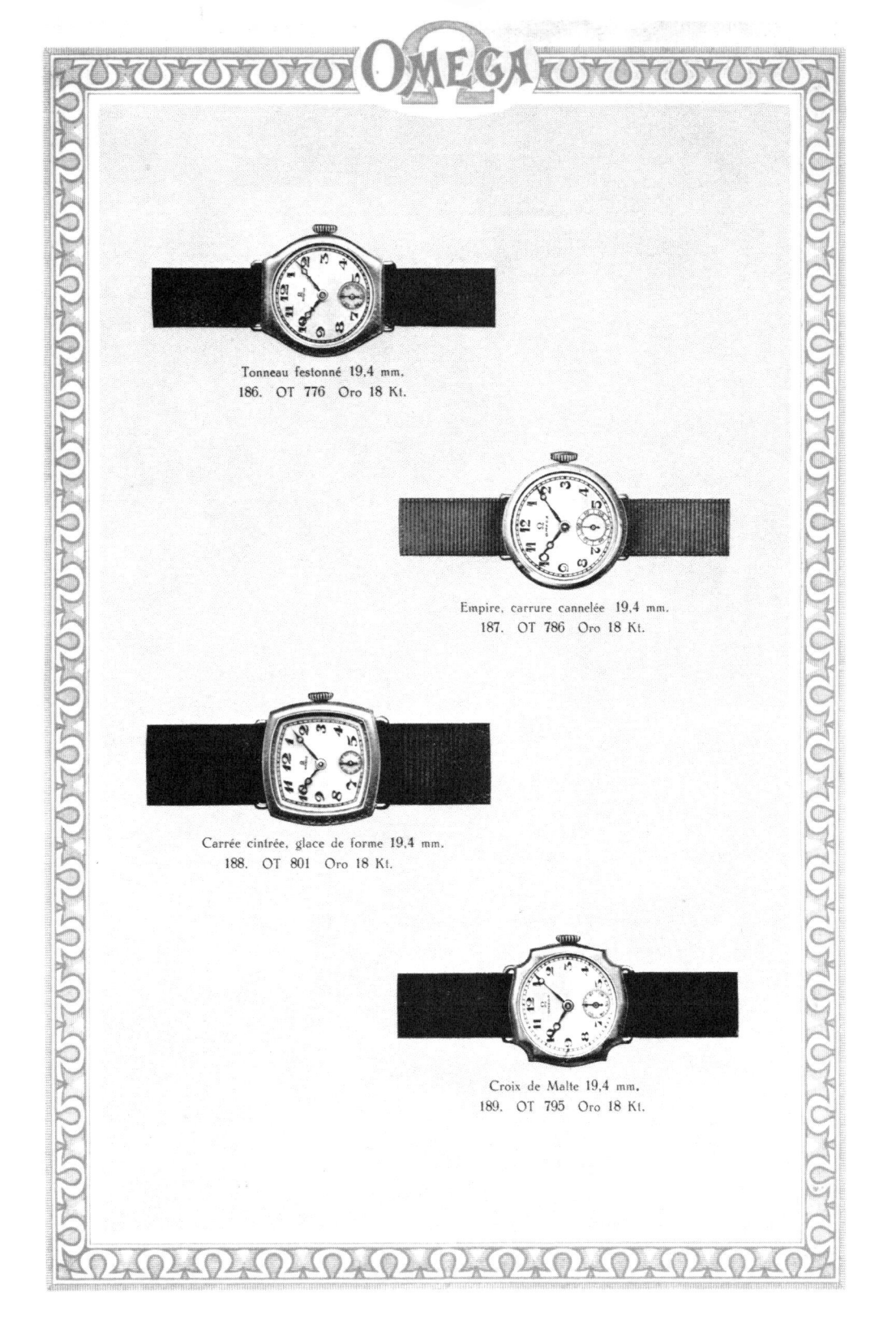

Empire, carrure cannelée 19,4 mm.
187. OT 786 Oro 18 Kt.

Carrée cintrée, glace de forme 19,4 mm.
188. OT 801 Oro 18 Kt.

Croix de Malte 19,4 mm.
189. OT 795 Oro 18 Kt.

Carrée cintrée 19,4 mm.
190. OT 800 Oro 18 Kt.

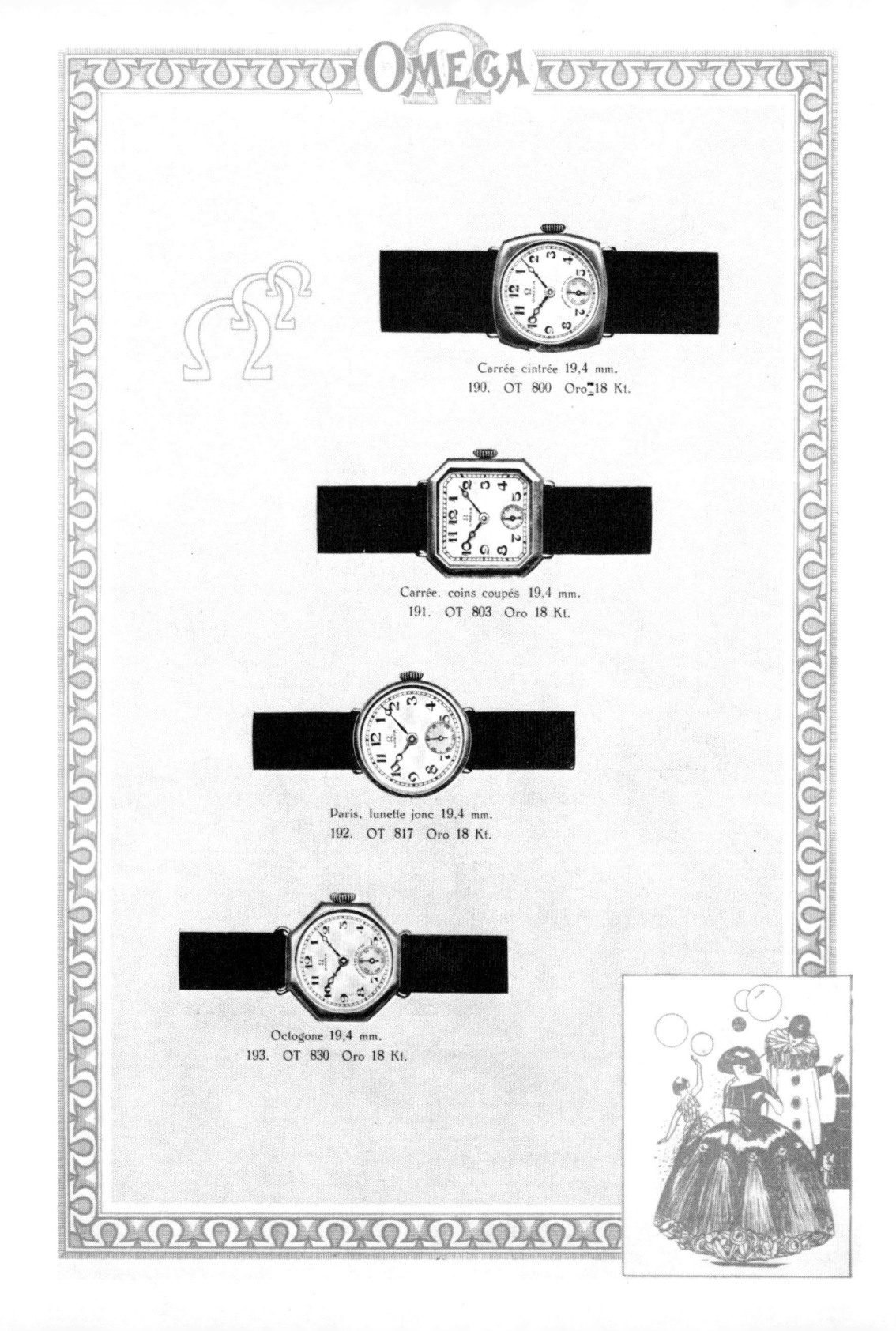

Carrée, coins coupés 19,4 mm.
191. OT 803 Oro 18 Kt.

Paris, lunette jonc 19,4 mm.
192. OT 817 Oro 18 Kt.

Octogone 19,4 mm.
193. OT 830 Oro 18 Kt.

Ronde festons 19,4 mm.
194.   OT 827   Oro 18 Kt.

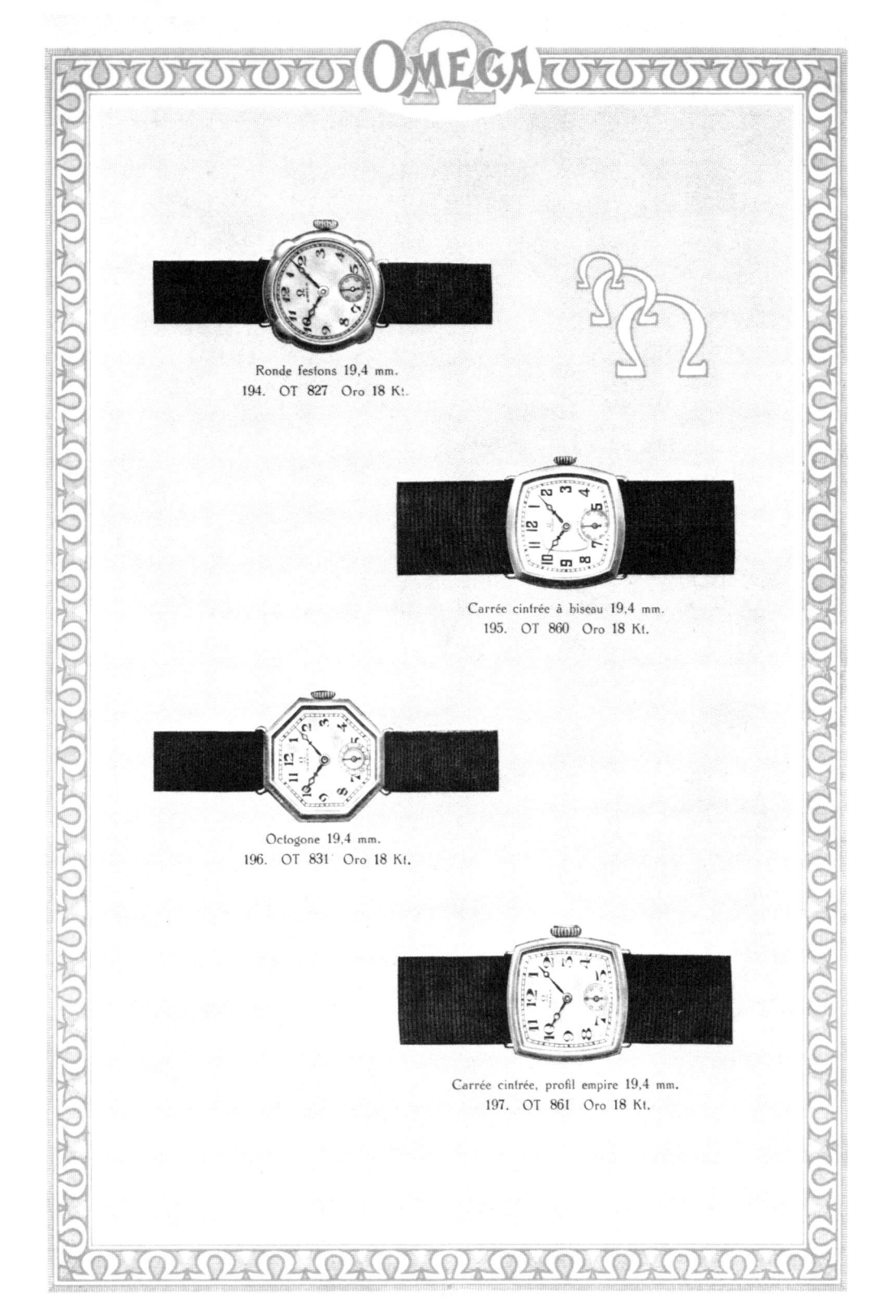

Carrée cintrée à biseau 19,4 mm.
195.   OT 860   Oro 18 Kt.

Octogone 19,4 mm.
196.   OT 831   Oro 18 Kt.

Carrée cintrée, profil empire 19,4 mm.
197.   OT 861   Oro 18 Kt.

OMEGA

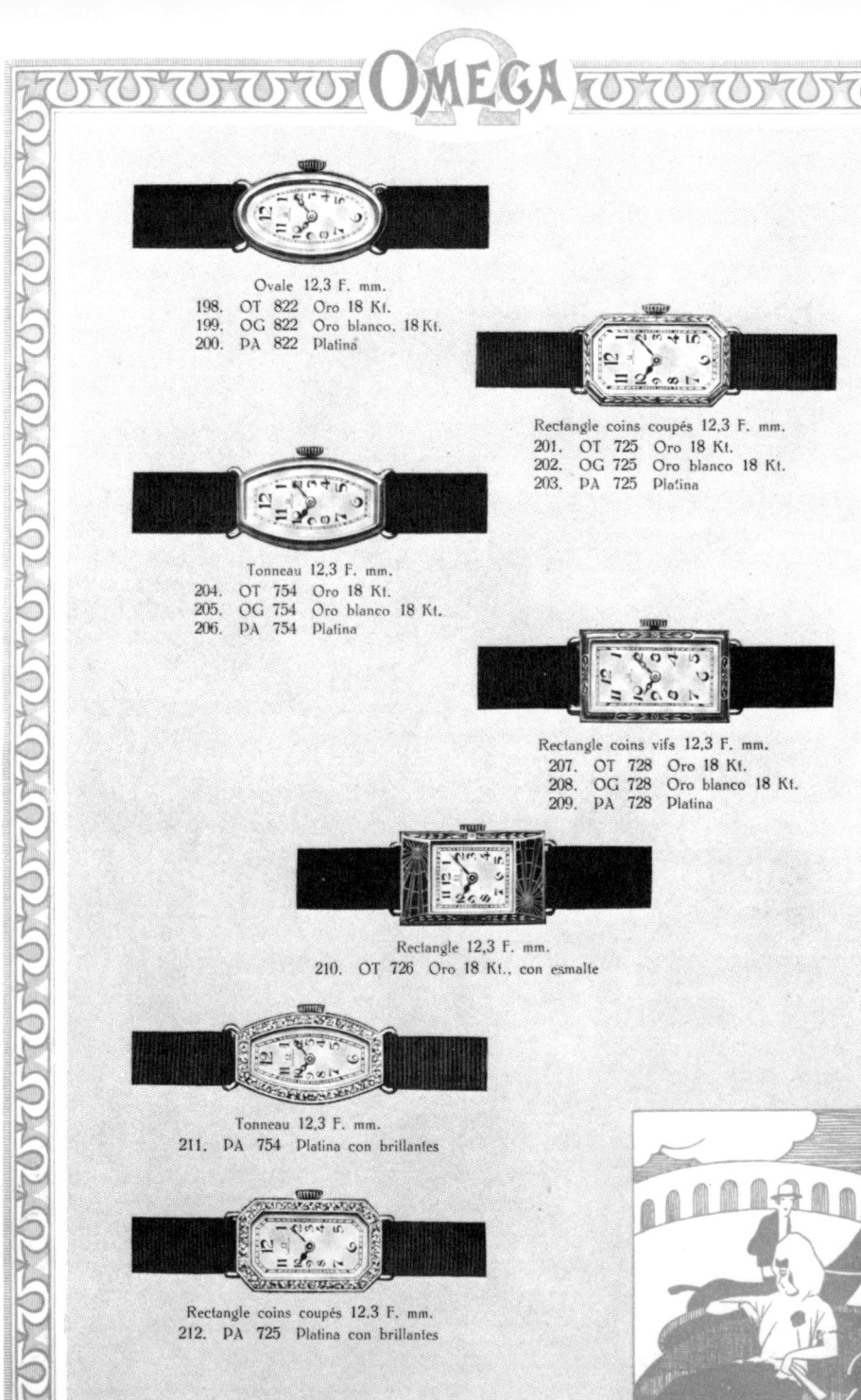

Ovale 12,3 F. mm.
198. OT 822 Oro 18 Kt.
199. OG 822 Oro blanco 18 Kt.
200. PA 822 Platina

Rectangle coins coupés 12,3 F. mm.
201. OT 725 Oro 18 Kt.
202. OG 725 Oro blanco 18 Kt.
203. PA 725 Platina

Tonneau 12,3 F. mm.
204. OT 754 Oro 18 Kt.
205. OG 754 Oro blanco 18 Kt.
206. PA 754 Platina

Rectangle coins vifs 12,3 F. mm.
207. OT 728 Oro 18 Kt.
208. OG 728 Oro blanco 18 Kt.
209. PA 728 Platina

Rectangle 12,3 F. mm.
210. OT 726 Oro 18 Kt., con esmalte

Tonneau 12,3 F. mm.
211. PA 754 Platina con brillantes

Rectangle coins coupés 12,3 F. mm.
212. PA 725 Platina con brillantes

OMEGA

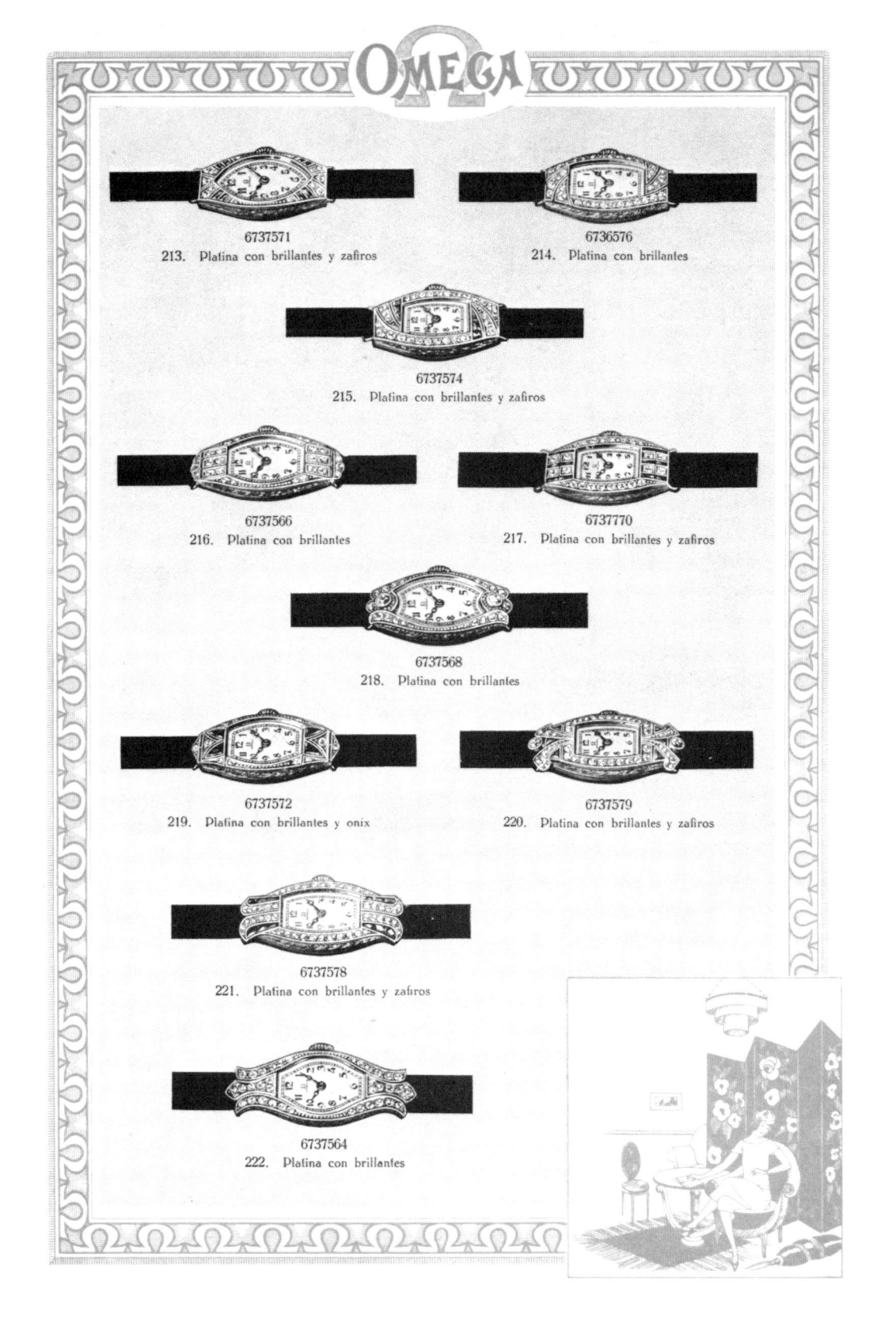

6737571
213. Platina con brillantes y zafiros

6736576
214. Platina con brillantes

6737574
215. Platina con brillantes y zafiros

6737566
216. Platina con brillantes

6737770
217. Platina con brillantes y zafiros

6737568
218. Platina con brillantes

6737572
219. Platina con brillantes y onix

6737579
220. Platina con brillantes y zafiros

6737578
221. Platina con brillantes y zafiros

6737564
222. Platina con brillantes

OMEGA

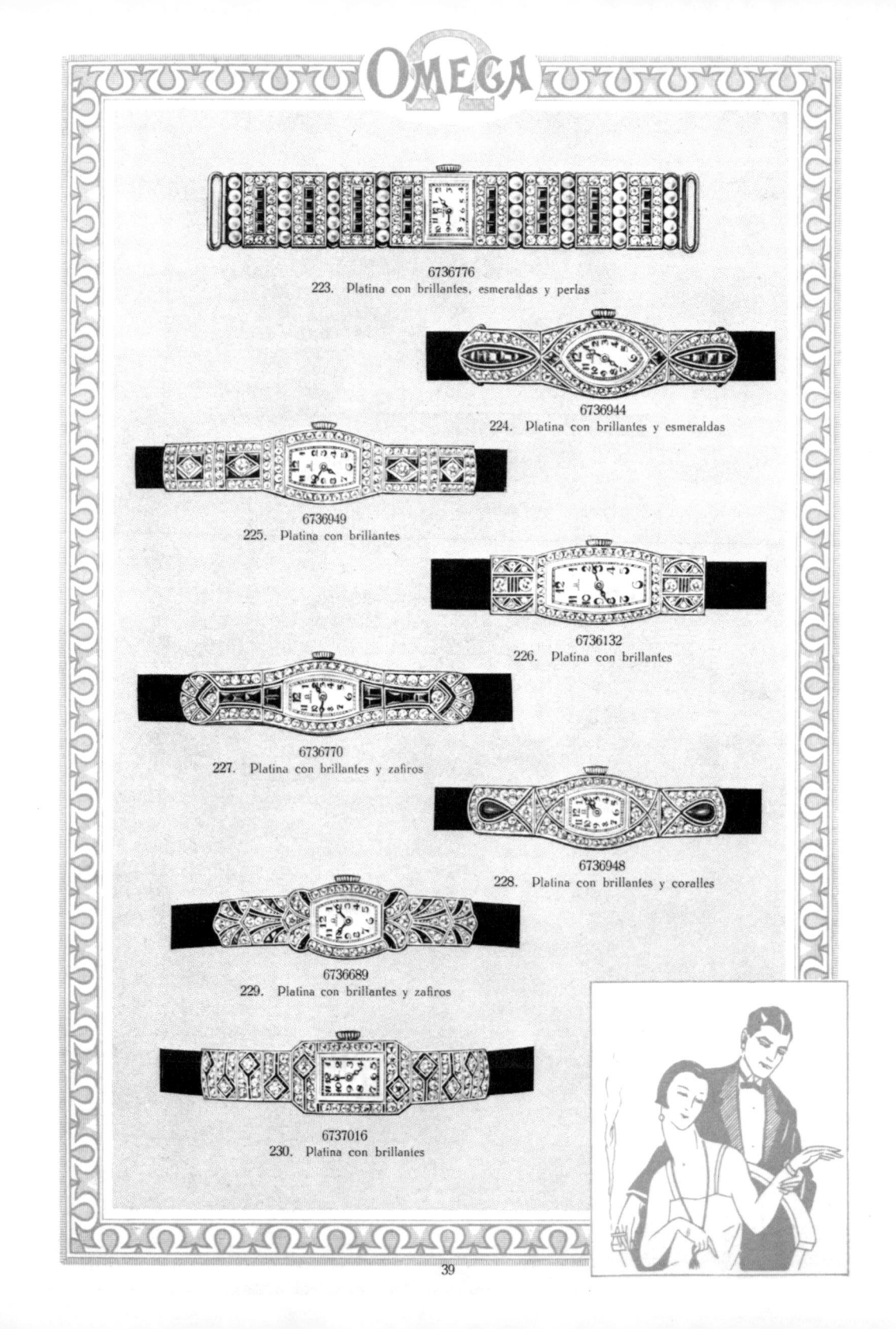

6736776
223. Platina con brillantes, esmeraldas y perlas

6736944
224. Platina con brillantes y esmeraldas

6736949
225. Platina con brillantes

6736132
226. Platina con brillantes

6736770
227. Platina con brillantes y zafiros

6736948
228. Platina con brillantes y coralles

6736689
229. Platina con brillantes y zafiros

6737016
230. Platina con brillantes

1924

In der Ausgabe Nr. 32 brachte „Die Uhrmacher-Woche" unter dem Titel „Von deutscher Arbeit" (verfaßt von Dr. Dienst) einen Sonderdruck, der der deutschen Kleinuhrenindustrie gewidmet ist. Zu den Armbanduhren ist allerdings anzumerken, daß damals in die Gehäuse eigener Fertigung meistenteils Schweizer Werke eingesetzt wurden. Werndle in Pforzheim präsentierte u. a. ein sportliches Herrenmodell mit zentralem Sekundenzeiger.

The "Uhrmacher-Woche" (No 32) published an article by Dr. Dienst dedicated to the German watch industry. Concerning the wrist watches we must say that in general one put Swiss movements into German cases. Among others, Werndle (Pforzheim) presented a man's sports watch with center seconds.

Erzeugnisse der deutschen Taschenuhren-Industrie

Firma Bayerische Taschenuhren-Industrie A.-G., Lichtenfels

Louis Wille (Pressmessing)

Firma Carl F. Bosch, Pforzheim

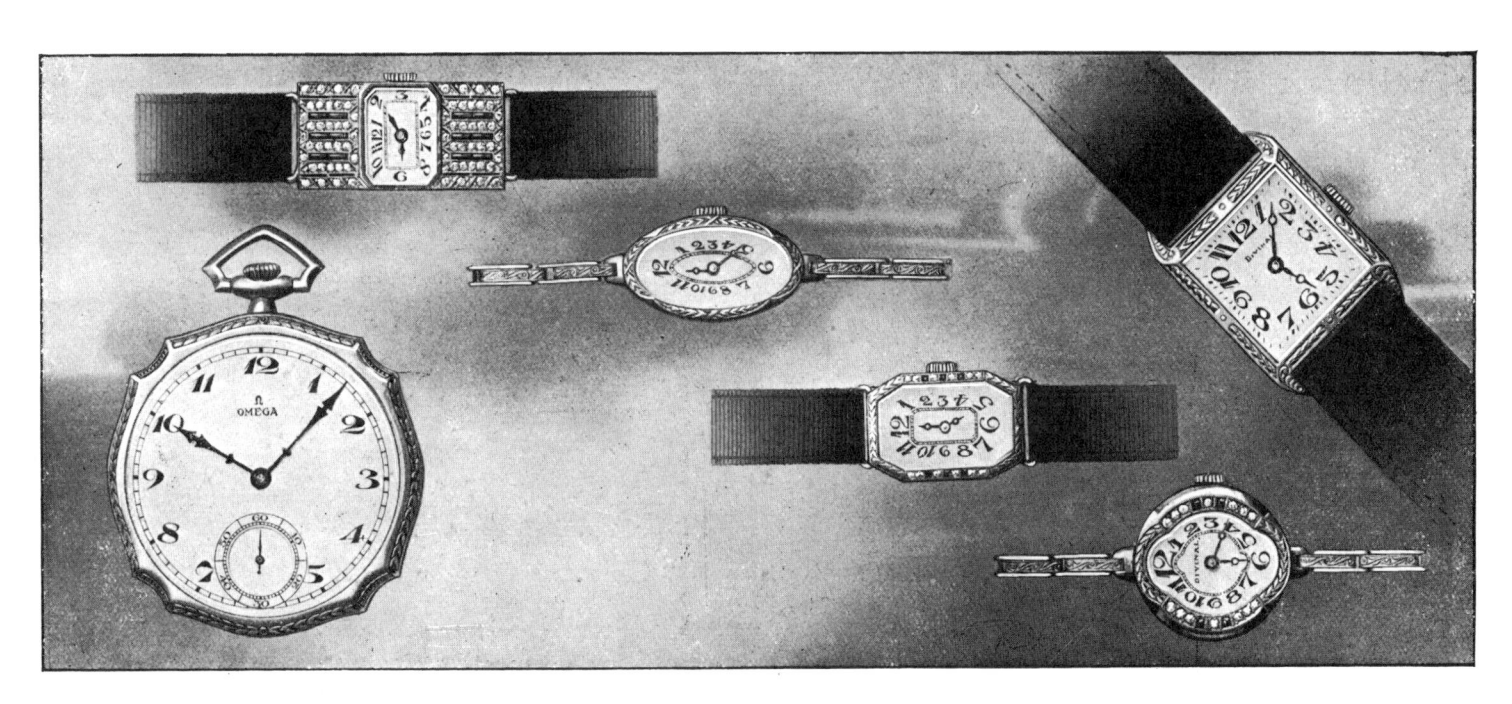

Firma Burkhardt & Co., Pforzheim

Taschenuhr mit Chronograph, Minuten - Repetition, Mondphasen
und sich selbst regulierendem Kalendarium.

Firma Deutsche Präzisions-Uhrenfabrik, Glashütte i. Sa., Uhrgläserwerke Deutscher Uhrmacher e. G. m. b. H.

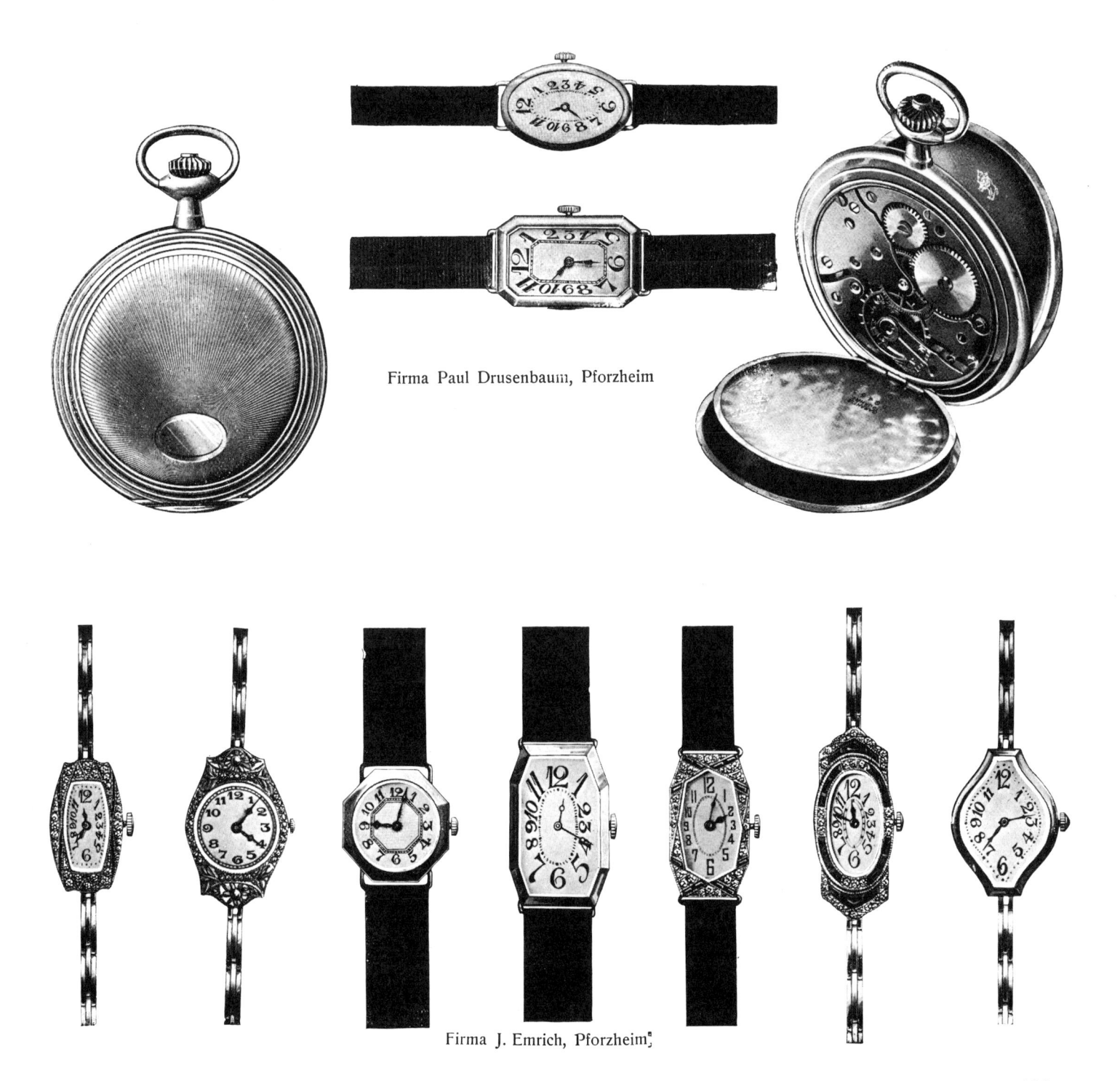

Firma Paul Drusenbaum, Pforzheim

Firma J. Emrich, Pforzheim

125

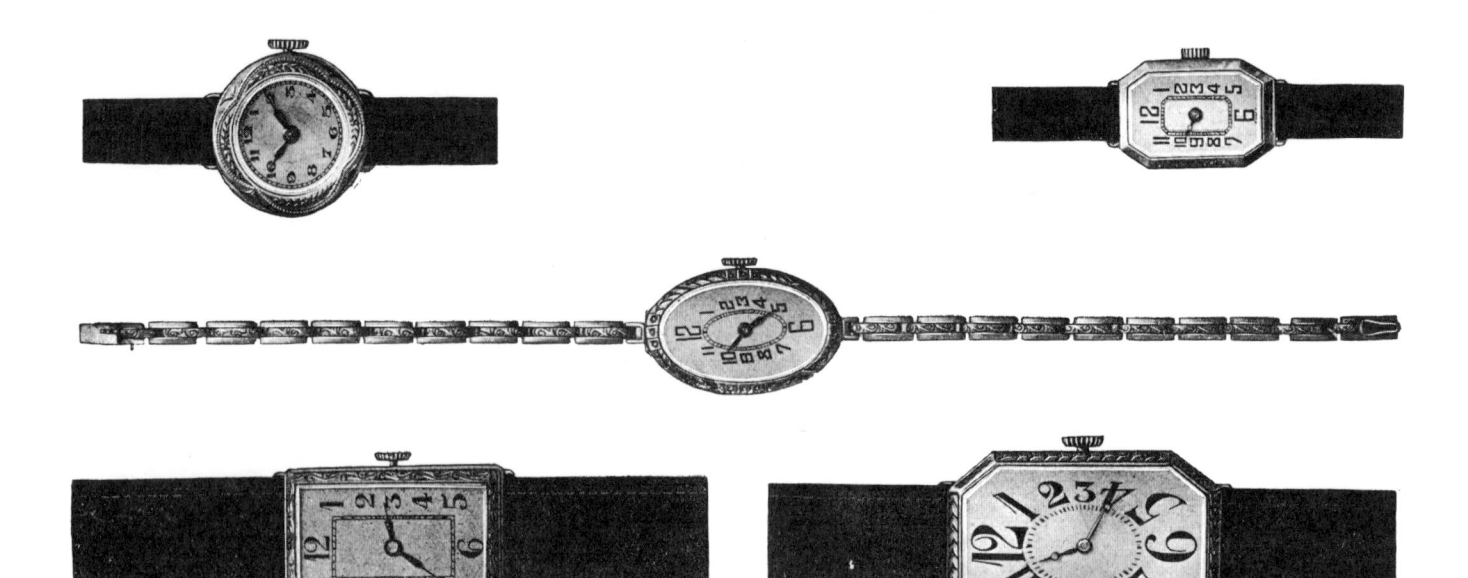

Firma Franz & Co., Pforzheim

Firma Thomas Ernst Haller A.-G., Schwenningen

Firma Jahresuhren-Fabrik G. m. b. H.

August Schatz & Söhne, Triberg

Firma Uhrenfabriken Gebrüder Junghans A.-G.,
Schramberg

Firma Kienzle-Uhrenfabriken
A.-G., Schwenningen

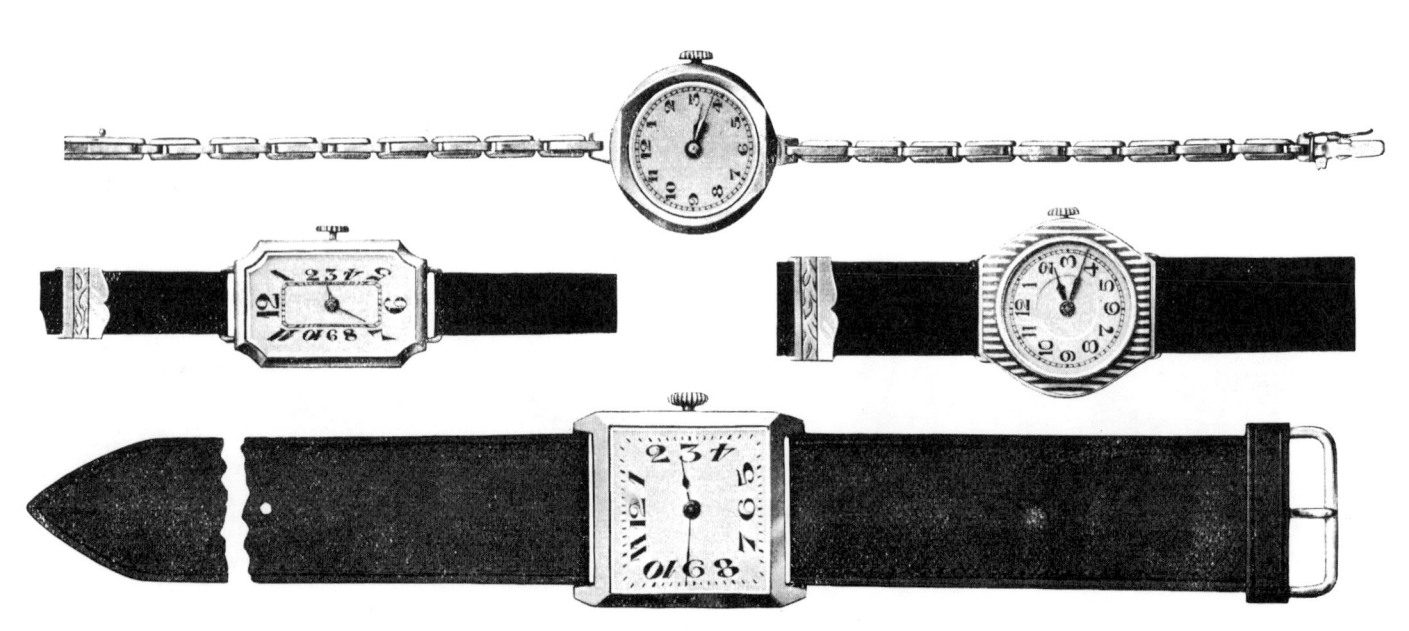

Firma Kollmar & Jourdan A.-G., Pforzheim

Firma A. Lange & Söhne, Glashütte i. Sa.

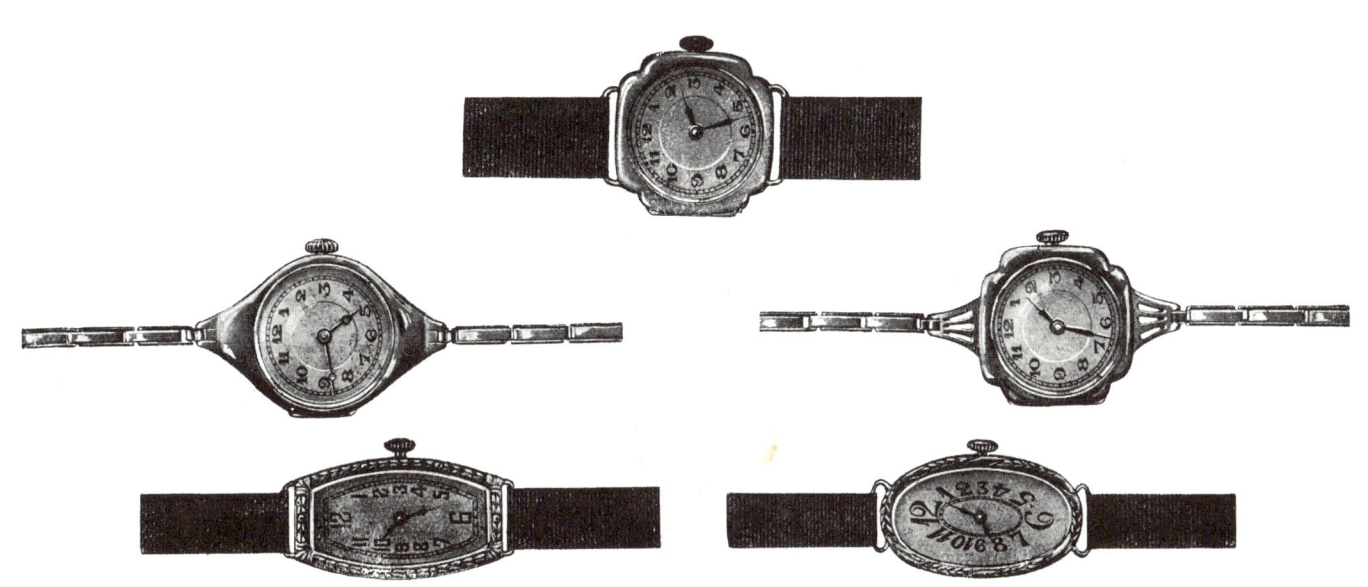

Firma J. Bidlingmaier, Schwäbisch Gmünd

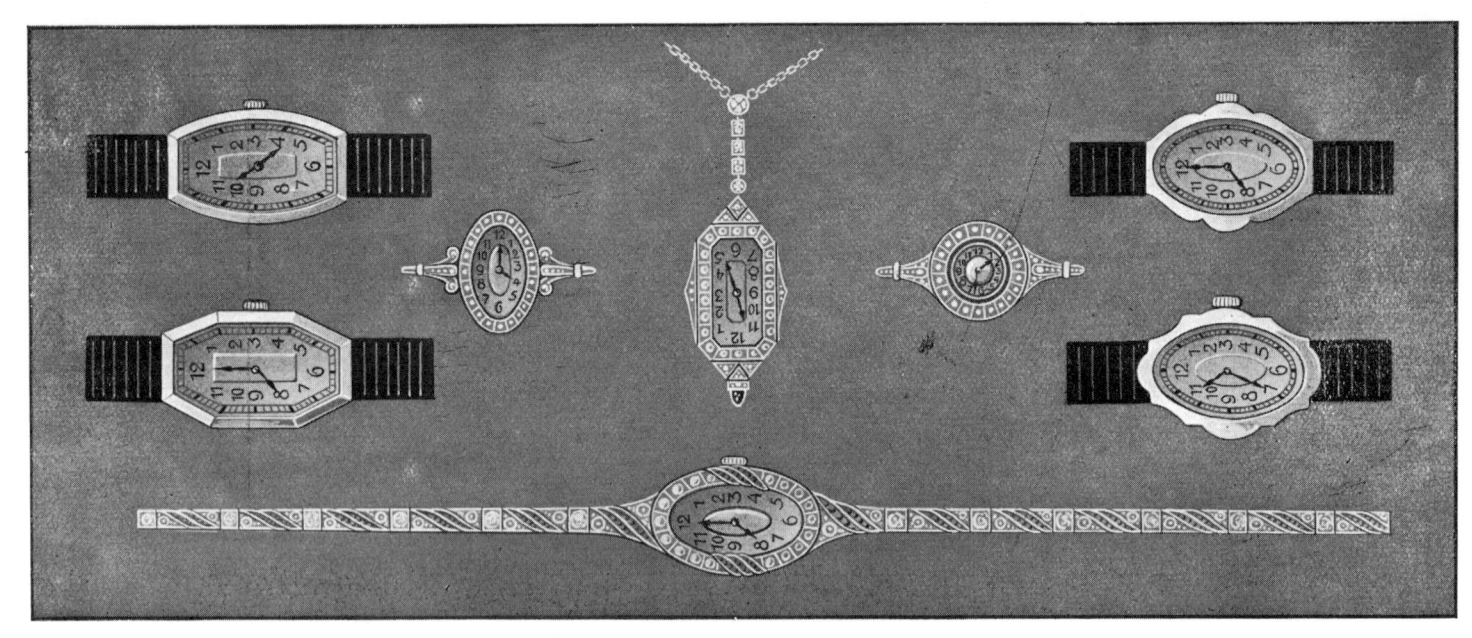

Firma Mock & Reiß, Pforzheim

Firma Müller & Schlenker, Schwenningen

Firma Probst & Augenstein, Pforzheim

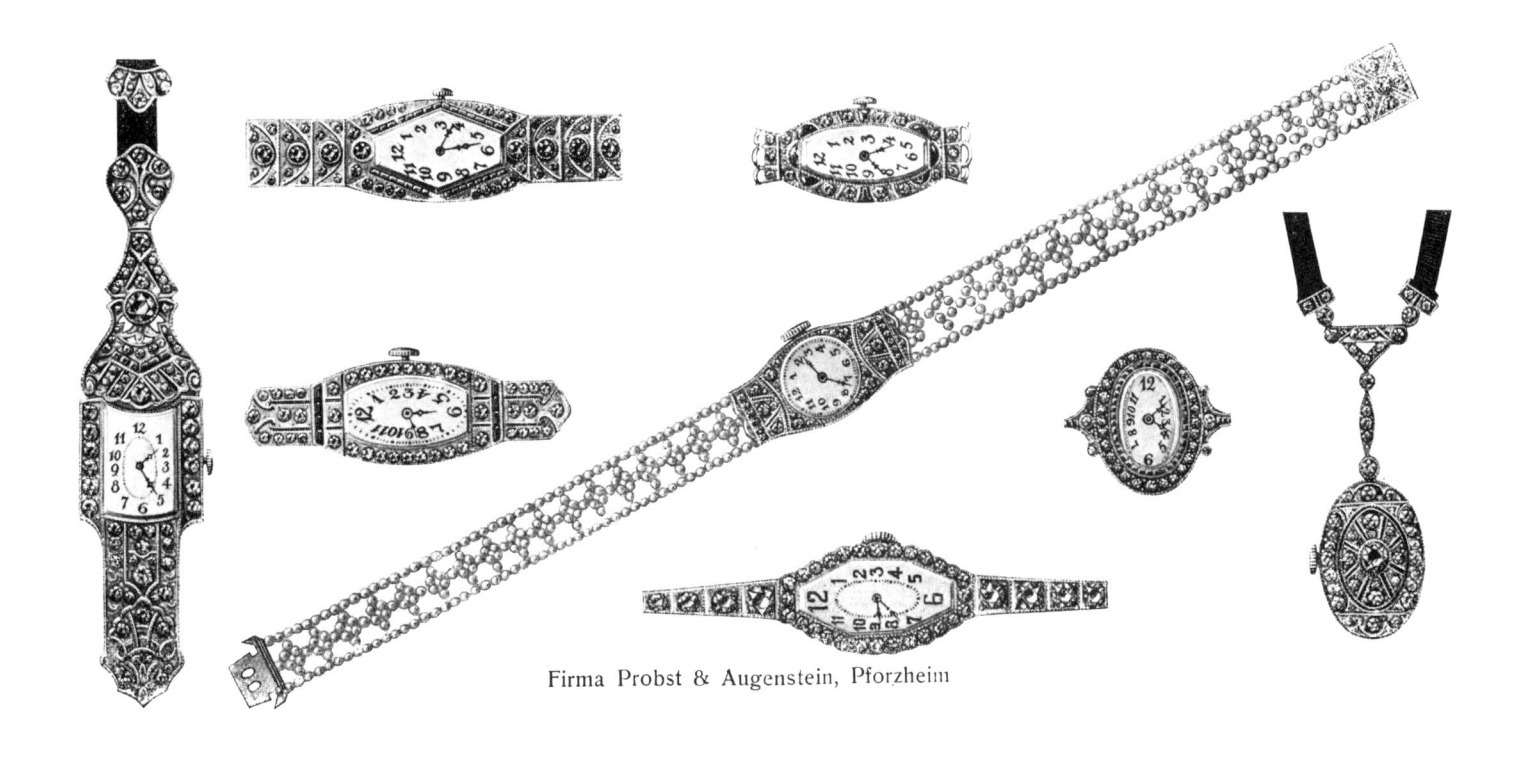

Firma Raisch & Wößner, Pforzheim

Firma Paul Raff, Pforzheim

Firma G. Rau, Gehäusefabrik, Pforzheim

Firma Rothacker & Müller, Pforzheim

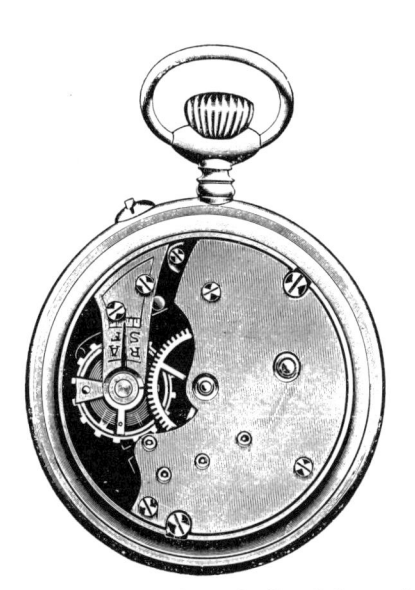

Firma Hugo Schepperheyn & Co., Schwenningen

Firma Mathias Seitz, Pforzheim

Firma Siegele & Gerwig, Pforzheim

Firma Gebr. Thiel G. m. b. H.,
Ruhla (Thür.)

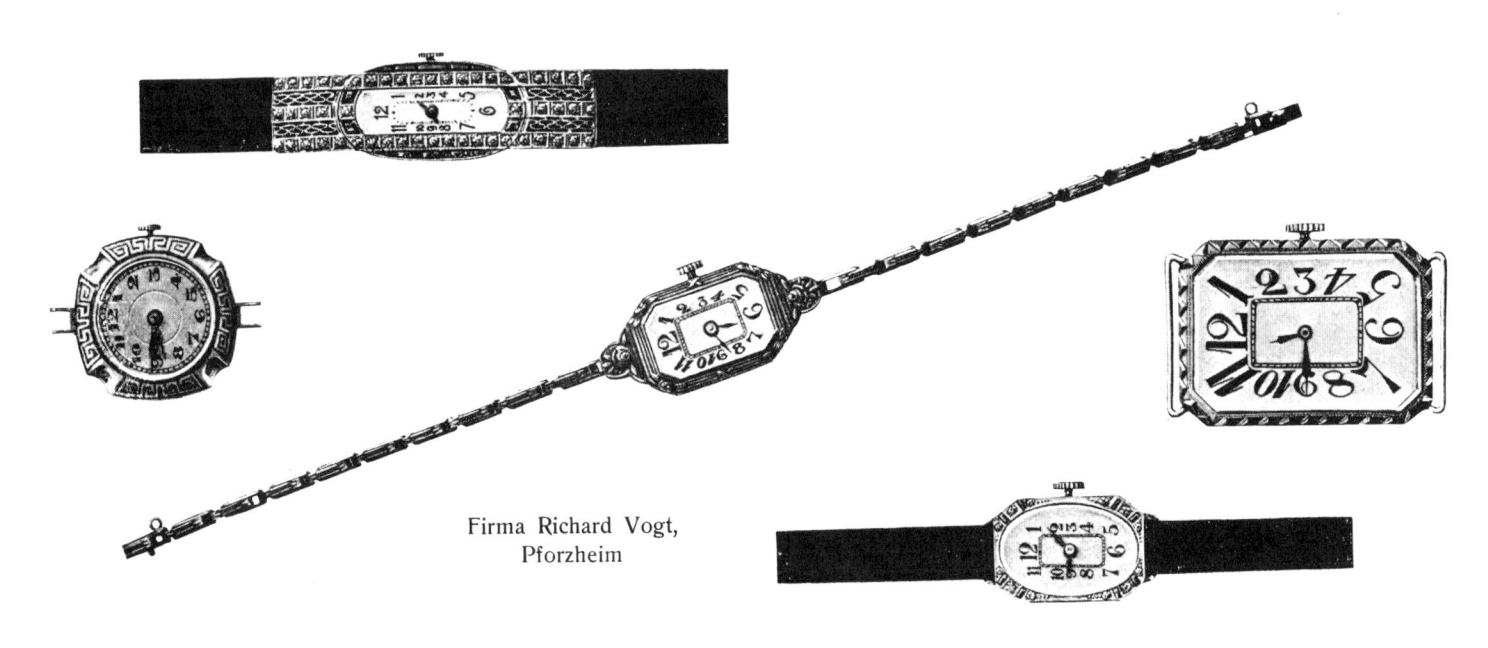

Firma Richard Vogt,
Pforzheim

135

Firma Franz Werndle, Pforzheim

Vereinigte Freiburger Uhrenfabriken A.-G. incl. vorm. G. Becker, Freiburg i. Schl.

Firma Albert Wittum, Pforzheim

1927

Um die Mitte der zwanziger Jahre begannen die Armbanduhren-Fabrikanten den Lohn ihrer Pionierarbeit einzuheimsen. Die Uhr am Handgelenk führte kein Schattendasein mehr, die Experimentierphase ging allmählich zu Ende. Der neue Uhrentyp beherrschte die Einschaltungen in den Fachzeitschriften. Die folgenden Inserate und Abbildungen sind dem „goldenen Buch der Uhrmacherei" der Schweiz von 1927 entnommen und stellen eindrucksvoll unter Beweis, wie vielfältig das Angebot schon war.

In the middle of the twenties the watch manufacturers began to be rewarded for their efforts. The wrist watch was no longer in the shade, the period of experimenting came to an end. The new type of watches dominated the advertisements in the specialist periodicals. The following advertisements and illustrations are borrowed from the "golden book of watch making" Switzerland from 1927 and shows the great variety of watches.

INDICATEUR D'ARTICLES SUISSES D'EXPORTATION

Montres-bracelets pour dames.
Ladies' wristlet watches.
Damenarmbanduhren.

Charles Abrecht S. A., Lengnau.
Aegler S A., Rolex Watch Co., Bienne.
Agassiz Watch Co. S. A , Saint-Imier.
Aquilon, Neuveville.
Audemars, Piguet & Cie, Saint-Imier.
H. Barbezat-Bôle S. A , le Locle.
Fr. Baumgartner, Coulouvrenière 13, Genève.
Beaume & Mercier, Genève.
Béguelin & Co., Tramelan.
Boillat frères & Cie, Breuleux.
J. Bonard, Fusterie 12, Genève.
L. Brandt & frère S. A., Omega Watch Co., Bienne.
Buser frères & Cie, Frenca Watch Co., Niederdorf.
Cortébert Watch Co, Juillard & Cie, la Chaux-de-Fonds.
L. Courvoisier & Cie, la Ch.-de-Fonds.
Marc Donzé, Noirmont.
Dreyfus & Co., Péry Watch Co., Bienne.
Ph. DuBois & Fils, le Locle.
Elida Watch Co. S. A., Fleurier (Neuchâtel).
Fabrique d'horlogerie La Champagne, Louis Müller & Cie S. A , Bienne.
Fabriques Eterna, Schild frères & Co., Granges.
Fabrique d'horlogerie La Glycine, Bienne.
Fabrique des montres Orion S. A., Bienne.
Fabriques Le Phare, le Locle.
Fabrique d'horlogerie des héritiers J. Rauschenbach, ci-devant International Watch Co., Schaffhouse.
Fabrique d'horlogerie Recta S. A., Bienne.
Fabrique Solvil des montres Paul Ditisheim S. A., la Chaux-de Fonds.
Fabrique d'horlogerie Thommen S. A , Waldenbourg.
Fabriques des montres Zénith, le Locle.
Francillon & Co. S. A., fabrique des Longines, Saint-Imier.
H. Gasser & Cie S. A., Bienne.
General Watch Co., Bienne.
Léon Gindrat, Tramelan.
Graef & Co , fabrique Mimo, la Chaux-de-Fonds.

Grana Watch Co , Granges.
Armin Grosset, Nimra Watch Manufactory, Crémines.
Haas Neveux & Cie, Genève.
Helbein frères & Co., Helbros Watch Co., Genève.
S A des usines fils de Achille Hirsch & Cie, la Chaux-de-Fonds.
Achille Jeanrichard, le Locle.
Léonidas Watch Factory, Saint-Imier.
Manufacture des montres Doxa, le Locle.
Manufacture d'horlogerie Etna S. A , Genève.
Manufacture de montres Liga S. A., Soleure.
Manufacture des montres Niton S. A., Genève.
Manufacture d'horlogerie Zodiac, A. Calame fils, le Locle.
Marbla Watch Export & Import. Fleurier
Marchand-Monnier & Cie, Elem Watch Co. S. A., Bienne.
Charles Mayer, Tramelan
C -H. Meylan Watch Co. S. A , le Brassus et Genève.
Société anonyme Mido, Bienne.
Fritz Moeri S. A , Saint-Imier.
Montres Liema, Bienne.
H. Moser & Cie S. A., le Locle.
Ulysse Nardin S. A., le Locle.
Nerny S A., Granges.
Optima S. A., Granges.
Oris Watch Co., Hölstein.
Patek, Philippe & Cie S. A., Genève.
Georges Piaget & Cie, la Côte-aux-Fées.
Record Dreadnought Watch Co. S. A., Genève.
W. Remund, fabrique Herold, Soleure.
A. Reymond S. A., Tramelan.
Robert frères S. A., fabrique Minerva, Villeret.
C. Ruefli-Flury & Cie, Era Watch Co. Ltd., Bienne.
Sada S A., Bienne.
Sauter frères & Cie, Pierpont Watch Co., Bienne.
S. A. Vve Chs-Léon Schmid & Cie, la Chaux-de-Fonds.
Schwab & Brandt, Genève.
Scilla S. A., Granges.
Silvana S. A., Tramelan.
Société d'horlogerie de Langendorf, Langendorf près Soleure.
Société suisse d'horlogerie, fabrique de Montilier, Montilier.

Steiner frères, Esef Watch Co., Bienne.
F. Suter & Cie, fabrique Hafis, Bienne.
Chs Tissot & fils S. A., le Locle.
Viatte & Guenin, Nivia Watch Co., Bienne.
Vuilleumier. Hasler & Co., Tramelan.
Jules Weber-Chopard, Sonvilier.
Wega Watch Co., O. Kessler S. A., Granges.

Montres-bracelets pour hommes.
Gents' Bracelet watches.
Herrenarmbanduhren.

Aegler S. A., Rolex Watch Co., Bienne.
Agassiz Watch Co. S. A., Saint-Imier.
Aquilon, Neuveville.
Audemars, Piguet & Cie, le Brassus.
H. Barbezat-Bôle S. A , le Locle.
Fr. Baumgartner, Coulouvrenière 13, Genève.
Beaume & Mercier, Genève.
Béguelin & Co, Tramelan.
Boillat frères & Cie, Breuleux.
L. Brandt & frère S. A , Omega Watch Co., Bienne.
Buser frères & Cie, Frenca Watch Co., Niederdorf.
Cortébert Watch Co., Juillard & Cie, la Chaux-de-Fonds.
L. Courvoisier & Cie, la Ch.-de Fonds.
Marc Donzé, Noirmont.
Dreyfus & Co., Péry Watch Co., Bienne.
Ph. DuBois & Fils, le Locle.
Elida Watch Co. S. A., Fleurier (Neuchâtel).
Fabrique d'horlogerie La Champagne, Louis Müller & Cie S. A., Bienne.
Fabrique d'horlogerie La Glycine, Bienne.
Fabrique des montres Orion S. A., Bienne.
Fabriques Le Phare, le Locle.
Fabrique d'horlogerie des héritiers J. Rauschenbach, ci-devant International Watch Co , Schaffhouse.
Fabrique d'horlogerie Recta S. A., Bienne.
Fabrique Solvil des montres Paul Ditisheim S. A., la Chaux-de-Fonds.
Fabrique d'horlogerie Thommen S. A., Waldenbourg.
Fabriques des montres Zénith, le Locle

F. Suter et Cie, fabrique Hafis, Bienne.

Optima S. A. Granges.

Lémania Watch Co. Lugrin S. A.
L'Orient et la Chaux-de-Fonds.

Léonidas Watch factory, Saint-Imier.

Lémania Watch Co. Lugrin S. A.

L'Orient et la Chaux-de-Fonds.

Marchand-Monnier et Cie

Elem Watch Co. S. A. Bienne.

INDICATEUR D'ARTICLES SUISSES D'EXPORTATION

Francillon & Co. S. A., fabrique des Longines, Saint-Imier
H. Gasser & Cie S. A., Bienne.
General Watch Co., Bienne.
Léon Gindrat, Tramelan.
Graef & Co., fabrique Mimo, la Chaux-de-Fonds.
Grana Watch Co., Granges.
Armin Grossert, Nimra Watch Manufactory, Crémines.
Haas Neveux & Cie, Genève.
Helbein frères & Co., Helbros Watch Co., Genève
S. A. des usines fils de Achille Hirsch & Ce, la Chaux-de-Fonds.
Achille Jeanrichard, le Locle.
Jules Jürgensen, Bienne.
Léonidas Watch Factory, Saint-Imier.
Manufacture des montres Doxa, le Locle.
Manufacture d'horlogerie Etna S. A., Genève.
Manufacture de montres Liga S. A., Soleure.
Manufacture des montres Niton S. A., Genève.
Manufacture des montres Zodiac, A. Calame fils, le Locle.
Marbla Watch Export & Import, Fleurier (Neuchâtel).
Marchand-Monnier & Cie, Elem Watch Co. S. A., Bienne.
Martel Watch Co. S. A., les Ponts-de Martel.
Charles Mayer Tramelan.
C.-H. Meylan Watch Co. S. A., le Brassus et Genève.
Société anonyme Mido, Bienne.
Fritz Moeri S. A., Saint-Imier.
Montres Liema, Bienne.
H. Moser & Cie S. A., le Locle.
Ulysse Nardin S. A., le Locle.
Nerny S. A., Granges.
Optima S. A, Granges.
Oris Watch Co., Hölstein.
Patek, Philippe & Cie S. A., Genève.
Georges Piaget & Cie, la Côte-aux-Fées.
Record Dreadnought Watch Co. S. A., Genève.
W Remund. fabrique Herold, Soleure.
A. Reymond S. A., Tramelan
Robert frères S. A., fabrique Minerva, Villeret.
C Ruefli-Flury & Cie, Era Watch Co. Ltd., Bienne.
Sada, Bienne.

Sauter frères & Cie, Pierpont Watch Co., Bienne
S. A. Vve Chs-Léon Schmid & Cie, la Chaux-de-Fonds.
Schwab & Brandt, Genève.
Scilla S. A., Granges.
Silvana S. A., Tramelan.
Société d'horlogerie de Langendorf, Langendorf près Soleure.
Société horlogère de Reconvilier, Reconvilier.
Société suisse d'horlogerie, fabrique de Montilier, Montilier.
Steiner frères, Esef Watch Co., Bienne.
F. Suter & Cie, fabrique Hafis, Bienne.
Chs Tissot & fils S. A., le Locle.
Viatte & Guenin, Nivia Watch Co., Bienne.
Vuilleumier, Hasler & Co., Tramelan.
Jules Weber-Chopard, Sonvilier.
Wega Watch Co., O. Kessler S. A., Granges.

Chronographes et compteurs de sport.

Chronographs and Sport Watches. Chronographen und Zähler für Sport.

Agassiz Watch Co. S. A., Saint-Imier.
Audemars, Piguet & Cie, le Brassus.
H. Barbezat-Bôle S. A., le Locle.
L. Brandt & frère S. A., Omega Watch Co., Bienne.
G.-Léon Breitling, la Chaux-de-Fonds.
Ph. DuBois & Fils, le Locle.
Fabrique Excelsior Park, Saint-Imier.
Fabriques Le Phare, le Locle.
Fabrique Solvil des montres Paul Ditisheim S. A., la Chaux-de-Fonds.
Fabriques des montres Zénith, le Locle.
Francillon & Co S. A., fabrique des Longines, Saint-Imier.
Georges-Henri Guinand, National Park, les Brenets.
Haas Neveux & Cie, Genève.
Ed. Heuer & Co., Bienne.
High Life Watch Co. S. A., Berna Watch Co., Saint-Imier.
S. A. des usines fils de Achille Hirsch & Cie, la Chaux-de-Fonds.

Lemania Watch Co., Lugrin S. A., l'Orient et la Chaux-de-Fonds.
Léonidas Watch Factory, Saint-Imier.
Martel Watch Co. S. A., les Ponts-de-Martel.
Walter Meylan, rue Jacob Brandt 4, la Chaux-de-Fonds.
Fritz Moeri S. A., Saint-Imier.
H. Moser & Cie S. A., le Locle.
Ulysse Nardin S. A., le Locle.
Patek, Philippe & Cie S. A., Genève.
Robert frères S. A , fabrique Minerva, Villeret.
Sada, Bienne.
Stolz frères, fabrique Angélus, le Locle.
Chs Tissot & fils S. A., le Locle.

ELEM

La marque de confiance
40 ans de perfectionnement
Dernières nouveautés 4''' à 24'''

*Platine, or, argent, métal.
Formes variées.*

ELEM WATCH Co. Ltd., Marchand-Monnier & C S. A., BIENNE
FONDÉE EN 1889

ETA

FONDÉE EN 1856 — FONDÉE EN 1856

FABRIQUE D'ÉBAUCHES SCHILD FRÈRES & Co.
GRENCHEN (SUISSE)

DEPUIS 70 ANS les horlogers apprécient toujours les avantages incontestables de nos ébauches :

1. La grande variété de nos calibres connus dans le commerce mondial de l'horlogerie.

    8 3/4 lig. c. 361
    ancre à vue

2. La grande facilité de remontage.

    8 3/4-9 lig., c. 406
    cyl. à vue

3. L'interchangeabilité parfaite.

    6 3/4 lig., c. 411
    assort. 10 1/2 lig.

4. La qualité irréprochable.

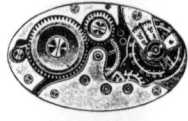

    6 1/2 lig., c. 425
    assort. 10 lig.

5. Les prix avantageux.

    5 1/4 lig., c. 420 cyl.

Outillage perfectionné. — Grande production.

Compteur à rattrapante. Chronosport bracelet. Chronographe breveté pour football, etc.

Compteur décimal à verrou. Compteur à $^1/_{10}$ de seconde. Montre réveil.

Compteur à poussoir. Compteur pour médecin. Compteur football.

143

6 ¾'''    6 ½'''    8 ¾'''    6 ½'''

10 ½'''    9 ¾'''

Fabrique d'Ebauches et de Finissages

FELSA
S. A.
GRENCHEN
(Suisse)

Téléphone 272   Télégramme « FELSA »

16'''    18'''

Calibres ancres à vue ronds et de forme.
Interchangeabilité absolue.
Qualité irréprochable.

5''' et 5 ¼''' ligne droite    5 ¼'''

6 ½'''    7 ¾'''   7 ¾'''   6 ½'''

Audemars, Piguet & Co
Brassus & Genève

La Montre Suprême

HAFIS WRIST WATCHES
for Ladies' and Gents wear, embody the best of artistic design,
workmanship and reliable timekeeping.

HAFIS WATCH Co.

LONDON   BIENNE   NEW-YORK

LIGA S·A·
SOLEURE

Elégance   *Précision*

Mouvements Ancre soignés de 4¾''' à 8¾'''
Montres Bracelets – Pendentifs – Bijoux
Hautes nouveautés

POINÇON DE
L'ÉTAT DE GENÈVE

GLYCINE
allie à une précision supérieure, une élégance raffinée.

148

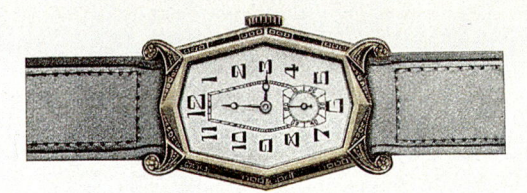

Montre-bracelet. ⁕ Wrist Watch. ⁕ Armbanduhr.
MIMO, Græf & Cie, La Chaux-de-Fonds.

Platinum Watch, radiator shape, manufactured especially for H. M. the King of Spain.

Platin-Uhr, Radiateurform, besonders angefertigt für S. M. den König von Spanien.

Montre platine de forme radiateur fabriquée spécialement pour S. M. le Roi d'Espagne.
MIDO S. A., Bienne.

Montre-bijou. ⁕ Jewel-Watch. ⁕ Schmuck-Uhr.
LA GLYCINE, Bienne et Genève.

# Optima

LE LIVRE D'OR DE L'HORLOGERIE

142

143 144

145 146 147

FABRIQUE OPTIMA S. A. GRANGES (Soleure)

Elégance. Précision.
Elegance. Accuracy.
Eleganz. Genauigkeit.

INTERNATIONAL WATCH Cº
Elégance   SCHAFFHAUSEN   *Précision*

FONTAINEMELON

*Deux dates soulignent deux conceptions originales
dans le domaine de la construction
des calibres de montres.*

1923

Apparition du premier mouvement
6¾ lignes avec mobiles et assortiments
de la grandeur 10 ½ lignes.

1926

Lancement du premier mouvement de
forme avec seconde rationnellement
placée et sans rouage intermédiaire.

Ces deux créations de Fontainemelon placent la marque

en tête du progrès

Calibres interchangeables

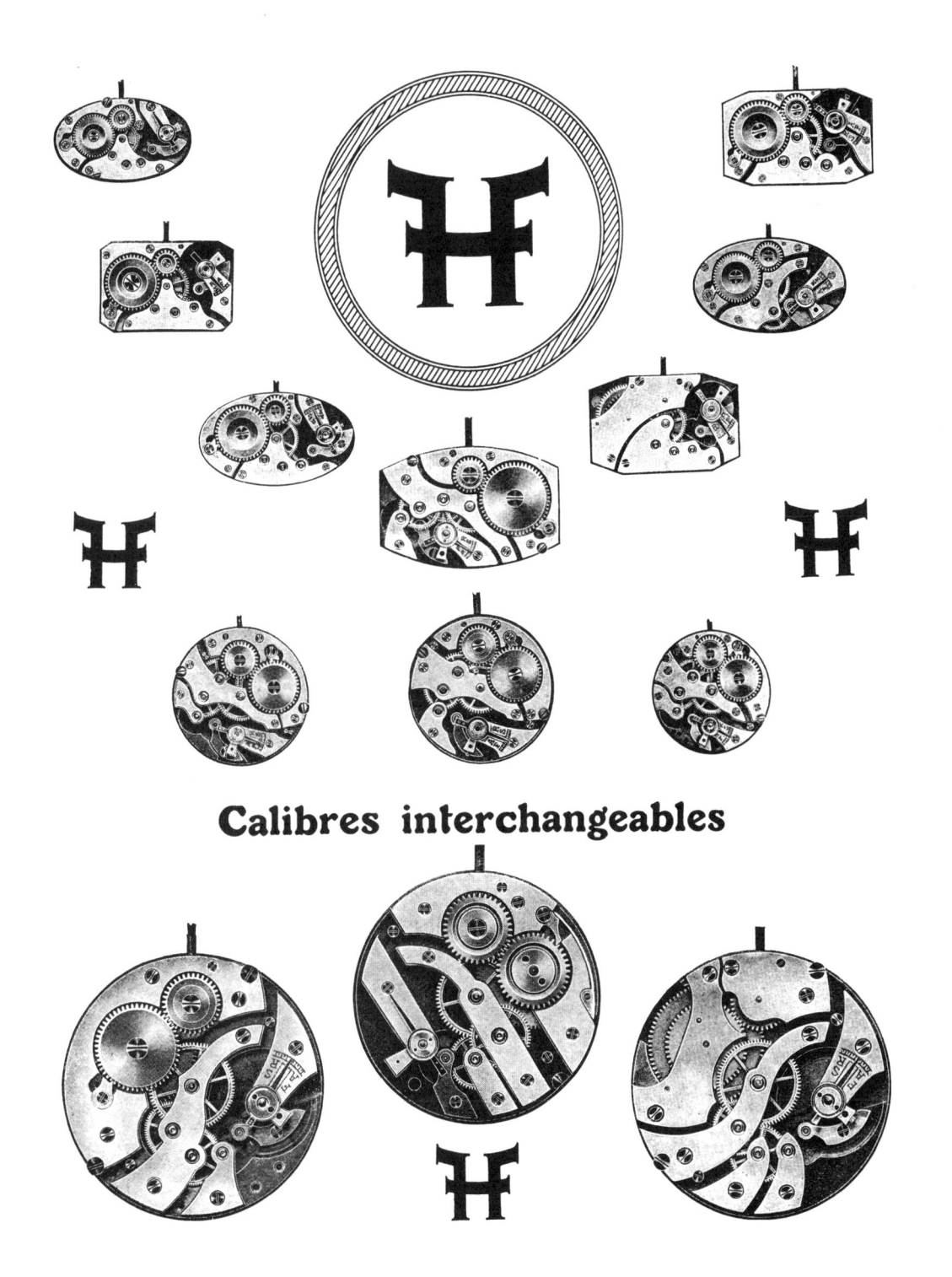

Capetown, 7th January 1927.

Messrs X... have spoken very highly of the watches previously had and require these now ordered at your very earliest.

(Original can be seen at our Offices.)

FRENCA WATCHES
ALWAYS GIVE SATISFACTION

BUSER BROS & Co.
NIEDERDORF

Cables: FRENCA

General Watch Co

BIENNE (Suisse)

Montres-bracelets 5¼''' à 13''' — Montres de poche 10½''' à 24'''

Montres de voyage et pour automobiles.

Pendulettes, Chevalets, etc.

MOUVEMENTS SEULS POUR BOITES ANGLAISES ET AMÉRICAINES

Marques les plus appréciées:

HELVETIA

ORTA

PARADOX

Longines
9 GRANDS PRIX

Les contrastes

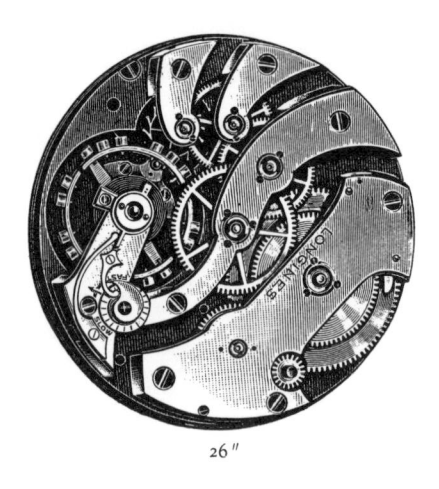

8″   26″

La **plus petite** et la **plus grande** des montres **rondes** fabriquées aux Longines.

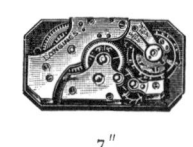

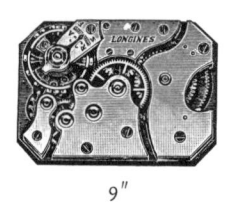

5″   7″   9″

Quelques-uns des **calibres de forme** fabriqués aux Longines.

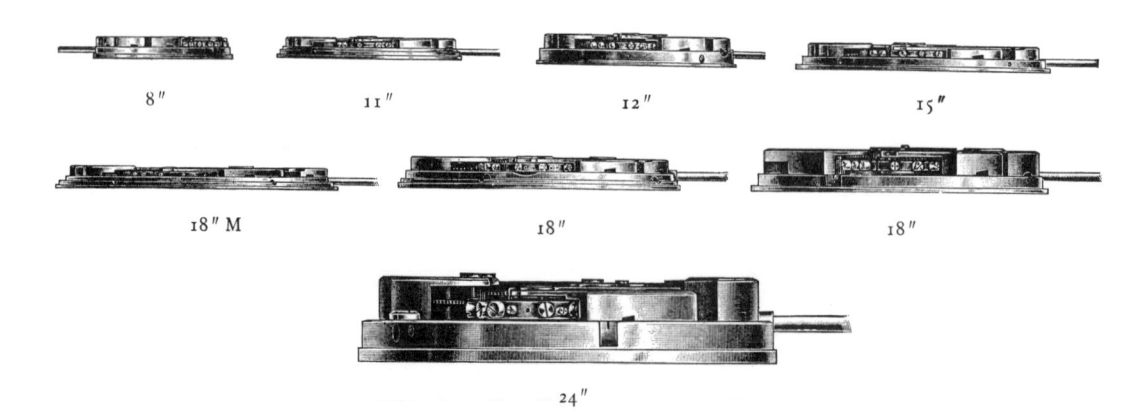

8″   11″   12″   15″

18″ M   18″   18″

24″

Quelques spécimens des **épaisseurs** de différents mouvements fabriqués aux Longines.

Montres de précision Grana

FABRIQUE DE MONTRES

Grana

GRANGES (SOLEURE)
SUISSE

8 ¾"   5 ¼ Rectangulaires   9 ¾"

157

LÉMANIA WATCH Co.
LUGRIN S. A.
l'Orient et la Chaux-de-Fonds.

Quelques-uns
de ses modèles.

N° 26

N° 3

N° 1

N° 19

N° 15

N° 12

Précision

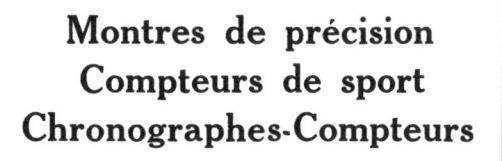

Montres de précision
Compteurs de sport
Chronographes-Compteurs

LEONIDAS

C.-H. MEYLAN WATCH Co. S. A.

BRASSUS
Vallée de Joux

GENÈVE
Quai des Eaux Vives 4

Montres bracelets. Pendentifs
Bagues. Montres bijoux
Montres extra et archi plates
15 et 17 lignes en or et platine
Stock assorti

Mouvements de toutes formes
rectangulaires,
ovales, croissants, baguette
Répétitions simples
et compliquées

MANUFACTURE D'HORLOGERIE EN QUALITÉ EXTRA-SOIGNÉE

FABRIQUE
MINERVA
ROBERT FRÈRES. S-A.
VILLERET SUISSE
Maison fondée en 1858
Montres de Précision
Chronographes
Compteurs

Fabrique de Montres ORION S. A.
ORION WATCH Co. Ld
Succ. de BRANDT & HOFMANN

Maison fondée en 1876

BIENNE (Suisse)

Nombreuses récompenses aux expositions

GRAND PRIX BERNE 1914

Haute Précision

La Fabrique de montres ORION ne fait pas la qualité courante, toutes ses montres sont très soignées et réglées avec précision.

NOMBREUX PRIX A L'OBSERVATOIRE DE NEUCHATEL — PRIX DE SÉRIE

Calottes pour Dames et Messieurs
Mouvements :
5½'' ancre rectangulaires, tonneaux, ovales.
7¾, 8½, 9¾, 10¼, 11, 12, 13'' ronds.
11 et 13'' seconde au centre.

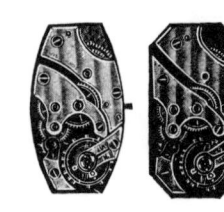

Montres pour Hommes et Jeunes Gens
17'' hauteurs 17, 21 et 24/12
19'' et 20'' hauteurs 24 et 28/12
Lépines et Savonnettes
Mouvements extra et ultra plats

TOUTES LES NOUVEAUTÉS
en MONTRES BRACELETS
pour DAMES et HOMMES

PIÈCES JOAILLERIE RICHES

Fabriques "Le Phare" S. A.
LE LOCLE (Suisse)

A côté de toutes les montres-complications : RÉPÉTITIONS, CHRONOGRAPHES, COMPTEURS, RÉVEILS, etc., lancées sur le marché avec succès depuis plus de 35 ans et que nous continuons à produire avec les mêmes soins, nous fabriquons régulièrement la montre simple

avec le plus haut degré de perfectionnement et d'après les derniers procédés modernes. Ces mouvements présentent les caractéristiques suivantes :

1. Toutes les pièces du mécanisme de remontoir sont d'une interchangeabilité absolue.
2. Le spiral est en acier trempé de première qualité.
3. Ces mouvements sont munis d'un balancier de première qualité, et réglés dans des limites très serrées.
4. Les dents de roues de finissage sont exécutées avec la plus grande précision d'après le profil théorique lui-même.
5. Nos mouvements sont sertis partout avec chatons ce qui permet un remplacement facile des pierres.
6. Toutes les parties acier du mouvement sont protégées de la rouille par un procédé spécial.
7. Le ressort du barillet permet une marche de 40 à 42 heures de sorte qu'après 24 heures, les amplitudes du balancier sont encores totales.
8. Les pignons sont précis et interchangeables et assurent une conduite et une précision de marche parfaites.

CALIBRES ACTUELS

5½″ en formes ovale, tonneau, rectangle coins coupés et rectangle coins arrondis.
8¾″ rond, hauteur réduite.
10½″ rond, hauteur normale.
16 et 17″ rond, extra-plat 18/12.
17″ rond, 26/12 (tirette et négative) **12 Size.**

Se livrent en mouvements seuls et en montres complètes avec les boîtes les plus élégantes, à des conditions tout spécialement avantageuses.

MANUFACTURES D'HORLOGERIE
A. REYMOND S.A. Tramelan
(Suisse)
UNITAS
Fabrication par procédés mécaniques modernes.

Spécialités de Montres:

Cylindre et ancre, bon courant et soigné.

Plates et extra-plates.

Lépines et Savonnettes de 5 à 22 lignes.

MOUVEMENTS
0-12 et 16 size pour boîtes américaines

Entreprise d'ébauches **interchangeables** en calibres spéciaux.

Médailles d'or : BRUXELLES 1910
BERNE 1914

4½'''
5½'''
8¾'''
9¾'''
10½'''

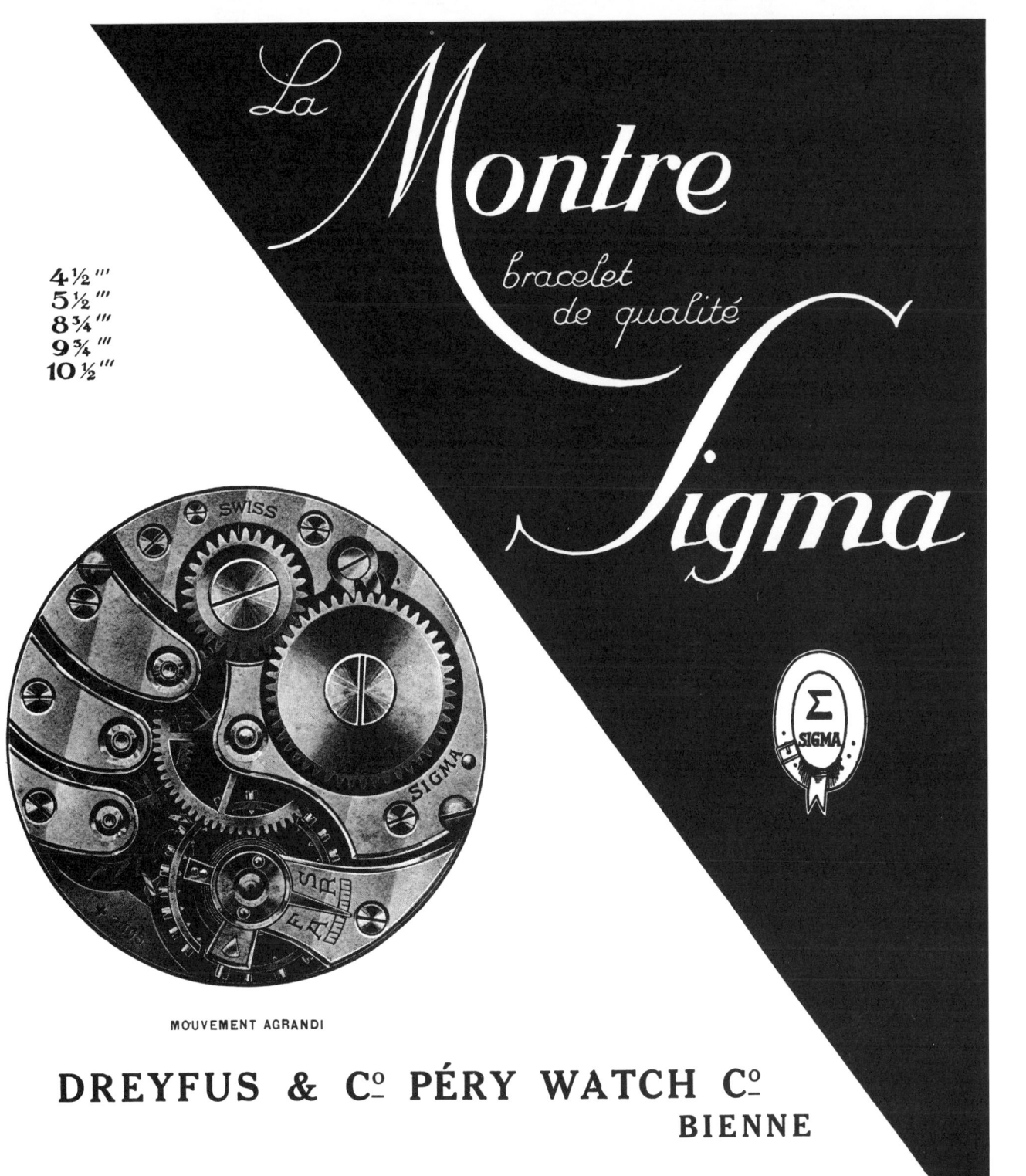

La **Montre**
bracelet de qualité
Sigma

MOUVEMENT AGRANDI

DREYFUS & Cᵒ PÉRY WATCH Cᵒ
BIENNE

FABRIQUE D'HORLOGERIE DE SONCEBOZ S. A.
à SONCEBOZ (Jura bernois)

Maison fondée en 1849
Téléphone N° 1

Adresse télégraphique :
« Fabrique » Sonceboz

Les Ebauches Sonceboz
Interchangeabilité parfaite garantie

Mouvements ronds 8¾" - 9¾" - 10½" - 13" - 15" - 16" - 17" - 18" - 19" - 22" - 24"

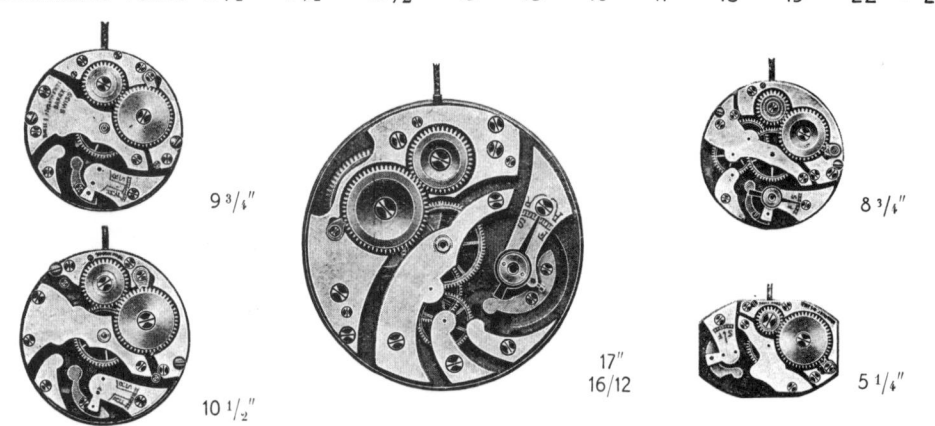

9¾"

10½"

17" 16/12

8¾"

5¼"

Mouvements extra plats 18/12 et 22/12 — Ultra plats 16/12 — Calibres spéciaux
Mouvements 8 jours clef et remontoir 19" - 22" - 24"
Mouvements de forme 4¾" - 5¼" - 5½" - 6½" - 6¾"

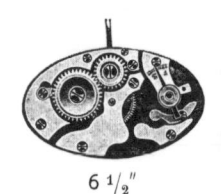

5¼"

5½"

6½"

4¾"

5½"

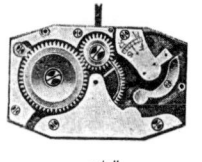

6¾"

166

MANUFACTURE DE MONTRES ET CHRONOMÈTRES
ULYSSE NARDIN S. A.

LE LOCLE   MAISON FONDÉE EN 1846   GENÈVE

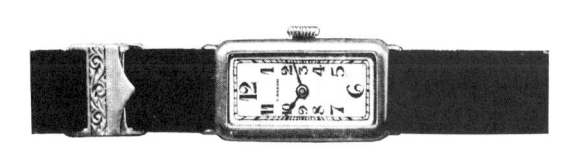

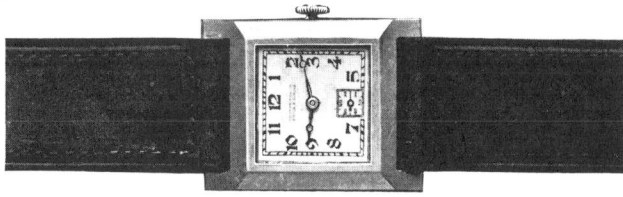

7 GRANDS PRIX — 1374 PRIX D'OBSERVATOIRE

Montres de Précision simples et compliquées.

—

Montres-Bracelets pour dames et messieurs.

—

Chronomètres de poche et de marine.

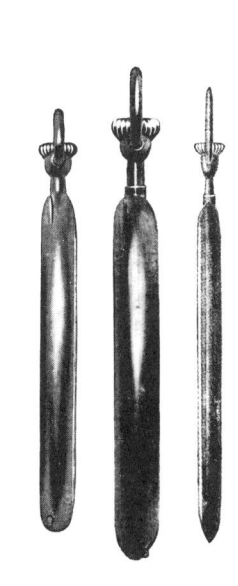

Wega Watch
O. KESSLER S. A.
GRENCHEN
(Suisse)

TÉLÉPHONE 2   TÉLÉGR.: WEGA GRENCHEN

Montres et Mouvements Ancre de 5 à 13 lignes.

Exécution soignée.   **Livraison rapide.**

Conditions avantageuses.

um 1930

Excelsior Park warb um 1930 für seine Stoppuhren und Chronographen mit mehrsprachigen Katalogen. Auf 38 Seiten sind die einzelnen Modelle abgebildet, darunter auch die für das Handgelenk.

About 1930 Excelsior Park published catalogues of 38 pages in more languages for stopwatches and chronographs, among which there were several wrist models too.

EHRENDIPLOM BARCELONA 1929
DIPLOMA DE HONOR BARCELONA 1929
EXCELSIOR PARK
EXCELSIOR PARK
ST-IMIER SCHWEIZ - SUIZA
STOPPUHREN UND CHRONOGRAPHEN
CONTADORES Y CRONÓGRAFOS
DEUTSCH
ESPAÑOL

Nos **202** u. **204**. **Armband-Stoppuhr, 14½" mit** $^1/_5$ **und** $^1/_{10}$ **Sekundenteilung.**

Diese Armband=Stoppuhren haben das gleiche Kaliber wie die obigen 16"; sie sind sehr stark gebaut und eignen sich ganz besonders für Sports= leute, die ihre eigenen sportlichen Leistungen chronometrieren wollen.

Nos **202** y **204**. *Contadores de pulsera, 14½" $^1/_5$ y $^1/_{10}$ segundo.*

Estos modelos en una tapa cerrada (calote) tienen el mismo calibre que los de 16" N° 200 y 210. Son muy fuertes y convienen especialmente a los sportsmen que desean cronometrar ellos mismos el resultado de sus carreras ó de sus juegos.

N° **202**. 14½" Armband-Stopp- uhr, $^1/_5$ Sek.
N° **203**. Ditto, mit seitlichem Riegel.
N° **202**. *Contador de pulsera, 14½", $^1/_5$ seg.*
N° **203**. *Do., con corredera.*

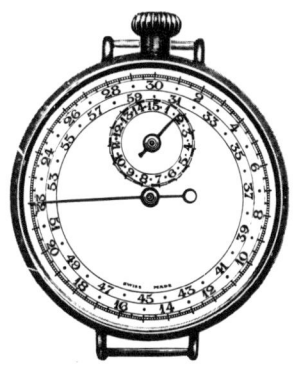

N° *102. Contador 18", foot-ball, 45 min.*
N° *103. Do., rugby, 40 min.*

N° **201**. 13" Armband-Zähler für Fussball, 45 Minuten.
N° **201**. *Contador de pulsera 13" foot-ball, 45 minutos.*

N° **113**. Grosser 22" Zähler für «Eis-Hoc- key», 15 Min.
N° *106. Contador 18" hockey sobre tierra, 35 minutos.*
N° *107. Contador 18" hockey sobre hielo, 20 min.*
N° *113. Gran contador 22" hockey sobre hielo, 15 min.*

Sport-Zähler für Fussball, Hochey, u. s. w.

Der grosse Zeiger macht eine Umdrehung in 60 Minuten. Durch eine gewöhnliche Zeigerstellung (vor allem herausziehen der Krone) wird er auf « start » gebracht. Das Ingangsetzen und Stoppen geschieht durch einen Riegel, wodurch die genaue Dauer eines Spieles, unter Abzug der Unter= brechungen, abgelesen werden kann. Diese soliden Zähler, mit genauem Gang und leichter Lesbarkeit, geben den zahlreichen Sportverbänden, die sie offiziell eingeführt haben, völlige Befriedigung.

Contadores para el foot-ball, hockey, etc.

La aguja grande da una vuelta en 60 segundos y vuelve a "Start" por el botón de poner en hora. La salida y la parada de las agujas se efectuan por mediación de la corredera y permite registrar la duración efectiva de los juegos (tiempo perdido deducido). Estos contadores muy fuertes, precisos y de lectura fácil dan entera satisfacción a las numerosas federaciones deportivas que oficial= mente les han adoptado.

N° **204**. 14½" Armband-Stopp- uhr, $^1/_{10}$ Sek.
N° **204**. *Contador de pulsera, 14½", $^1/_{10}$ seg.*

N° **280**. 13" Chronograph mit Minutenzähler.
N° **280**. *Cronógrafo 13".*

N° **281**. 13" Geschwindigkeitsmesser mit Minutenzähler.
N° **281**. *Cronóg. taquimetro 13".*

N° **290**

N° **290**. 13" viereckiger Chronograph mit Minutenzähler.
N° **291**. 13" viereckiger Geschwindigkeitsmesser-Chronograph.

N° **290**. *Cronógrafo 13", cuadrado.*
N° **291**. *Cronógrafo taquimetro 13", cuadrado.*

Neuheit — *Novedad*

N° **205**. Patentierter 13" Chronosport, Armband Calotte, wird in Metall, Silber und Gold hergestellt.

N° **205**. *Calote 13" cronosport (patentado), se entrega en metal, plata y oro.*

N° **205**. 13" Armband Calotte, Chronosport.

Eine ausgezeichnete 13" Armbanduhr mit 15 Rubinen, sehr solid gebaut, die die genaue Zeit angibt und ausserdem noch gestattet, die wirkliche Zeitdauer von Fussball-, Rugby-, Hockey-, Polo-Wettkämpfen u. s. w. wie auch von verschiedenen Arbeiten, Unterrichtsstunden, Reden, Telephongesprächen, Stenogrammen zu kontrollieren. Sie funktioniert genau gleich wie der 18" Chronosport N° 108.

N° **205**. *Calote cronosport de pulsera, 13".*

Este excelente reloj de pulsera 13", 15 rubies, muy sólido, indica la hora precisa y permite además comprobar la duración efectiva de los matches de football, rugby, hockey, polo, etc.; lecciones, discursos, conversaciones telefónicas, dictados estenográficos. Funciona exactamente como el cronosport 18" N° 108.

Permanenter Gang, beste Qualität.
N° **285**. 18", Doppelzeiger-Stoppuhr.
N° **286**. 18", Stoppuhr.

Marcha permanente, calidad esmerada.
N° **285**. *Ratrapante 18".*
N° **286**. *Contador 18".*

13" Armbandchronograph mit Minutenzähler, beste Qualität mit 17 Steinen, Breguet.

Wird in Nickel-, Silber- und Goldcalotten geliefert. Bei der Bestellung genau angeben ob man gewöhnliche Henkel oder „Securitas"-Henkel wünscht und ob die Uhr mit oder ohne Leder geliefert werden soll.

Cronógrafo contador 13", esmerado, 17 rubies, breguet.

Se entrega en caja de nickel, de plata y de oro. Sírvanse pidiendo, precisar si desean asas ordinarias ó asas „Securitas" y también si quieren el reloj sin ó con cuero.

N° **285**

1930

Breitling in La Chaux-de-Fonds faßte das alternative Chronographenprogramm für den Arm in einem vierseitigen Prospekt zusammen. Die Huga S.A. aus derselben Stadt bot in einem handlichen Katalog 26 Chronographen und Sportuhren an, darunter fünf Modelle für das Handgelenk. Die Chronographen von Heuer in Biel wichen insofern von denen der Konkurrenz ab, als sie den Drücker für die Schaltung entweder in der Krone oder in Höhe der 6 hatten.

Breitling (La Chaux-de-Fonds) published a catalogue of 4 pages concerning wrist chronographs. Huga S.A. (La Chaux-de-Fonds) is offering in a catalogue 26 chronographs and sports watches, among them 5 models for the wrist. The chronographs of Heuer (Biel) are a little different: the push-piece for the chronograph mechanism is in the crown or by figure 6.

CHRONOGRAPHES
COMPTEURS
RATTRAPANTES

G. LEON BREITLING S.A.

MONTBRILLANT WATCH MY., LA CHAUX-DE-FONDS (SUISSE)

CATALOGUE SPÉCIAL POUR CHRONOGRAPHES - COMPTEURS BRACELETS

G. LÉON BREITLING S.A., MONTBRILLANT WATCH MY., LA CHAUX-DE-FONDS (SUISSE)

NOUVEAUTÉ

LE SEUL
CHRONOGRAPHE-COMPTEUR BRACELET
À **DEUX POUSSOIRS**

OFFRANT

POUR TOUS LES
SPORTS
FOOT-BALL ETC.

POUR L'INDUSTRIE

UN MAXIMUM
D'AVANTAGES
D'UTILITÉ, ET
DE PERFECTION

N° 100
CHRONOGRAPHE-COMPTEUR 16'''
QUALITÉ SOIGNÉE
„BREVETÉ"

SYSTÈMES BREVETÉS SUR CALIBRES 14''', 14½''', 15''', 15½''' & 16'''
CHRONOGRAPHE-COMPTEUR BRACELET PERMETTANT LE CALCUL EFFECTIF DU TEMPS DE TOUTES OBSERVATIONS
ARRÊT FACULTATIF DE LA GRANDE TROTTEUSE — REMISE A ZÉRO INDÉPENDANTE — PEUT SE LIVRER AVEC COMPTEUR 45 MINUTES

G. LÉON BREITLING S.A., MONTBRILLANT WATCH MY., LA CHAUX-DE-FONDS (SUISSE)

N° 101. 16''', 15½''', 15'''
ANSES MOBILES A VIS
FAÇON SÉCURITAS
SÉCURITAS VÉRITABLES

N° 102. 16''', 15½''', 15'''
ANSES A CORNES FORTES
RECOURBÉES

N° 104. 16''', 15½''', 15'''
NOUVELLES ANSES MOBILES
A VIS
(2 vis par anse)

N° 54. 14'''
CARRÉ CAMBRÉ
ANSES A CORNES

N° 53. 14''' RONDE
ANSES A CORNES PLATES

GRANDE VARIÉTÉ DE CHRONOGRAPHES-COMPTEURS BRACELETS
CALIBRES 13''', 14''', 14½''', 15''', 15¼''', 15½''' ET 16'''

176

G. LÉON BREITLING S.A., MONTBRILLANT WATCH MY., LA CHAUX-DE-FONDS (SUISSE)

N° 103. 16''', 15½''', 15'''
ANSES A CORNES
PLATES

N° 54. 14'''
CARRÉ CAMBRÉ

N° 53 A. 14'''
RONDE
ANSES MOBILES

N° 53. 14'''
RONDE
ANSES A CORNES
PLATES

N° 55. 13'''
ANSES MOBILES

QUALITÉ DE CONFIANCE — PRIX AVANTAGEUX

TOUS CES CHRONOGRAPHES-COMPTEURS BRACELETS
SE LIVRENT EN CALOTTES NICKEL CHROMÉ, PLAQUÉ OR, OR 18 KTS, ETC.

GRANDE VARIÉTÉ DE CADRANS CHRONOGRAPHES ÉMAIL ET MÉTAL (BLANCS ET NOIRS)

HUGA S.A. - LA CHAUX-DE-FONDS

No 11.

Chronographe-compteur bracelet 16" extra plat, très soigné. Indispensable aux sportifs.

No 19. No 20.

Compteur de sport 13" bracelet, article élégant. Très apprécié par les gardes-malades, infirmières, etc.

No 12.

Chronographe-compteur bracelet 14" très robuste, se fait en boîte ronde et carré cambré. Egalement en 15" ronde.

No 13.

Forme A   Forme B   Forme C

Le CHRONOGRAPHE BRACELET
13 lig.

Mouvement ancre de précision, 17 pierres, spiral Breguet. Ire qualité, mécanisme anglé

Forme	Réf.		Frs
A	401	en boîte nickel polie, anses Securitas, cadran émail	....
A	402	en boîte argent 0,800 polie, anses Securitas, cadran émail . . .	....
B	403	en boîte argent 0,925, forme ronde à biseaux, cadran métal, heures émail avec ou sans radium, modèle de luxe	....
C	404	do, do, mais forme carré cambré	....
A	405	en boîte or 14 carats, anses Securitas, cadran émail	....
A	406	en boîte or 18 carats, anses Securitas, cadran émail	....
B	411	en boîte or 18 carats, forme ronde à biseau, cadran métal, heures émail avec ou sans radium, modèle grand luxe	....
C	412	do, do, mais boîte forme carré cambré à biseaux	....
C	413	do, do, mais or gris 18 carats	....
C	414	do, do, mais or vert 14 carats	....
		Augmentation pour cuir et boucle plaqué or	....
		Augmentation pour cuir et boucle or (vert ou jaune)	....
		Augmentation pour cuir et boucle or gris	....

Boîte avec anses fixes

Boîte avec anses mobiles «Securitas»

Le
CHRONOGRAPHE BRACELET
16 lig.

Mouvement ancre, 17 pierres, spiral Breguet, IIme qualité,
mécanisme non-anglé

Réf.		Frs
351	en boîte nickel polie, anses Securitas	....
352	en boîte argent 0,800 polie, anses Securitas . . .	....
353	en boîte or 14 carats, anses Securitas	....
354	en boîte or 18 carats, 11 grammes, anses Securitas .	....
	Augmentation pour cuir avec boucle plaqué or ou argent	....
	Augmentation pour cadran «Tachy-Télémètre» . .	....
	Augmentation pour cadran radium (métal ou émail)	....

1931

Die Uhrenfabrikanten waren laufend bemüht, die Qualität zu verbessern und die Kollektionen mit Sondermodellen zu bereichern. Helvetia hatte Armbanduhren mit Stoßsicherung (Shock absorber), Meylan eine Kreation, die die Stunde digital anzeigte. Intensiv wurde für das Baguettewerk geworben. (Inserate in „Journal Suisse" Juni 1931.)

The watch manufacturers tried to improve the quality and to produce more watches with extra equipment. Helvetia produced wrist watches with Shock Absorber, Meylan a jump hours watch. One was advertising for the baguette movement (advertisements in the "Journal Suisse" of June, 1931.)

General Watch Co.

Bienne (Suisse)

ÉLÉGANCE   PRÉCISION

HELVETIA

SPÉCIALITÉ

Waterproof

Shock absorber sur tous nos mouvements 6¾''' à 13'''

En tous genres depuis 3¾''' à 20''' et pour tous pays.

Manufacture d'horlogerie en qualité extra-soignée de haute précision

C.-H. MEYLAN WATCH Cº S. A.

LE BRASSUS   TÉLÉPHONE 13   **GENÈVE**, 4, Quai des Eaux-Vives

Assortiment complet de
Mouvements baguette
en stock

5 ×16   5.8×16
6.5×16   6.5×20
7 ×18   7 ×21

Montres
Bijoux
Bracelets
Pendentifs

Mouvements
de toutes formes
rectangulaire, ovale,
croissant, baguette,
tonneau

Montres extra-plates
archi-plates 15''' à 17'''
(33,84 mm 38,35 mm)
en boîtes or et platine
décors en tous genres

Répétitions extra-plates
Chronographes :
compteurs, quantièmes

Montres-bracelets heures sautantes
calibre forme tonneau

MEYER & STUDELI S. A., Soleure
(Suisse)

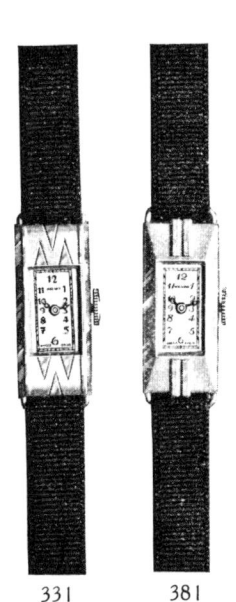

NOTRE DERNIÈRE CRÉATION
3 ³/₄'''
MEDANA
BAGUETTE

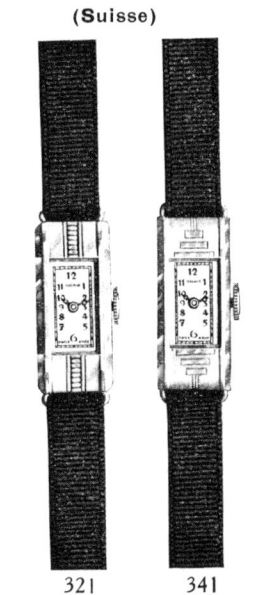

331   381   391   321   341

FABRIQUE DE MONTRES ORION S. A.
Succ. de BRANDT & HOFMANN, maison fondée en 1876
BIENNE

Nombreux prix d'Observatoires
GRAND PRIX BERNE 1914

RÉGLAGE PRÉCIS

QUALITÉ SOIGNÉE

NOUVEAUTÉS EN
MONTRES-BRACELETS
POUR HOMMES ET POUR DAMES

CHRONOMÈTRES DE POCHE
MONTRES PLATES ET
EXTRA-PLATES

CALIBRE „BAGUETTE" 9×20 mm

1931

Ein Katalog der Omega Watch Co. Ltd., 26–30, Holborn Viaduct, London E.C. 1, brachte auf 16 Seiten Modelle aus dem Taschen- und Armbanduhren-Programm. Unter den Armbanduhren gab es Kreationen in Silber und Gold mit herausklappbarem Werk. Bei anderen Modellen war der emaillierte Ziffernring für die Stundenanzeige ein Schmuckattribut des Gehäuses.

A catalogue of Omega Watch Co. Ltd., 26–30, Holborn Viaduct, London E.C. 1, contains 16 pages with pocket and wrist watches. Among the wrist watches there were models of silver and gold. Other models had an enamelled hour ring.

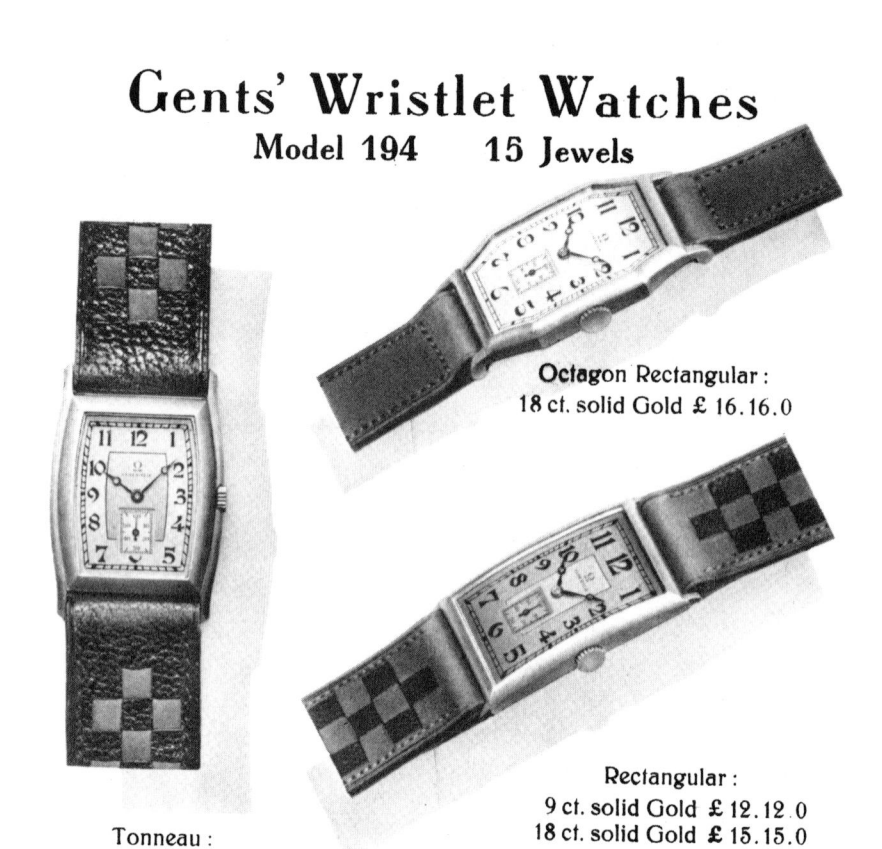

Gents' Wristlet Watches
Model 194 15 Jewels

Octagon Rectangular :
18 ct. solid Gold £ 16.16.0

Tonneau :
18 ct. solid Gold £ 17.0.0

Rectangular :
9 ct. solid Gold £ 12.12.0
18 ct. solid Gold £ 15.15.0

Gents' Wristlet Watches
Model 237   15 Jewels

Lentille:
18 ct. solid Gold £ 9.0.0

Rectangular (765):
9 ct. solid Gold £ 10.0.0
18 ct. solid Gold £ 12.0.0

Square:
9 ct. solid Gold £ 10.10.0
18 ct. solid Gold £ 12.10.0

Model 237   15 Jewels

Cushion, solid loops shaped glass:

Silver . . . . £ 5 . 15 . 0
9 ct. solid Gold . . £ 8 . 5 . 0

Rectangular:

Silver . . . . . £ 6 . 0 . 0

Tonneau:

Silver . . . . £ 6 . 12 . 6
9 ct. solid Gold . . £ 10 . 10 . 0
18 ct. solid Gold . . £ 12 . 10 . 0

Screw Bezel, Swing Ring:
9 ct. solid Gold   £ 7 . 15 . 0

Round Tonneau, Enamel Figures:
9 ct. solid Gold . . £ 8 . 0 . 0
Silver . . . . £ 5 . 12 . 6

Screw Bezel Swing Ring, open

Cushion, Enamel Zone:
Silver . . . . . . £ 6 . 0 . 0
9 ct. solid Gold . £ 8 . 10 . 0

1935

Gebrauchsuhren von Omega, einer Marke, die in aller Welt zum Begriff geworden war. Die Abbildungen stammen aus einem Katalog des Generalagenten in Kalkutta.

Omega watches for daily use. The illustrations are borrowed from a catalogue of the general agent in Calcutta.

OMEGA
EXACT TIME FOR LIFE

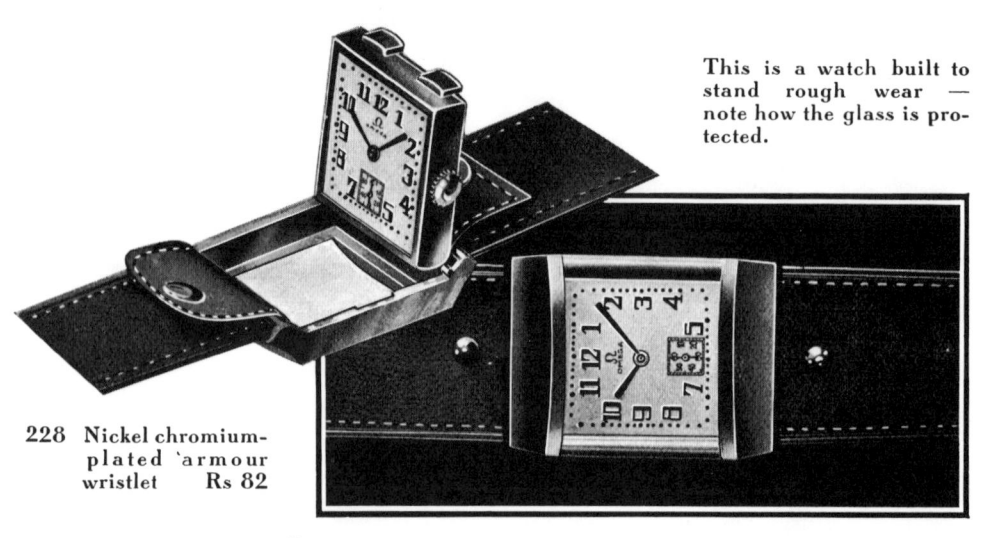

This is a watch built to stand rough wear — note how the glass is protected.

228 Nickel chromium-plated 'armour wristlet Rs 82

"New Calibre" OMEGA This movement, calibre 20 m/m F. is of quite recent creation and is especially suitable for rectangular and barrel shaped watches. This movement is already highly appreciated by our world-wide customers, for its wonderful timekeeping qualities, sturdiness, elegance, style and moderate price. The following wristlet watches of this catalogue have the illustrated movement: Nos 229, 230, 233, 236, 237, 238, 239, 240

229. Stainless-steel wristlet, rectangular Rs 90

Remarks on stainless-steel

This is a steel the alloy of which contains a proportion of chromium: the chromium is therefore not a coating which is spread over the base steel, but it is part of the steel alloy itself; although we have just started to use stainless-steel for watch cases, the tests made have proved that the rustless steel we are using is truly « rustless » as its name implies

Shaped to the wrist

OMEGA
EXACT TIME FOR LIFE

230. Silver chromium-plated wristlet, rectangular   Rs 95

Shaped to the wrist

231. Silver wristlet, rectangular, extra flat   Rs 110

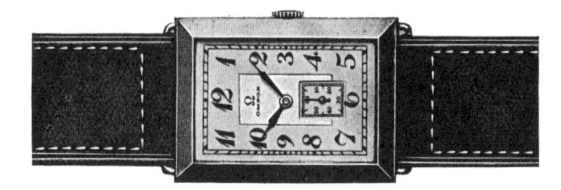

Shaped to the wrist

232. Nickel chromium-plated wristlet, barrel   Rs 60

Chromium-plating. We all know that silver and nickel tarnish and need constant cleaning; further, in hot weather and tropical countries, silver becomes rapidly black — not so when it is chromium plated — it always remains bright.

Chromium-plating on nickel is quite a recent process and more recent still on silver. For chromium plating nickel, the Omega case factory has installed special copper and nickel baths for depositing on watch cases a preliminary thick nickel coating. It is on this coating that the chromium plating is then applied and all Omega chromium-plated nickel cases go through this improved process and are therefore the most reliable that can be produced. Such process has proved satisfactory in other industries, particularly in motor-car accessories.

How to clean chromium-plated watches.
Use a soft dry cloth only — no cleaning powders or liquids required

1936

Jobins Werksucher von 1936 vermittelt erstmals ein Bild von den vielen Armbanduhrkalibern, die damals in der Schweiz existierten. Die Ankerwerke überwogen bei weitem. Dutzende Fabrikanten deckten ihren Bedarf durch eine eigene Rohwerkproduktion. Darunter befanden sich auch Spezialitäten wie die 8-Tage-Armbanduhr mit Formwerk (Zodiac).

For the first time the classification book of Jobin from 1936 contains the great number of wrist watch calibres existing in Switzerland. Most of them had lever movements. Dozens of manufacturers were producing the ebauches by themselves, among others specialities like the 8-day wrist watch with shaped movement (Zodiac).

MANUFACTURE DES MONTRES
PAUL BUHRÉ & BARBEZAT-BOLE S.A. Ltd. A.G.

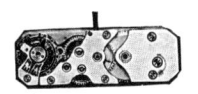

Cal. 2¾''' E.	Cal. 4¼''' Eta.	Cal. 5¼''' Aur.	Cal. 5¼'''	
Cal. 5½''' C. H.	Cal. 5½''' R. F.	Cal. 8¾-12''' P. 110	Cal. 8¾-12''' P. 110	
Cal. 6¾''' Fe.	Cal. 6¾''' Fe.	Cal. 8¾''' P.	Cal. 8¾''' P.	Cal. 10½''' Fo.

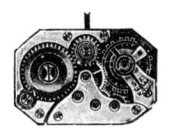

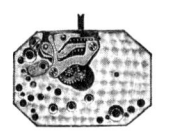

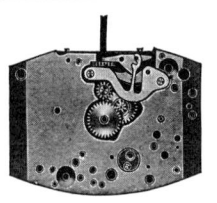

2¾''' Calibre E.
4¼''' Calibre Eta.
5¼''' Calibre Aur.
5½''' Calibres C. H. - R. F.
8¾-12''' Calibre P. 110
6¾''' Calibre Fe.
8¾''' Calibre P.
10½''' Calibre Fo.

Cal. 13''' - R. Chronographe

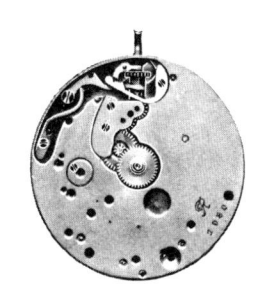

Cal. 13''' - R. Chronographe

CORTEBERT Watch Co.

				5½-10½'''
Cal. 10 ½''' 571	Cal. 8 ¾''' 599	Cal. 7 ¾''' 408	Cal. 5 ½''' 412	Calibre 412 Réf. 532 ½
				Calibre 408 Réf. 712 ¾
				Calibre 599 Réf. 847 ¾
				Calibre 571 Réf. 1044 ½

			11-16'''
Cal. 16'''' 492	Cal. 13''' 499	Cal. 11''' 497	Calibre 497 Réf. 1108
			Calibre 499 Sav. Réf. 1315
			Calibre 492 Réf. 1600

Cal. 16 Size 19'''
528 - 29

Cal. 18'''
592

Cal. 17 ¾ '''
518

Cal. 17'''
576
Roskopf

Cal. 18'''
474

17 ¾ - 19'''

Calibre
518

Réf. 1718 ¾

Calibre
592

Réf. 1864

Calibre
528 - 29

Réf. 1976

18'''

Calibre
474

Réf. 1865

17'''

Calibre
Roskopf
576

Réf. 1767

Manufacture des montres DOXA

Cal. 3¾''' 1.	Cal. 3¾''' 1.	Cal. 4¼''' 8.	Cal. 4¼''' 8.	**3¾'''** Calibre 1. Réf. 316¾
				4¼''' Calibre 8.
Cal. 4⅔''' 1.	Cal. 4⅔''' 1.	Cal. 5''' 12.	Cal. 5''' 12.	**4⅔'''** Calibre 1. Réf. 404⅔
				5''' Calibre 12. Réf. 502
Cal. 5¼''' 3.	Cal. 5¼''' 3.	Cal. 5¼''' 4.	Cal. 5¼''' 4.	**5¼'''** Calibre 4. Réf. 552¼
				5¼''' Calibre 3. Réf. 501¼

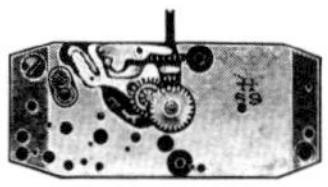

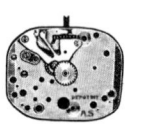

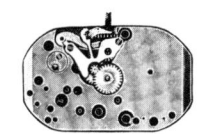

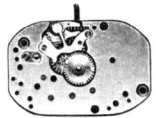

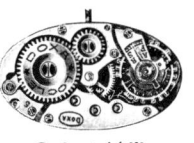

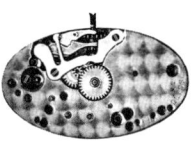

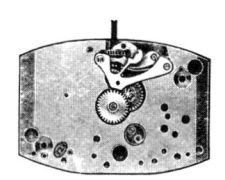

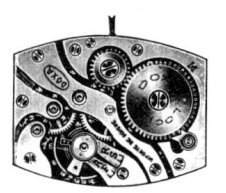

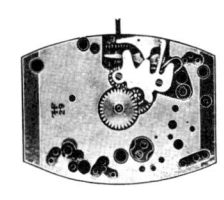

Cal. 6''' 9.	Cal. 6''' 9.	Cal. 5 ¼''' 7.	Cal. 5 ¼''' 7.	**5 ¼'''** Calibre 7. Réf. 553 ¼ **6'''** Calibre 9. Réf. 616
Cal. 6 ½''' 1.	Cal. 6 ½''' 1.	Cal. 7 ¾''' 3.	Cal. 7 ¾''' 3.	**6 ½'''** Calibre 1. Réf. 651 ½ **7 ¾'''** Calibre 3. Réf. 731 ¾
Cal. 7 ¾ - 11''' 9.	Cal. 7 ¾ - 11''' 9.	Cal. 8 ¾ - 12''' 1.	Cal. 8 ¾ - 12''' 1.	**7 ¾ - 11'''** Calibre 9. Réf. 732 ¾ **8 ¾ - 12''' D** Calibre 1. Réf. 828 ¾

				8¾′′′
Cal. 8 ¾ ′′′ 2.	Cal. 8 ¾ ′′′ 2.	Cal. 8 ¾ ′′′ 4.	Cal. 8 ¾ ′′′ 4.	Calibre 2. Réf. 899 ¾

8¾′′′
Calibre 4.
Réf. 800 ¾ B.

9¾′′′
Calibre 2.
Réf. 953 ¾

Cal. 9 ¾ ′′′ 2.	Cal. 9 ¾ ′′′ 2.	Cal. 10 ½ ′′′ 4.	Cal. 10 ½ ′′′ 4.

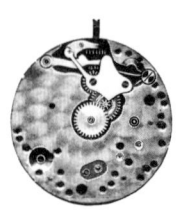

10½′′′
Calibre 4.
Réf. 1019 ½ B.

10½′′′
Calibre 1.
Réf. 1017 ½ B.

Cal. 10 ½ ′′′ 1.	Cal. 10 ½ ′′′ 1.	Cal. 10 ½ ′′′ 2.	Cal. 10 ½ ′′′ 2.

10½′′′
Calibre 2.
Réf. 1018 ½ B.

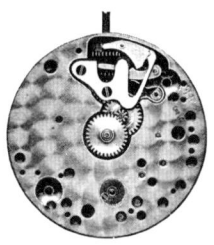

Cal. 12'''	Cal. 12'''	Cal. 13'''	Cal. 13'''	**12'''** Calibre 1. Réf. 1226
1.	1.	1.	1.	**13'''** Calibre 1. Réf. 1338
Cal. 13''' 10 Chronographe	Cal. 13''' 10 Chronographe	Cal. 16''' 4 – 22 / 12	Cal. 16''' 4 – 22 / 12	**13'''** Calibre 10 Chronographe Réf. 1339 **16'''** Calibre 4 – 22 / 12 Réf. 1644

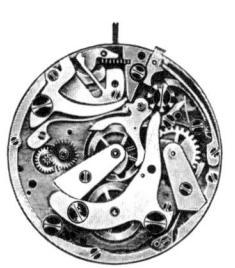

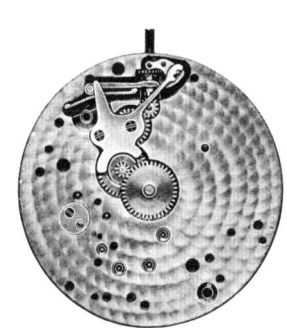

Fabrique d'Horlogerie FREY & Co S.A. Ltd. A.G.

3¾-4½'''

Cal. 4½'''
40 G.

Cal. 3¾'''
30 J.

Calibre
30 J.
Réf. 312 ¾

Calibre
40 G.
Réf. 403 ½

5½'''

Cal. 5½'''
55 F.

Cal. 5½'''
51 F-T.

Cal. 5½'''
50 F-O.

Calibre
50 F-O.
51 F-T.
Réf. 507 ½

Calibre
55 F.
Réf. 508 ½

6½ - 7¾'''

Cal. 7¾''' 70 H.	Cal. 6½''' 61 T.	Cal. 6½''' 60 R.	Calibre 60 - R. 61 - T. Réf. 611 ½
			Calibre 70 H. Réf. 727 ¾

8¾ - 10½'''

Cal. 10½''' L.	Cal. 10½''' 6 0 Size	Cal. 8¾''' 80	Calibre 80 Réf. 808 ¾
			Calibre 6 0 Size Réf. 1059 ½
			Calibre L. Réf. 1016 ½

OMEGA Watch Co.

ANCRE
ANKER
LEVER

Cal. 8,1	Cal. 8,1	Cal. 12,3	Cal. 12,3	**8,1** Calibre 8,1 Baguette
				12,3 Calibre 12,3
	Cal. 12,5	Cal. 12,5	Cal. 12,6	**12,5** Calibre 12,5
				12,6 Calibre 12,6
	Cal. T. 12,6	Cal. 14,8	Cal. 14,8	**T. 12,6** Calibre T. 12,6
				14,8 Calibre 14,8

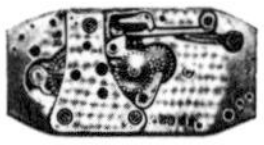

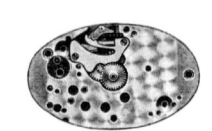

Cal. T. 17	Cal. 20 F.	Cal. 20 F.		**T. 17** Calibre T. 17 **20 F.** Calibre 20 F.

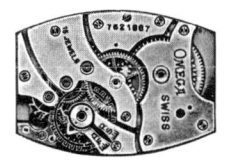

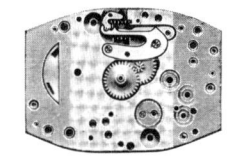

Cal. 19,4 15 pierres	Cal. 19,4 15 pierres	Cal. 9''' 18 pierres	**19,4** Calibre 19,4 **9'''** Calibre 9'''

Cal. 23,7 15 pierres	Cal. 23,7 15 pierres	Cal. 23,7 T. 1 - T. 2 - ou T. 3 15 pierres	Cal. 23,7 T. 1 - T. 2 - ou T. 3 15 pierres	**23,7** Calibre 23,7 **23,7 T** Calibre 23,7 T. 1 - T. 2 - ou T. 3

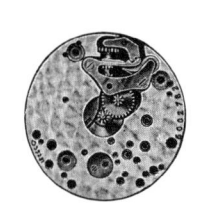

12''' Calibre 12''' Lépine et Savonnette

26,5 Calibre 26,5

Cal. 12'''
15 pierres
Savonnette

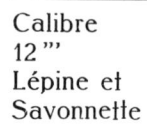

Cal. 12'''
15 pierres
Savonnette

Cal. 26,5
15 pierres

Cal. 26,5
15 pierres

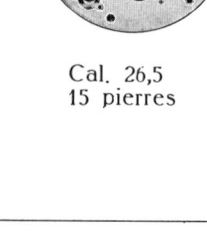

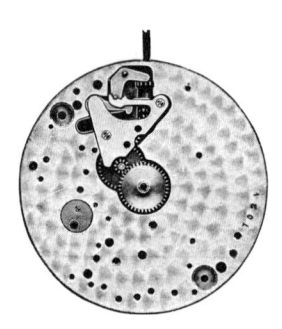

35 M Calibre 35 M. Lépine et Savonnette

Cal. 35 M.
16 pierres
Lépine

Cal. 35 M.
16 pierres
Lépine

VENUS S.A. Ltd. A.G.

Cal. 58	Cal. 55	Cal. 55 O.	55 - 58	**5 ¼'''** (11.84 mm) Réf. 511 ¼
		Cal. 95	95	**5 ½'''** (12.41 mm) Réf. 525 ½
		Cal. 90	90	**5 ½'''** (12.41 mm) Réf. 525 ½ A
		Cal. 115	115	**6 ½'''** (14.66 mm) Réf. 643 ½
	Cal. 52	Cal. 51	51 - 52	**6 ½'''** (14.66 mm) Réf. 624 ½

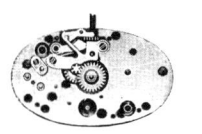

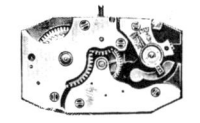

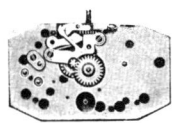

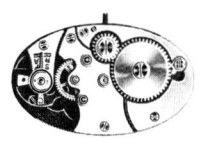

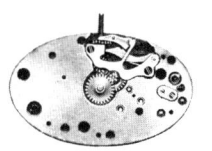

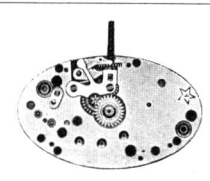

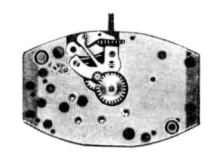

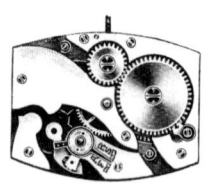

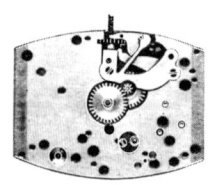

Cal. 126	Cal. 125	125 - 126	**6 ¾'''** (15.23 mm) Réf. 635 ¾
Cal. 131	Cal. 130	130 - 131	**8 ¾-12'''** (19.74 mm) Réf. 813 ¾

Cal. 107	Cal. 102	Cal. 60	60 - 107	**8 ¾'''** 19.74 mm Réf. 821 ¾
	Cal. 111	Cal. 110	110 - 111	**9 ¾'''** 21.99 mm Réf. 942 ¾
Cal. 106	Cal. 103	Cal. 75	75 - 106	**10 ½'''** 23.69 mm Réf. 1033 ½

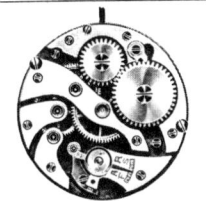

CHRONOGRAPHE

Cal. 140

13'''

29.33 mm

Réf. 1327 C.

ZENITH Fabriques des montres ZENITH

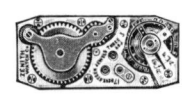

Cal. 3 ¾''' brac. long. 22,25 mm. larg. 9,50 mm. haut. 3,20 mm. Réf. 375	Cal. 5 ½''' F. O. brac. long. 22,30 mm. larg. 13,00 mm. haut. 2,85 mm. Réf. 5 ½	Cal. 6 ½''' - 13''' Z. brac. long. 23,30 mm. larg. 14,75 mm. haut. 3,60 mm. Réf. 6 ½ - 13 Z	Cal. 8''' N. S. I. sav. bracelet diam. 18,25 mm. haut. 2,85 mm. Réf. 8-2	**3 ¾'''** **5 ½'''** **6 ½'''** **8'''**
Cal. 8 ¾''' N. S. I. sav. bracelet diam. 19,74 mm. haut. 3,20 mm. Réf. 8 ¾ - 2	Cal. 8 ¾''' F. brac. long. 26,80 mm. larg. 20,00 mm. haut. 3,40 mm. Réf. 8 ¾ F	Cal. 9''' N. V. S. I. lépine et sav. diam. 20,10 mm. haut. 3,20 mm. Réf. 9-1 = lépine 9-2 = sav.	Cal. 10''' N. V. S. I. lépine et sav. diam. 22,20 mm. haut. 3,55 mm. Réf. 10-1 = lépine 10-2 = sav.	**8 ¾'''** **8 ¾'''** **9'''** **10'''**

Cal. 10 ½''' N. S. I. sav. bracelet diam. 23,70 mm. haut. 3,90 mm. Réf. 10 ½ - 2	Cal. 11''' N. V. S. I. lep. & sav. / à verrou diam. 25,00 mm. haut. 3,90 mm.	Cal. 11''' N. V. S. I. lép. & sav. / positive diam. 25,00 mm. haut. 3,90 mm. Réf. 11-1 = lép. 11-2 = sav.	Cal. 12''' N. V. S. I. lép. & sav. / à verrou diam. 27,25 mm. haut. 4,25 mm.	**10 ½'''** **11'''** **12'''**
Cal. 12''' N. V. S. I. lép. & sav. / positive diam. 27,25 mm. haut. 4,25 mm. Réf. 12-1 = lép. 12-2 = sav.	Cal. 12''' - 4 sav. bracelet diam. 27,25 mm. haut. 4,25 mm. Réf. 12-4	Cal. 13''' N. V. S. I. lép. & sav. / négative diam. 29,58 mm. haut. 4,70 mm. Réf. 13-1 = lép. 13-2 = sav.	Cal. 13''' N. S. I. sav. brac. / à tirage diam. 29,58 mm. haut. 4,70 mm. Réf. 13-2 T	**12'''** **13'''**

Fabrique de Montres ZODIAC S.A. Ltd. A.G.

Succ. de Ariste Calame Fils

LE LOCLE
(SUISSE)

MONTRES INCASSABLES
MONTRES HERMÉTIQUES

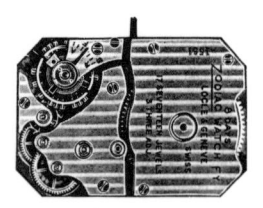

ANCRE
ANKER
LEVER

Cal. 10 ½'''
8 jours
8 Days
8 Tage

Cal. 16'''

10 ½'''
Calibre
8 jours
8 Days
8 Tage

16'''

1937

Anläßlich des 50jährigen Bestandes des Unternehmens Flume in Berlin gab es 1937 ein dickleibiges Jubiläumsbuch für den Reparaturbedarf. Es stellt ein interessantes zeitgenössisches Dokument dar, das auch über die Armbanduhr Auskunft gibt und manches wissenswerte Detail festhält.

On occasion of the 50th anniversary of the firm of Flume (Berlin), in 1937 there was published a book of repair parts. It is a very interesting document refering to the wrist watches.

Atempo-Bänder

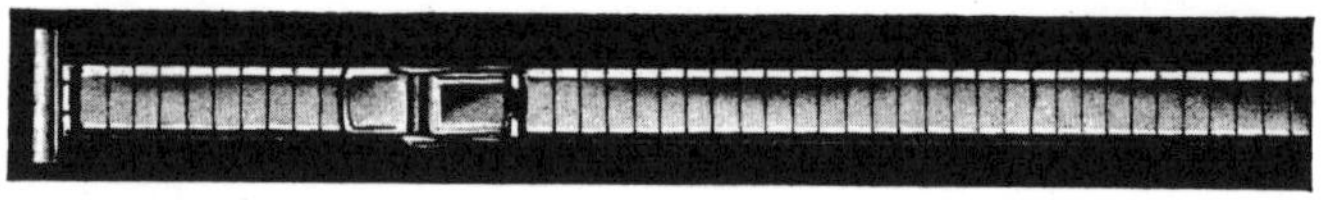

2301 / 4 mm Verchromt mit Securit-Simplex-Verschluß . ℳ L.bu

2303 / 6 mm Verchromt mit Securit-Verschluß . . . . ℳ L.bu
2303 / 8   „   „   „   „   . . . . ℳ L.ls

8080 / 6 mm Amerik. Dublee mit Securit-Verschluß ℳ D.bs
8080 / 8   „   „   „   „   ℳ D.lu

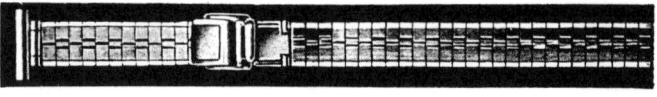

8076 / 6 mm Amerik. Dublee mit Securit-Verschluß ℳ D.lu
8076 / 8   „   „   „   „   ℳ D.is

8084 / 6 mm Amerik. Dublee mit Securit-Verschluß ℳ D.lu
8084 / 8   „   „   „   „   ℳ D.is

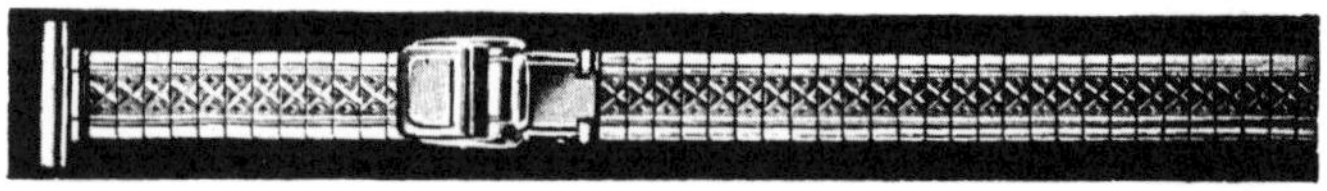

3044 / 6 mm Deutsch-Dublee mit Securit-Verschluß ℳ R.as
3044 / 8   „   „   „   „   ℳ R.nu

Serpenta-Bänder

2326 / 6 mm Verchromt mit Rekord-Verschluß . . . . ℳ A.su
2326 / 8   „   „   „   „   . . . . ℳ A.su

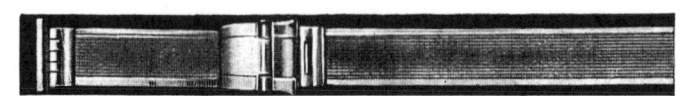

5748 / 6 mm Amerik. Dublee mit Rekord-Verschluß ℳ L.uw
5748 / 8   „   „   „   „   ℳ D.—

5749 / 6 mm Amerik. Dublee mit Gleit-Verschluß . ℳ L.su
5749 / 8   „   „   „   „   ℳ L.us

Sonder-Ausführungen

mit kurzen Scharnieren zum Anfinieren
5640 / 1 Amerik. Dublee mit Patent-Schloß . . . ℳ L.bu

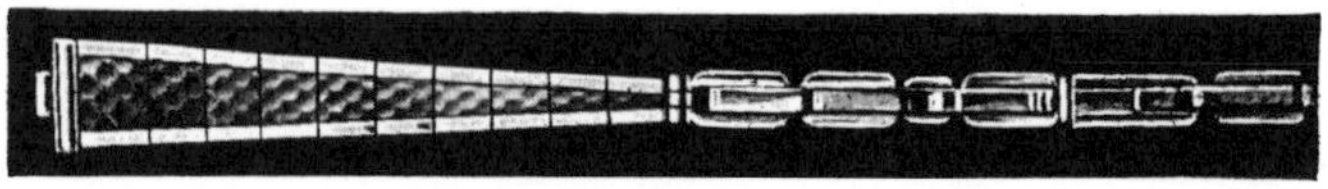

8062 / 1 Amerik. Dublee Atempo mit Haken-Verschluß ℳ L.iu

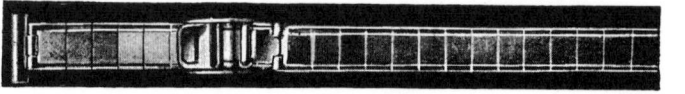

Rostfreier Edelstahl V 2a
3304 / 6 mm Atempo mit Securit-Verschluß . . . . . . ℳ L.ns
3304 / 8   „   „   „   „   . . . . . . ℳ D.su

Verlaufbänder

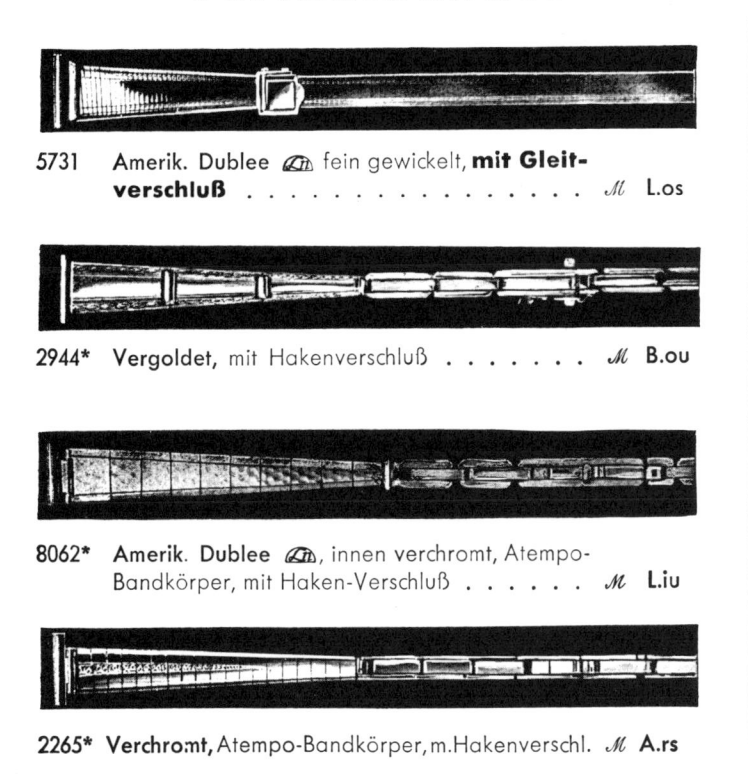

5731 Amerik. Dublee ⌬ fein gewickelt, **mit Gleitverschluß** . . . . ℳ L.os

2944* Vergoldet, mit Hakenverschluß . . . . ℳ B.ou

8062* Amerik. Dublee ⌬, innen verchromt, Atempo-Bandkörper, mit Haken-Verschluß . . . . . . ℳ L.iu

2265* Verchromt, Atempo-Bandkörper, m. Hakenverschl. ℳ A.rs

Fein gewickelte Bänder

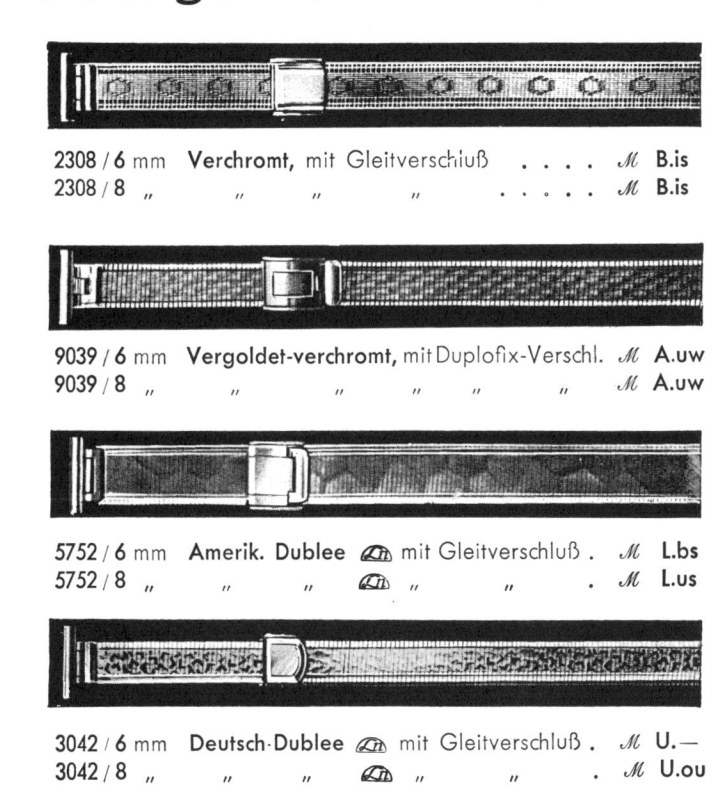

2308 / 6 mm Verchromt, mit Gleitverschluß . . . . ℳ B.is
2308 / 8   „   „   „   . . . . . ℳ B.is

9039 / 6 mm Vergoldet-verchromt, mit Duplofix-Verschl. ℳ A.uw
9039 / 8   „   „   „   ℳ A.uw

5752 / 6 mm Amerik. Dublee ⌬ mit Gleitverschluß . ℳ L.bs
5752 / 8   „   „   ⌬ „   „   . ℳ L.us

3042 / 6 mm Deutsch-Dublee ⌬ mit Gleitverschluß . ℳ U.—
3042 / 8   „   „   ⌬ „   „   . ℳ U.ou

Die mit * versehenen Bänder haben auswechselbare Zugglieder.

Kordelbänder

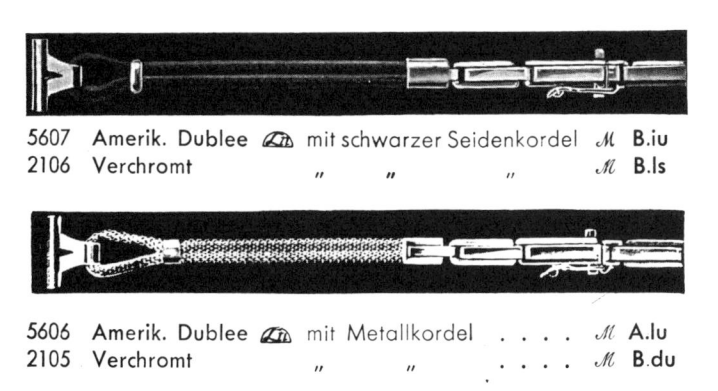

5607 Amerik. Dublee ⌬ mit schwarzer Seidenkordel ℳ B.iu
2106 Verchromt   „   „   „   ℳ B.ls

5606 Amerik. Dublee ⌬ mit Metallkordel . . . . ℳ A.lu
2105 Verchromt   „   „   ℳ B.du

Kettenbänder

2329* Verchromt mit Haken-Verschluß . . . . . . ℳ A.nu

5751* Amerik. Dublee ⌬ mit Patentschloß . . . . ℳ L.uw

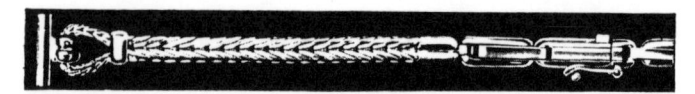

5651 Amerik. Dublee mit extra starker Metallkord. ℳ A.ru
2165 Verchromt   "   "   "   "   ℳ B.du

5750 Amerik. Dublee mit schwarzer Seidenkordel ℳ A.uw

5721* Amerik. Dublee mit Patentschloß . . . . ℳ D.rs

5728* Amerik. Dublee mit Patentschloß . . . . ℳ L.os

Form: Illusion   mirage   rund   cambré

Uhren mit springenden Zahlen

Diese Uhren sind in den letzten Jahren ein großer Mode-Artikel gewesen und befinden sich in großen Mengen auf dem Markt. Die Werke unterscheiden sich von den normalen nur dadurch, daß statt der üblichen Zeiger die Zahlenscheiben Verwendung finden.

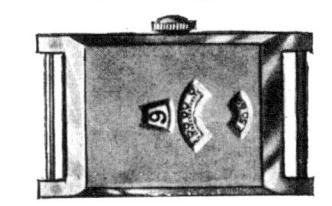

Als Ersatzteile kommen deshalb nur die abgebildeten Zahlenscheiben und die Federn zum Halten der Stundenscheiben in Betracht. Ich empfehle den Einzelbezug dieser Teile, da sich eine Lagerhaltung wegen der Verschiedenartigkeit nicht lohnen würde.

Haltefedern für Zahlenscheiben

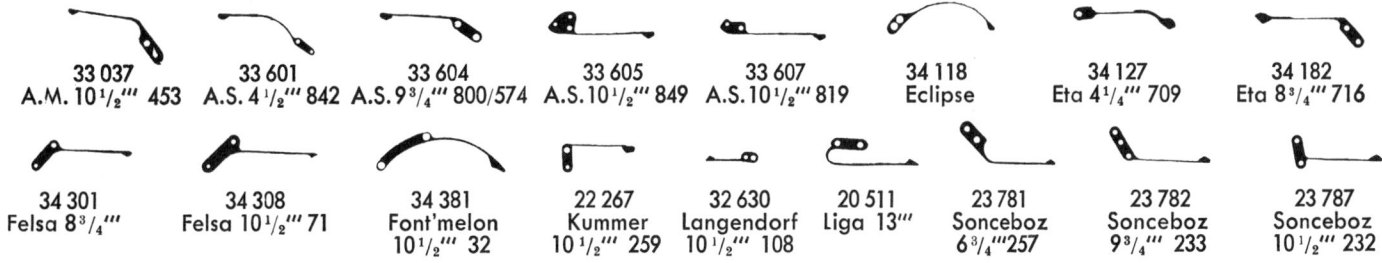

33 037	33 601	33 604	33 605	33 607	34 118	34 127	34 182
A.M. $10\frac{1}{2}'''$ 453	A.S. $4\frac{1}{2}'''$ 842	A.S. $9\frac{3}{4}'''$ 800/574	A.S. $10\frac{1}{2}'''$ 849	A.S. $10\frac{1}{2}'''$ 819	Eclipse	Eta $4\frac{1}{4}'''$ 709	Eta $8\frac{3}{4}'''$ 716

34 301	34 308	34 381	22 267	32 630	20 511	23 781	23 782	23 787
Felsa $8\frac{3}{4}'''$	Felsa $10\frac{1}{2}'''$ 71	Font'melon $10\frac{1}{2}'''$ 32	Kummer $10\frac{1}{2}'''$ 259	Langendorf $10\frac{1}{2}'''$ 108	Liga 13'''	Sonceboz $6\frac{3}{4}'''$ 257	Sonceboz $9\frac{3}{4}'''$ 233	Sonceboz $10\frac{1}{2}'''$ 232

Zahlenscheiben

Baumgartner $10\frac{1}{2}'''$ 698	Eta $4\frac{3}{4}'''$ 709	Eta $8\frac{3}{4}'''$ 716	Felsa $10\frac{1}{2}'''$ 71	Kummer $10\frac{1}{2}'''$ 259	A.S. $4\frac{1}{2}'''$ 842

Die Scheiben für andere Kaliber unterscheiden sich wenig von den abgebildeten, ich bitte Sie deshalb, immer das Muster einzusenden.

Taschen- und Armbanduhren je 1 Dtzd. Paar

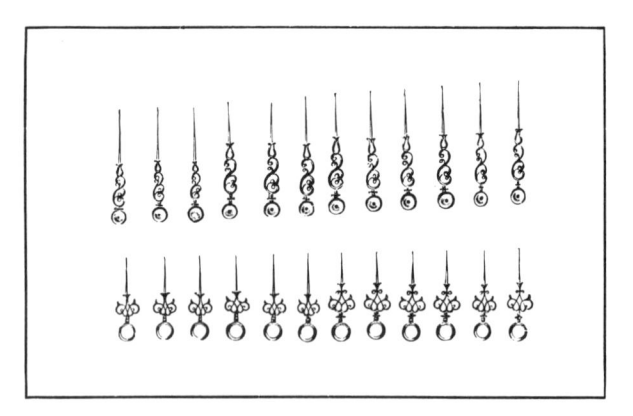

Louis-XV.-Form

		Gros-Paar	Dtzd.-Paar
Nr. 39 078	Komposition, vergoldet, ff. Qualität	ℳ 7.85	ℳ 0.75
„ 39 080	Komposition, vergoldet, extrafeine Qualität	ℳ 9.70	ℳ 0.90
„ 39 093	Komposition, vergoldet, mit großem Loch für Viertelrohr	ℳ 9.70	ℳ 0.90
„ 39 092	Komposition, vergoldet, für Roskopf-Uhren	ℳ 7.85	ℳ 0.75

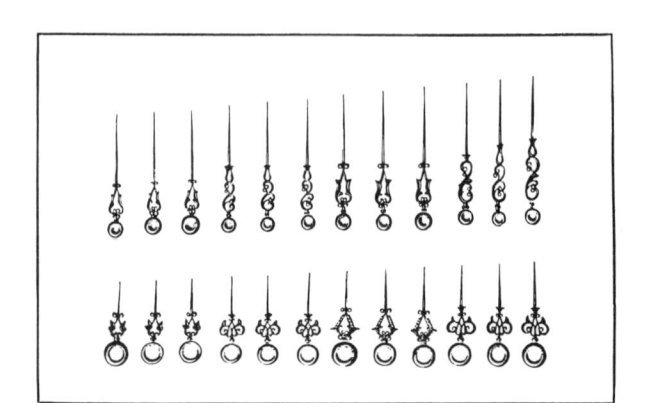

Orientalische und Louis-XV.-Form, sortiert

Nr. 39 084 Komposition, ff. Qualität .... Gros-Paar ℳ 6.—
Dtzd.- „ ℳ 0.55

Leuchtzeiger nur für Armbanduhren

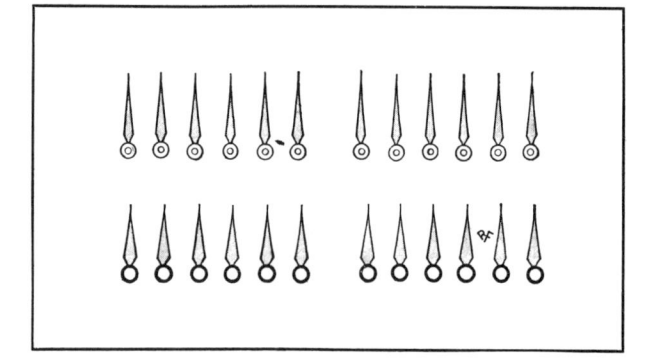

Lanzenform

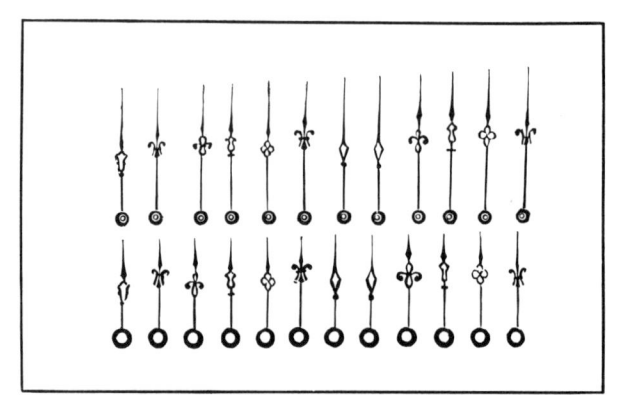

Fassonzeiger für Schlüssel-Uhren

Leuchtzeiger für Taschen- und Armbanduhren

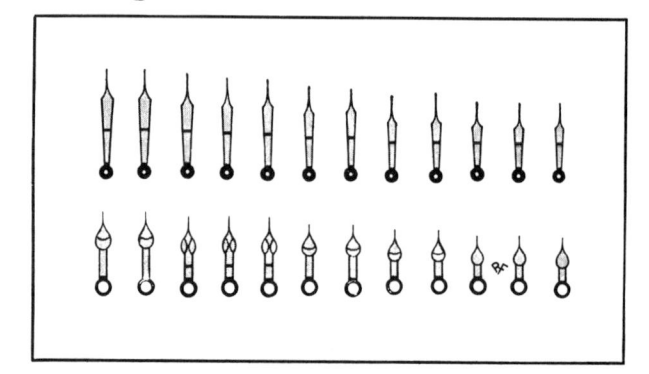

Skelettform

nur für Armbanduhren, je 1 Dtzd. Paar

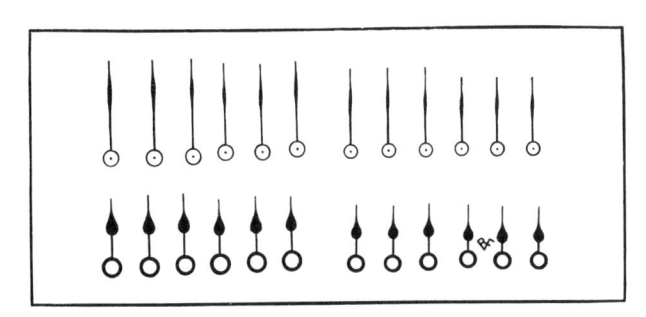

Birnform

Nr. 39 200 Stahl blau, für Zeigerwelle, sort.,
3—7''' für Werke 5¼—8¾''', 6—10''' für Werke 7¾—11''',
9—12''' für Werke 10—13'''   1-Dtzd.-Paar ℳ 1.—

„ 39 201 Stahl blau, für Viertelrohre, sort.,
3—7''' für Werke 5¼—8¾''', 6—10''' für Werke 7¾—11''',
9—12''' für Werke 10—13'''   1-Dtzd.-Paar ℳ 1.—

„ 39 202 Comp. vergoldet, für Zeigerwelle, sort.,
3—7''' für Werke 5¼—8¾''', 6—10''' für Werke 7¾—11''',
9—12''' für Werke 10—13'''   1-Dtzd.-Paar ℳ 1.15

„ 39 203 Comp. vergoldet, für Viertelrohre, sort.,
6—10''' für Werke 7¾—11''', 9—12''' für Werke 10—13''',
1-Dtzd.-Paar ℳ 1.15

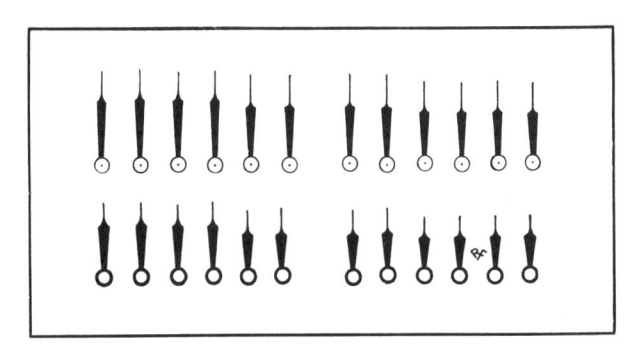

Kolbenform

Nr. 39 206 Stahl blau, für Zeigerwelle, sort.,
3—7''' für Werke 5¼—8¾''', 6—10''' für Werke 7¾—11''',
9—12''' für Werke 10—13'''   1-Dtzd.-Paar ℳ 1.05

„ 39 207 Stahl blau, für Viertelrohre, sort.,
10—12''' für Werke 11—13'''   1-Dtzd.-Paar ℳ 1.05

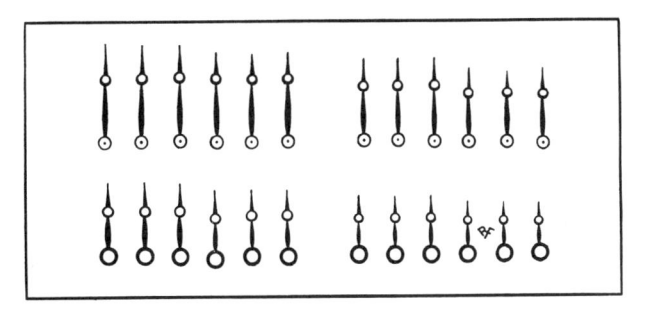

Lochform

Nr. 39 209 Stahl blau, für Zeigerwelle, sort.,
3—7''' für Werke 5¼—8¾''', 6—10''' für Werke 7¾—11''',
9—12''' für Werke 10—13'''   1-Dtzd.-Paar ℳ 1.15

„ 39 210 Stahl blau, für Viertelrohre, sort.,
10—12''' für Werke 11—13'''   1-Dtzd.-Paar ℳ 1.15

„ 39 211 Comp. vergoldet, für Zeigerwelle, sort.,
3—7''' für Werke 5¼—8¾''', 6—10''' für Werke 7¾—12''
1-Dtzd.-Paar ℳ 1.15

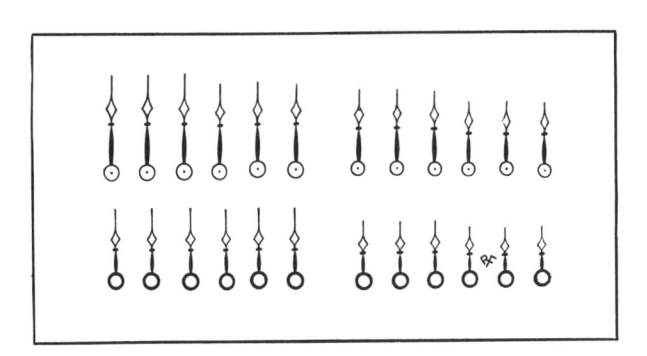

Kathedrale-Form

Nr. 39 215 Stahl blau, für Zeigerwelle, sort.,
3—7''' für Werke 5¼—8¾''', 6—10''' für Werke 7¾—11''',
9—12''' für Werke 10—13'''   1-Dtzd.-Paar ℳ 1.10

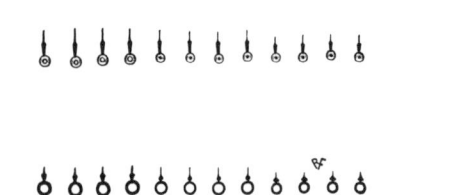

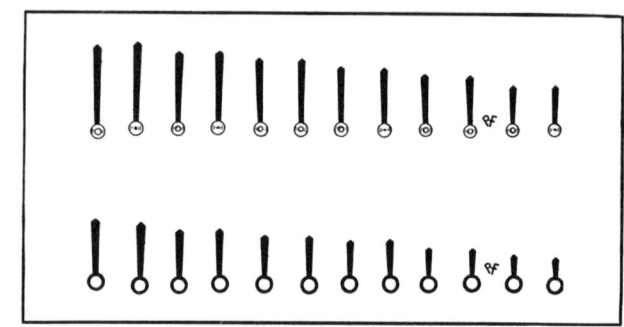

Baguette-Zeiger **Blockform**

für Armbanduhren

Nr. **3738** für **Armbanduhren**, ovale und achteckige Werke Stück ℳ 2.30

Nr. **3736** für **Armbanduhren**, ovale und achteckige Werke Stück ℳ 1.05
„ **3739** parallel sich öffnend „ ℳ 2.—

Nr. **17 625** für **Armbanduhren** Stück ℳ 1.80

für kleinste Armbanduhren
Nr. **17 453** vernickelt, mit Feder Stück ℳ 0.80

Messing, für runde Armbanduhren
Nr. **17 670** für 8¾''' Werke .... Stück ℳ 0.35
„ **17 671** „ 10½''' „ .... „ ℳ 0.35

Nr. **17 645** aus Holz, für Formwerke von 11 × 21 mm bis 22 × 30 mm
1 Satz von 10 Stück in Karton .... Satz ℳ 1.85

Vergleichs-Tabelle zwischen Linien und Millimeter von 1'''–25 ¾'''

1'''	2,26 mm	**6'''**	13,53 mm	**11'''**	24,81 mm	**16'''**	36,09 mm	**21'''**	47,37 mm
¼	2,82 ,,	¼	14,10 ,,	¼	25,38 ,,	¼	36,66 ,,	¼	47,94 ,,
½	3,38 ,,	½	14,66 ,,	½	25,94 ,,	½	37,22 ,,	½	48,50 ,,
¾	3,95 ,,	¾	15,23 ,,	¾	26,51 ,,	¾	37,79 ,,	¾	49,07 ,,
2'''	4,51 mm	**7'''**	15,79 mm	**12'''**	27,07 mm	**17'''**	38,35 mm	**22'''**	49,63 mm
¼	5,08 ,,	¼	16,35 ,,	¼	27,63 ,,	¼	38,91 ,,	¼	50,19 ,,
½	5,64 ,,	½	16,92 ,,	½	28,20 ,,	½	39,48 ,,	½	50,76 ,,
¾	6,20 ,,	¾	17,48 ,,	¾	28,76 ,,	¾	40,04 ,,	¾	51,32 ,,
3'''	6,77 mm	**8'''**	18,05 mm	**13'''**	29,33 mm	**18'''**	40,61 mm	**23'''**	51,88 mm
¼	7,33 ,,	¼	18,61 ,,	¼	29,89 ,,	¼	41,17 ,,	¼	52,45 ,,
½	7,90 ,,	½	19,17 ,,	½	30,45 ,,	½	41,73 ,,	½	53,01 ,,
¾	8,46 ,,	¾	19,74 ,,	¾	31,02 ,,	¾	42,30 ,,	¾	53,58 ,,
4'''	9,02 mm	**9'''**	20,30 mm	**14'''**	31,58 mm	**19'''**	42,86 mm	**24'''**	54,14 mm
¼	9,59 ,,	¼	20,87 ,,	¼	32,15 ,,	¼	43,43 ,,	¼	54,71 ,,
½	10,15 ,,	½	21,43 ,,	½	32,71 ,,	½	43,99 ,,	½	55,27 ,,
¾	10,72 ,,	¾	21,99 ,,	¾	33,27 ,,	¾	44,55 ,,	¾	55,83 ,,
5'''	11,28 mm	**10'''**	22,56 mm	**15'''**	33,84 mm	**20'''**	45,12 mm	**25'''**	56,40 mm
¼	11,84 ,,	¼	23,12 ,,	¼	34,40 ,,	¼	45,68 ,,	¼	56,96 ,,
½	12,41 ,,	½	23,69 ,,	½	34,97 ,,	½	46,25 ,,	½	57,53 ,,
¾	12,97 ,,	¾	24,25 ,,	¾	35,53 ,,	¾	46,81 ,,	¾	58,09 ,,

Vergleichs-Tabelle zwischen amerik. „size," Millimeter und Linien

Die Uhren amerik. Herstellung werden nach „size" bezeichnet. Die nachstehende Tabelle enthält die in Frage kommenden Größen, den entsprechenden Durchmesser in Millimeter und zur besseren Veranschaulichung die entsprechenden Kalibergrößen der Schweizer Uhren-Industrie. Diese letzteren Linien-Angaben gehen nicht ganz genau mit den angegebenen amerik. Größen überein.

size	mm	Linie	size	mm	Linie	size	mm	Linie
10/0	22,01	9¾'''	0	29,63	13'''	14	41,49	18½'''
8/0	23,71	10½'''	6	34,71	15½'''	16	43,18	19'''
6/0	25,40	11¼'''	12	39,79	17¾'''	18	44,87	20'''

Auszug aus dem Flume-Buch 1937. Nachdruck mit Genehmigung der Firma Rudolf Flume, Essen, Berlin, Pforzheim.

1937

Universal, Montres Perret Frères S.A., wurde 1894 von G. Perret und L. Berthoud in Genf gegründet. Der Katalog P 3 ist 30 Seiten stark und stammt aus dem Jahr 1937.

Universal, Montres Perret Frères S.A., was founded by G. Perret and L. Berthoud in Geneva in 1894. The catalogue P 3 has 30 pages and was published in 1937.

UNIVERSAL GENÈVE — U.W. 285

Nos montres chronographes-compteurs sont manufacturées entièrement dans nos ateliers spécialisés pour la fabrication de la montre compliquée, par des procédés mécaniques les plus modernes.
Interchangeabilité garantie de toutes les pièces.

Unsere Zählerchronographen werden mit dem modernsten mechanischen Verfahren in unseren für die Fabrikation der komplizierten Uhr spezialisierten Werkstätten hergestellt.
Das Umtauschen aller Furnituren ist garantiert.

Our chronograph-recorders are entirely manufactured in our workshops which are specialized for the making of complicated watches. This result is obtained by the modernest mechanical process.
All pieces are guaranteed to be interchangeable.

I nostri cronografi-contatori sono interamente fabbricati nelle nostre officine, specializzate per la fabbricazione dell' orologio complicato. Il risultato è ottenuto coi mezzi meccanici più moderni.
Tutti i pezzi sono garantiti intercambiabili.

Nuestros cronógrafos-contadores son enteramente manufacturados en nuestros talleres especializados para la fabricación del reloj complicado, mediante los procedimientos mecanicos más modernos.
Todas las partes son garantizadas permutables.

Se fait en calibre unique dans les grandeurs 12, 13, 14, 15 et 16 lignes

UNIVERSAL GENÈVE — 12''' - Cal. 281

600

602 603 601 604

Tous ces modèles se font en or et en acier Staybrite

UNIVERSAL GENÈVE — 13''' - Cal. 283

605

607　　　　608　　　　609

606

Tous ces modèles se font en or et en acier Staybrite

UNIVERSAL GENÈVE — 14''' - Cal. 285

Modèle imperméable aux intempéries

Ne se fait qu'en acier Staybrite

610

612   613 (13''')   611   614

Tous ces modèles se font en or et en acier Staybrite

UNIVERSAL GENÈVE — 14''' - Cal. 285

617 615 618 616 619

Tous ces modèles se font en or et en acier Staybrite

UNIVERSAL GENÈVE — 14''' - Cal. 285

620
622
623
621
624

Tous ces modèles se font en or et en acier Staybrite

UNIVERSAL GENÈVE — 14''' - Cal. 285

625

627 628 626 629

Tous ces modèles se font en or et en acier Staybrite

10

227

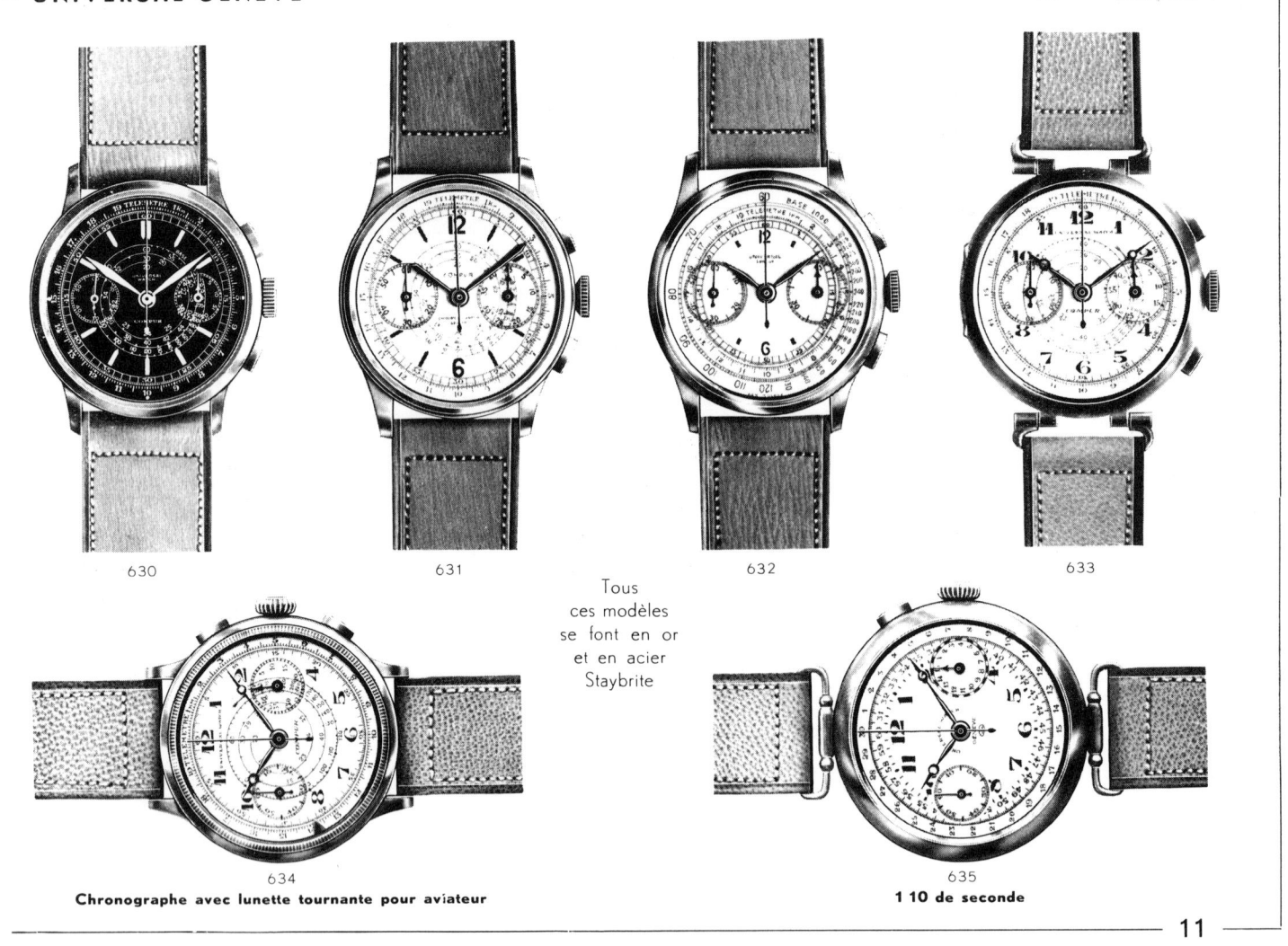

UNIVERSAL GENÈVE — 15''' - Cal. 287

630

631

632

633

Tous ces modèles se font en or et en acier Staybrite

634
Chronographe avec lunette tournante pour aviateur

635
1 10 de seconde

— UNIVERSAL GENÈVE — 14''' - Cal. 385

UVECO
Modèles standard Qualité garantie

Marque
UVECO-GENÈVE

exécutés complètement
dans nos ateliers
UNIVERSAL
GENÈVE

Tous ces modèles
se font en or, en acier Staybrite
et en nickel chromé dans les grandeurs 14 et 15'''

700 (15''') 701 (14''')

1937

Aus dem Leonidas-Programm von 1937. Der Katalog hat einen Umfang von 56 Seiten und dokumentiert eine erstaunliche Vielfalt auf dem Gebiet des Chronographenprogramms.

The catalogue of Leonidas (1937) has 56 pages and shows an astonishing variety of chronographs.

| LE PLUS PETIT CHRONOGRAPHE-COMPTEUR-BRACELET | THE SMALLEST WRIST CHRONOGRAPH WITH REGISTER | DER KLEINSTE ARMBANDCHRONOGRAPH MIT ZÄHLER |

10 1/2''   10 1/2''   10 1/2''   10 1/2''

1001   **1002**   **1003**   **1004**

Modèle avec **LUNETTE TOURNANTE totalisant jusqu'à 12 heures.**
Mode d'emploi : voir page 40 No. 1505.

With **TURNING BEZEL, recording up to 12 hours.**
See directions for use on page 40 No. 1505.

Mit **DREHBAREM GLASRAND, für Totalisation bis 12 Stunden.**
Gebrauchsanweisung siehe Seite 40 No. 1505.

Se font avec tous les genres de cadrans.
Above chronographs are supplied with any kind of dial.
Diese Armbandchronographen können mit irgend welche Zifferblätter geliefert werden

CHRONOGRAPHES-COMPTEURS-BRACELETS 13'''
NOUVEAUTÉS, PRIX AVANTAGEUX

WRIST-CHRONOGRAPHS 13'' WITH REGISTER
NOVELTY, FAIR PRICE

13'' ARMBAND-CHRONOGRAPHEN MIT ZÄHLER
NEUHEITEN, VORTEILHAFTE PREISE

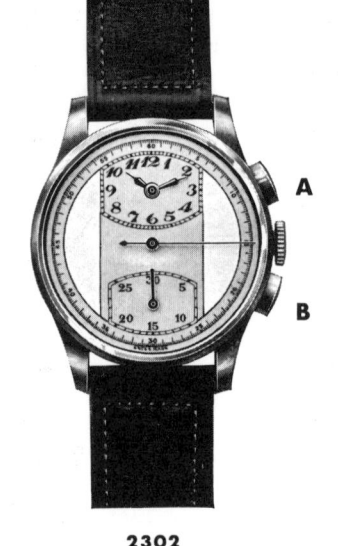

2301

2302

2303

Les 3 chronographes ci-contre se livrent avec 1 ou 2 poussoirs et n'importe quel genre de cadran.
Fonctions :
pour 1 poussoir : les 3 fonctions par pressions successives sur le poussoir latéral ;
pour 2 poussoirs : départ et arrêt par le poussoir B **arrêts facultatifs**, remise à zéro par le poussoir A.

These 3 Chronographs may be had with one or two push-pieces and any kind of dial.
For the type one pusher : the 3 operations through the push-piece.
For the type two pushers : start and stop, with **Timing out**, through push piece B back to zero through pusher A.

Diese 3 Chronographen können entweder mit einem Drücker od. zwei geliefert werden und irgend welches Zifferblatt.
Betätigung : 1 Drücker, die 3 Funktionen durch den Drücker.
2 Drücker, Ingangsetzen und Anhalten — dient auch zum beliebigen Anhalten — durch Drücker B. Nullstellung durch Drücker A.

CHRONOGRAPHE 15'''

Avec lunette tournante
With turning bezel
Mit drehbarem Glasrand

1505

Totalisant jusqu'à 12 heures.
Recording up to 12 hours.
Für Totalisator bis 12 Stunden.

Mode d'emploi : Placer l'index de la lunette tournante vis-à-vis de **l'aiguille des heures,** et mettre en marche le chronographe ; à l'arrêt du chronographe, lire sur le tour des chiffres de la lunette, le nombre d'heures en regard de l'aiguille des heures ; les minutes et les secondes se lisent sur le cadran du chronographe.

Directions for use : Place the index opposite the **hour hand** and start the chronograph ; stop the chronograph and read the hours just opposite the hour hand, and the minutes and seconds on the usual chronograph dial.

Gebrauchsanweisung : Bei Beginn einer Zeitmessung, den gerillten Glasring drehen bis die Einstellspitze genau dem Stundenzeiger gegenübersteht. Nach Ablauf der Kontrolle kann die Zeit ohne weiteres abgelesen werden

CHRONOGRAPHES-BRACELETS-HERMÉTIQUES
WATERPROOF CHRONOGRAPHS
WASSERDICHTE-CHRONOGRAPHEN

Derniers perfectionnements techniques. Anti-magnétique, pare-chocs **Incabloc.**

Latest technical improvements Non-magnetic. **Incabloc** Shock-absorber.

Die letzten technischen Verbesserungen. Nicht magnetisch. **Incabloc** Stossicherung.

13'''   14'''

1162   **1530**

233

11¼"-13" CHRONOGRAPHE SIMPLE AVEC LUNETTE TOURNANTE
permettant de totaliser jusqu'à 60 minutes
NOUVEAUTÉ AVANTAGEUSE

CHRONOGRAPH 11¼"-13" WITH TURNING BEZEL
allowing to register up to 60 Minutes
CHEAP NOVELTY

CHRONOGRAPH 11¼"-13" MIT DREHBAREM GLASRAND
erlaubt die Totalisation bis 60 Minuten
BILLIGE NEUHEIT

2003

MODE D'EMPLOI : Lors de la mise en marche du chronographe par pression sur le poussoir latéral, placer l'index de la lunette tournante vis-à-vis de **l'aiguille des minutes.** Voir flèche.

A l'arrêt du chronographe par une deuxième pression sur le poussoir, lire sur le tour des chiffres de la lunette le nombre des minutes en regard de l'aiguille des minutes, et lire sur le cadran les secondes et 1/5 de seconde vis-à-vis de la grande trotteuse.

P. S. Pour totaliser les heures, placer l'index vis-à-vis de **l'aiguille des heures.**

DIRECTION FOR USE : Start the sweep hand by pressing on the side push piece and place the index of the turn bezel just **opposite the minute hand** (see arrow).

Stop the Chronograph by pressing again the side push piece, and read the minutes on the turning circle of figures just opposite the minute hand, and the seconds and fifth of second opposite the sweep hand.

P. S. To register hours, place the index opposite the **hour hand.**

GEBRAUCHSANWEISUNG : Bei Beginn einer Zeitmessung, den gerillten Glasring drehen bis die Einstellspitze genau dem Minutenzeiger gegenübersteht (nicht etwa dem Stundenzeiger).

Nach Ablauf der Kontrolle kann die Zeit auf dem Drehring ohne weiteres abgelesen werden.

P. S. Um die Stunden zusammenzuzählen dreht man die Einstellspitze genau dem **Stundenzeiger** gegenüber.

1939

Diese Rolex-Annonce erschien im Dezember 1939 in L'Illustration in Paris. Das Modell Prince Railway gab es schon in einer Preisliste von 1932 und kostete damals in 18 Karat Gold 2200 Schweizer Franken.

In December 1939 there appeared this Rolex advertisement in "L'illustration" (Paris). The Prince Railway can be found already in a price list from 1932. The price for the 18 carat gold model: 2200 Swiss francs.

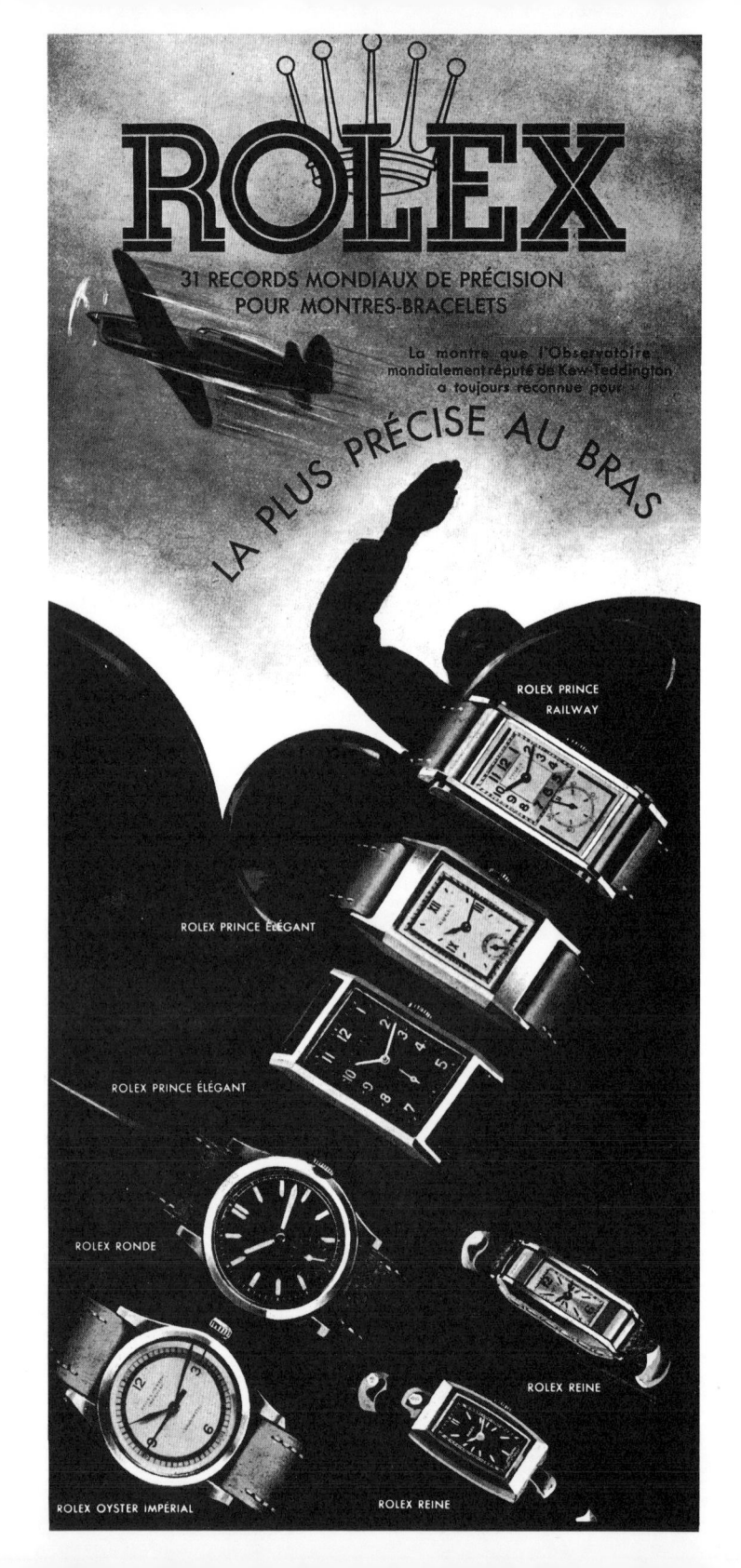

ROLEX

31 RECORDS MONDIAUX DE PRÉCISION POUR MONTRES-BRACELETS

La montre que l'Observatoire mondialement réputé de Kew-Teddington a toujours reconnue pour

LA PLUS PRÉCISE AU BRAS

ROLEX PRINCE RAILWAY

ROLEX PRINCE ÉLÉGANT

ROLEX PRINCE ÉLÉGANT

ROLEX RONDE

ROLEX REINE

ROLEX OYSTER IMPÉRIAL

ROLEX REINE

1939

Im Jubiläumskatalog 1889–1939 der Marke Doxa überwiegen die Armbanduhren. Die Auswahl an Taschenuhren, Reiseweckern und Autouhren ist verhältnismäßig gering.

The Jubilee Doxa Catalogue (1889–1939) contains more wrist than pocket watches, travelling alarms and motor car watches.

DOXA

1889   1939

239

240

241

242

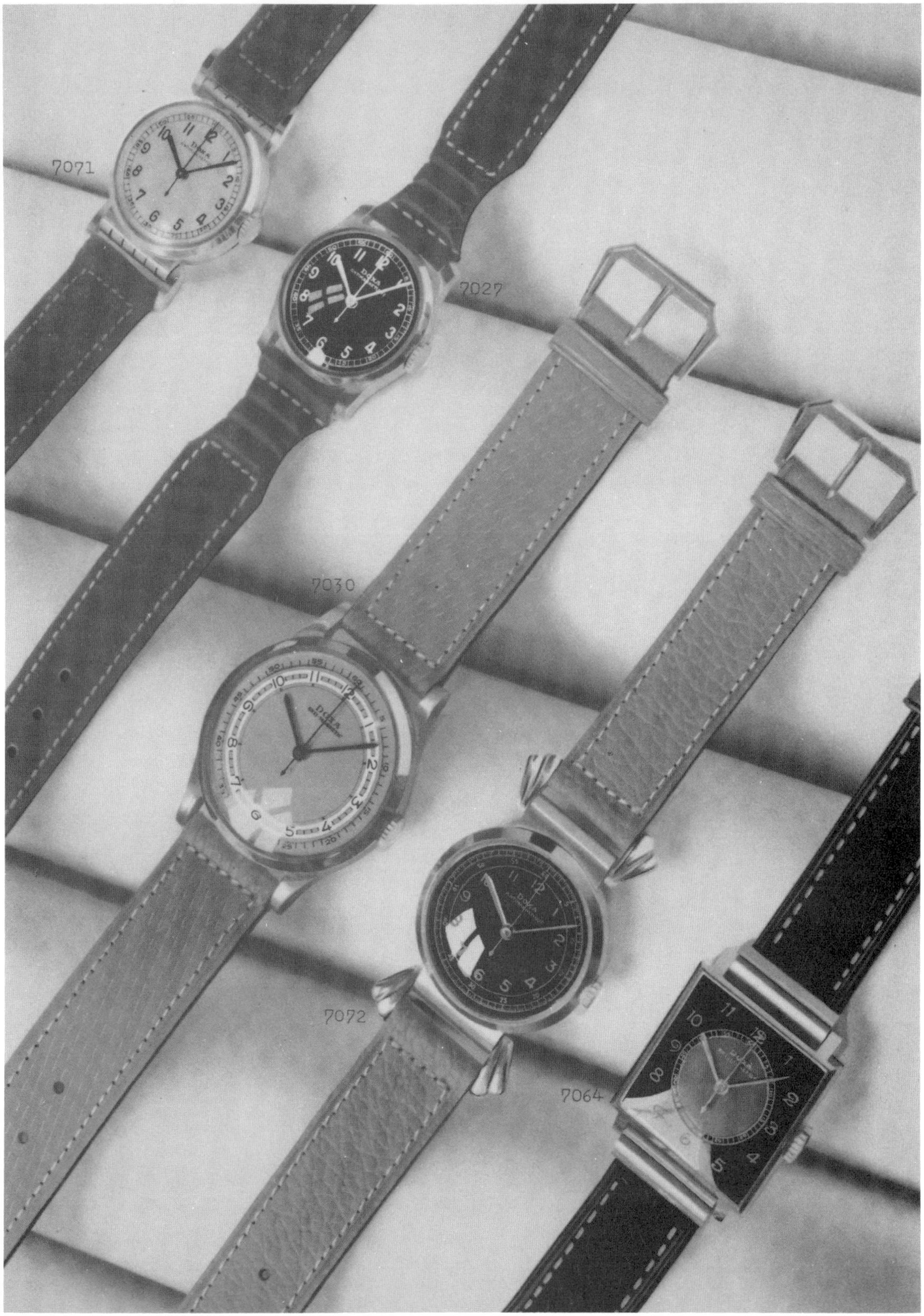
7071
7027
7030
7072
7064

244

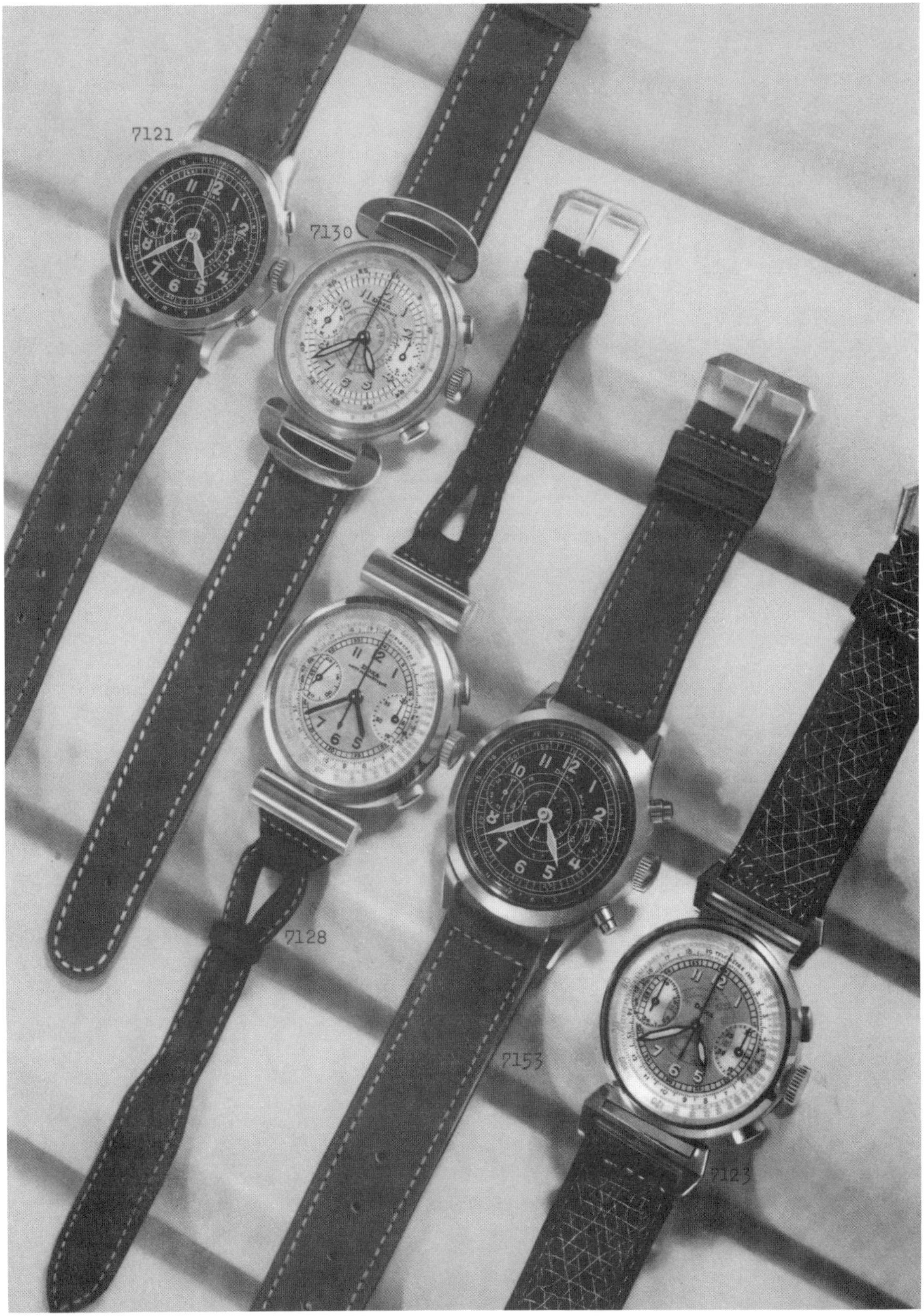
7121
7130
7128
7153
7123

246

7073

7051

7014

7050

6243

6711

6420

6400

6425

247

248

6052

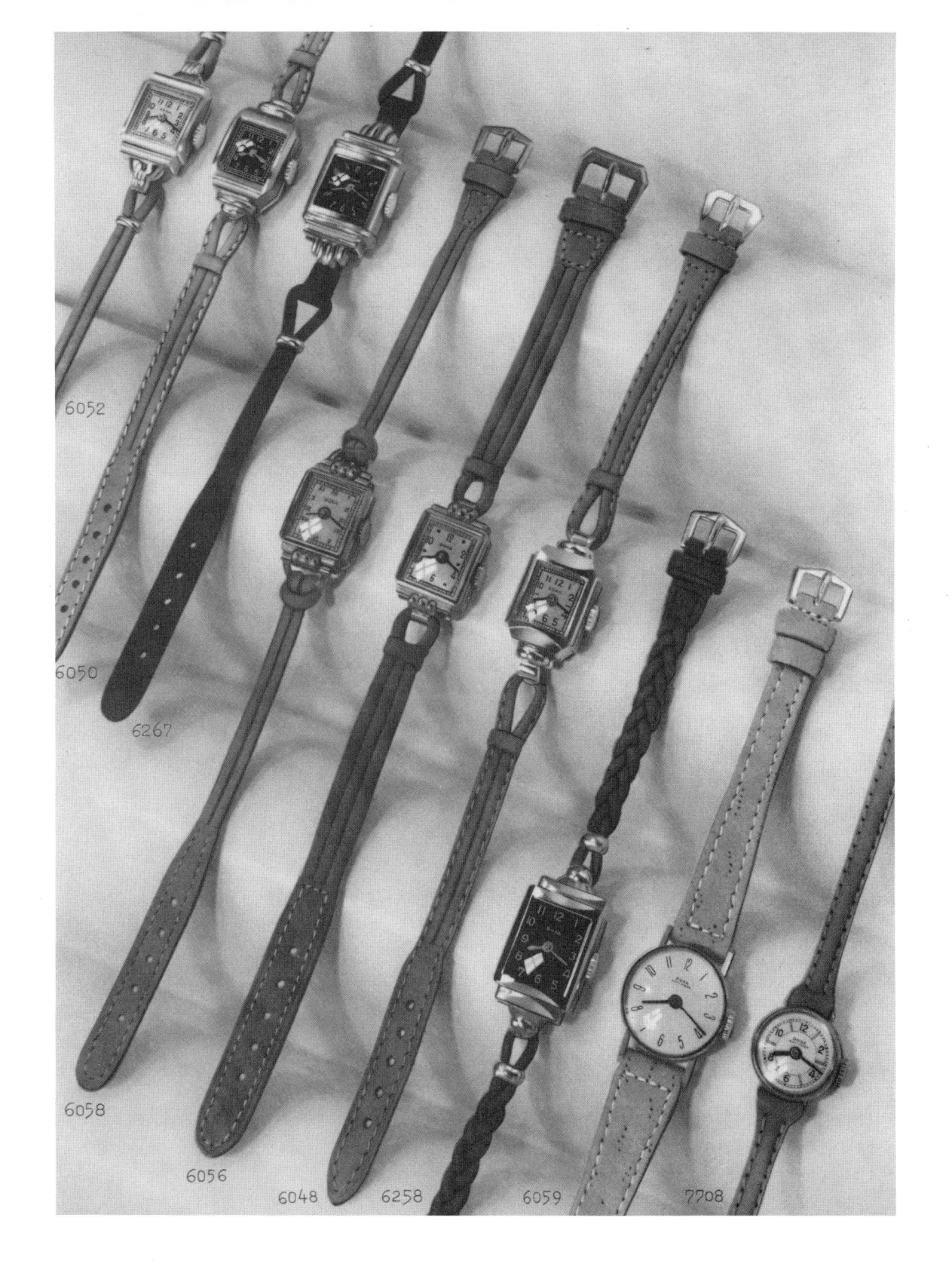

6050

6267

6058

6056

6048

6258

6059

7708

249

6265

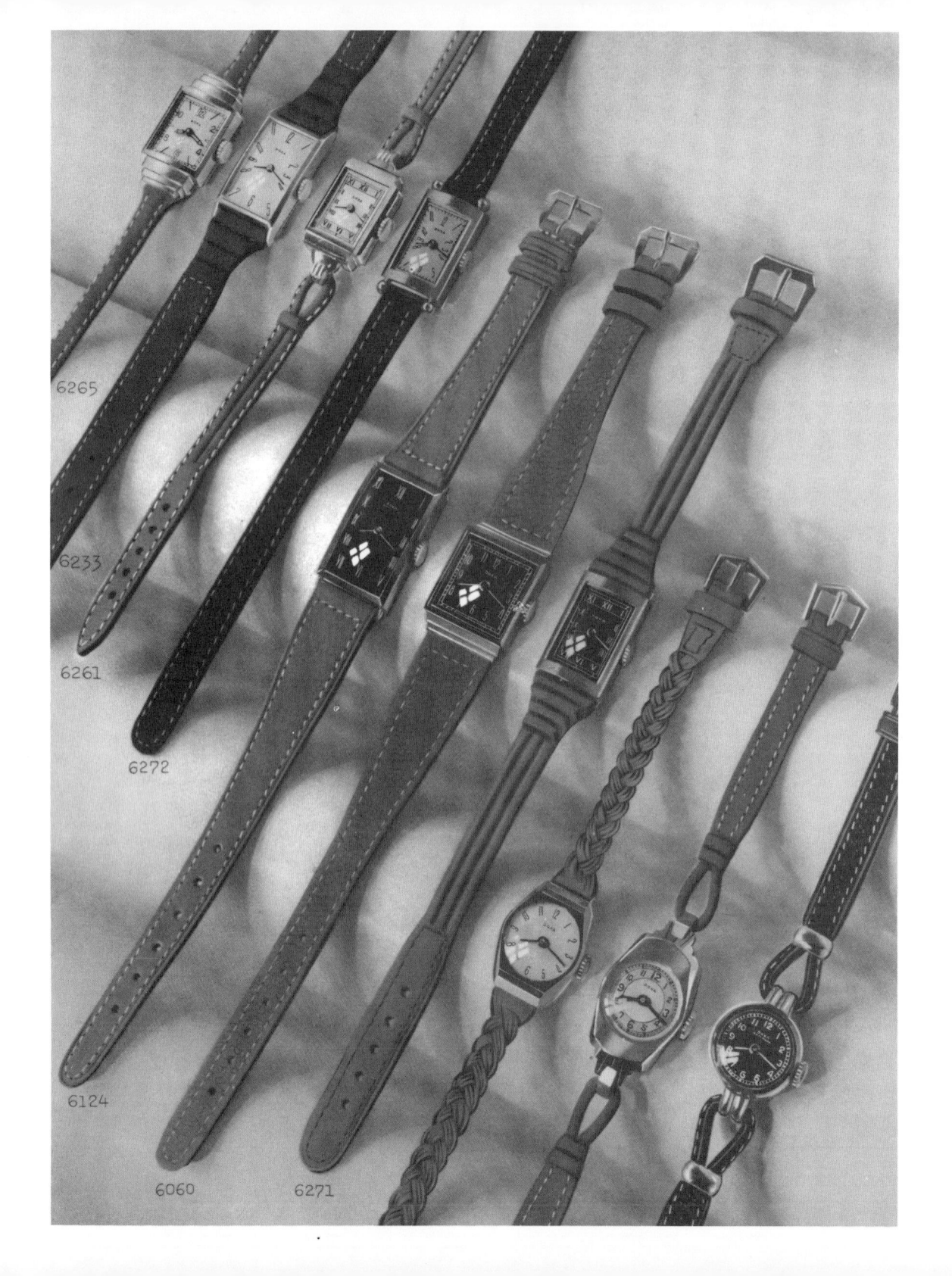

6233

6261

6272

6124

250

6060 6271

1939

Der Ergänzungsband zum 1936 erschienenen Werk „Klassifikation der schweizerischen Uhrwerke und Uhrenfurnituren" enthält viele Inserate, die auch das „Gesicht" und das Design der gegen Ende der dreißiger Jahre verwendeten Gehäuse überliefern. Aster verlegte die kleine Sekunde in die obere Zifferblatthälfte, Cyma stellte die wasserdichte Uhr in den Mittelpunkt, Excelsior Park bot eine Stoppuhr für das Handgelenk an, Henex hatte einen Chronographen im Programm, der die Uhrzeit mittels eines Hilfszifferblattes anzeigte, Leonidas erweiterte sein Chronographenangebot um das Modell mit Stundenzähler.

The supplement to the book "Classification of the Swiss Watch Movements and Watchmaterials", published in 1936, contains many advertisements showing among others shapes and ornamentations of cases from the end of the thirties. Aster put the subsidiary seconds in the upper half of the dial. Cyma put the waterproof watch into the center of interest, Excelsior Park offered a wrist stopwatch, Henex a chronograph which indicated the time by means of an auxiliary dial, Leonidas enlarged its chronograph programm with a model with hour recorder.

FABRIQUE DE BOITES
BERDAT FRÈRES
COURTETELLE (SUISSE)
CRÉATION CLICHÉ LUX
UNE DE NOS SPÉCIALITÉS:
BOITES DE MONTRES POUR AVION

Manufacture
Excelsior Park

Cal. 18/20''' T. N° 101
Pour montre simple, compteur football
et chronosport

Compteur football 18'''
N° 102

Chronosport 18'''
N° 108

Cal. 14½''' D. N° 201
Pour compteur de sport de 14 à 16'''

Compteur bracelet
14½ à 16'''
N° 201

Cal. 12/13''' F. N° 600
Chronographe compteur
à simple ou à double poussoir

Manufacture de Chronographes **GENEVA SPORT**

QUELQUES MODÈLES

DE NOS

SPÉCIALITÉS

500   500 A

Manufacture de Chronographes GENEVA SPORT

QUELQUES MODÈLES DE NOS SPÉCIALITÉS

3878. 8 3/4'''
Imperméable

3873. 8 3/4'''
Imperméable

4523. 5 1/4'''
en tout genre

3178. 10 1/2'''
Imperméable
Seconde au centre

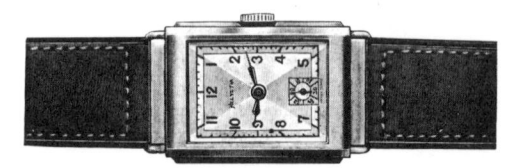

4872. 7 3/4-11'''

2821. 8 3/4-12'''

14 B

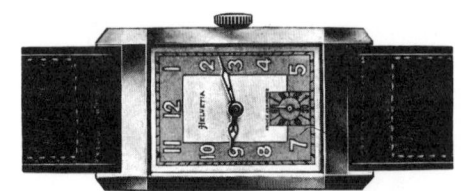

2930. 8 3/4-12'''

HELVETIA

5 1/4''' à 20'''

SPÉCIALITÉS
Montres
imperméables
Double-cadran
et Aviateurs

7011. 16''' Aviateur

256

General Watch Co. HELVETIA

Cal. 105-14 5 1/4 '''	Cal. 105-142 5 1/4 '''	Cal. 90-24 8 3/4 '''	Cal. 90-32 8 3/4 '''
Cal. 81-24 10 1/2 '''	Cal. 81-26 10 1/2 '''	Cal. 81-28 10 1/2 '''	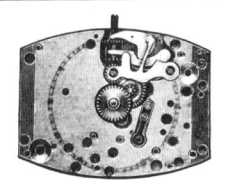
Cal. 75 8 3/4-12 '''	Cal. 75-10 8 3/4-12 '''	Cal. 75-14 8 3/4-12 '''	Cal. 75-24 8 3/4-12 '''

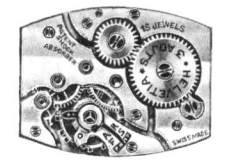

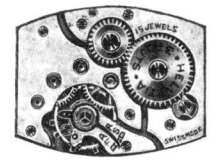

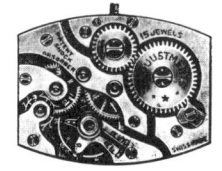

MONTRES **HENEX** S.A. TAVANNES (SUISSE)

MOUVT 10½''' AGRANDI

vous offre tous les calibres ancres et cylindres bons courant, et les spécialités suivantes :

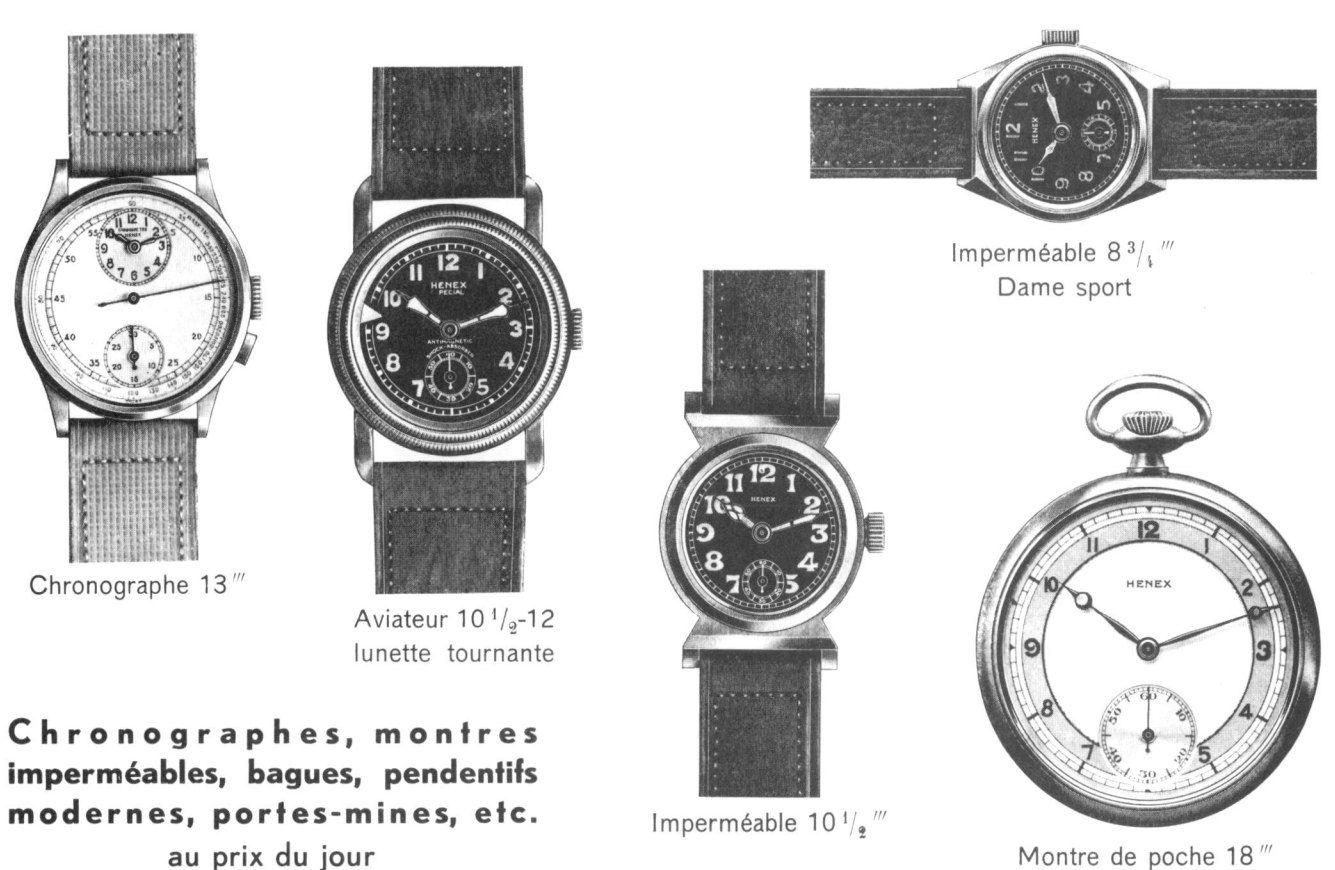

Chronographe 13'''

Aviateur 10 1/2-12
lunette tournante

Imperméable 8 3/4'''
Dame sport

Imperméable 10 1/2'''

Montre de poche 18'''

Chronographes, montres imperméables, bagues, pendentifs modernes, portes-mines, etc. au prix du jour

Fabrique d'horlogerie E. Homberger-Rauschenbach
ci-devant

INTERNATIONAL WATCH CO
SCHAFFHOUSE - SUISSE

PROBUS I.W.C. SCAFUSIA

Toutes les ébauches, fournitures, etc., qui servent à la fabrication de nos montres sont conçues, construites et fabriquées en nos propres usines au moyen des procédés les plus modernes. C'est dans cette exécution minutieuse et dans l'ensemble harmonieux de tous ces organes que réside le secret de la marche sûre et précise des MONTRES

INTERNATIONAL WATCH CO

Interchangeabilité des fournitures
Catalogue de fournitures à disposition des horlogers

Fabrique fondée en 1868   Grands Prix Milan, Berne, Barcelone

ASTER

Synonyme de **qualité**

FABRIQUE D'HORLOGERIE
„La Champagne" S.A.
BIENNE (Suisse)
FONDÉE EN 1854

SOCIÉTÉ ANONYME *Mido* FABRIQUE D'HORLOGERIE

MIDO-MULTICHRONO

ETANCHE - pare-chocs - antimagnétique

MONTRES *Mido* MULTIFORT ETANCHES - PARE-CHOCS ANTIMAGNÉTIQUES

Remontoir automatique

Remontoir automatique

Remontoir automatique

263

MONTRES *Mido* MULTIFORT ÉTANCHES - PARE-CHOCS ANTIMAGNÉTIQUES

5636
620 c

cl. 5679
750 c

cl. 5684

cl. 5614
LC 220 C

Remontoir automatique

264

MINERVA S.A. Ltd. A.-G.   FABRIQUE DE CHRONOGRAPHES ET COMPTEURS DE SPORTS

Réf. 1324

Réf. 1328

Réf. 1325

Réf. 1323

Chronographes et compteurs de précision

Exclusive Agents required

This GOLF-RECORDER registers your scores automatically.

Vos performances sont enregistrées automatiquement.

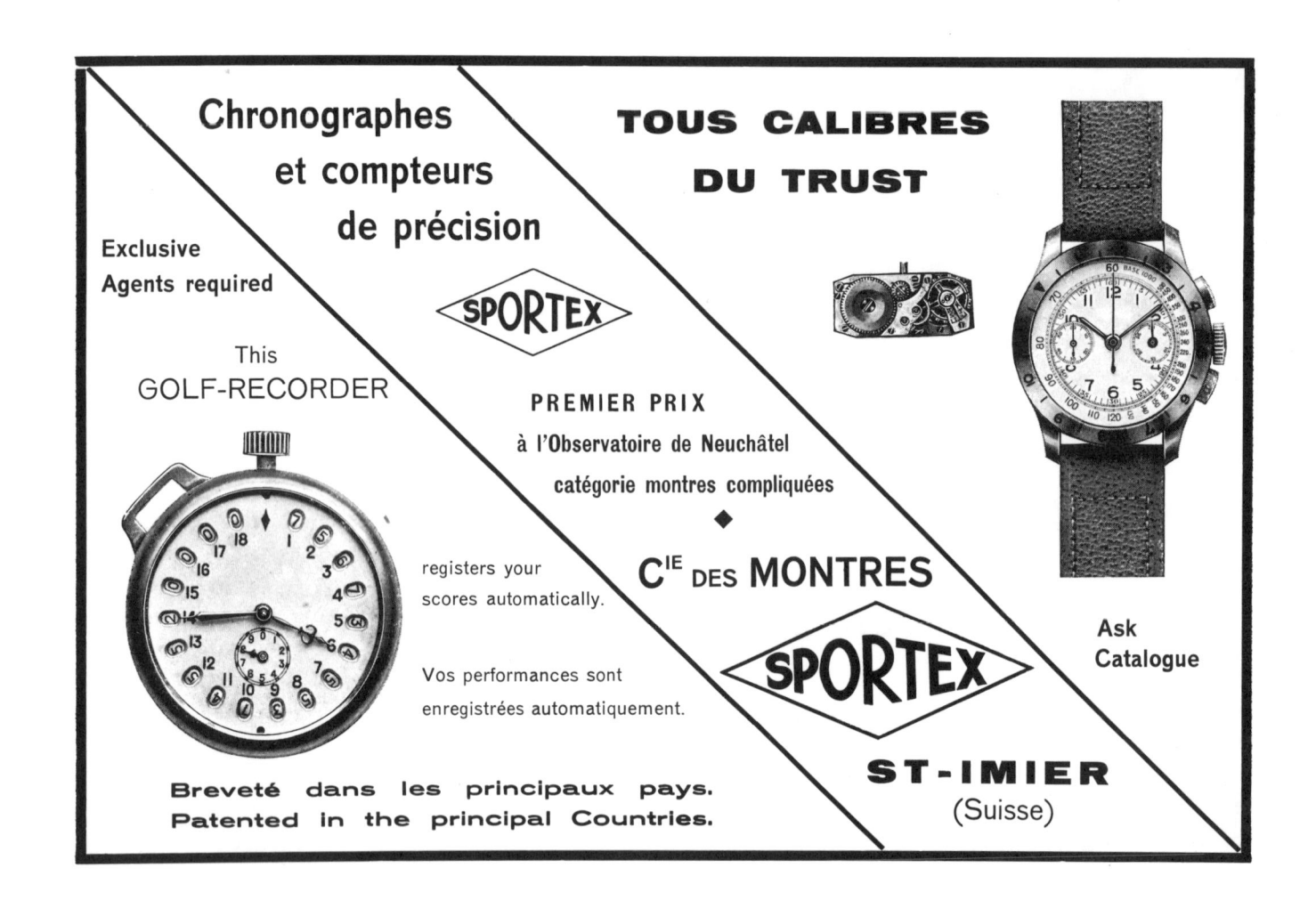

Breveté dans les principaux pays.
Patented in the principal Countries.

TOUS CALIBRES DU TRUST

SPORTEX

PREMIER PRIX
à l'Observatoire de Neuchâtel
catégorie montres compliquées

◆

Cie DES MONTRES

SPORTEX

ST-IMIER
(Suisse)

Ask Catalogue

THE SHOCK ABSORBER DEVICE FITTED TO THE GENTS WATERSPORT WATCHES IS SPECIALLY CONSTRUCTED TO HOLD A LARGE QUANTITY OF OIL AND TO PREVENT SAME FLOWING AWAY FROM THE PIVOT.

A few Watersport Models

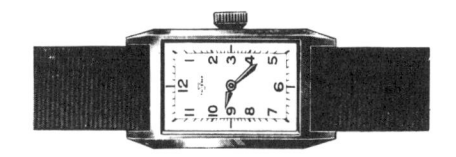

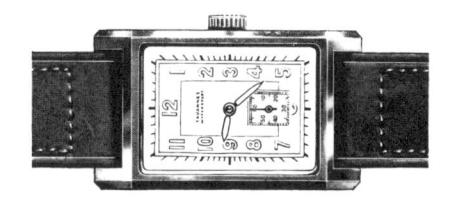

CYMA

TAVANNES

UNIVERSAL Watch Co. Ltd., Genève
PERRET & BERTHOUD S. A.

Cal. 219 (5''')

Cal. 220 (5 1/4''')

Cal. 217

Cal. 495-239

Cal. 240 (8 3/4 - 12''')

Cal. 257 (7 3/4''')

Cal. 258 (8 3/4''')

Cal. 259 (9 3/4''')

Cal. 260 (10 1/2''')

Cal. 261 (10 1/2''')
Seconde au centre

Cal. 262 (12''')

Cal. 289 (10 1/2''')
Chronographe compteur

Cal. 281 et 283 (12 1/4''')
Chronographe compteur

Cal. 285, 287, 288 et 292 (14 1/3''')
Chronographe compteur

Cal. 339 (15/16''')
Chronographe compteur

Cal. 335 (17 3/4''')
Chronographe compteur

1940

Im großen Omega-Katalog G 550 (22,5×30 cm, 95 Seiten, Spiralbindung) wurde das Augenmerk u. a. auf wasserdichte Modelle gelenkt. Unter den Zeitmessern für die Luftfahrt finden sich auch zwei Modelle für das Handgelenk des Flugpersonals.

The Omega catalogue G 550 (95 pages) contains – among others – waterproof watches. Among the timepieces for aviation there were two wrist watches for the flying personnel.

Quelques calibres OMEGA

Les calibres Ω sont connus pour leur simplicité de construction, leur solidité, leur interchangeabilité

Calibre 23,4

Diamètre 23,40 mm
Hauteur 3,75 mm

Calibre T 17

Longueur 24,50 mm
Largeur 17,00 mm
Hauteur 3,85 mm

Se livre également en qualité antimagnétique avec une augmentation de Fr. 2.—

Calibre 19,4 T 2

Diamètre 19,40 mm
Hauteur 3,25 mm

Calibre R 13,5

Longueur 17,50 mm
Largeur 13,50 mm
Hauteur 3,25 mm

Calibre T 12,6 T 1

Longueur 21,90 mm
Largeur 12,60 mm
Hauteur 3,40 mm

Calibre R 11,5

Longueur 15,00 mm
Largeur 11,50 mm
Hauteur 3,55 mm

Calibre 38,5 T 1

Diamètre 38,50 mm
Hauteur   5,15 mm

Calibre 43

Diamètre total 43,00 mm
Hauteur   7,20 mm

Se livre également en qualité antimagnétique
avec une augmention de Fr. 2.—

Calibre 37,5

Diamètre 37,50 mm
Hauteur   3,75 mm

Calibre 30

Diamètre 30,00 mm
Hauteur   4,05 mm

Calibre 26,5 T 2

Diamètre 26,52 mm
Hauteur   4,00 mm

Se livre également en qualité antimagnétique
avec une augmentation de Fr. 2.—

Calibre 23,4 S.C.
(seconde au centre)

Diamètre 23,40 mm
Hauteur   4,50 mm

Mouvement 23,4 S.C.
(seconde au centre)
15 rubis

CK 859 23,4 SC acier inoxydable staybrite Fr. 85.—

Ø 37 mm   Ouv. lun. 32 mm   Ecart. cornes 20 mm
Cadran 501 Fr. 2.—

CK 2008 23,4 SC acier inoxydable staybrite Fr. 79.—

Ø 28,5 mm   Ouv. lun. 23,5 mm   Ecart. cornes 16,5 mm
Cadran 865 Fr. 2.—

CK 2009 23,4 SC acier inoxydable staybrite Fr. 85.—

Ø 28,5 mm   Ouv. lun. 23,5 mm   Ecart. cornes 17 mm
Cadran 787 z. ox. Fr. 2.—

CK 2014 23,4 SC acier inoxydable staybrite Fr. 92.—

Ø 35,5 mm   Ouv. lun. 28 mm   Ecart. cornes 18,5 mm
Cadran 2051 Fr. 2.—

Montre bracelet étanche de forme
Modèles Marine Standard et Marine de Luxe

Marine Standard	CK 3635 T 17	acier inoxydable staybrite avec glace incassable . .	Fr. 100.—
Ouv. lun. 21,5 × 15,5 mm		Ecart. cornes 17,5 mm	Cadran 445
Marine de Luxe	CK 3637 T 17	acier inoxydable staybrite avec glace saphir	Fr. 115.—
	OJ 3637 T 17	or 14 ct. avec glace saphir .	Fr. 355.—
	OT 3637 T 17	or 18 ct. avec glace saphir .	Fr. 445.—
Ouv. lun. 19,5 × 15,5 mm		Ecart. cornes 17,5 mm	

Boîtier en acier inoxydable staybrite - Glace incassable ou saphir sertie dans la lunette - Fermeture interchangeable - Breveté, sans vis, ni charnières - Montres garanties imperméables sous 2 atmosphères de pression

Montre étanche
OMEGA
"MARINE"
Double boîtier

CK 679 19,4 acier inoxydable staybrite . Fr. 125.—
brac. cuir avec fermoir spécial en acier . Fr. 11.—

Ouv. lun. 15,8 × 15,8 mm   Ecart. anses 18 mm

OJ 680 19,4 or 14 ct. . . . . Fr. 443.—
OT 680 19,4 or 18 ct. . . . . Fr. 545.—
brac. cuir avec fermoir spécial en plaqué or Fr. 17.—

Ouv. lun. 15,8 × 15,8 mm   Ecart. anses 18 mm   Cadran 654 Fr. 2.—

Glace saphir - Couronne de remontoir protégée
Cuir inaltérable - Fermoir ajustable

Montres bracelets étanches

Modèle "Marine" pour dames

CK 3673 R 13,5 acier inoxydable staybrite
                glace incassable . . . Fr. 100.—
OJ 3673 R 13,5 or 14 ct. glace saphir . . Fr. 230.—
OT 3673 R 13,5 or 18 ct. glace saphir . . Fr. 270.—

Ouv. lun. 16 × 12 mm   Ecart. cornes 12,5 mm   Cadran 864 ox.

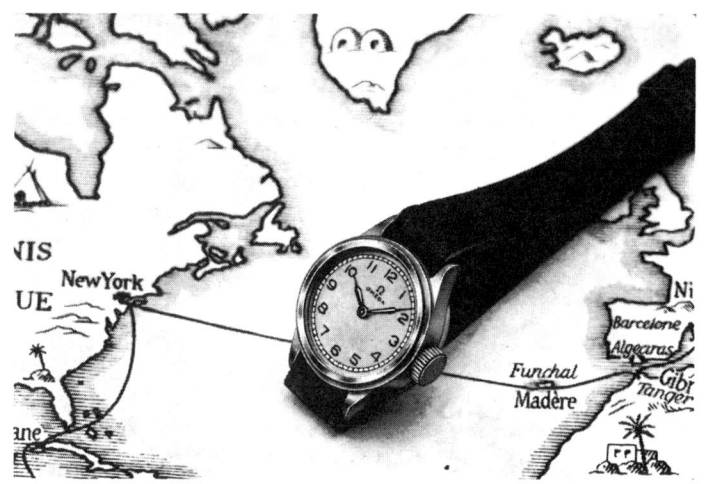

Modèle "Naiad" pour dames

CK 2086 R 11,5 acier inoxydable staybrite
                glace incassable . . . . Fr. 122.—

Ø 21 mm   Ouv. lun. 17 mm   Ecart. cornes 10 mm   Cadran 896

275

Chronographes étanches

CK 2077 33,3 chro. acier inoxydable staybrite
glace incassable . . . Fr. 205.—

Cad. No. 985 Télémètre, Tachymètre, Pulsomètre Majoration Fr. 13.—
Ø 38 mm   Ouv. lun. 32 mm   Ecart. cornes 20 mm

CK 2076 28,9 chro. acier inoxydable staybrite
glace incassable . . . Fr. 245.—

Cad. No. 805 Télémètre, Tachymètre, Majoration Fr. 11.—
Ø 32,5 mm   Ouv. lun. 27,5 mm   Ecart. cornes 18 mm

Montres pour aviateurs

CK 2000 37,6 acier inoxydable staybrite . . . Fr. 78.—

Ø 44,5 mm   Ouv. lun. 30 mm   Ecart. anses 22 mm
Cadran 755 ox. radium Fr. 5.—

CK 2042 26,5 acier inoxydable staybrite Fr. 85.—

Ø 40,5 mm   Ouv. lun. 28 mm   Ecart. cornes 24 mm
Cadran 755 ox. radium Fr. 5.—

1949

Da Kaliberbezeichnungen lange Zeit nicht üblich waren, konnte die Identifizierung eines Werkes durch den Uhrmacher, der eine Reparatur durchzuführen und die entsprechenden Ersatzteile zu besorgen hatte, erst nach Abheben des Zifferblattes erfolgen, denn auf der Werkplatte fanden sich in der Regel die Marke und ein anderes Kennzeichen eingestanzt. Um das fabriksmäßige Zuordnen der Bildmarken zu erleichtern, waren dem zweibändigen Werksucher „Offizieller Katalog der Ersatzteile der Schweizer Uhr" eigene Verzeichnisse vorangestellt. Da zur Bestimmung eines Werkes ebenso den Aufzugteilen Bedeutung zukam, wurde im Katalog meist die zifferblattseitige Werkplatte abgebildet und bisweilen der Aufzugsmechanismus getrennt wiedergegeben.
Girard-Perregaux wies in einer ganzseitigen Einschaltung darauf hin, daß GP-Werke eine Kaliberbezeichnung trugen. Fortschrittlich gab sich auch Mido, das brückenseitig eine Referenznummer einzugravieren pflegte.

Because for a long time one didn't use calibre indications, the watch maker who had to buy the respective repair parts could identify the watch only after having removed the dial. To make easier the classification of the manufacturer's symbols, the "Official Catalogue of Genuine Swiss Watch Repair Parts", 2 volumes, contains respective lists. Since the parts of the winding system were very important, concerning the identification of a movement, the latter was generally shown from the side of the dial. Sometimes the winding system was shown in a separate illustration too.
In an advertisement Girard-Perregaux calls the attention to the fact, that GP movements always have a calibre indication. Mido used a reference number on the side of the bridge.

INDEX   REPERTORIO   VERZEICHNIS

Marques Brands Marcas Marken	Signes distinctifs Symbols Signo distintivo Kennzeichen	Noms et adresses Names and addresses Nombres y direcciones Namen und Adressen	Page Página Seite
ACVATIC		Fabriques Movado **La Chaux-de-Fonds** (Suisse)	101
ADRIA	FM/F	Montilier Watch Co. S. A. **Montilier** (Suisse)	99
ALPINA		Alpina Union Horlogère S. A. **Bienne** (Suisse)	23
		Straub & Co. Ltd. **Bienne** (Suisse)	
ALPROSA	A-R	Manufacture d'Horlogerie Enicar S. A. **Longeau** près Bienne (Suisse)	48
ANGELUS	SF	Stolz Frères S. A., Fabrique Angélus **Le Locle** (Suisse)	133
ARGUS		Phénix Watch Co. S. A. Société Horlogère de Porrentruy **Porrentruy** (Suisse)	114
ARIANA		Fabrique d'Horlogerie Minerva S. A. **Villeret** (Suisse)	91
ATIMA		Buren Watch Company S. A. **Buren s/A.** (Suisse)	31
ATOX	SR	Société Horlogère Reconvilier **Reconvilier** (Suisse)	122
AUDEMARS, PIGUET & Co.	AP	Audemars, Piguet & Co. S. A. **Brassus & Genève** (Suisse)	26
BLANCPAIN	B	Rayville Watch Mfg. Co. Ltd. **Villeret** (Suisse)	120
BULLA	EJ	Manufacture de Montres Bulla Emile Juillard S. A. **Porrentruy** (Suisse)	61
BUREN VAN BUREN		Buren Watch Company S. A. **Buren s/A.** (Suisse)	31
CALENDERMETO CALENDETTE CALENDOGRAF		Fabriques Movado **La Chaux-de-Fonds** (Suisse)	101
CERTINA	KF	Kurth Frères S. A. **Grenchen** (Suisse)	62
CERTO	LCo	Liengme & Co. S. A. **Cormoret** (Suisse)	76
CHS. TISSOT & FILS		Chs. Tissot & Fils S. A. **Le Locle** (Suisse)	139
CHROMICAR	A-R	Manufacture d'Horlogerie Enicar S. A. **Longeau** près Bienne (Suisse)	48
CHRONODATO	SF	Stolz Frères S. A., Fabrique Angélus **Le Locle** (Suisse)	133
CIVITAS	FM	Fabrique des Montres Moeris F. Moeri S. A. **St-Imier** (Suisse)	95
CODEX		Vulcain et Volta, Ditisheim & Co. **La Chaux-de-Fonds** (Suisse)	149
COLOMBE	JB	Excelsior Park, Les Fils de Jeanneret-Brehm **St-Imier** (Suisse)	50
COLOMBO		Vulcain et Volta, Ditisheim & Co. **La Chaux-de-Fonds** (Suisse)	149
CORTEBERT	Cort	Cortébert Watch Co., Juillard & Co. **Cortébert** (Suisse)	38

Name	Mark	Manufacturer	Page
COURSIER		Vulcain et Volta. Ditisheim & Co. **La Chaux-de-Fonds** (Suisse)	149
COURT WATCH CO.		Court Watch Co. S. A. Manufacture d'Horlogerie **Court J. B.** (Suisse)	42
CULMINA		Culmina S. A., Manufacture d'Horlogerie **Grenchen** (Suisse)	44
CYMA		Cyma Watch Co. S. A. **La Chaux-de-Fonds** (Suisse)	46
DAMAS	BTC	Béguelin & Co. S. A. **Tramelan** (Suisse)	28
DATOGRAPHE DATOLUXE	SF	Stolz Frères S. A., Fabrique Angélus **Le Locle** (Suisse)	133
ELECTION	e	Nouvelle Fabrique Election S. A. **La Chaux-de-Fonds** (Suisse)	
ENICAR	A-R	Manufacture d'Horlogerie Enicar S. A. **Longeau** près Bienne (Suisse)	48
ERMETO		Fabriques Movado **La Chaux-de-Fonds** (Suisse)	101
EROS		Phénix Watch Co. S. A. Société Horlogère de Porrentruy **Porrentruy** (Suisse)	114
ESTA	B	Buser Frères & Co. S. A. **Niederdorf** (Suisse)	35
EXCELSIOR EXCELSIOR PARK	JB	Excelsior Park, Les Fils de Jeanneret-Brehm **St-Imier** (Suisse)	50
FAVERGES		Fabrique d'Horlogerie Minerva S. A. **Villeret** (Suisse)	91
MARC FAVRE	MF	Marc Favre & Co. S. A. **Bienne** (Suisse)	53
FINA	MV	Recta Manufacture d'Horlogerie S. A. **Bienne** (Suisse)	128
FRENCA	B	Buser Frères & Co. S. A. **Niederdorf** (Suisse)	35
GALA	LCo	Liengme & Co. S. A. **Cormoret** (Suisse)	76
GENEVA SPORT GENEVASPORT GENEVA SPORT WATCH	GSW	Geneva Sport Watch Ltd. **Genève** (Suisse)	59
GRANA	KF	Kurth Frères S. A. **Grenchen** (Suisse)	62
HIALEAH	O.M.	Manufacture d'Horlogerie Otto Maire S. A. **Longeau** près Bienne (Suisse)	79
HEBDOMAS		Manufacture d'Horlogerie Schild & Co. S. A. **La Chaux-de-Fonds** (Suisse)	131
HELVETIA	H	Montres Helvetia General Watch Co. S. A. **Bienne** (Suisse)	56
HERCULES	SR	Société Horlogère Reconvilier **Reconvilier** (Suisse)	122
HERLIS	LCo	Liengme & Co. S. A. **Cormoret** (Suisse)	76
HERTA		Fabrique d'Horlogerie Minerva S. A. **Villeret** (Suisse)	91
INTERNATIONAL WATCH I. W. C.	IWC	E. Homberger-Rauschenbach ci-devant International Watch Co. **Schaffhouse** (Suisse)	60
JAEGER-LE COULTRE		Jaeger-Le Coultre S. A. **Genève** (Suisse)	72
JUPITER	ort	Cortébert Watch Co., Juillard & Co. **Cortébert** (Suisse)	38

LANCIA		Vulcain et Volta, Ditisheim & Co. **La Chaux-de-Fonds** (Suisse)	149
LANCO LANCYL		Société d'Horlogerie de Langendorf **Langendorf** (Suisse)	65
LAVINA		Manufacture d'Horlogerie Lavina S. A. **Villeret** (Suisse)	69
LE COULTRE		Jaeger-Le Coultre S. A. **Genève** (Suisse)	72
LEMANIA		Fabrique d'Horlogerie Lémania Lugrin S. A. **Orient** (Suisse)	75
LEOPARD		Phénix Watch Co. S. A. Société Horlogère de Porrentruy **Porrentruy** (Suisse)	114
LONGEAU		Manufacture d'Horlogerie Enicar S. A. **Longeau** près Bienne (Suisse)	48
LONGINES		Cie des Montres Longines Francillon S. A. **St-Imier** (Suisse)	78
LONVILLE		Société d'Horlogerie de Langendorf **Langendorf** (Suisse)	65
MADAME		Rayville Watch Mfg. Co. Ltd. **Villeret** (Suisse)	120
MAIRE	O.M.	Manufacture d'Horlogerie Otto Maire S. A. **Longeau** près Bienne (Suisse)	79
MAJIC		Vulcain et Volta, Ditisheim & Co. **La Chaux-de-Fonds** (Suisse)	149
MALAXA		Martel Watch Co. S. A. **Les Ponts-de-Martel** (Suisse)	81
MARATHON	JB	Excelsior Park, Les Fils de Jeanneret-Brehm **St-Imier** (Suisse)	50

MARC FAVRE	MF	Marc Favre & Co. S. A. **Bienne** (Suisse)	53
MARINO		Société Horlogère Reconvilier **Reconvilier** (Suisse)	122
MARVIN		Cie des Montres Marvin S. A. **La Chaux-de-Fonds** (Suisse)	82
MELBA		Vulcain et Volta, Ditisheim & Co. **La Chaux-de-Fonds** (Suisse)	149
MERCURE		Fabrique d'Horlogerie Minerva S. A. **Villeret** (Suisse)	91
METEOR		Vulcain et Volta, Ditisheim & Co. **La Chaux-de-Fonds** (Suisse)	149
MINERVA		Fabrique d'Horlogerie Minerva S. A. **Villeret** (Suisse)	91
MOERIS	FM	Fabrique des Montres Moeris F. Moeri S. A. **St-Imier** (Suisse)	95
MONTILIER MONTILIER WATCH MONTILIO MORAT WATCH MOREX	FM	Montilier Watch Co. S. A. **Montilier** (Suisse)	99
MOVADO		Fabriques Movado **La Chaux-de-Fonds** (Suisse)	101
ULYSSE NARDIN		Ulysse Nardin S. A. **Le Locle** (Suisse)	104
NEO NEOVA NIDOR	B	Buser Frères & Co. S. A. **Niederdorf** (Suisse)	35
OMEGA	Ω OMEGA	Omega Louis Brandt & Frère S. A. **Bienne** (Suisse)	109

Name	Mark	Manufacturer	Page
OMER	O.M.	Manufacture d'Horlogerie Otto Maire S. A. **Longeau** près Bienne (Suisse)	79
ORATOR	(shield)	Manufacture d'Horlogerie Schild & Co. S. A. **La Chaux-de-Fonds** (Suisse)	131
ORLAM	(MF)	Marc Favre & Co. S. A. **Bienne** (Suisse)	53
ORVIE	LCo	Liengme & Co. S. A. **Cormoret** (Suisse)	76
PARK	(JB)	Excelsior Park, Les Fils de Jeanneret-Brehm **St-Imier** (Suisse)	50
PATEK, PHILIPPE & Co.		Patek, Philippe & Co. S. A. **Genève** (Suisse)	113
PERPETUA	(shield)	Manufacture d'Horlogerie Schild & Co. S. A. **La Chaux-de-Fonds** (Suisse)	131
PERSEO	(Ort)	Cortébert Watch Co., Juillard & Co. **Cortébert** (Suisse)	38
PHENIX	(star)	Phénix Watch Co. S. A. Société Horlogère de Porrentruy **Porrentruy** (Suisse)	114
PIERCE	π	Manufacture des Montres & Chronographes Pierce S. A. **Bienne** (Suisse)	116
PIKLEUR	LCo	Liengme & Co. S. A. **Cormoret** (Suisse)	76
PRIMOR	(SF)	Stolz Frères S. A., Fabrique Angélus **Le Locle** (Suisse)	133
PRINCIA	(MV)	Vulcain et Volta, Ditisheim & Co. **La Chaux-de-Fonds** (Suisse)	149
PULCRA	(SR)	Société Horlogère Reconvilier **Reconvilier** (Suisse)	122
RAYVILLE	(R)	Rayville Watch Mfg. Co. Ltd. **Villeret** (Suisse)	120
RECONVILIER	(SR)	Société Horlogère Reconvilier **Reconvilier** (Suisse)	122
RECORD RECORD WATCH Co.	(RWT)	Record Watch Co. S. A. **Genève** (Suisse)	124
RECTA	(MV)	Recta Manufacture d'Horlogerie S. A. **Bienne** (Suisse)	128
RECTORY	(SF)	Stolz Frères S. A., Fabrique Angélus **Le Locle** (Suisse)	133
REGIS	(MV)	Vulcain et Volta, Ditisheim & Co. **La Chaux-de-Fonds** (Suisse)	149
REVUE	(T)	Thommen S. A., Fabriques d'Horlogerie **Waldenbourg** (Suisse)	135
RIVAL	(AA)	Buren Watch Company S. A. **Buren s/A.** (Suisse)	31
ROAMER	(MST)	Meyer & Stüdeli S. A. **Soleure** (Suisse)	84
ROCONIS	(SR)	Société Horlogère Reconvilier **Reconvilier** (Suisse)	122
ROLEX		Rolex S. A. **Genève** (Suisse)	130
ROLLS	(R)	Rayville Watch Mfg. Co. Ltd. **Villeret** (Suisse)	120
SELVA	(MV)	Recta Manufacture d'Horlogerie S. A. **Bienne** (Suisse)	128
SOLAGO	(SR)	Société Horlogère Reconvilier **Reconvilier** (Suisse)	122

Brand	Mark	Company	Page
STUDIO		Vulcain et Volta, Ditisheim & Co. **La Chaux-de-Fonds** (Suisse)	149
SOLA		Thommen S. A., Fabriques d'Horlogerie **Waldenbourg** (Suisse)	135
TAVANNES		Cyma Watch Co. S. A. **La Chaux-de-Fonds** (Suisse)	46
TELLUS		Cortébert Watch Co., Juillard & Co. **Cortébert** (Suisse)	38
TEMPOMATIC		Fabriques Movado **La Chaux-de-Fonds** (Suisse)	101
THE QUICK TRAIN		Rayville Watch Mfg. Co. Ltd. **Villeret** (Suisse)	120
TIPTOP		Buser Frères & Co. S. A. **Niederdorf** (Suisse)	35
CHS. TISSOT & FILS		Chs. Tissot & Fils S. A. **Le Locle** (Suisse)	139
TOURING		Vulcain et Volta, Ditisheim & Co. **La Chaux-de-Fonds** (Suisse)	149
TRAMELAN WATCH Co.		Béguelin & Co. S. A. **Tramelan** (Suisse)	28
TROPIC		Fabrique d'Horlogerie Minerva S. A. **Villeret** (Suisse)	91
ULYSSE NARDIN		Ulysse Nardin S. A. **Le Locle** (Suisse)	104
UNIVERSAL GENEVE		Manufacture des Montres Universal Perret & Berthoud S. A. **Genève** (Suisse)	142
VACHERON & CONSTANTIN GENEVE		Vacheron & Constantin S. A. **Genève** (Suisse)	146

Brand	Mark	Company	Page
VAN BUREN		Buren Watch Company S. A. **Buren s/A.** (Suisse)	31
VENCEDOR		Société Horlogère Reconvilier **Reconvilier** (Suisse)	122
VETO		Liengme & Co. S. A. **Cormoret** (Suisse)	76
VIDAR		Meyer & Stüdeli S. A. **Soleure** (Suisse)	84
VIKING		Cortébert Watch Co., Juillard & Co. **Cortébert** (Suisse)	38
VILLERET WATCH		Fabrique d'Horlogerie Minerva S. A. **Villeret** (Suisse)	91
VINCITORE		Société Horlogère Reconvilier **Reconvilier** (Suisse)	122
VULCAIN		Vulcain et Volta, Ditisheim & Co. **La Chaux-de-Fonds** (Suisse)	149
ZENITH		Fabriques des Montres Zénith S. A. **Le Locle** (Suisse)	151

EXCELSIOR PARK, St-Imier

D. = 42,00 mm.
Chronographe

15

D. = 36,00 mm.
D. = 42,00 mm.
Réveil

7

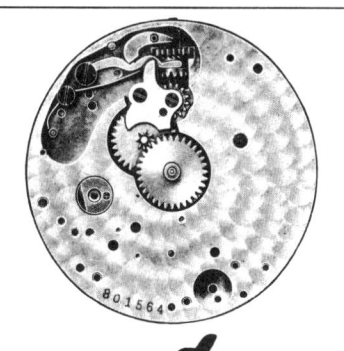

D. = 40,60 mm.
Compteur-football

6

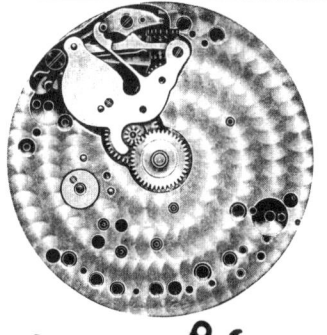

D. = 42,00 mm. **16** H. 4,50 mm.
17 H. 5,00 mm.

D. = 31,60 mm.
4 Chronographe
4 Chronographe avec mise à l'heure de la seconde

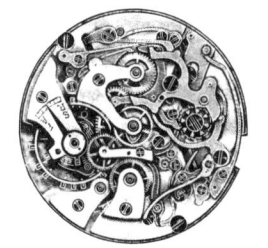

D. = 31,60 mm.
Chronographe
avec compteur d'heures
40

27,10 × 29,40 mm.
D. = 29,40 mm.
Chronographe
42

D. = 23,50 mm. D. = 26,00 mm.
5 H. 3,60 mm.
5 avec mise à l'heure de la sec.
51 SC H. 4,40 mm.

GIRARD·PERREGAUX
La Chaux-de-Fonds (Suisse)

ANC. MAISON J. F. BAUTTE & CIE
MANUFACTURE D'HORLOGERIE

Tous les mouvements GP portent, gravé sur les ponts, un numéro d'identification. Prière d'indiquer ce numéro pour éviter toute confusion possible.

All GP movements are marked with an identification number, stamped on the bridges. It should appear on each material order to avoid confusion.

Todas las máquinas GP llevan grabado sobre los puentes un número de identificación. Sírvanse indicar dicho número para evitar toda confusión posible.

Jedes GP Werk hat auf den Brücken eine Nummer eingraviert, deren Angabe die einwandfreie Bezeichnung des Kalibers erlaubt.

Girard-Perregaux

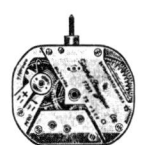

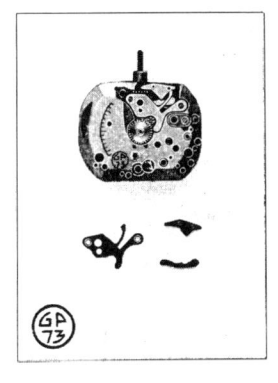

GP 73
13 × 16,7 mm.
N° 73

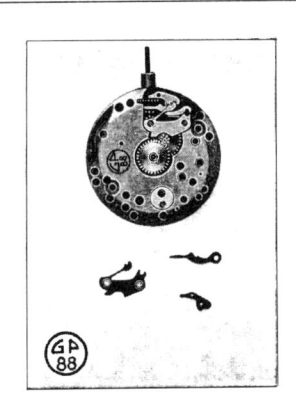

GP 88
8¼''' ⌀ 18,6 mm.
N° 88

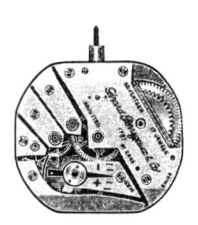

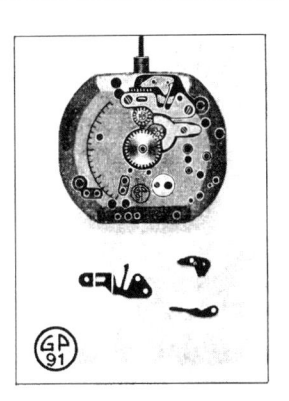

GP 91
20 × 23 mm.
N° 91

LANGENDORF WATCH Co., Langendorf

5'''
12,10 × 15,50 mm.
H. 3,50 mm.
56

5 ¼'''
12,80 × 19,10 mm.
H. 3,60 mm.
524

6 ¾ × 8'''
15,30 × 17,75 mm.
H. 3,60 mm.
642

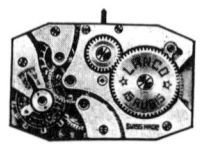

6 ¾ × 11'''
15,30 × 24,40 mm.
H. 3,80 mm.
622

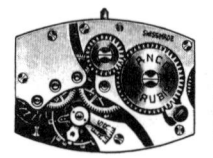

7 ¾ × 11'''
17,50 × 25,00 mm.
H. 3,95 mm.
722

8 ¾ × 12'''
20,20 × 26,50 mm.
H. 3,85 mm.
826

LANGENDORF WATCH Co., Langendorf

8 ¾''' = 19,40 mm.
804 SC   H. 4,30 mm.
806   H. 3,45 mm.
864 SC   H. 4,65 mm.

9 ¾''' = 21,30 mm.
914 SC   H. 4,65 mm.
924   H. 3,80 mm.

10 ½''' = 23,35 mm.
1022   H. 3,80 mm.
1054 SC H. 4,90 mm.

11 ½''' = 25,60 mm.
1106   H. 3,80 mm.
1154 SC H. 4,90 mm.

10 ½''' = 23,35 mm.
H. 4,20 mm.
1064 SC

11 ½''' = 25,60 mm.
1114 SC H. 5,05 mm.
1124   H. 4,20 mm.

10 ½''' = 23,35 mm.
1072   H. 4,20 mm.
1074 SC H. 5,30 mm.

11 ½''' = 25,60 mm.
1172   H. 4,20 mm.
1174 SC H. 5,30 mm.

LANGENDORF WATCH Co., Langendorf

12''' = 26,60 mm.
1214 SC H. 5,05 mm.
1222   H. 4,20 mm.

15''' = 34,00 mm.
H. 5,40 mm.
1514 SC

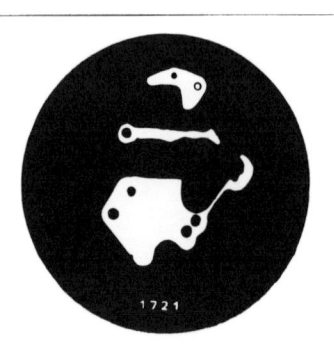

17 ½''' = 38,65 mm.
H. 4,30 mm.
1721

19''' = 41,70 mm.
H. 5,30 mm.
191

Mido

12''' — **916** H 4.85
automatic
small second hand
seconde habituelle

12''' — **917** H 5.45
automatic
sweep second hand
seconde au centre

9''' — **717** H 5.05
automatic
sweep second hand
seconde au centre

13''' — **1300** H 6.00
chronograph
with large 60 minute recorder
avec grand compteur 60 minutes

Afin d'obtenir la fourniture désirée, il suffit d'indiquer le numéro de référence gravé près de la marque MIDO.

In order to receive the exact spare parts, please indicate the reference number engraved in connection with the word MIDO.

Para obtener la fornitura deseada, basta indicar el número de referencia grabado cerca de la marca MIDO.

Um die gewünschten Ersatzteile zu erhalten genügt es, die neben der Marke MIDO eingravierte Referenznummer anzugeben.

FABRIQUES MOVADO, La Chaux-de-Fonds

11,50 × 16,00 mm. **65**	13,20 × 16,60 mm. **575**	14,00 × 17,40 mm. **25** **28** CLD	18,50 × 22,10 mm. **375**	15,40 × 27,00 mm. **440**
20,00 × 27,00 mm. **510**	D. = 17,00 mm. **50 SP**	D. = 19,50 mm. **105**	**470** D. = 23,10 mm. **473** CLD avec phases D. = 24,00 mm. de lune **475** CLD D. = 28,00 mm.	D. = 23,30 mm. **260 M** SC

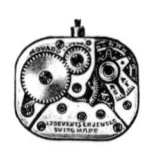

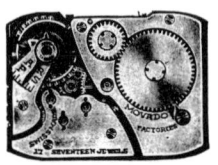

FABRIQUES MOVADO, La Chaux-de-Fonds

150 MN D. = 22,90 mm. **155 CLD** avec phases de lune D. = 24,00 mm.	D. = 28,80 mm. **220 M** AUT SC **225 M** AUT CLD SC
D. = 26,60 mm. **90 M** Chronographe compteur de minutes **95 M** Chronographe compteur d'heures	D. = 28,00 mm. **125**

D. = 38,00 mm.

540

D. = 42,40 mm.

800 M

RECTA S. A., Bienne

5 ¼ '''
12,75 × 19,20 mm.
H. 3,60 mm.

H

6 ¾ × 8 '''
15,30 × 18,10 mm.
H. 3,50 mm.

M

7 ¾ × 11 '''
17,50 × 25,00 mm.
H. 3,65 mm.

J

8 ¾ ''' = 19,40 mm.
C   H. 3,60 mm.
CB SC H. 4,40 mm.

9 ¾ ''' = 21,70 mm.
CA   H. 3,60 mm.
CC SC H. 4,40 mm.

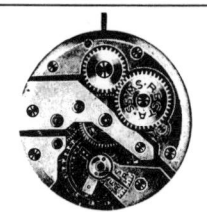

10 ½ ''' = 23,30 mm.
F   H. 3,85 mm.
FB SC H. 4,70 mm.

11 ½ ''' = 25,60 mm.
FA   H. 3,85 mm.
FC SC H. 4,70 mm.

12 ''' = 27,07 mm.
H. 3,95 mm.

G

17 ''' = 37,30 mm.
KA H. 4,50 mm.
KB H. 3,70 mm.

19 ''' = 41,85 mm.
A H. 5,25 mm.   **B** H. 6,40 mm.

CHS. TISSOT & FILS S. A., Le Locle

11,70 × 15,25 mm. H. 3,60 mm. **11.7**	12,60 × 20,60 mm. H. 3,25 mm. **12.6**	13,50 × 17,50 mm. H. 3,35 mm. **13.6**	15,33 × 17,50 mm. H. 3,35 mm. **15.3**	17,50 × 21,00 mm. **17.5 - 3** **17.5 - 1** } H. 3,80 mm. **17.5 - 23** SC **17.5 - 21** SC } H. 4,60 mm.
20,00 × 26,00 mm. H. 4,20 mm. **20**	D. = 17,20 mm. H. 3,40 mm. **17.2**	D. = 19,40 mm. H. 3,50 mm. **19.4** **19.4 - 3** **19.4 - 1**	D. = 21,70 mm. H. 3,80 mm. **21.7** **21.7 - 3**	

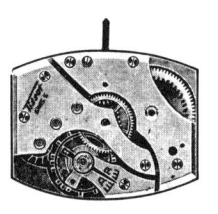

293

CHS. TISSOT & FILS S. A., Le Locle

D. = 27,00 mm.
Chronographe
C 27.4 } H. 5,60 mm.
C 27.41
Chronographe-compteur d'heures
C 27.4 H } H. 6,80 mm.
C 27.41 H

D. = 28,00 mm. D. = 28,50 mm.
D. = 31,00 mm.
28-1	AUT
28.5-1	AUT
31-1	AUT
28-21	AUT SC
28.5-21	AUT SC
31-21	AUT SC

H. 5,05 mm.
H. 6,00 mm.

D. = 26,50 mm.
27	
27 - 3	H. 4,05 mm.
27 - 1	
27 - 2 SC	
27 - 23 SC	H. 4,85 mm.
27 - 21 SC	
27 - 63	H. 4,70 mm.
27 - 61	quantième

Chronographe
D. = 28,90 mm.
H. 6,65 mm.
28.9

Chronographe
D. = 33,30 mm.   H. 6,55 mm.
33.3 - 4
33.3 - 41

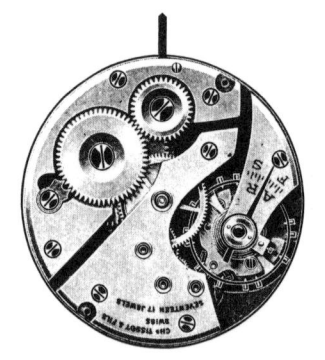

D. = 38,16   H. 4,25 mm.
38.2

D. = 43,00 mm.   H. 5,65 mm.
43

ULYSSE NARDIN S. A., Le Locle

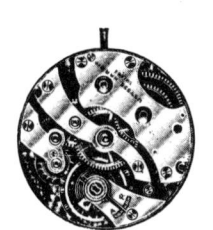

10 ½ ''' = 23,60 mm.
H. 3,80 mm.
9

13 ''' = 30,00 mm.
H. 5,85 mm.
Chronographe
11

14 ''' = 34,00 mm.
H. 6,40 mm.
Chronographe
10

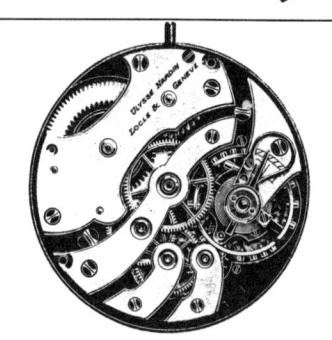

17 ''' = 38,00 mm.
7 { H. 4,00 mm.
H. 5,30 mm.

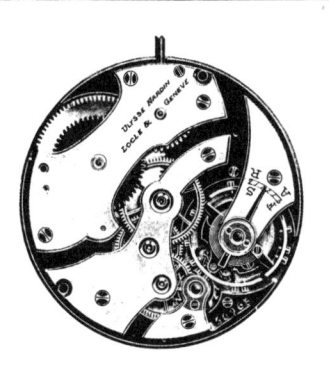

17 ''' = 38,00 mm.
H. 3,20 mm.
8

19 ''' = 41,90 mm.
5 { H. 4,00 mm.
H. 5,30 mm.
H. 6,20 mm.

19 ''' = 41,90 mm.
Chronographe
6 { H. 4,00 mm.
H. 5,30 mm.
H. 6,20 mm.

UNIVERSAL, Genève

 4'''	 5'''	 5 ¼'''	 6 ¼ × 7 ½'''	 7 ¼ × 9 ¾'''	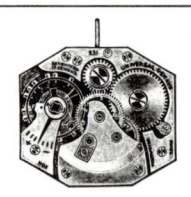 8 × 9'''
10,10 × 18,30 mm. H. 3,45 mm.	11,50 × 16,00 mm. H. 3,45 mm.	12,80 × 19,20 mm. H. 3,40 mm.	14,00 × 17,00 mm. H. 3,45 mm.	16,35 × 21,70 mm. H. 3,70 mm.	18,50 × 21,60 mm. H. 4,80 mm.
207	**219**	**220**	**216**	**239**	**231** SC

 8 ¾ × 12'''	 7 ¾''' = 17,20 mm.	 8 ¾''' = 19,40 mm.	 10 ½''' = 23,30 mm.	 12 ½''' = 28,00 mm.
19,85 × 26,35 mm. H. 3,70 mm.	**245** } H. 3,45 mm. **257** **444** SC H. 4,20 mm.	H. 3,45 mm. **258**	**260** H. 3,90 mm. **264** H. 3,55 mm. **261** SC H. 4,85 mm. **265** SC H. 4,35 mm.	**128** H. 3,95 mm. **129** SC H. 4,70 mm.
240				

UNIVERSAL, Genève

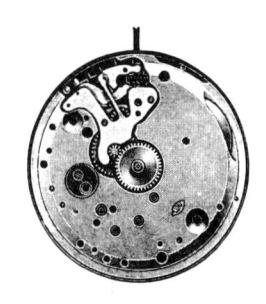

281, 381	D. = 27,80 mm.
283, 383	D. = 29,50 mm.
481	D. = 31,70 mm.

H. 5,50 mm.

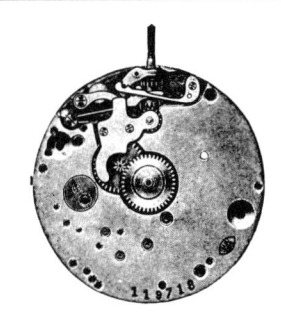

285	D. = 31,70 mm. H. 6,05 mm.
385, 386	H. 6,35 mm.
287	D. = 33,20 mm. H. 6,05 mm.
387	H. 6,35 mm.
292	D. = 35,20 mm. H. 6,05 mm.

Les mouvements ci-dessus sont livrés aussi avec les adjonctions ci-après.
Indiquer le No. du calibre et le type de la terminaison. Exemple : **285 DX.**

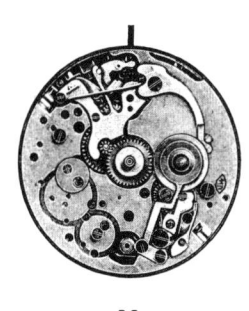

X	AX	DX	TX

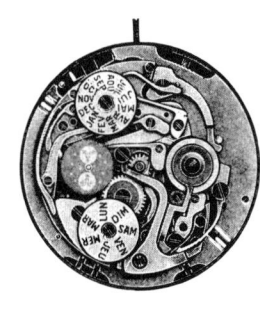

UNIVERSAL, Genève

Chronographe
10 ½ ''' = 23,30 mm.
H. 5,55 mm.
289	12 ¼ ''' = 27,80 mm.
138 AUT   H. 4,85 mm.
139 AUT SC H. 5,55 mm.	12 ''' = 26,60 mm.
262   H. 3,90 mm.
263 SC H. 4,65 mm.	12 ''' = 28,30 mm.
13 ''' = 29,50 mm.
H. 4,80 mm.
267 SC	13 ''' = 29,50 mm.
H. 5,45 mm.
291 CLD
291 CLD
avec phases de lune

17 ¾ ''' = 39,10 mm.
268   H. 3,05 mm.
290 H. 3,65 mm.	Compteur
17 ¼ ''' = 39,10 mm.
295 H. 7,00 mm.	Chronographe
19 ''' = 42,30 mm.
296   H. 7,60 mm.

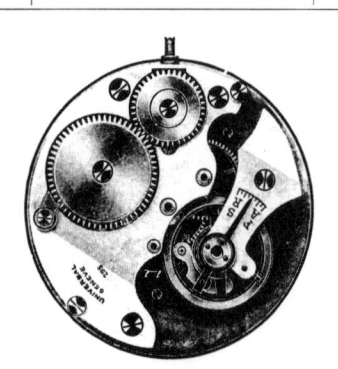

	Liste et marques déposées des maisons affiliées et contrôlées de **EBAUCHES S. A.** Neuchâtel — Suisse	
AS	A. Schild S. A.	Grenchen
H	Fabrique d'Horlogerie de Fontainemelon	Fontainemelon
ETA	Eta S. A., Fabrique d'Ebauches	Grenchen
L	Fabrique d'Horlogerie de Fontainemelon Succursale du Landeron	Le Landeron
A	A. Michel S. A.	Grenchen
F	Felsa S. A.	Grenchen
AV	Fabriques d'Ebauches Bernoises S. A. Etablissement Aurore	Villeret
☆	Fabrique d'Ebauches Vénus S. A.	Moutier
U	Fabrique d'Ebauches Unitas S. A.	Tramelan
FEF	Fabrique d'Ebauches de Fleurier S. A.	Fleurier
P	Fabrique d'Ebauches de Peseux S. A.	Peseux
A	Fabriques d'Ebauches Réunies Arogno S. A.	Arogno
EB	Fabrique d'Ebauches de Bettlach	Bettlach
C	Fabrique d'Ebauches de Chézard S. A.	Chézard
D	Derby S. A.	La Chaux-de-Fonds
T	Nouvelle Fabrique S. A.	Tavannes
R	Valjoux S. A.	Les Bioux

Ces marques sont gravées sur la platine, sous le cadran ou sous l'échappement

CHRONOGRAPHES DE FORME

8 3/4 x 12'''

(131)
Chronographe
sans compteur

| 10—11 ¾ lig | ⁷⁄₈—1¹⁄₁₆ in | 22.50—26.75 mm |

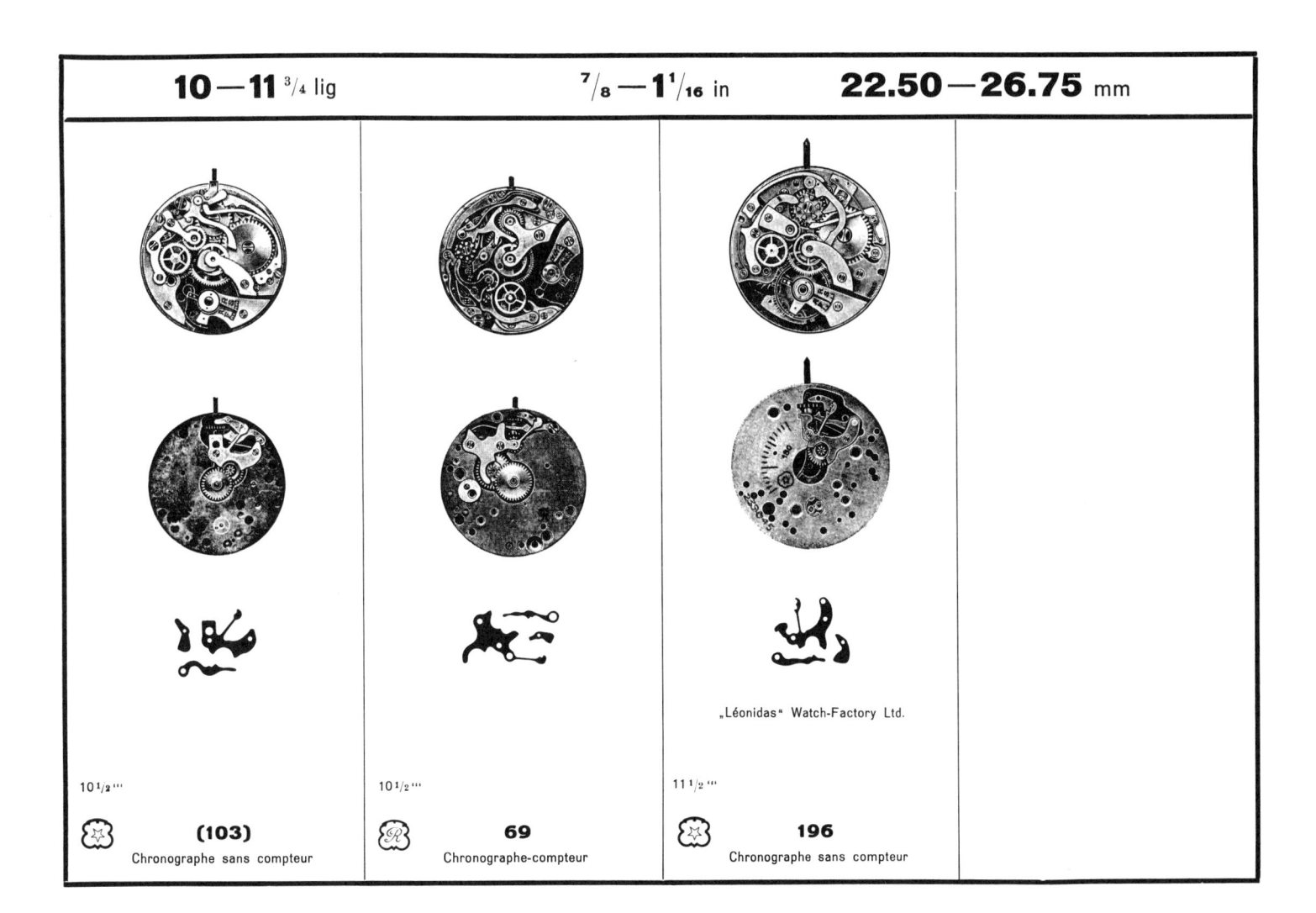

10 ½'''
(103)
Chronographe sans compteur

10 ½'''
69
Chronographe-compteur

11 ½'''
„Léonidas" Watch-Factory Ltd.
196
Chronographe sans compteur

| 12–13 ¾ lig | 1 1/16 – 1 15/64 in | 27.00 – 31.25 mm |

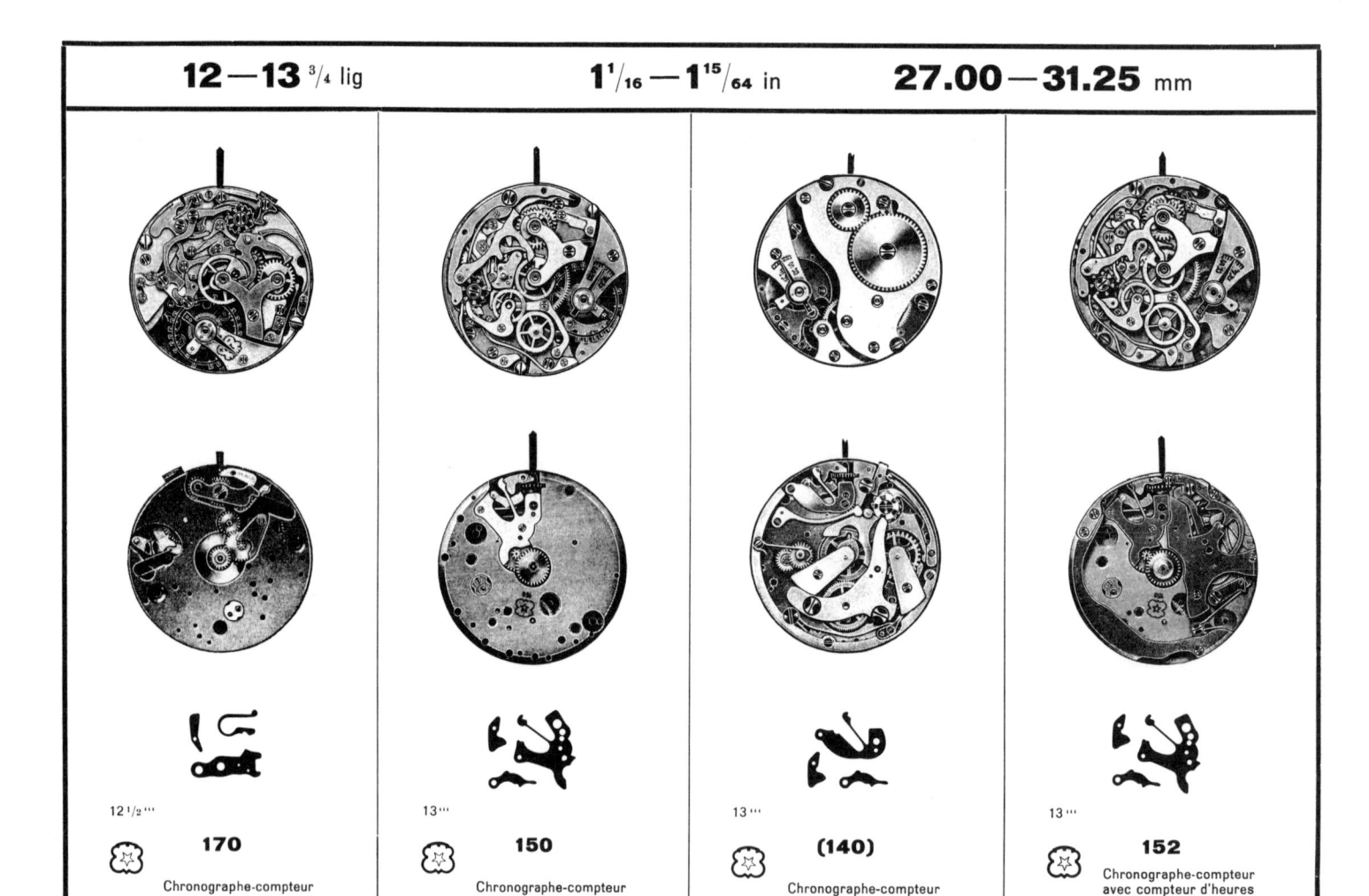

12 ½ '''	13 '''	13 '''	13 '''
170	**150**	**(140)**	**152**
Chronographe-compteur	Chronographe-compteur	Chronographe-compteur	Chronographe-compteur avec compteur d'heures

| 12—13 ¾ lig | 1 1/16 — 1 15/64 in | 27.00—31.25 mm |

12'''	13 ¾'''	13 ¾'''	13 ¾'''
ETA **1168**	L **148**	L **185** CLD	L **186** CLD
Chronographe sans compteur	Chronographe-compteur	Chronographe-compteur	Chronographe-compteur, phases de lune

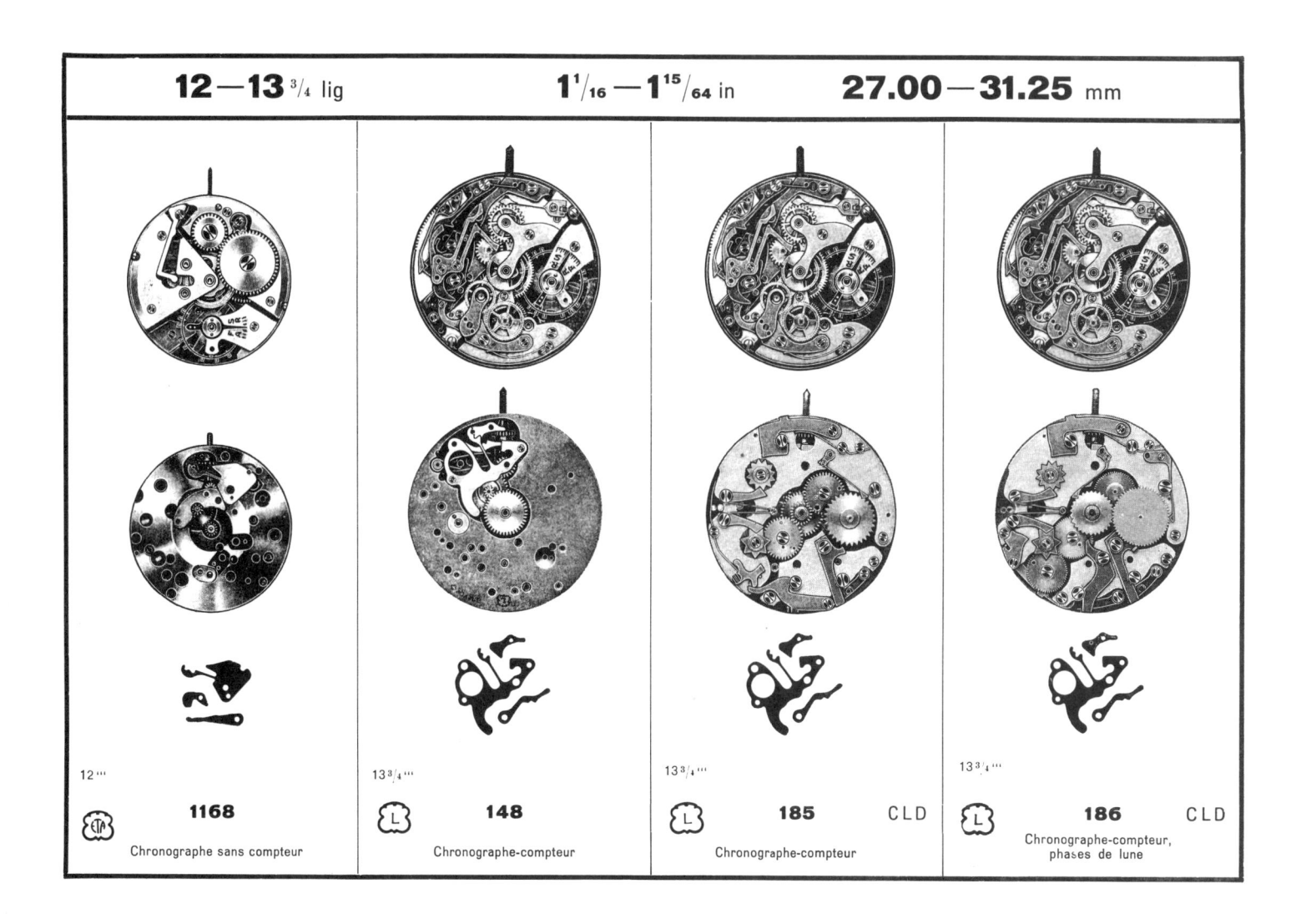

303

| 12—13 ³/₄ lig | 1¹/₁₆ — 1¹⁵/₆₄ in | 27.00 — 31.25 mm |

| 13''' **186** Chronographe-compteur, compteur d'heures, quantième | 13''' **187** Chronographe-compteur, compteur d'heures, quantième, phases de lune | 13''' **191** CLD Chronographe-compteur avec compteur d'heures | 13''' **88** CLD Chronographe-compteur, compteur d'heures, phases de lune |

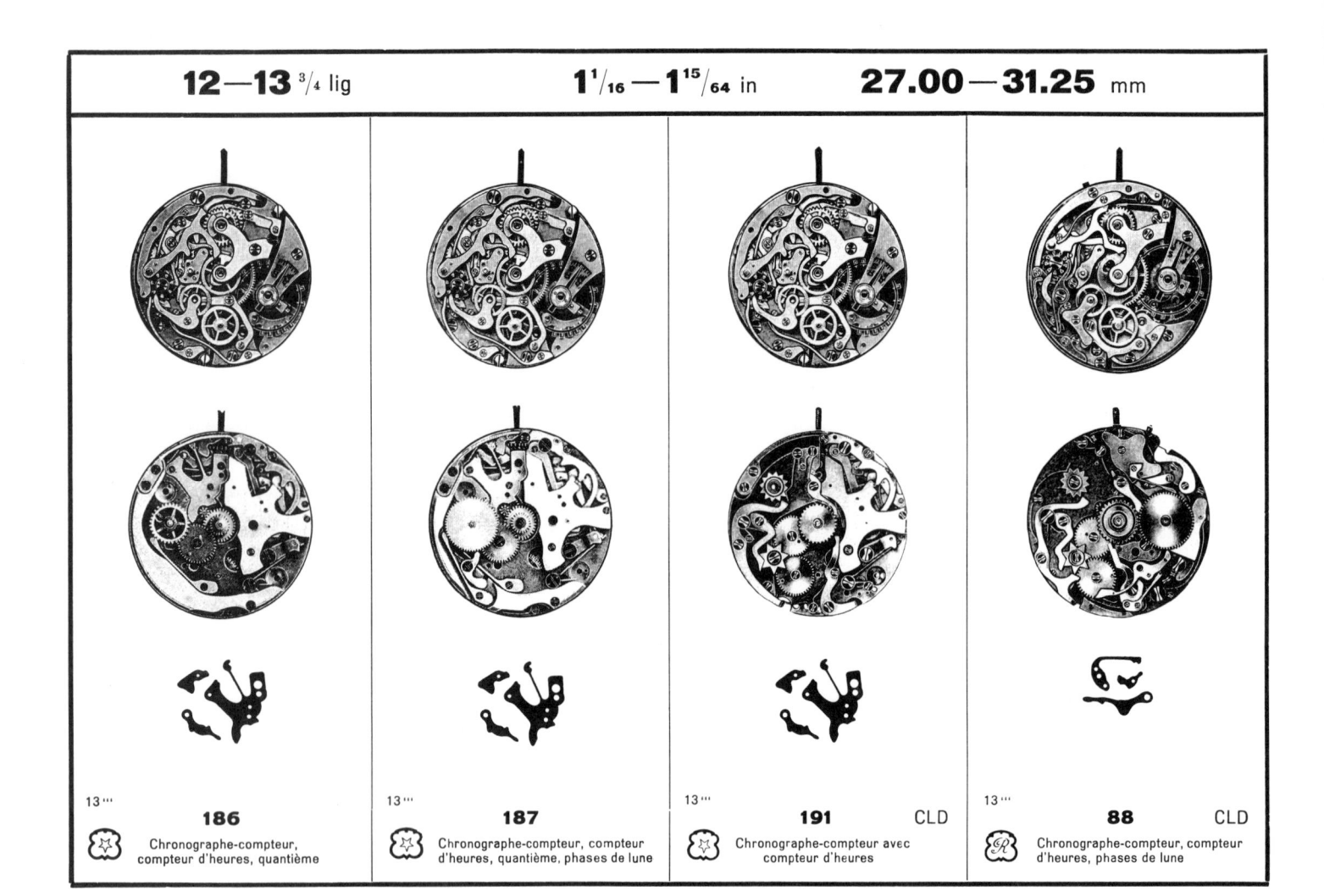

12—13 ¾ lig   1 1/16 — 1 15/64 in   27.00—31.25 mm

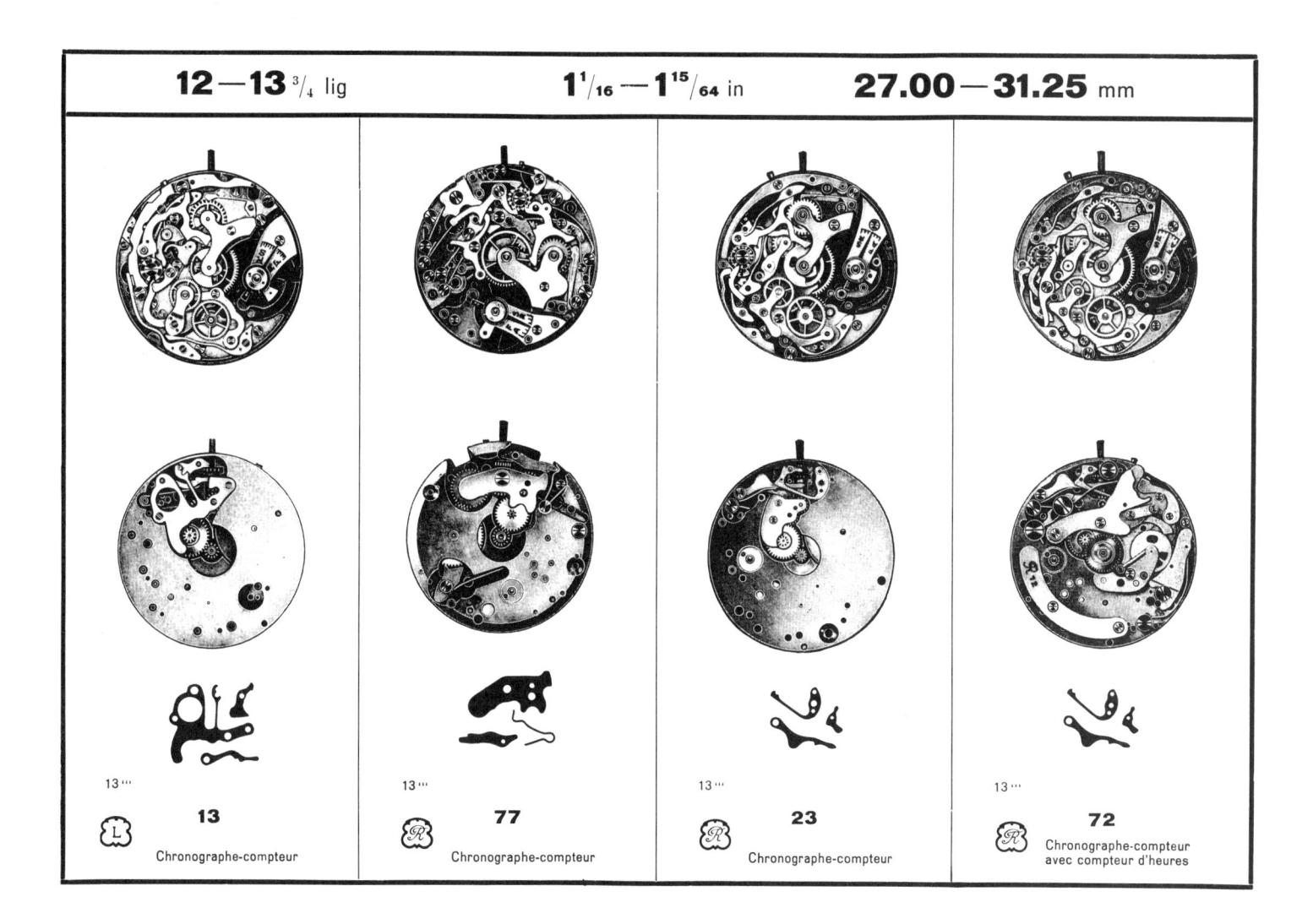

13'''	13'''	13'''	13'''
(L) **13** Chronographe-compteur	(R) **77** Chronographe-compteur	(R) **23** Chronographe-compteur	(R) **72** Chronographe-compteur avec compteur d'heures

| 12—13 ¾ lig | 1 1/16 — 1 15/64 in | 27.00—31.25 mm |

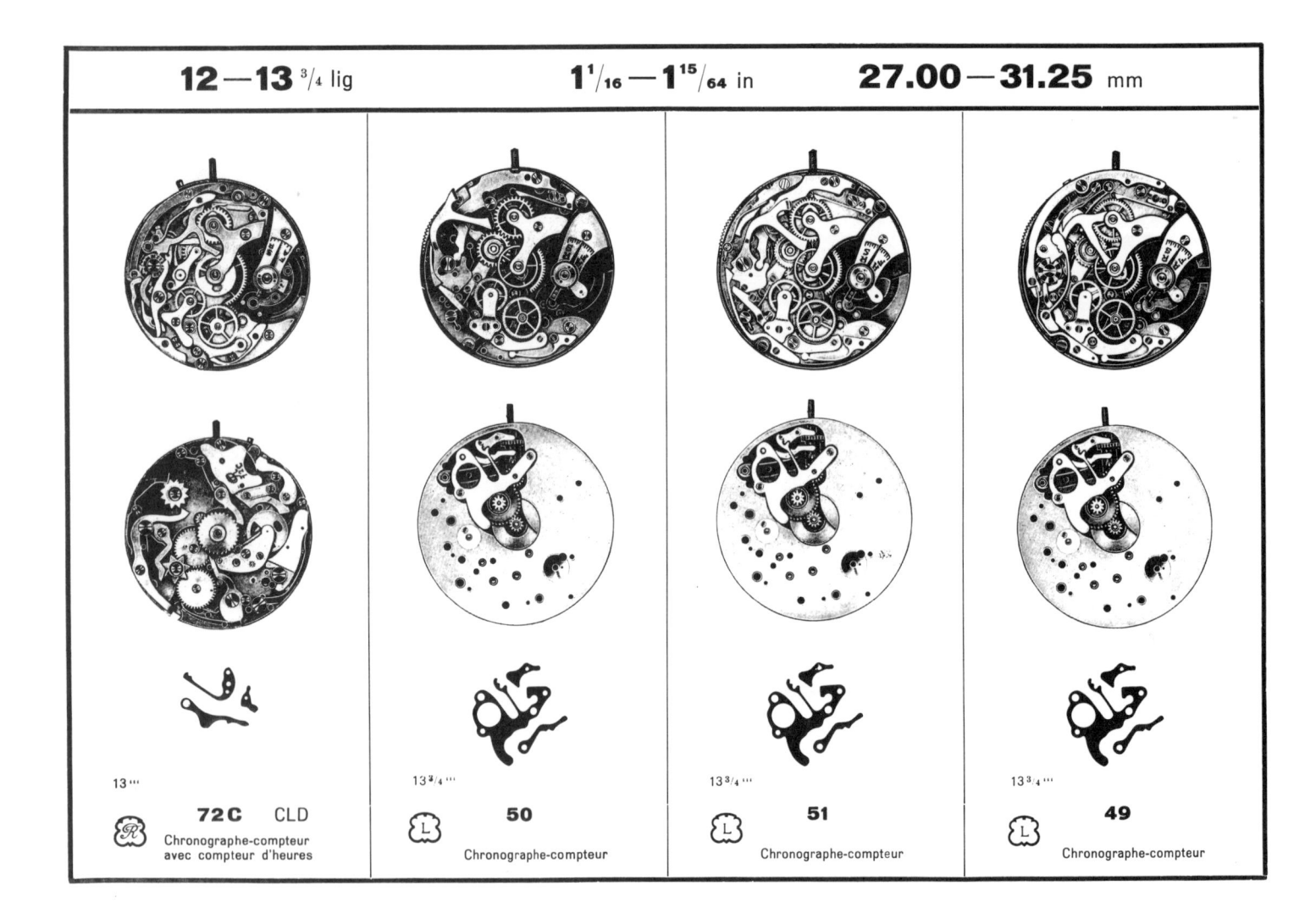

13'''	13 ¾ '''	13 ¾ '''	13 ¾ '''
® **72C** CLD	Ⓛ **50**	Ⓛ **51**	Ⓛ **49**
Chronographe-compteur avec compteur d'heures	Chronographe-compteur	Chronographe-compteur	Chronographe-compteur

306

| 12—13 ¾ lig | 1 1/16 — 1 15/64 in | 27.00—31.25 mm |

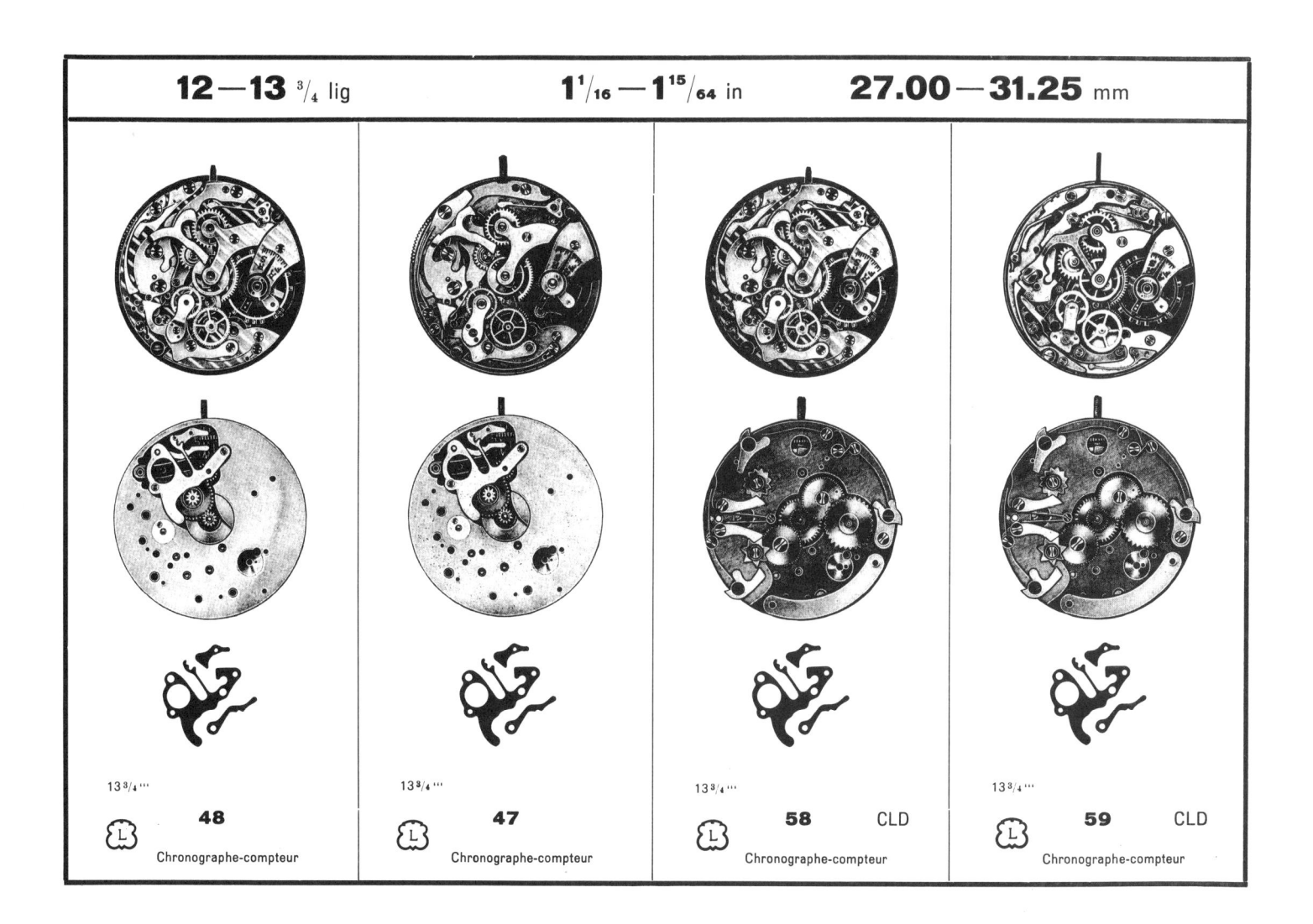

13 ¾ '''	13 ¾ '''	13 ¾ '''	13 ¾ '''
ⓛ **48**	ⓛ **47**	ⓛ **58** CLD	ⓛ **59** CLD
Chronographe-compteur	Chronographe-compteur	Chronographe-compteur	Chronographe-compteur

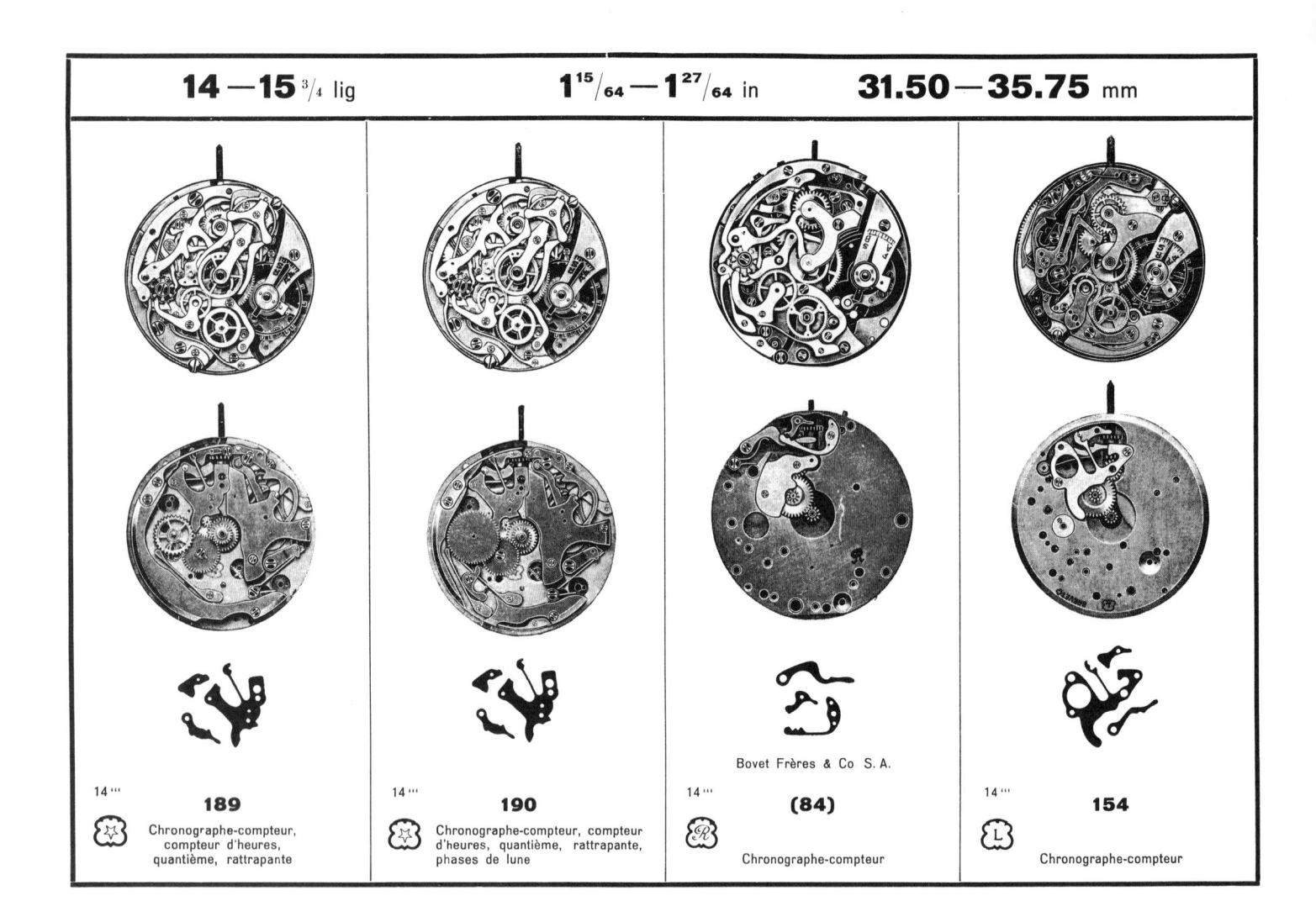

14 — 15 ¾ lig   1 ¹⁵⁄₆₄ — 1 ²⁷⁄₆₄ in   31.50 — 35.75 mm

14''' **189**	14''' **190**	14''' **(84)**	14''' **154**
Chronographe-compteur, compteur d'heures, quantième, rattrapante	Chronographe-compteur, compteur d'heures, quantième, rattrapante, phases de lune	Bovet Frères & Co S.A. Chronographe-compteur	Chronographe-compteur

308

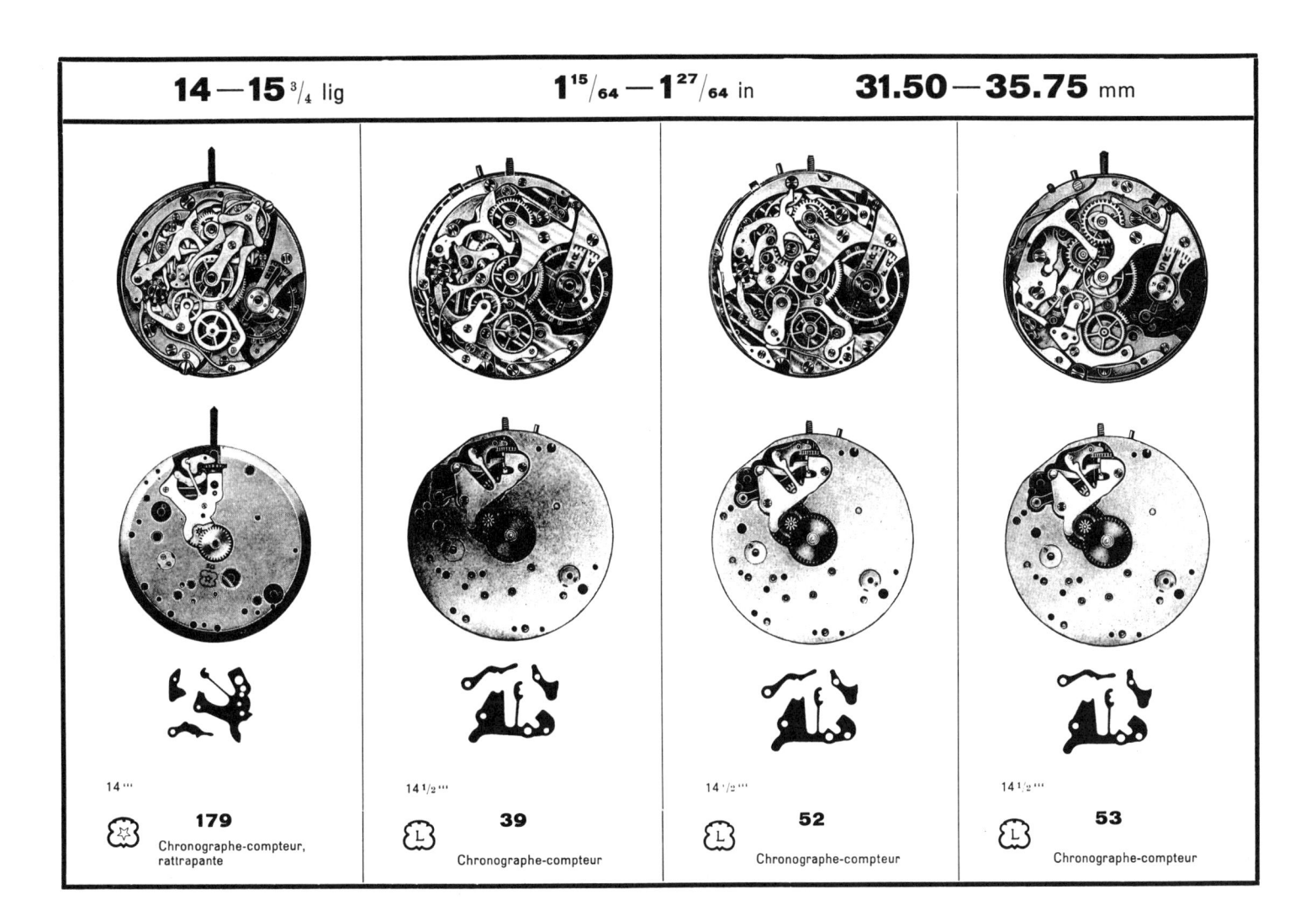

14—15 ¾ lig   1¹⁵⁄₆₄—1²⁷⁄₆₄ in   31.50—35.75 mm

14'''	14 ½'''	14 ½'''	14 ½'''
179	**39**	**52**	**53**
Chronographe-compteur, rattrapante	Chronographe-compteur	Chronographe-compteur	Chronographe-compteur

309

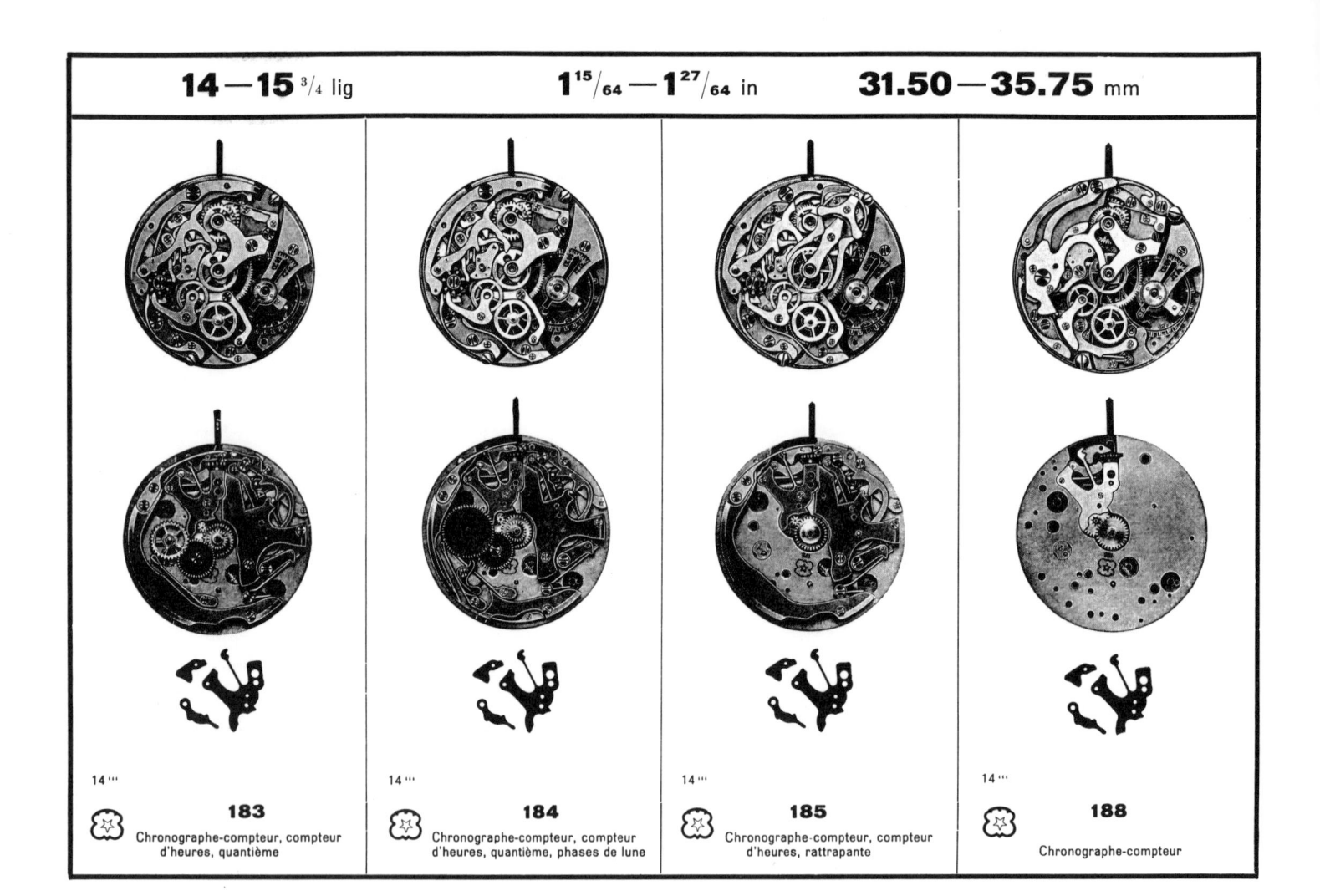

14 — 15 ¾ lig   1¹⁵/₆₄ — 1²⁷/₆₄ in   31.50 — 35.75 mm

14''' **183** Chronographe-compteur, compteur d'heures, quantième

14''' **184** Chronographe-compteur, compteur d'heures, quantième, phases de lune

14''' **185** Chronographe-compteur, compteur d'heures, rattrapante

14''' **188** Chronographe-compteur

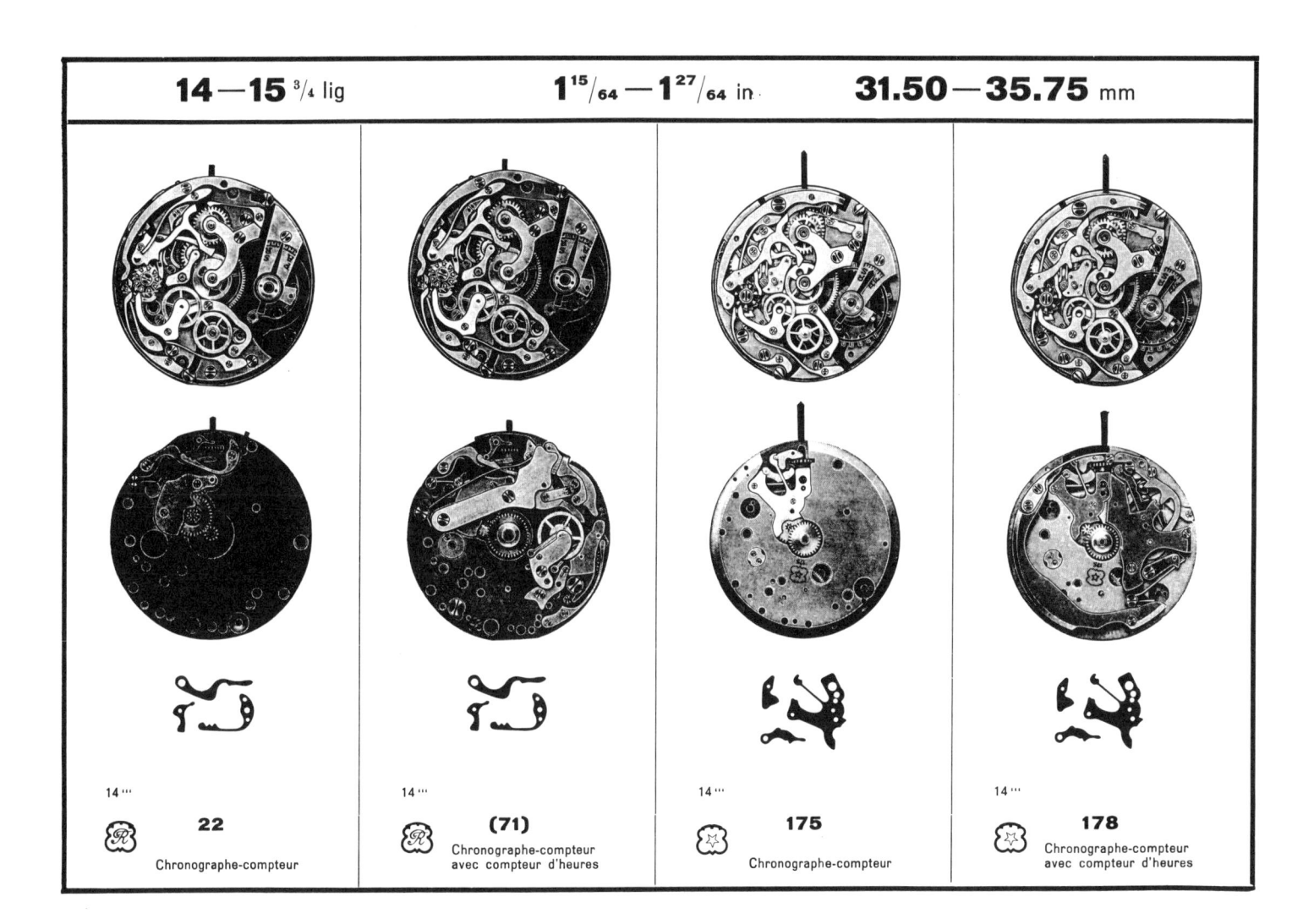

14—15 ³⁄₄ lig   1¹⁵⁄₆₄—1²⁷⁄₆₄ in   31.50—35.75 mm

14''' ® **22** Chronographe-compteur	14''' ® **(71)** Chronographe-compteur avec compteur d'heures	14''' ✶ **175** Chronographe-compteur	14''' ✶ **178** Chronographe-compteur avec compteur d'heures

| 14 — 15 ¾ lig | 1¹⁵/₆₄ — 1²⁷/₆₄ in | 31.50 — 35.75 mm |

14''' ⓛ **54** Chronographe-compteur	14''' ⓛ **55** Chronographe-compteur

1949

Auch A.-F. Jobin war in diesem Jahr mit einer neuen Edition zur Stelle. Wir haben dem Band u. a. das Kaliberprogramm von Moeris entnommen.

In this year there was published a new edition of the book of A.-F. Jobin. Among others the calibres programm of Moeris is borrowed from this book.

VACHERON ET CONSTANTIN

Jaeger-LeCoultre

Calibres 12½''' 454 V. C.

Calibre 12½''' 455 V. C.

Calibre 12½''' 453/465 V. C.

Calibre 12½''' 451

Réf. 1527 — 15''' compteur d'heures, lunette tournante, chiffres 1 à 12, étanche, acier inoydable.

Réf. 2022

CHRONOGRAPHE
RATTRAPANTE
17'''
avec ou sans
lunette tournante

Réf. 1335 - Boîte acier inoxydable, glace incassable, étanche, Shock-Resist, antimagnétique, av. Radium.

Quelques modèles pour la science, l'industrie, le sport

315

FABRIQUE DES MONTRES MOERIS
SAINT-IMIER (SUISSE)

CAL. 5 1/4" - 39   MISE À L'HEURE À TIRETTE
LONGUEUR 19,20 m/m   LARGEUR 12,80 m/m   HAUTEUR 3,80 m/m
CACHE-POUSSIÈRE COMPRIS

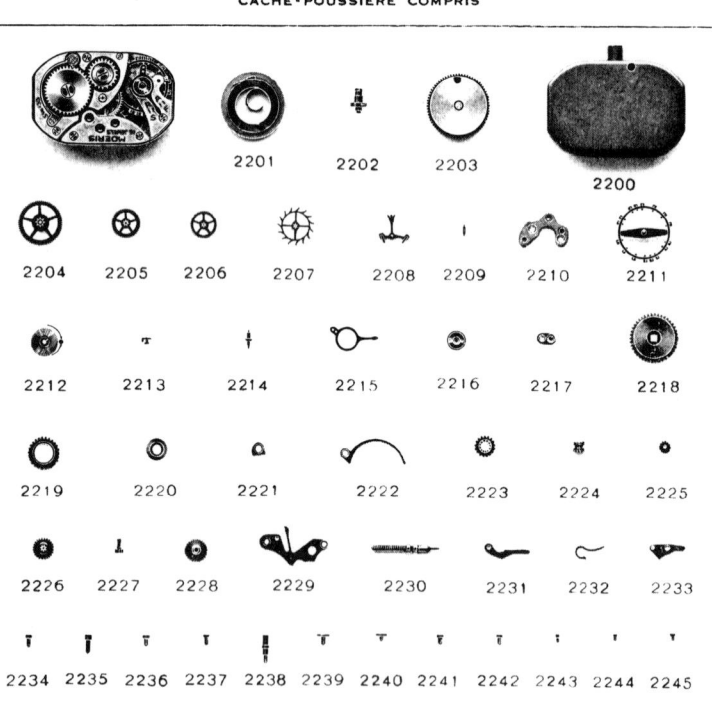

2201 2202 2203 2200
2204 2205 2206 2207 2208 2209 2210 2211
2212 2213 2214 2215 2216 2217 2218
2219 2220 2221 2222 2223 2224 2225
2226 2227 2228 2229 2230 2231 2232 2233
2234 2235 2236 2237 2238 2239 2240 2241 2242 2243 2244 2245

CAL. 5 1/4" - C   MISE À L'HEURE À TIRETTE
LONGUEUR 19,20 m/m   LARGEUR 12,80 m/m   HAUTEUR 3,80 m/m
CACHE-POUSSIÈRE COMPRIS

2501 2502 2503 2500
2504 2505 2506 2507 2508 2509 2510 2511
2512 2513 2514 2515 2516 2517 2518 2519
2520 2521 2522 2523 2524 2525 2526 2527
2528 2529 2530 2531 2532 2533 2534 2535
2536 2537 2538 2539 2540 2541 2542 2543 2544 2545

Hac°

FABRIQUE DES MONTRES MOERIS
SAINT-IMIER (SUISSE)

CAL. 7 ¾'''   MISE A L'HEURE A TIRETTE
Diamètre 17,50 mm.   Hauteur 3,15 mm.

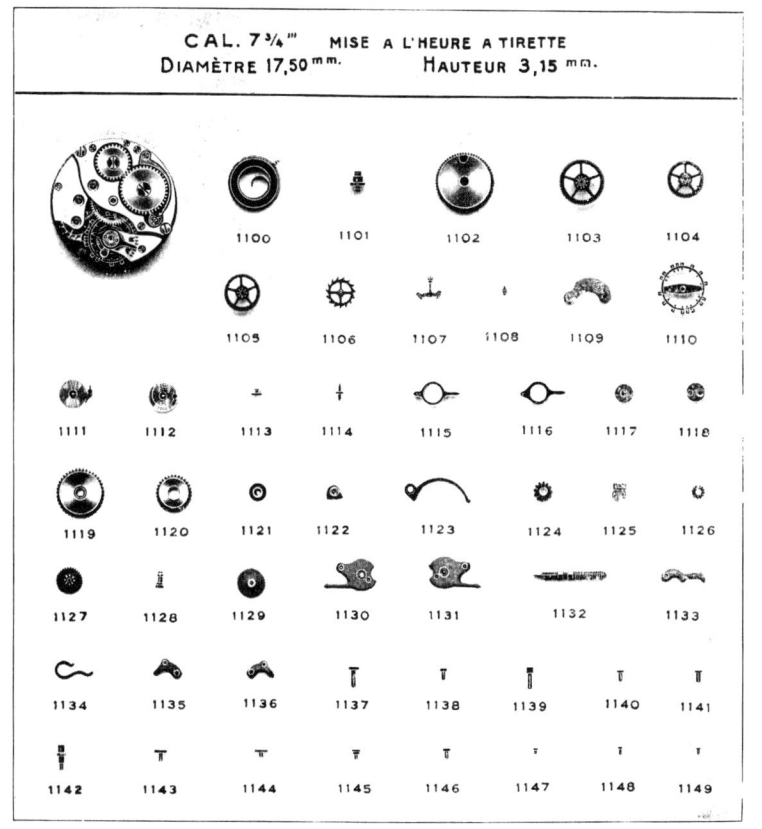

1100	1101	1102	1103	1104	
1105	1106	1107	1108	1109	1110
1111	1112	1113	1114	1115	1116	1117	1118
1119	1120	1121	1122	1123	1124	1125	1126
1127	1128	1129	1130	1131	1132	1133	
1134	1135	1136	1137	1138	1139	1140	1141
1142	1143	1144	1145	1146	1147	1148	1149

CAL. 8 ¾'''   MISE A L'HEURE A TIRETTE
Diamètre 19,75 mm.   Hauteur 3,25 mm.

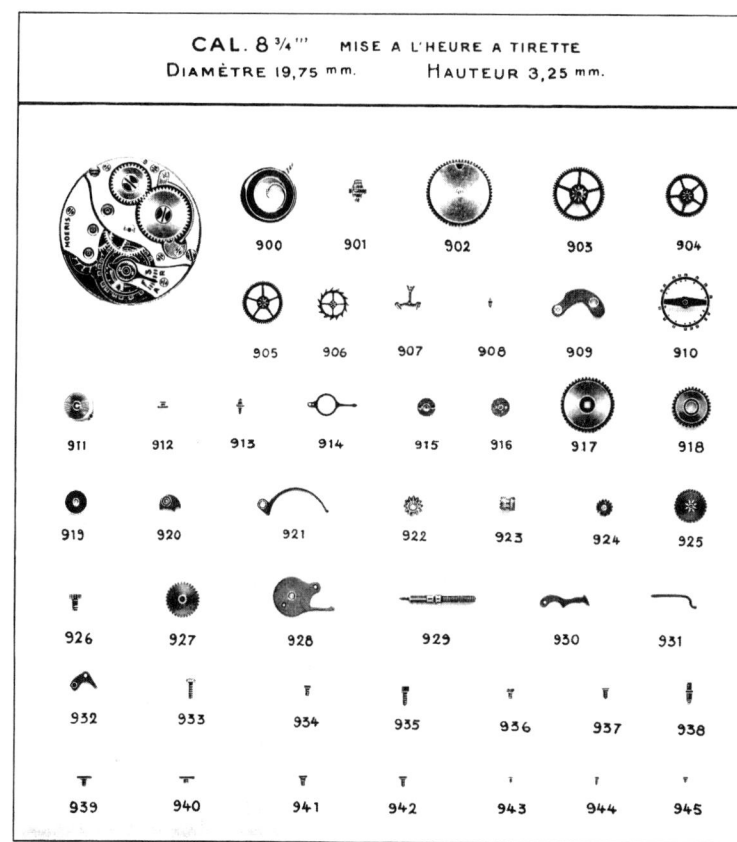

900	901	902	903	904	
905	906	907	908	909	910
911	912	913	914	915	916	917	918
919	920	921	922	923	924	925
926	927	928	929	930	931
932	933	934	935	936	937	938
939	940	941	942	943	944	945

FABRIQUE DES MONTRES MOERIS
SAINT-IMIER (SUISSE)

CAL. 10 ½''' — MISE À L'HEURE À TIRETTE
Diamètre 23,30 m/m. Hauteur 4,25 m/m.

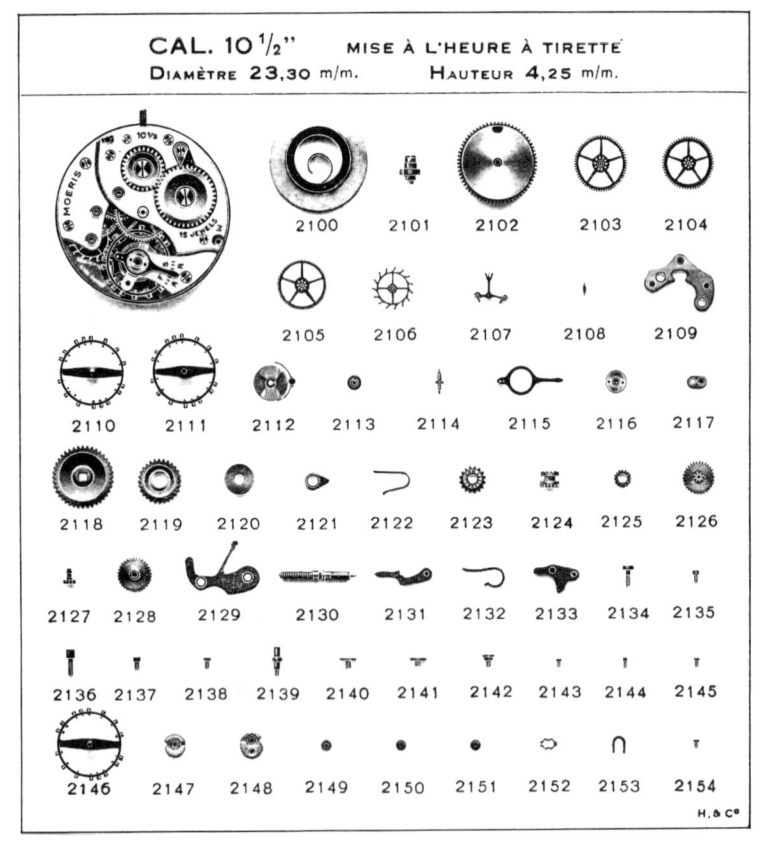

2100, 2101, 2102, 2103, 2104, 2105, 2106, 2107, 2108, 2109, 2110, 2111, 2112, 2113, 2114, 2115, 2116, 2117, 2118, 2119, 2120, 2121, 2122, 2123, 2124, 2125, 2126, 2127, 2128, 2129, 2130, 2131, 2132, 2133, 2134, 2135, 2136, 2137, 2138, 2139, 2140, 2141, 2142, 2143, 2144, 2145, 2146, 2147, 2148, 2149, 2150, 2151, 2152, 2153, 2154

H. & Cº

CAL. 11''' — MISE A L'HEURE A TIRETTE
Diamètre 25,35 mm. Hauteur 3,85 mm.

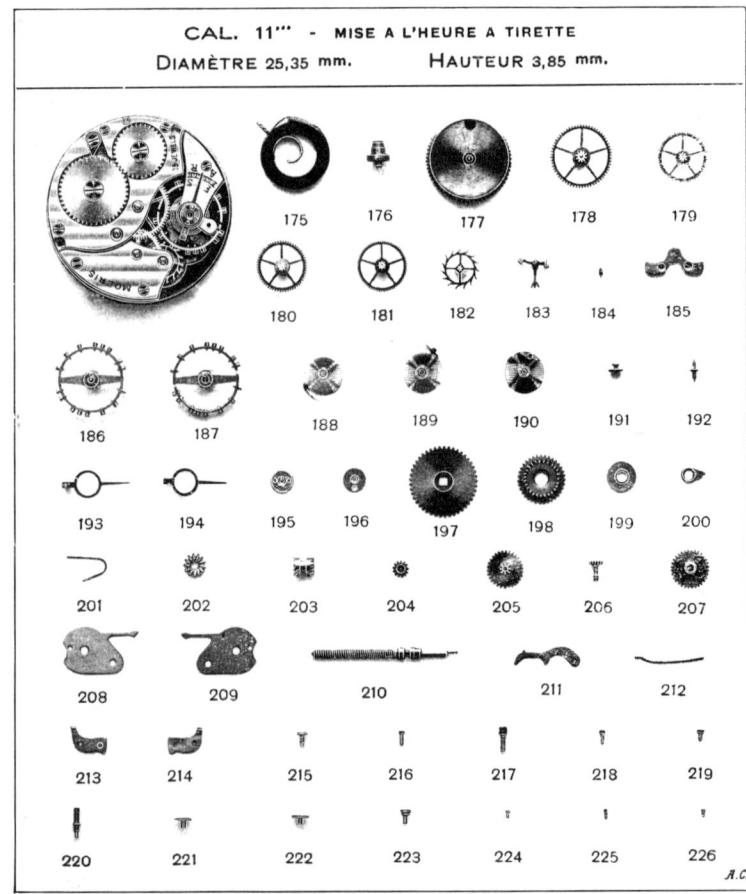

175, 176, 177, 178, 179, 180, 181, 182, 183, 184, 185, 186, 187, 188, 189, 190, 191, 192, 193, 194, 195, 196, 197, 198, 199, 200, 201, 202, 203, 204, 205, 206, 207, 208, 209, 210, 211, 212, 213, 214, 215, 216, 217, 218, 219, 220, 221, 222, 223, 224, 225, 226

A.C.

FABRIQUE DES MONTRES MOERIS
SAINT-IMIER (SUISSE)

CAL. 9¾''' — MISE A L'HEURE A TIRETTE
DIAMÈTRE 22,05 mm.   HAUTEUR 3,40 mm.

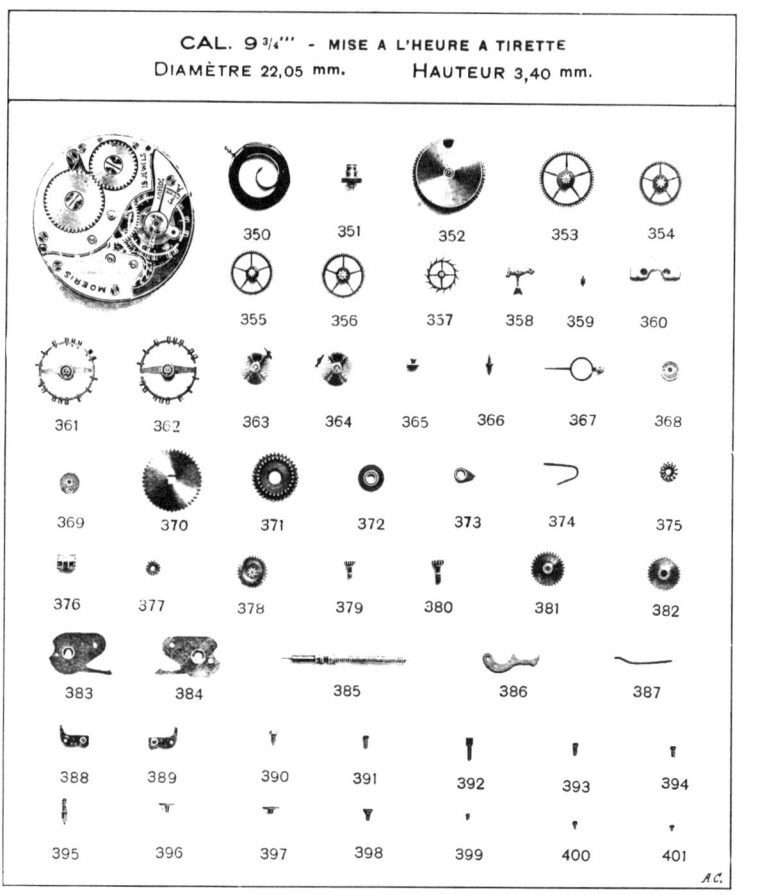

CAL. 10½"C   MISE À L'HEURE À TIRETTE
DIAMÈTRE 23,30 m/m.   HAUTEUR 4,25 m/m.

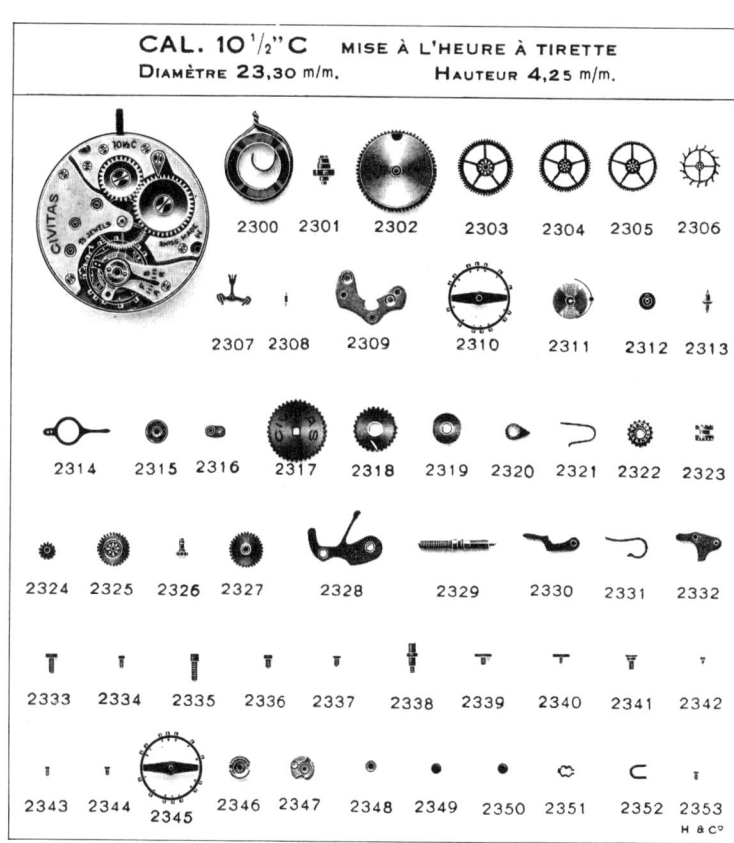

FABRIQUE DES MONTRES MOERIS
SAINT-IMIER (SUISSE)

CAL. 17-25 T. MISE À L'HEURE À TIRETTE
Longueur 25,00 m/m Largeur 17,50 m/m Hauteur 3,90 m/m
CACHE-POUSSIÈRE COMPRIS

3000, 3001, 3002, 3003, 3004, 3005, 3006, 3007, 3008, 3009, 3010, 3011, 3012, 3013, 3014, 3015, 3016, 3017, 3018, 3019, 3020, 3021, 3022, 3023, 3024, 3025, 3026, 3027, 3028, 3029, 3030, 3031, 3032, 3033, 3034, 3035, 3036, 3037, 3038, 3039, 3040, 3041, 3042, 3043, 3044, 3045, 3046, 3047, 3048, 3049, 3050, 3051, 3052, 3053

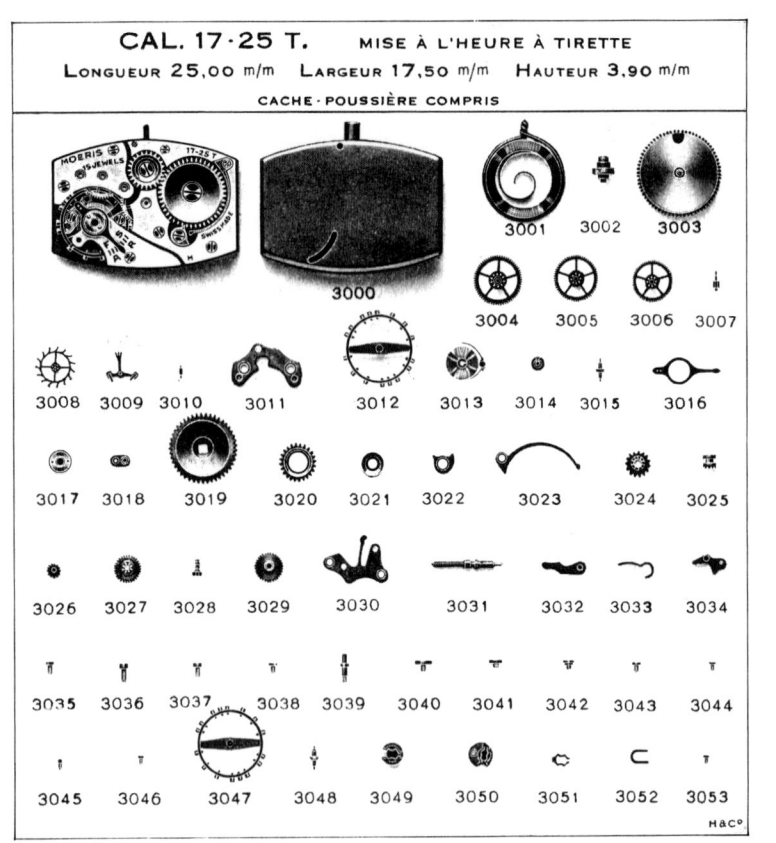

CAL. 17-25 C. MISE À L'HEURE À TIRETTE
Longueur 25,00 m/m Largeur 17,50 m/m Hauteur 3,90 m/m
CACHE-POUSSIÈRE COMPRIS

3100, 3101, 3102, 3103, 3104, 3105, 3106, 3107, 3108, 3109, 3110, 3111, 3112, 3113, 3114, 3115, 3116, 3117, 3118, 3119, 3120, 3121, 3122, 3123, 3124, 3125, 3126, 3127, 3128, 3129, 3130, 3131, 3132, 3133, 3134, 3135, 3136, 3137, 3138, 3139, 3140, 3141, 3142, 3143, 3144, 3145, 3146, 3147, 3148, 3149, 3150, 3151, 3152

H&Co

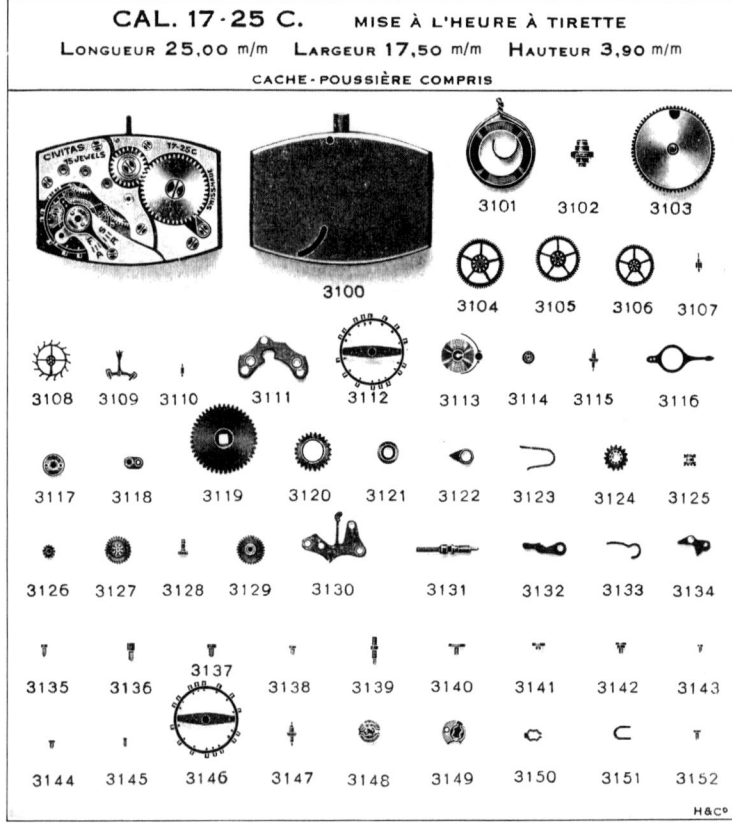

FABRIQUE DES MONTRES MOERIS
SAINT-IMIER (SUISSE)

CAL. 20/26 T. MISE À L'HEURE À TIRETTE
Longueur 26,40 m/m.   Largeur 20 m/m.   Hauteur totale 4,20 m/m.

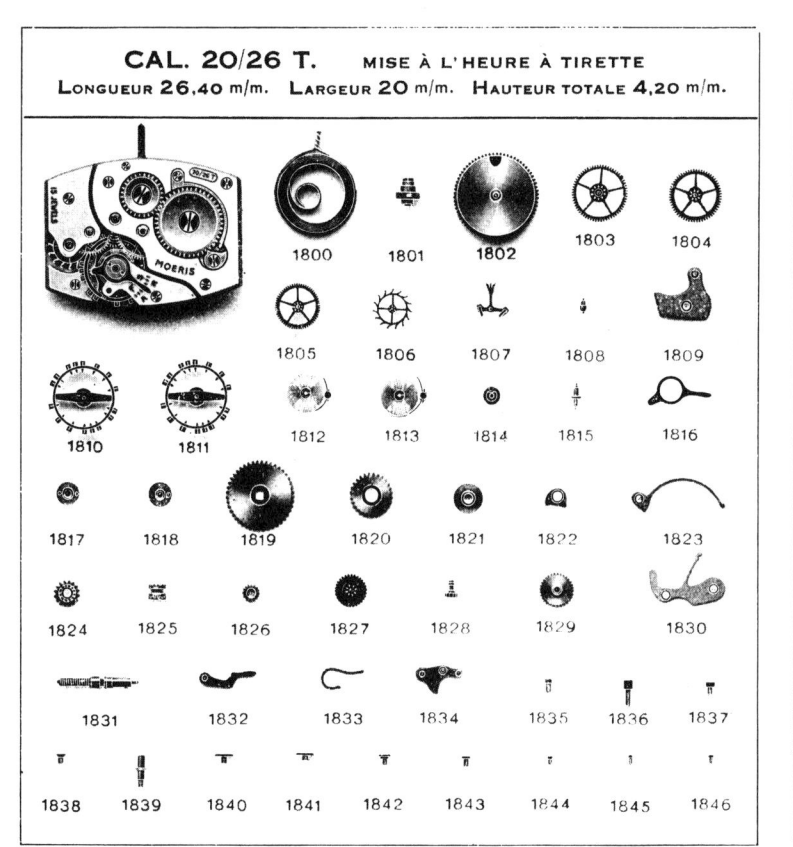

1800, 1801, 1802, 1803, 1804, 1805, 1806, 1807, 1808, 1809, 1810, 1811, 1812, 1813, 1814, 1815, 1816, 1817, 1818, 1819, 1820, 1821, 1822, 1823, 1824, 1825, 1826, 1827, 1828, 1829, 1830, 1831, 1832, 1833, 1834, 1835, 1836, 1837, 1838, 1839, 1840, 1841, 1842, 1843, 1844, 1845, 1846

CAL. 20/26 C MISE À L'HEURE À TIRETTE
Longueur 26,40 m/m.   Largeur 20 m/m.   Hauteur 4,20 m/m.

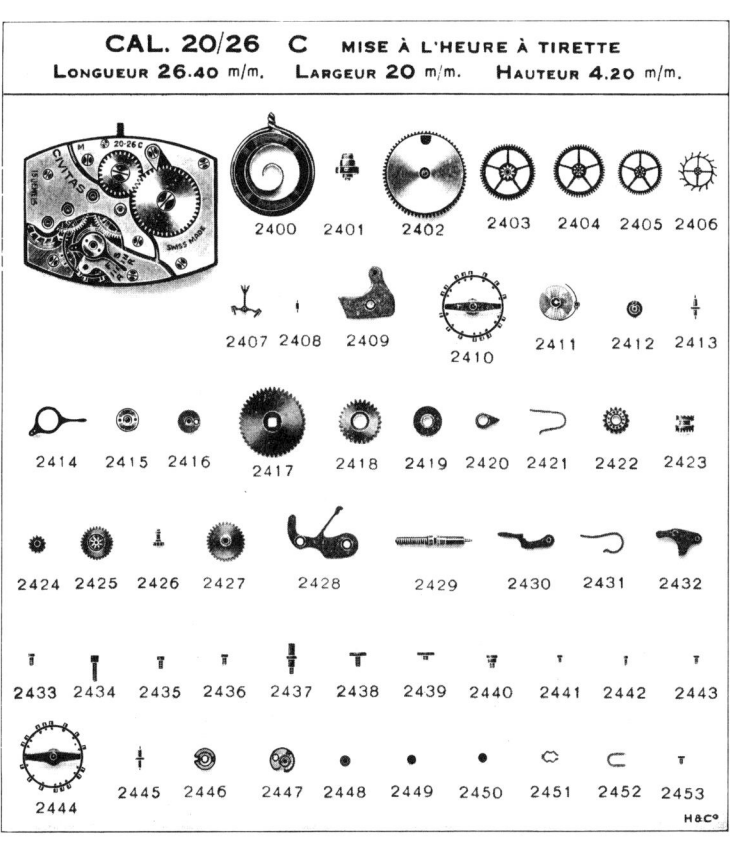

2400, 2401, 2402, 2403, 2404, 2405, 2406, 2407, 2408, 2409, 2410, 2411, 2412, 2413, 2414, 2415, 2416, 2417, 2418, 2419, 2420, 2421, 2422, 2423, 2424, 2425, 2426, 2427, 2428, 2429, 2430, 2431, 2432, 2433, 2434, 2435, 2436, 2437, 2438, 2439, 2440, 2441, 2442, 2443, 2444, 2445, 2446, 2447, 2448, 2449, 2450, 2451, 2452, 2453

H&Cº

FABRIQUE DES MONTRES MOERIS
SAINT-IMIER (SUISSE)

CAL. 13''' — MISE À L'HEURE À TIRETTE
Diamètre 29,00 m/m. Hauteur 4,20 m/m.

N°	N°	N°	N°	N°	N°	N°
3300	3301	3302	3303	3304	3305	3306
3307	3308	3309	3310	3311	3312	3313
3314	3315	3316	3317	3318	3319	3320
3321	3322	3323				
3324	3325	3326	3327	3328	3329	3330
3331	3332					
3333	3334	3335	3336	3337	3338	3339
3340	3341	3342				
3343	3344	3345	3346	3347	3348	3349
3350	3351	3352				

H & Co

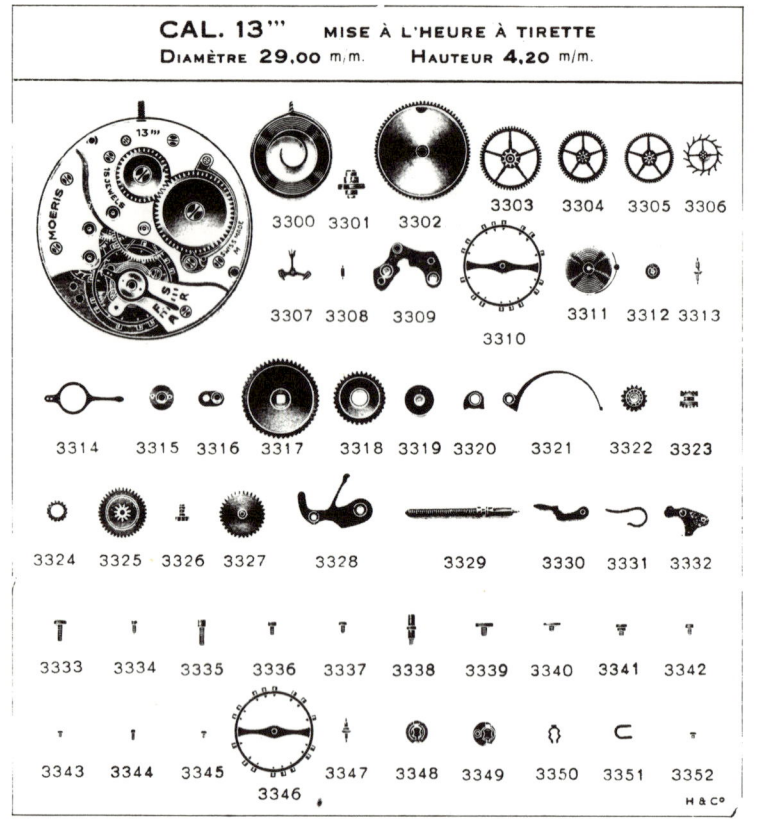

CAL. 13''' C — MISE À L'HEURE À TIRETTE
Diamètre 29,00 m/m. Hauteur 4,20 m/m.

N°	N°	N°	N°	N°	N°	N°
3200	3201	3202	3203	3204	3205	3206
3207	3208	3209	3210	3211	3212	3213
3214	3215	3216	3217	3218	3219	3220
3221	3222	3223				
3224	3225	3226	3227	3228	3229	3230
3231	3232					
3233	3234	3235	3236	3237	3238	3239
3240	3241	3242				
3243	3244	3245	3246	3247	3248	3249
3250	3251					

H & Co

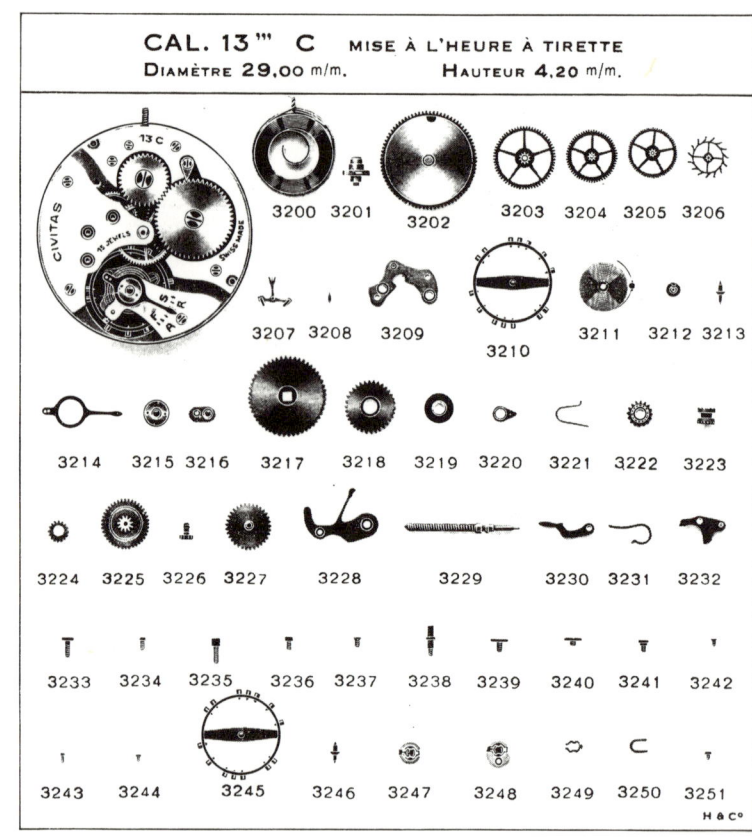

1950

Über das Fabrikationsprogramm von Leonidas in St-Imier im Jahr 1950 unterrichtet ein 55 Seiten starker Katalog. Obwohl darin betont wird, daß das Angebot über die vollständigste Auswahl an Stoppuhren, Chronographen und speziellen Zeitmeßinstrumenten für die Industrie, für Ingenieure, Techniker, Ärzte, das Militär und den Sport verfügt, fehlt beispielsweise der Armband-Chronograph mit Stundenzähler.

A catalogue of 55 pages is containing the programm of Leonidas (St.-Imier) in 1950. Even if it is said, that the catalogue contains a complete assortment of stopwatches, chronographs and special timing instruments for industry, engineers, technicians, doctors, military men and sportsmen, there is lacking for instance the wrist watch chronograph with hour recorder.

308

18" Compteur «Police»,
Tachymètre base 50 et
100 mètres.

18" « Police » Stopwatch, Tachymeter base
50 and 100 meters.

18" «Police» Stoppuhr,
Tachometer Basis 50 und
100 Meter.

503

18" Compteur « Tempo de marche » pour mesurer le tempo d'exécution d'une marche (pas redoublé) – Base 20 mesures.

18" «Tempo de marche» Stopwatch used to determine the exact tempo in the execution of a music march (pas redoublé) – Base 20 measures.

18" «Marschtempo» Stoppuhr, dient zur Kontrolle des Marschtempos (Pas Redoublé) – Basis 20 Takten.

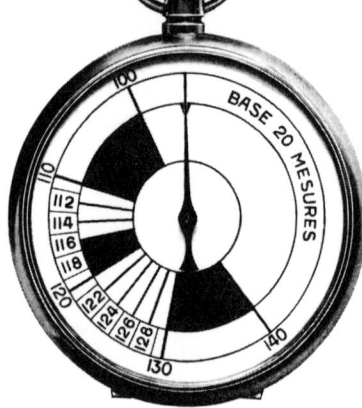

503

411

R. 412

Compteur-bracelet 1/5 de seconde
Wrist-Stopwatch 1/5 of second
Armband-Stoppuhr 1/5 Sekunde

Compteur-bracelet 1/10 de sec.
Wrist-Stopwatch 1/10 of second
Armband-Stoppuhr 1/10 Sekunde

Pour ces deux références. les fonctions sont : départ, arrêt et retour à zéro par le poussoir latéral.

For these two references, the operations are : start, stop and back to zero by the side-pusher.

Für diese zwei Referenzen : Ingangsetzen, Anhalten und Nullstellung durch den seitlichen Drücker.

318

19" 1/5 de seconde, avec compteur 30 minutes.
19" 1/5 of second, with register 30 minutes.
19" 1/5 Sekunde, mit Zähler 30 Minuten.

Départ, arrêt et remise à zéro par pressions successives sur la couronne: l'aiguille de rattrapante s'arrête, puis rejoint l'autre aiguille lorsqu'on presse sur le poussoir latéral.

Start, stop and back to zero by the crown: Pressing the side pusher stops one of the hands, so that a reading can be made, a second pressure again on the side pusher makes the stopped hand catch up the moving one.

Ingangsetzen, Anhalten und Rückführung auf Nullstellung durch die Krone: der zweite Zeiger, der unabhängig vom Lauf des ersten durch Druck auf den seitlichen Knopf jederzeit angehalten und wieder mitlaufend betätigt werden kann, dient zu beliebigen Zwischenbeobachtungen.

427

14" Chronographe-rattrapante bracelet.
14" Wrist chronograph with split second.
14" Armband-Chronograph mit Doppelzeiger.

Départ et arrêt par le poussoir placé en face de 2 heures, remise à zéro par le poussoir placé en face de 4 heures: l'aiguille de rattrapante s'arrête, puis rejoint l'autre aiguille lorsqu'on presse sur le poussoir de couronne.

Start and stop by the pusher opposite to 2 o'clock, return to zero by the pusher opposite to 4 o'clock : pressing the crown-pusher stops one of the hands, so that a reading can be made, a second pressure on the crown-pusher makes the stopped hand catch up the moving one.

Ingangsetzen und Anhalten durch den sich gegenüber 2 Uhr, Nullstellung durch den sich gegenüber 4 Uhr befindlichen Drücker. Der zweite Zeiger, der unabhängig vom Lauf des ersten durch Druck auf den Kronenknopf jederzeit angehalten und wieder mitlaufend betätigt werden kann, dient daher zu beliebigen Nebenbeobachtungen.

464

Compteur à retour pour avions de bombardement, mouvement de chronographe au 1/5 ou 1/10 de seconde avec lunette tournante.
Fonctions : par pressions sur la couronne, la grande aiguille se met en marche, en pressant une deuxième fois l'aiguille fait marche arrière, une pression sur le poussoir de gauche permet les **arrêts facultatifs,** par une troisième pression sur la couronne, les 2 aiguilles retournent à zéro.

Stop-watch with backward running for Bombardement Airplanes, Chronograph movement 1/5 or 1/10 of second, with turning bezel: Pressing the crown and the sweep hand starts, pressing it again and the sweep hand runs backward, **Timing out** by the side push piece, pressing the crown a third time will return hands to zero.

Stoppuhr mit Rücklauf für Bombenwerfer, Chronographwerk 1/5 oder 1/10 Sekunde mit drehbarem Glasrand.
Betätigung : Ein Druck auf die Krone setzt den grossen Zeiger in Bewegung, der zweite Druck auf die Krone bewirkt den Rücklauf dieses Zeigers, der seitl. Drücker dient zum **beliebigen Anhalten,** mit einem dritten Druck auf die Krone gehen beide Zeiger auf 0 zurück.

413

Compteur d'heures pour autos et avions, enregistrant les 1/5 de seconde, les secondes, les minutes et les heures jusqu'à 12 heures. Départ et arrêt par pressions successives sur la couronne, permettant les **arrêts facultatifs,** la remise à zéro des 3 aiguilles se fait par pression sur le poussoir latéral, avec un **dispositif de sûreté** empêchant un retour involontaire des aiguilles à zéro.

Twelve Hour Recorder for Motorcars and Airplanes, giving the 1/5 of second, seconds, minutes and hours up to 12 hours. Start and stop by the crown **Timing out.** The 3 hands go back to rezo by pressing the side-pusher. With **Safety device** which prevents hands returning to zero while they are in action.

Stundenzähler für Autos und Flugzeuge, registriert die 1/5 Sekunde, Sekunden, Minuten und Stunden bis zu 12 Stunden. Ingangsetzen und Anhalten durch die Krone. Die Rückführung der 3 Zeiger auf 0 geschieht durch Betätigung des seitl. Drückers. Mit **Sperrsystem,** damit nicht versehentlich die Zeiger während der Beobachtung zurückgestellt werden.

414

1502

Tableau de bord composé du totalisateur d'heures No. 413 page 41 et d'une montre de précision 1 jour ou 8 jours.

Dashboard with the Twelve hour Recorder 413 page 41 and a high grade watch 1 day or 8 days movement.

Bordarmatur mit dem Stundenzähler No 413 Seite 41 und eine Präzisionsuhr 1 Tag oder 8 Tage werk.

Chronographe-Bracelet pour aviateur. — **Lunette tournante avec index.**

Wrist-Chronograph for flyers. — **Turning Bezel with index.**

Armband-Chronographen für Flieger. — **Drehbarer Glasrand mit Einstellspitze.**

No. **414**
Modèle utilisé pour les célèbres raids Balbo : Rome-Brésil en 1931 et Rome-Chicago et retour en 1933.
Type used by Balbo on his famous flights Rome-Brazil in 1931 and Rome-Chicago and back in 1933.
Modell des berühmten Fluges Balbo : Rom-Brasilien 1931 und Rom-Chicago und zurück 1933.

1952

Die fünfziger Jahre beflügelten die Fabrikanten noch einmal zu großartigen Leistungen und vielen Neuheiten im Spezialitätenprogramm. Es gab Kalender- und Mondphasenmodelle sonder Zahl sowie ein reiches Angebot an Chronographen und Automatic-Modellen.

In the fifties one can find many novelties. There was a rich assortment of calendar and moonphase watches as well as of chronographs and selfwinding watches.

DER EINZIGE CHRONOGRAPH, DER WIRKLICH EINER SCHÖNEN UHR GLEICHT — ALLE ZEIGER WIRKEN AUS DEM ZENTRUM, DAHER RASCHES, SICHERES ZEITABLESEN

Die vollendete Uhr für:
- Flieger
- Aerzte
- Ingenieure
- Chemiker
- Sportler
- Physiker
- Forscher

Weitere Vorteile:

100 % WASSERDICHT
STOSSGESICHERT
ANTIMAGNETISCH
PRÄZIS
60 MINUTEN ZÄHLER
17 STEINE

Keine störenden kleinen Zählerkreise mehr, weil alle Zeiger aus der Mitte gehen. Jede Zeitmessung ist auf einem einzigen Zifferblatt leicht und klar lesbar.

Mido A. G., vormals G. Schaeren & Co., Biel (Schweiz)
Mido Watch Company of America, Inc., 665 Fifth Avenue, New-York 22, N.Y.

Mido
MULTICENTERCHRONO

Die drei wichtigsten Chronographen-Kaliber der MANUFACTURE DES MONTRES

UNIVERSAL
PERRET & BERTHOUD S.A.
GENÈVE

No 289
KALIBER 10 ½
DICKE 5,5 mm
DURCHMESSER 23,30 mm

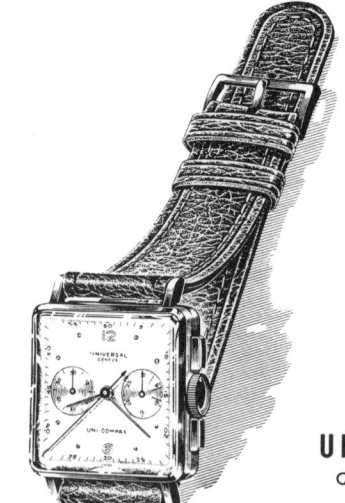

UNI-COMPAX
QUADRATISCH

UND IHRE VERSCHIEDENEN AUSFÜHRUNGEN

No 281

KALIBER 12′′′   DICKE 5,5 mm   DURCHMESSER 27,8 mm
Die gleichen Ersatzteile finden für folgende Kaliber Verwendung
No 282 = 12 ¼′′′   No 381 = 12 ¼′′′   No 283 = 13′′′
No 383 = 13′′′   No 284 = 13 ½′′′   No 481 = 14 ¼′′′

No 285

KALIBER 14′′′   DICKE 6,05 mm   DURCHMESSER 31,7 mm
Die gleichen Ersatzteile finden für folgende Kaliber Verwendung:
No 287 = 15′′′   No 288 = 15 ¼′′′   No 292 = 15 ⅚′′′
und No 386 = 14′′′ Universal 30

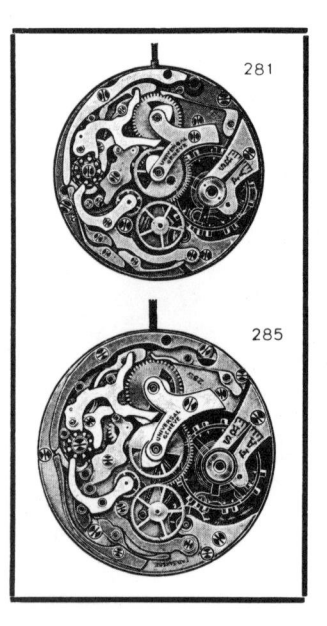

um 1955

Der Katalog P 36 von Universal Genève. Er vermittelt das Programm komplizierter Armbanduhren.

The catalogue P 36 of Universal Genève with complicated wrist watches.

MONTRES COMPLIQUÉES

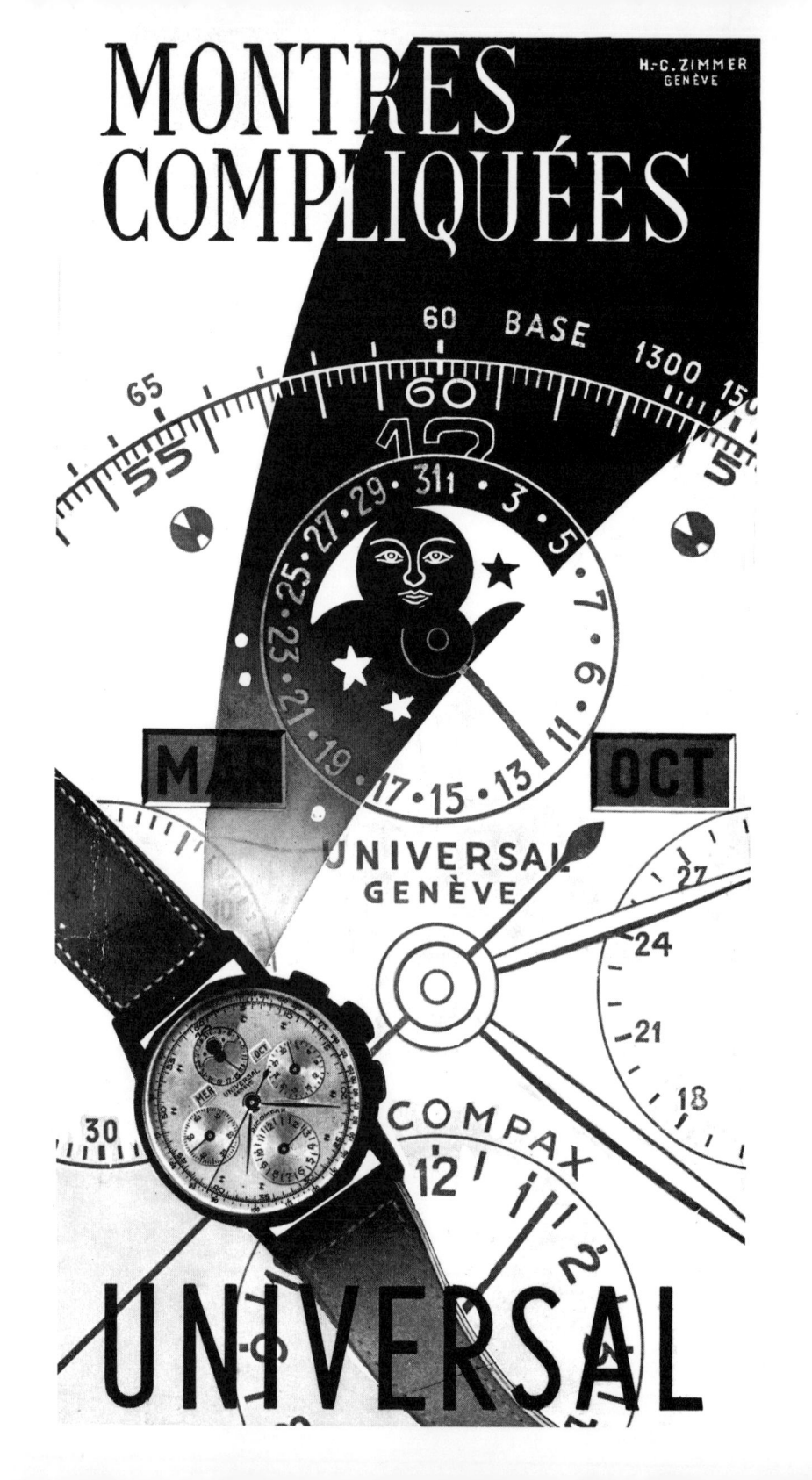

UNIVERSAL

TRI-COMPAX

Der TRI-COMPAX besteht aus einer Präzisions-Uhr mit Stunden-, Minuten- und Sekundenzeiger und einem unabhängigen, vielseitigen Zählerwerk, das erlaubt, eine grosse Anzahl Beobachtungen durchzuführen.

Ausserdem besitzt er einen Kalender-Mechanismus von grosser Vollkommenheit.

Ein viertes kleines Zifferblatt oben (C5) gibt das Tages-Datum an (von 1 bis 31). Falls der Monat keine 31 Tage hat, so ist es notwendig, den Zeiger um einen Tag vorzustellen während der gewöhnlichen Monate oder z. B. um 3 Tage im Februar in den Nicht-Schaltjahren. Der Zeiger wird vermittels des Drückers C3 gestellt. Jeder Druck entspricht einem Tag. Dieses vierte kleine Zifferblatt besitzt in seinem oberen Teil einen Ausschnitt C 4, der eine Scheibe in Erscheinung treten lässt, aus der die Mondphasen zu ersehen sind. Dieser Mechanismus ist dem Uhrwerk angeschlossen und bewegt sich regelmässig jeden Tag. Er kann der jeweiligen Mondphase

TRI-COMPAX

GOLD 12551
STAHL 22536

GOLD 12254
STAHL 22259

GOLD 12253
STAHL 22258

TRI-COMPAX

entsprechend eingestellt werden dank dem Drücker C 2. (Diese Einstellung erfolgt z. B. mit Hilfe eines Kalenders.)

Links unter diesem kleinen Zifferblatt befindet sich ein Ausschnitt (C 6) in dem der Name der Wochentage zu sehen ist. Die Scheibe der Tage dreht sich automatisch. Man kann sie einstellen, indem man die Uhren-Zeiger in Gangrichtung mittels der Krone vorwärts bewegt. Will man um mehrere Tage vorstellen, so kann man die Zeiger um 4 Stunden zurückdrehen, nachdem die Scheibe vorwärts

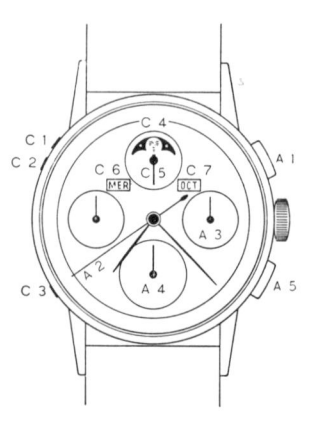

gesprungen ist, und dann wieder vorstellen, anstatt die Uhrenzeiger jedes Mal um 24 Stunden zu drehen.

Ein anderes Zifferblatt rechts (C 7) gibt den Monat an. Da die Monatsnamen nicht automatisch wechseln, so muss man ihre Einstellung mittels des Drückers C 1 vornehmen.

Es muss unbedingt vermieden werden, die verschiedenen Drücker des Kalenders zwischen Mitternacht und 3 Uhr in Aktion zu setzen, da die automatische Einstellung in dieser Zeitspanne erfolgt.

Betreffs dem Funktionieren der Stunden-, Minuten- und Sekundenzähler (A 1 bis A 5) sei auf die Erklärung des Compax Seite 8 verwiesen.

KALENDER-UHR
MIT MONDPHASEN

Der Kalender mit Mondphasen enthält eine Präzisions-Uhr, die Stunden, Minuten und Sekunden anzeigt.

Er besitzt ausserdem ein kleines Zifferblatt rechts (C 5), das das Tages-Datum (von 1 bis 31) angibt. Falls der Monat keine 31 Tage hat, so ist es notwendig, den Zeiger um einen Tag vorzustellen während der gewöhnlichen Monate, oder z. B. um 3 Tage im Februar in den Nicht-Schaltjahren. Der Zeiger wird vermittels des Drückers C 1 gestellt. Jeder Druck entspricht einem Tag.

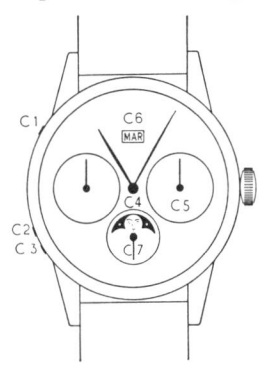

Ein kleines Zifferblatt unten (C 7) gibt den Monat an. Da die Monatsnamen nicht automatisch wechseln, so muss man ihre Einstellung mittels des Drückers C 2 vornehmen. Dieses Zifferblatt C 7 besitzt in seinem oberen Teil einen Ausschnitt, der eine Scheibe in Erscheinung treten lässt, aus dem die Mondphasen zu ersehen sind. Sie kann mit Hilfe eines Kalenders, der jeweiligen Mondphase entsprechend, dank dem Drücker C 3 eingestellt werden. Oben befindet sich ein Ausschnitt (C 6) in dem der Name der Wochentage zu sehen ist. Die Scheibe der Tage dreht sich automatisch. Man kann sie einstellen, indem man die Uhrenzeiger in Gangrichtung mittels der Krone vorwärts bewegt. Will man um mehrere Tage vorstellen, so kann man die Zeiger um 4 Stunden zurückdrehen, nachdem die Scheibe vorwärtsgesprungen ist, und dann wieder vorstellen, anstatt die Uhrenzeiger jedes Mal um 24 Stunden zu drehen.

Es muss unbedingt vermieden werden, die verschiedenen Drücker des Kalenders zwischen Mitternacht und 3 Uhr in Aktion zu setzen, da die automatische Einstellung in dieser Zeitspanne erfolgt.

KALENDER-UHR
MIT MONDPHASEN

GOLD 11303
STAHL 21308

GOLD 11304
STAHL 21309

KALENDER-UHR
OHNE MONDPHASEN

GOLD 11301
STAHL 21301

GOLD 11302
STAHL 21302

KALENDER-UHR
OHNE MONDPHASEN

Der Kalender ohne Mondphasen ist eine Präzisions-Uhr, die die Stunden, Minuten und Sekunden anzeigt.

Er besitzt ausserdem ein kleines Zifferblatt rechts (C 5), das das Tagesdatum angibt (von 1 bis 31). Falls der Monat keine 31 Tage hat, so ist es notwendig, den Zeiger um einen Tag vorzustellen während der gewöhnlichen Monate oder z. B. um 3 Tage im Februar in den Nicht-Schaltjahren. Der Zeiger wird vermittels des Drückers C 1 gestellt. Jeder Druck entspricht einem Tag.

Oben befindet sich ein Ausschnitt (C 6) in dem der Name der Wochentage zu sehen ist. Die Scheibe der Tage dreht sich automatisch. Man kann sie einstellen indem man die Uhrenzeiger in Gangrichtung vermittels der Krone vorwärts bewegt. Will man mehrere Tage vorstellen, so kann man die Zeiger um 4 Stunden zurückdrehen, nachdem die Scheibe vorwärtsgesprungen ist, und dann wieder vorstellen, anstatt die Uhrenzeiger jedes Mal 24 Stunden zu drehen.

Unten befindet sich ein anderer Ausschnitt (C 7) der den Monat angibt. Da die Monatsnamen nicht automatisch wechseln, so muss man ihre Einstellung in jedem Monat mittels des Drückers C 2 vornehmen.

Es muss unbedingt vermieden werden, die verschiedenen Drücker des Kalenders zwischen Mitternacht und 3 Uhr in Aktion zu setzen, da die automatische Einstellung in dieser Zeitspanne erfolgt.

DATO - COMPAX

Der DATO-COMPAX besteht aus einer Präzisions-Uhr und einem Zählerwerk, dank dem man eine grosse Anzahl Beobachtungen durchführen kann.

Ausserdem besitzt er ein 4. kleines Zifferblatt oben (C 1) auf dem das Tagesdatum ersichtlich ist.

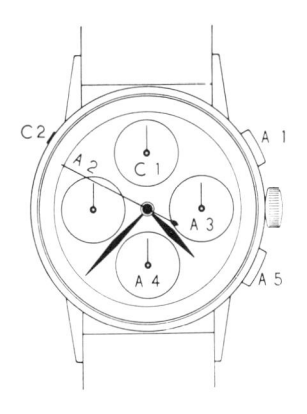

Falls der Monat keine 31 Tage hat, so ist es notwendig den Zeiger um einen Tag vorzustellen während der gewöhnlichen Monate, oder z. B. um 3 Tage im Februar in den Nicht-Schaltjahren. Der Zeiger wird vermittels des Drückers C 2 gestellt. Jeder Druck entspricht einem Tag.

Betreffs dem Funktionieren der Stunden-, Minuten- und Sekundenzähler (A 1 bis A 5) sei auf die Erklärung des Compax, Seite 8, verwiesen.

GOLD 12252
STAHL 22248

STAHL 22530

COMPUR	WASSERDICHT
GOLD 12106	GOLD 12220 STAHL 22208
GOLD 12445 CHROM-STAHL 32401	GOLD 12249
GOLD 12512 STAHL 22519	STAHL 22206

AERO-COMPAX

Der AERO-COMPAX entspricht genau dem COMPAX, enthält jedoch ausserdem noch: ein kleines Zifferblatt B1, auf dem man mittels der

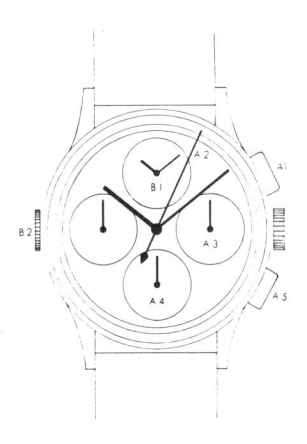

Krone B2 einen beliebigen Zeitpunkt festlegen kann, wie z. B. die genaue Startzeit, die Abfahrtszeit eines Zuges oder eines anderen Verkehrsmittels, die Stunde eines Rendez-vous.

AERO-COMPAX

GOLD 12540
STAHL 22414

WASSERDICHT
STAHL 22432

COMPAX

GOLD 12250
STAHL 22405
CHROM-STAHL 32403

GOLD 12392

STAHL 22521

COMPAX

Der COMPAX besteht aus einer Präzisions-Uhr mit Stunden-, Minuten- und Sekundenzeiger, die die genaue Zeit angibt, ferner aus einem unabhängigen Zählerwerk, das durch Drücker A 1 in Gang gesetzt wird. Dadurch gerät der Zeiger A 2 (Zähler der Fünftelsekunden und Sekunden) in

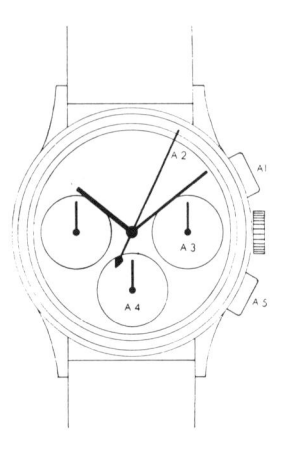

Bewegung. Jede ganze Umdrehung dieses Zeigers = 1 Minute - zählt der Zeiger A 3 bis zu 30 Minuten oder halbe Stunden, die wieder vom Zeiger A 4 zusammengezählt werden. Durch Druck auf A 1 kann dieser Vorgang beliebig oft unterbrochen und wieder begonnen werden. Der Drücker A 5 dient zum Zurückführen aller Zählerzeiger zum Ausgangspunkt, nachdem sie durch Drücker A 1 zum Stehen gebracht worden sind. Auf diese Weise stellt man die genaue Dauer einer Aktion fest wie z. B. eines Flugs, einer Fahrt, von Arbeitszeit.

NEUHEITEN

GOLD 12546

GOLD 12461

GOLD 12245

ERDACHT UND
ZUSAMMENGESTELLT
VOM REKLAMEDIENST
UNIVERSAL ERFOLGTE
DER DRUCK DIESES
PROSPEKTS DURCH
ATAR — GENF

Scherraus
St. Gallen
Marktplatz 14

Uhren :: Schmuck :: Juwelen

P. 36
IN DER SCHWEIZ GEDRUCKT

Reference library

Generally the wrist watch is only an utility article and no fascinating object of art and technology as it were the watches of passed centuries. Nevertheless every collector of wrist watches should be interested in the history of this type of timepiece.

I believe that no real collector can do without literature relevant to the subject. On the contrary, he has to try to complete his reference library. I would recommend the following publications:

HILLMANN, Bruno: Die Armbanduhr, ihr Wesen und ihre Behandlung in der Reparatur. Berlin 1925. (La montre-bracelet. Ses caractéristiques et sa réparation. Bienne 1926).

JOBIN, A.-F.: Classification of the Swiss Watch Movements and Watchmaterials. Bienne 1936. In more languages.

Das Flume-Buch. Berlin 1937.

JENDRITZKI, Hans: Die Reparatur der Armbanduhr. Halle 1937.

JOBIN, A.-F.: Classification of the Swiss Watch Movements and Watchmaterials. Geneva 1939. In more languages.

WILSDORF, Hans: Step by Step. Rolex-Vademecum, vol. I. Geneva 1945. In more languages.

CHAPUIS, Alfred/JAQUET, Eugène: The Evolution of the Wrist-Watch Chronometer. Rolex-Vademecum, vol. II. Geneva 1945. In more languages.

CHAPUIS, Alfred/JAQUET, Eugène: How the Waterproof Watch Came into Being. Rolex-Vademecum, vol. III. Geneva 1945. In more languages.

CHAPUIS, Alfred/JAQUET, Eugène: The Story of the Selfwinding Watch. Rolex-Vademecum, vol. IV. Geneva 1945. In more languages.

GUYE, Samuel: La montre-bracelet, dans l'Horlogerie Suisse: une tradition helvétique. Neuchâtel 1948.

Official Catalogue of Genuine Swiss Watch Repair Parts. Two volumes. La Chaux-de-Fonds 1949. In more languages.

JOBIN, A.-F.: Classification of the Swiss Watch Movements and Watchmaterials. Geneva 1949. In more languages.

Die hauptsächlichsten Chronographen-Arten nach ihren Zifferblättern. Biel/Neuchâtel 1952.

HUMBERT, Bernard: The Chronograph, its Mechanism and Repair. Lausanne.1954. (Der Chronograph. Funktion und Reparatur. 1952. Le Chronographe, son fontionnement, sa réparation. 1955. El Chronografo. 1965.)

HUMBERT, Bernard: Modern Calendar Watches. Lausanne 1954. (Les montres-calendrier modernes. 1953.)

HUMBERT, Bernard: Swiss Selfwinding Watches. Lausanne 1956. (La montre Suisse à remontage automatique. 1955. Die Schweizer Uhr mit automatischem Aufzug. Funktion, Reparatur, Beschreibung der modernen Kaliber. 1956.)

KOCHER, Hans: Automatische Uhren. Ulm 1969.

KREUZER, Anton: Die Uhr am Handgelenk. Geschichte der Armbanduhr. Klagenfurt 1982.

KREUZER, Anton: Die Armbanduhr. Spezialitäten, Extravaganzen und technische Steckbriefe. Klagenfurt 1983.

Die Handbibliothek

Im Gegensatz zu den Uhrenschöpfungen vergangener Jahrhunderte ist die Armbanduhr in der Regel nur noch ein technischer Gebrauchsgegenstand und nicht mehr jenes faszinierende Objekt von Kunst und Technik. Dennoch sollte jeder Sammler von Uhren am Handgelenk auch der Geschichte dieses Uhrentyps gebührendes Interesse zuwenden.

Ich glaube, daß kein ernsthafter Sammler auf einschlägige Literatur verzichten darf. Er muß vielmehr danach trachten, seine Handbibliothek zu vergrößern und zu ergänzen. Das wird sich als gute Investition erweisen. Folgende Publikationen möchte ich besonders empfehlen:

HILLMANN, Bruno: Die Armbanduhr, ihr Wesen und ihre Behandlung in der Reparatur. Berlin 1925. (La montre-bracelet. Ses caractéristiques et sa réparation. Bienne 1926.)

JOBIN, A.-F.: Klassifikation der schweizerischen Uhrwerke und Uhrenfurnituren. Mehrsprachig. Bienne 1936.

Das Flume-Buch. Berlin 1937.

JENDRITZKI, Hans: Die Reparatur der Armbanduhr. Halle 1937.

JOBIN, A.-F.: Klassifikation der schweizerischen Uhrwerke und Uhrenfurnituren. Mehrsprachig. Genf 1939.

WILSDORF, Hans: Von Stufe zu Stufe. Rolex-Vademecum, Heft I. Ausgaben in verschiedenen Sprachen. Genf 1945.

CHAPUIS, Alfred/JAQUET, Eugène: Die Entwicklung der Armband-Chronometrie. Rolex-Vademecum, Heft II. Ausgaben in verschiedenen Sprachen. Genf 1945.

CHAPUIS, Alfred/JAQUET, Eugène: Wie die wasserdichte Uhr entstand. Rolex-Vademecum, Heft III. Ausgaben in verschiedenen Sprachen. Genf 1945.

CHAPUIS, Alfred/JAQUET, Eugène: Die Geschichte der automatischen Uhr. Rolex-Vademecum, Heft IV. Ausgaben in verschiedenen Sprachen. Genf 1945.

GUYE, Samuel: La montre-bracelet, dans l'Horlogerie suisse: une tradition helvétique. Neuchâtel 1948.

Offizieller Katalog der Originalersatzteile für die Reparatur der Schweizer Uhr. 2 Bände. Mehrsprachig. La Chaux-de-Fonds 1949.

JOBIN, A.-F.: Klassifikation der schweizerischen Uhrwerke und Uhrenfurnituren. Genf 1949.

Die hauptsächlichsten Chronograph-Arten nach ihren Zifferblättern. Biel/Neuchâtel 1952.

HUMBERT, Bernard: Der Chronograph. Funktion und Reparatur. Lausanne 1952. (The Chronograph, its mechanism and repair. 1954. Le Chronographe, son fontionnement, sa réparation. 1955. El Chronografo. 1965.)

HUMBERT, Bernard: Les montres-calendrier modernes. Lausanne 1953. (Modern calendar watches. 1954.)

HUMBERT, Bernard: La montre Suisse à remontage automatique. Lausanne 1955. (Swiss selfwinding watches. 1956. Die Schweizer Uhr mit automatischem Aufzug. Funktion, Reparatur, Beschreibung der modernen Kaliber. 1956.)

KOCHER, Hans: Automatische Uhren. Ulm 1969.

KREUZER, Anton: Die Uhr am Handgelenk. Geschichte der Armbanduhr. Klagenfurt 1982.

KAHLERT, Helmut/MÜHE, Richard/BRUNNER, Gisbert L.: Armbanduhren. 100 Jahre Entwicklungsgeschichte. München 1983.

EHRHARDT, Sherry/PLANES, Peter: Vintage American & European Wrist Watch Price Guide. Kansas City 1984.

NEGRETTI, Giampiero/NENCINI, Franco: Ore d'oro. Orologi da polso, passione e investimento. Milano. (It is expected to be published in 1985.)

A book by Humbert with a cover in the typical style of the fifties.

Humbert-Buch in der für die fünfziger Jahre typischen graphischen Gestaltung.

KREUZER, Anton: Die Armbanduhr. Spezialitäten, Extravaganzen und technische Steckbriefe. Klagenfurt 1983.

KAHLERT, Helmut/MÜHE, Richard/BRUNNER, Gisbert L.: Armbanduhren. 100 Jahre Entwicklungsgeschichte. München 1983.

EHRHARDT, Sherry/PLANES, Peter: Vintage American & European Wrist Watch Price Guide. Kansas City 1984.

NEGRETTI, Giampiero/NENCINI, Franco: Ore d'Oro. Orologi da polso passione e investimento. Milano (für 1985 angekündigt).

Umschlag der 1. Auflage. Am Werktisch Hans Jendritzki im Alter von 29 Jahren (1936).

Book jacket of the 1st edition. At the work-table Hans Jendritzki, aged 29 years (1936).

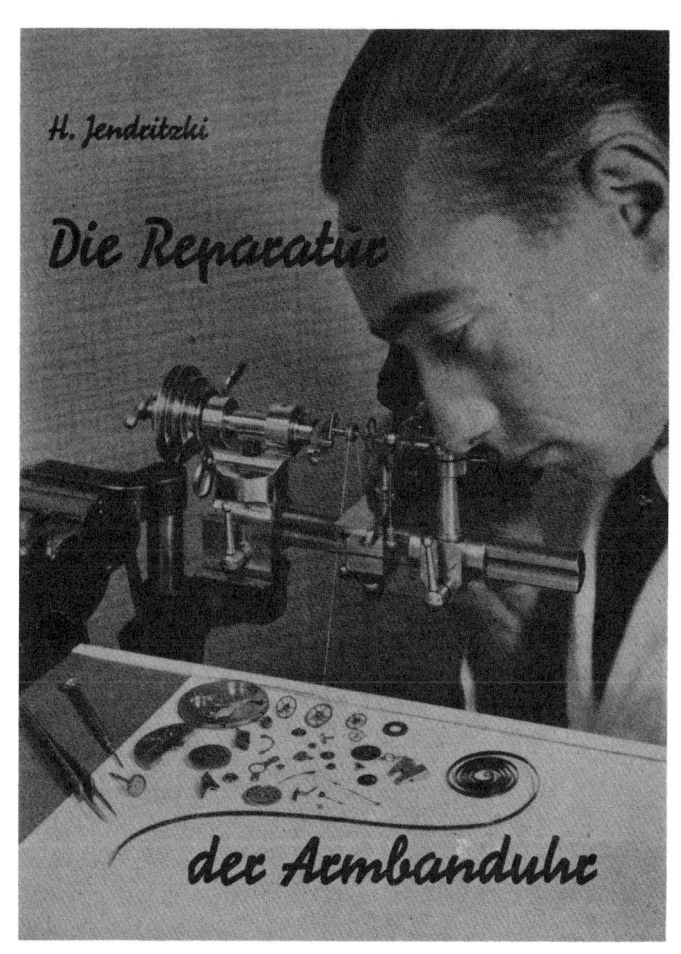

Selfwinding man's wrist watch with power reserve indicator. Winding by oscillating weight. Setting of the hands by a crown at the back of the watch. Futurematic, LeCoultre, circa 1953.

Automatische Herren-Armbanduhr mit Anzeige der Gangreserve. Aufzug mittels Pendelschwingmasse. Die Zeigerstellung erfolgt über eine Krone auf der Rückseite der Uhr. Futurematic, LeCoultre, um 1953.

The Airflight-Jump-Hours-Model by Gruen, made in the sixties. At one o'clock p. m. the figures 1–12 automatically change to 13–24.

Das Airflight-Jump-Hours-Modell von Gruen aus den frühen sechziger Jahren. Um 13 Uhr schaltet der Zahlenkranz 1–12 automatisch auf 13–24.

Anhang

L'Agrafe Omega

est une création des plus modernes. Elle se porte au gilet ou à la ceinture, où elle s'agrafe par le dispositif ingénieux illustré ci-dessus. C'est une montre de poche que l'on ne peut pas perdre. L'agrafe, qui ajoute par sa distinction à l'élégance de la toilette masculine, remplace avantageusement la chaîne de montre qui se porte de moins en moins. ♦ Le soir l'agrafe Omega devient la plus pratique des pendulettes.

MN 742 26,5 métal extra blanc, nickel 45% Fr. 83.—

Cadran E. 785 Fr. 2.—

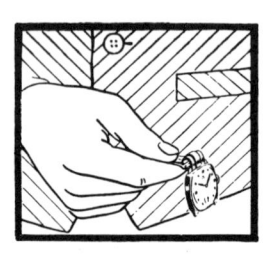

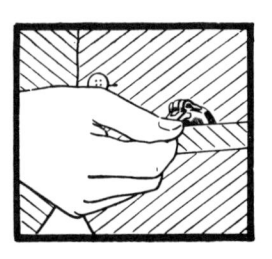

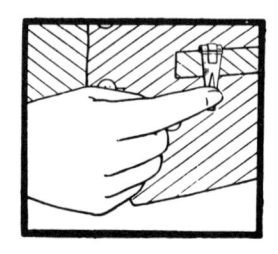

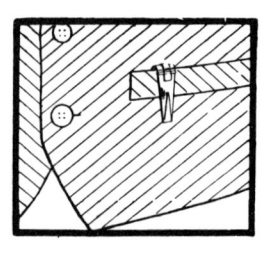

Model from 1933
Kreation aus dem Jahr 1933

FABRIQUE MOVADO, L. A. J. DITESHEIM & FRÈRE IN LA CHAUX-DE-FONDS, SCHWEIZ

Armbanduhr

Patentiert im Deutschen Reiche vom 11. Juni 1912 ab

Man hat schon bei mit Uhr versehenen Armbändern oder Spangen vorgeschlagen, dem Uhrgehäuse eine langgestreckte Form zu geben und die innere Gehäuseseite nach der Krümmung des Bandes zu wölben, um ein mehr oder weniger dichtes Anschmiegen der Uhr am Arm zu erzielen. Aber bei den bekannten Uhrarmbändern dieser Art weist die Uhr selbst ihre übliche kreisrunde Gestalt auf, indem das Werk in der üblichen Weise auf einer kreisrunden Platine angeordnet ist, so daß das Werk nur einen verhältnismäßig kleinen Teil des leeren Innenraumes des Gehäuses einnimmt.

Um bei derartigen Uhrarmbändern die Wölbung des Uhrgehäuses derart vergrößern, daß dasselbe sich genau der Armrundung anschmiegt, und um gleichzeitig den verfügbaren Innenraum des Gehäuses möglichst voll ausnutzen, d. h. in einem Gehäuse von gegebener Größe ein größeres und daher genauer gehendes Uhrwerk oder bei gegebenem Uhrwerk ein kleineres Gehäuse verwenden zu können, ist das Uhrwerk auf einer nach mehreren zusammenstoßenden Seitenflächen eines Prismas abgekröpften, sich über den ganzen verfügbaren Innenraum des langgestreckten Gehäuses sich erstreckenden Platine angeordnet. Beispielsweise kann hierbei die Platine zwei Kröpfstellen und einen mittleren Plattenteil aufweisen, welcher etwa die Achsen aller beweglichen Organe des Werkes trägt, mit Ausnahme der Unruhe, während von zwei äußeren Endteilen der Platine, die zum mittleren Plattenteil geneigt sind, der eine etwa den größten Teil des Aufzug- und Zeigerstellwerkes, der andere die Unruhe nebst Zubehör tragen würde, wobei die Ankergabel der Hemmung entsprechend abgekröpft wäre, um sich dem Niveauunterschied zwischen dem Hemmungsrad und den betreffenden Teilen der Unruhachse anzupassen.

In der Zeichnung zeigt

Fig. 1 die Anordnung eines gemäß der Erfindung ausgebildeten Uhrarmbandes an einem im Schnitt dargestellten Arm.

Fig. 2 ist eine Oberansicht hierzu.

Fig. 3 ist eine Draufsicht des Uhrwerkes und

Fig. 4 ein Längsschnitt durch das Uhrgehäuse mit eingebautem Werke.

Das langgestreckte Uhrgehäuse 8 ist an seinen entgegengesetzten Enden mit Bügeln 9 versehen, an welche die biegsamen Bänder 10 angeschlossen sind, die miteinander durch eine Schnalle 11 und eine Schlaufe 12 verbunden werden können. Die untere, d. h. die dem Zifferblatt a abgewendete Seite des Uhrgehäuses ist nach der Rundung des Armes gewölbt, während das gewölbte Zifferblatt a und die Zeiger b, c durch ein längliches Glas d abgedeckt sind. Die große Platine 17 des Uhrwerkes wird durch eine zweimal stumpfwinkelig abgekröpfte Längsplatte gebildet. Ihr mittlerer Teil e, welcher zwischen zwei zu diesem geneigten Endteilen i, j liegt, trägt zwischen sich und einer kleinen fünfeckigen Gegenplatine 18 die Achse des großen Mittelrades 19, dessen Trieb f in das Rad 20 der ebenfalls zwischen 17 und 18 angeordneten Federhaustrommel 21 eingreift. Die Welle g der Federhaustrommel 21 trägt unter der großen Platine 17 das Aufzugrad 22, das mit dem Zwischenrad 23 in Eingriff ist, welches sich unter dem Platinenendteil i befindet und gewöhnlich in das auf der Aufzugstange 25 sitzende Aufzugtrieb 24 eingreift. Die Ebenen der Räder 22 und 23 stehen demnach zueinander in einem stumpfen Winkel. Unter dem mittleren Plattenteil e der Platine 17 ist die Aufzugklinke k angelenkt, auf welche die Feder l einwirkt.

Oberhalb der Gegenplatine 18 trägt die Achse des Mittelrades 19 das Minutentrieb m, welches durch oberhalb der Gegenplatine 18 zum Plattenteil e parallel liegende Zwischenräder n, o mit einem Rad 26 verbunden ist. Letzteres ist mit einem Zahntrieb p versehen und mit diesem in zum Endteil i der Platine 17 paralleler Stellung auf einem Zapfen 27 gelagert, der am Endteil i der Platine 17, zu diesem senkrecht gestellt, vorgesehen ist.

Die Aufzugstange 25 wird einerseits in diesem Zapfen 27, anderseits in einem an dem Platinenendteil i angebrachten Lager 28 geführt. Sie endigt in einer Krone 15 in einer Ausnehmung 29 des Uhrgehäuses. Auf einem Vierkant dieser Stange 25 sitzt das bekannte verschiebbare Breguettrieb 30, welches entweder mit dem Aufzugtrieb 24 oder mit dem Zahntrieb p in Eingriff ist, je nachdem die Stange 25 sich in der Aufzug- oder in der Zeigerrichtstellung befindet. Soll das Breguettrieb 30 aus seiner in der Zeichnung angegebenen normalen Aufzugstellung in die Zeiger-

349

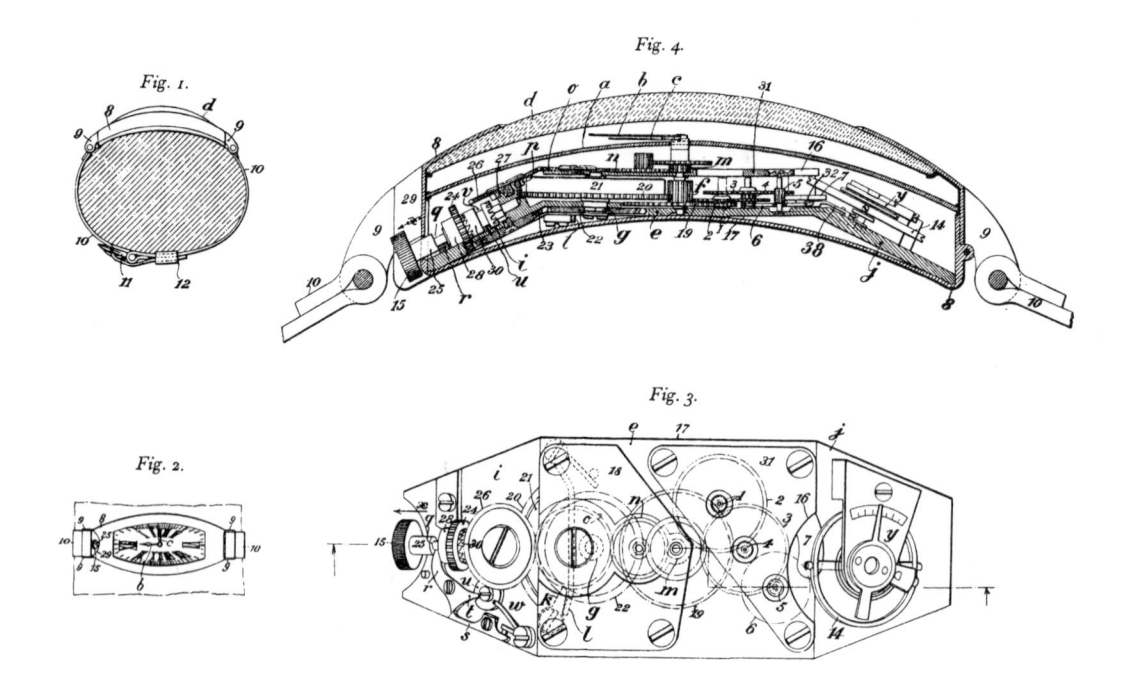

richtstellung gebracht werden, so zieht man die Stange 25 im Sinne des Pfeiles x zurück, um vermittels eines in eine Ringnut q der Stange eingreifenden, von der Feder s beeinflußten Hebels r, t und einer in eine Nut v des Breguettriebes 30 eingreifenden, von der Feder w beeinflußten Schwinge u die Verschiebung des Breguettriebes zu bewirken. Alle diese Teile sind an dem Endteil i der Platine 17 angeordnet. Nach der Zeigerstellung kann das Breguettrieb durch Druck auf den Knopf 15 der Stange 25 wieder in die Aufzugstellung zurückgeführt werden.

Das Rad 19 treibt vermittels der Getrieberäder 1, 2, 3, 4, 5 das Hemmungsrad 6; die Achsen aller dieser Räder sind in dem mittleren Plattenteil e der Platine 17 und in einer zu dieser parallelen, dreieckigen, mit Ausschnitt 16 versehenen Gegenplatine 31 gelagert. Der Hemmungsanker 32 befindet sich zwischen dem mittleren Platinenteil e und einer an der Platine befestigten kleinen Brücke 7 und setzt sich in eine abgekröpfte Gabel 38 fort, die mit der Unruhe 14 zusammenwirkt, welche zwischen dem geneigten Endteil j der Platine 17 und einer daran befestigten Brücke y angeordnet ist.

Bei der beschriebenen Einrichtung kann fast der ganze verfügbare Innenraum des Uhrgehäuses für die Unterbringung des Werkes ausgenutzt werden, so daß ein gegebenes Uhrgehäuse, welches beispielsweise nur ein Werk mit üblicher Kreisplatine von acht Linien aufnehmen könnte, ein Uhrwerk wird aufnehmen können, dessen Organe an Größe denjenigen eines üblichen Rundwerkes von elf Linien entsprechen. Es folgt daraus, daß die Uhr, deren Gehäuse mit einem solchen Werk ausgestattet ist, einen genaueren Gang haben und länger gebrauchsfähig sein wird.

Das Uhrwerk kann mit oder ohne Minutenzeiger ausgeführt werden. Im Falle der Anwendung eines solchen wird das Zeigerwerk, wie üblich, zwischen der großen Platine und dem Zifferblatt untergebracht, wie dies aus Fig. 4 ersichtlich ist.

PATENT-ANSPRÜCHE:

1. Armbanduhr, deren langgestrecktes Gehäuse auf seiner Unterseite der Armrundung entsprechend gewölbt ist, dadurch gekennzeichnet, daß die das Werk tragende große Platine (17) prismatisch abgekröpft ist und sich über den ganzen verfügbaren Innenraum des langgestreckten Uhrgehäuses (8) erstreckt, so daß einerseits die Wölbung des Uhrgehäuses besser der Armrundung angepaßt und anderseits der verfügbare Innenraum des Gehäuses für die Unterbringung des Werkes fast voll ausgenutzt werden kann.

2. Armbanduhr nach Anspruch 1, dadurch gekennzeichnet, daß die große Platine (17) des Uhrwerkes zweimal abgekröpft ist und in ihrem mittleren Teil (e) die Achsen aller Triebwerksteile mit Ausnahme der Unruhe trägt, während von ihren beiden zum Mittelteil geneigten Endteilen (i, j) der eine (i) die Teile des Aufzug- und Zeigerstellwerkes, der andere (j) die Unruhe nebst Zubehör trägt, wobei die Ankergabel (38) der Hemmung abgekröpft ist, um sich dem Niveauunterschied zwischen dem Hemmungsrad und den entsprechenden Teilen der Unruhachse anzupassen.

PATENTSCHRIFT Nr. 292 423, KLASSE 83a, GRUPPE 41/50

CHARLES LEON DEPOLLIER IN BROOKLYN, V. ST. A.

Uhrgehäuse für Handgelenkuhren

Patentiert im Deutschen Reiche vom 20. Mai 1915 ab

Kleine Uhren, die zum Tragen als Handgelenkuhren bestimmt sind, werden häufig auch mit langen Halsketten und als Anhängeuhrbroschen getragen. Da nun aber die Handgelenkuhren an einer dem Uhrbügel gegenüberliegenden Stelle mit irgendeiner Befestigungsvorrichtung für das Armband versehen sein müssen, so ist es erforderlich, diese Vorrichtung derart anzuordnen und zu gestalten, daß sie beim Tragen der Handgelenkuhr mit einer Halskette oder als Anhängeuhrbrosche nicht sichtbar ist.

Es sind nun bereits Taschenuhren bekannt geworden, die dem Gehäusekopf gegenüber einen einschiebbaren Bügel besitzen, so daß die Uhr unter Benutzung eines Riemens als Handgelenkuhr verwendet werden kann. Diese Anordnung ist wohl dafür geeignet, einen Riemen durch den Bügel zu ziehen und dem Riemen als Führung zu dienen. Dagegen kann der Bügel bei den kleinen Uhren, die als Handgelenkuhren in Betracht kommen, nicht genügend stark gemacht werden, um das Einhaken eines Armbandendes in denselben zu gestatten und um der verhältnismäßig starken Zugwirkung eines Armbandes ausgesetzt zu werden, was ja schon seine Befestigungsweise innerhalb des Gehäuses nicht gestatten würde. Ferner ist der Bügel dieser bereits bekannten Handgelenkuhren in der eingeschobenen Lage immer noch zu stark sichtbar.

Bei dem Uhrgehäuse für Handgelenkuhren gemäß vorliegender Erfindung, welche insbesondere zum Tragen mit Armbändern bestimmt sind, sind nun diese Nachteile dadurch vermieden worden, daß die zum Befestigen des einen Armbandendes dienende Öse drehbar, vorzugsweise scharnierartig, am Gehäuse angebracht und eine in dem Uhrgehäuse angebrachte Ausnehmung vorgesehen ist, in welche die genannte Befestigungsöse vollständig heruntergeklappt werden kann, wenn sie nicht zur Verwendung gelangt, so daß sie dann sozusagen unsichtbar ist.

Dabei kann auch zweckmäßig die zum Befestigen des einen Armbandendes dienende Öse als ein die Ausnehmung überbrückender Steg ausgebildet sein, dessen äußere Begrenzungsfläche mit dem Umfang des Gehäuses in einer Fläche liegt.

Auf den beiliegenden Zeichnungen sind mehrere beispielsweise Ausführungsformen des Erfindungsgegenstandes dargestellt, und zwar ist:

Fig. 1 eine schaubildliche Ansicht einer Armbanduhr, welche mit einer neuen Befestigungsvorrichtung versehen ist, wobei diese Figur gleichzeitig ein Armband veranschaulicht, dessen eines Ende mit dem Uhrbügel und dessen anderes Ende mit der Befestigungsvorrichtung verbunden ist;

Fig. 2 zeigt eine ähnliche Uhr, welche mittels des Bügels an einer Halskette befestigt ist, wobei die gegenüber dem Bügel angeordnete Befestigungsvorrichtung unsichtbar ist;

Fig. 3 ist eine teilweise Vorderansicht eines mit einer neuen Befestigungsvorrichtung versehenen Uhrgehäuses;

Fig. 4 ist eine Seitenansicht des in Fig. 3 gezeigten Uhrgehäuses, wobei die Befestigungsöse in die für dieselbe vorgesehene Vertiefung gelegt ist;

Fig. 5 ist eine Seitenansicht des Uhrgehäuses, von einem Gesichtspunkt aus gesehen, der mit Bezug auf denjenigen der Fig. 4 um 90° versetzt ist, wobei die Befestigungsöse aus der für sie vorgesehenen Vertiefung herausragt;

Fig. 6, 7 und 8 zeigen eine andere Ausführungsform des Erfindungsgegenstandes;

Fig. 9 zeigt eine schaubildliche Ansicht eines Armbandes und

Fig. 1. Fig. 2.

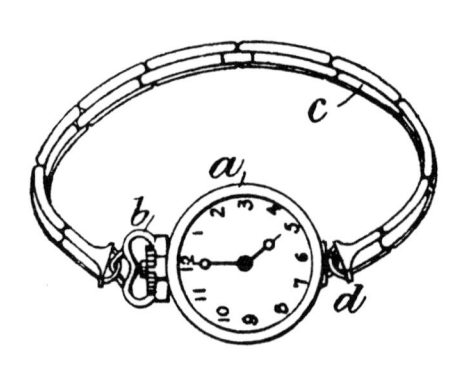

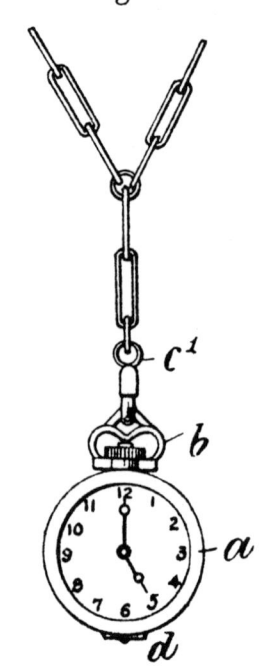

Fig. 3. 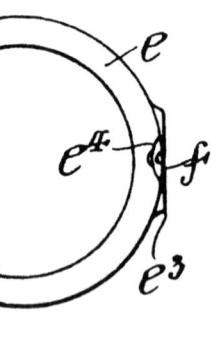 Fig. 4.

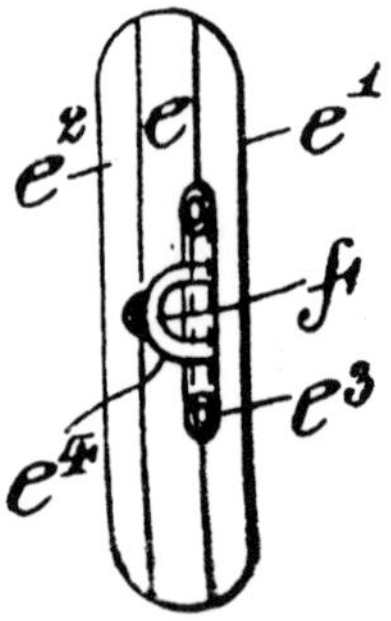

Fig. 5.

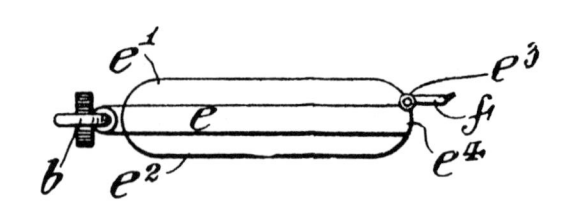

Fig. 6. 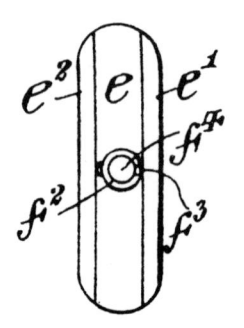 Fig. 7.

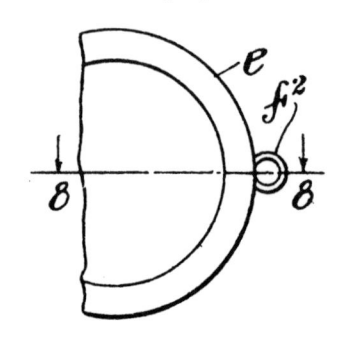

Fig. 8.

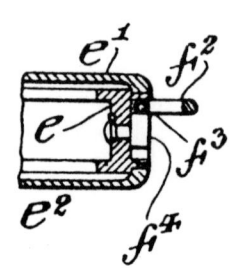

Fig. 9.

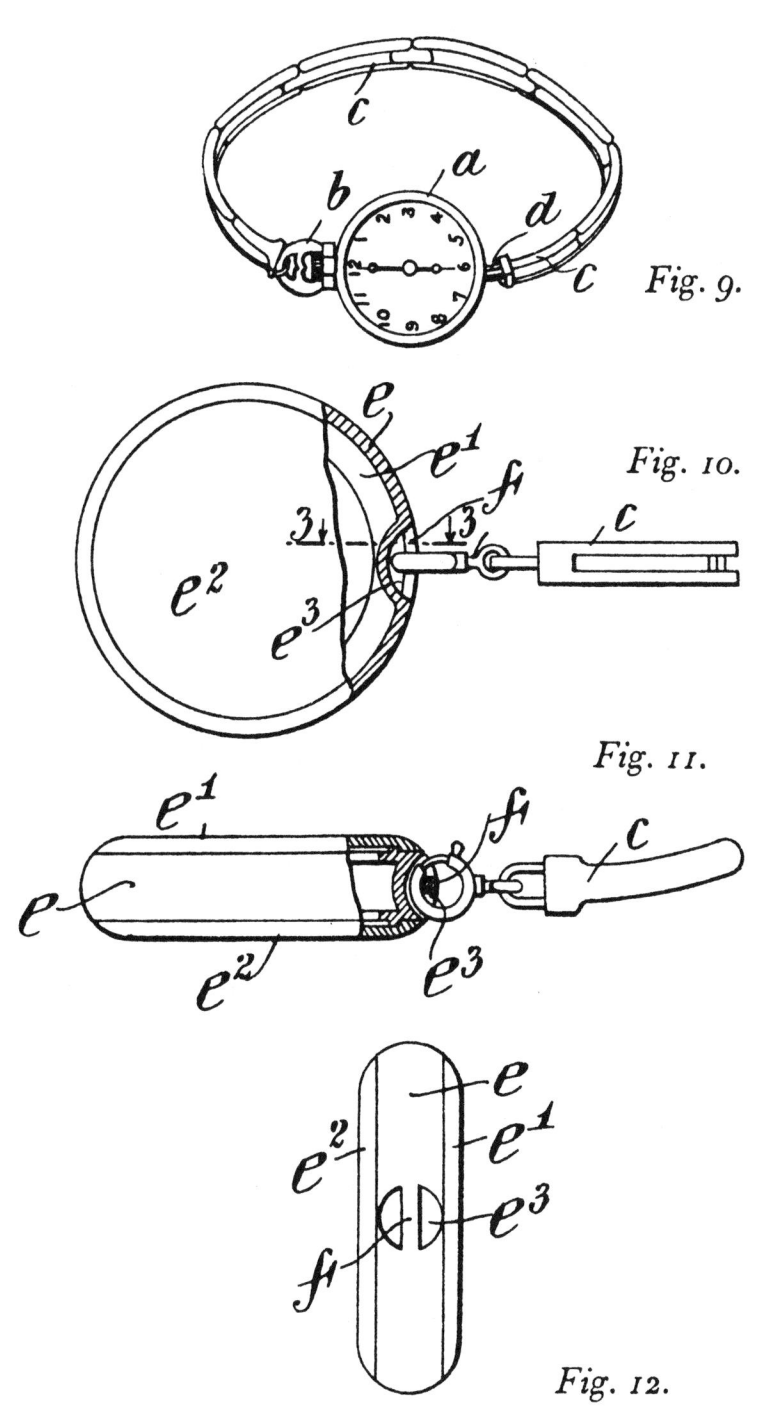

Fig. 10.

Fig. 11.

Fig. 12.

einer Uhr, eine weitere Ausführungsform der Befestigungsvorrichtung veranschaulichend;

Fig. 10 zeigt in größerem Maßstab, teilweise in Ansicht und teilweise im Schnitt, das Gehäuse der in Fig. 9 gezeigten Uhr, gleichzeitig das Endglied des Armbandes in Wirkungsverbindung mit diesem Gehäuse veranschaulichend;

Fig. 11 ist eine Draufsicht des in Fig. 10 gezeigten Uhrgehäuses, wobei Teile im Schnitt nach der Linie 3–3 der Fig. 10 gezeigt sind, und

Fig. 12 ist eine mit Bezug auf Fig. 10 von rechts gesehene Seitenansicht des Uhrgehäuses.

In Fig. 1 ist eine Armbanduhr a gezeigt, welche einen gewöhnlichen Bügel b besitzt. An den letzteren ist das eine Ende eines Armbandes c befestigt, dessen anderes Ende bei d, also an einer dem Bügel b gegenüberliegenden Stelle, mittels einer verschiebbaren, als Öse ausgebildeten Befestigungsvorrichtung an der Uhr befestigt ist. In Fig. 1 ist diese Vorrichtung in der herausgezogenen, ein Befestigen des Armbandes gestattenden Lage gezeigt. In Fig. 2 ist an dem Bügel b dieser Uhr a eine Kette c^1 befestigt, während die diametral gegenüberliegende Befestigungsvorrichtung, deren Lage bei d durch das gewöhnliche Gehäusescharnier angedeutet ist, sozusagen nicht sichtbar ist, da sie in das Gehäuse hineingelegt worden ist. Eine Uhr, welche sowohl als Armbanduhr benutzt werden kann (Fig. 1), oder welche mit einer langen Halskette getragen werden kann (Fig. 2), wird für gewöhnlich im Handel „umwandelbare Uhr" genannt.

Bei der in den Fig. 3, 4 und 5 gezeigten Ausführungsform besitzt der mittlere Teil e des Uhrgehäuses, an dem auf der einen Seite der Deckel e^1 drehbar befestigt und an dessen anderer Seite in bekannter Weise der Kasten e^2 angebracht ist, neben dem Scharnier e^3, mittels welchem der Deckel e^1 mit dem mittleren Teil e verbunden ist, eine hufeisenförmige Vertiefung e^4, welche sich bis in das Scharnier erstreckt. Auf dem Stifte des Scharniers e^3 ist eine hufeisenförmige Öse drehbar befestigt, welche in die Vertiefung e^4 niedergeklappt werden kann, wie das in den Fig. 2, 3 und 5 gezeigt ist. Die als Befestigungsvorrichtung dienende Öse f kann auch mit einer kleinen Nocke versehen sein, damit sie leicht mit den Fingernägeln oder einem geeigneten Werkzeug erfaßt werden kann, oder die Vertiefung e^4 kann auch einen Einschnitt aufweisen, der das Einstecken einer nadelförmigen Spitze unterhalb der Kante der Öse gestattet, so daß letztere gehoben und in die in Fig. 5 gezeigte Lage gebracht werden kann.

Es erhellt, daß die Öse oder eine ähnliche Befestigungsvorrichtung in sehr verschiedener Art und Weise an dem Uhrgehäuse befestigt werden kann. So ist bei der in den Fig. 6, 7 und 8 gezeigten Ausführungsform die am Uhrgehäuse angebrachte Befestigungs-

353

vorrichtung unabhängig vom Scharnier und drehbar um einen Zapfen angeordnet. Diese als Öse f² ausgebildete Befestigungsvorrichtung ist bei f³ an einem Block f⁴ scharnierartig befestigt, während der Block f⁴ um einen in dem mittleren Teil e des Uhrgehäuses angeordneten Zapfen drehbar ist. Der Block f⁴ befindet sich in einer im mittleren Teil e des Uhrgehäuses vorgesehenen Ausnehmung oder Vertiefung und besitzt einen kleineren Durchmesser als diese Ausnehmung, so daß ein ringförmiger Raum übrigbleibt, in den die Öse hineingebracht werden kann, wenn sie nicht gebraucht wird, so daß sie sozusagen unsichtbar wird.

Bei der in Fig. 9 gezeigten Ausführungsform ist an dem Bügel b der Armbanduhr a wiederum das eine Ende des Armbandes c befestigt, während das andere Ende des letzteren an einer dem Bügel b gegenüberliegenden Stelle, nämlich, wie im nachfolgenden beschrieben ist, bei d befestigt ist.

Der mittlere Teil e des Uhrgehäuses, auf dessen einer Seite wiederum der Deckel e¹ und auf der anderen Seite der Kasten e² angeordnet ist, weist an einer gezeigten Stelle, zweckmäßig gegenüber dem Bügel b oder an jeder von zwei diametral gegenüberliegenden Stellen, eine Ausnehmung e³ auf, welche zweckmäßig, wie gezeigt, schalenförmig ausgebildet ist, um das Einführen eines Hakens oder Ringes zu erleichtern.

Die Ausnehmung e³ wird von einem Steg f überbrückt, dessen äußere Begrenzungsfläche der Hauptsache nach mit dem Umfang des mittleren Gehäuseteils e in eine Fläche fällt. Dieser Steg f, welcher die Ausnehmung überbrückt, kann bequem durch einen Haken oder einen Schnappring mit einem Armband oder einer Kette in Eingriff gebracht werden. Das mit einem solchen Steg versehene Uhrgehäuse besitzt, wenn es nicht in einer bestimmten Richtung von der Seite her betrachtet wird, das Aussehen eines gewöhnlichen Uhrgehäuses, da es keine vorspringenden Teile besitzt, welche den Verdacht erwecken könnten, daß dasselbe zu einem anderen Zweck benutzt wird.

PATENT-ANSPRÜCHE:

1. Uhrgehäuse für Handgelenkuhren, welche insbesondere zum Tragen mit Armbändern bestimmt sind, gekennzeichnet durch eine zum Befestigen des einen Armbandendes dienende, fest oder drehbar am Gehäuse in einer Ausnehmung angebrachte Befestigungsöse, welche bei Nichtgebrauch nicht hervorsteht bzw. vollständig eingeklappt werden kann.

2. Uhrgehäuse nach Anspruch 1 mit der Abänderung, daß die zum Befestigen des einen Armbandendes dienende Öse als ein die Ausnehmung überbrückender Steg ausgebildet ist, dessen äußere Begrenzungsfläche mit dem Umfang des Gehäuses in einer Fläche liegt.

PATENTSCHRIFT Nr. 455 624, KLASSE 83a, GRUPPE 46/50

FRANK FARR IN MONTREAL, CANADA

Armbanduhr

Patentiert im Deutschen Reiche vom 12. April 1927 ab

Gegenstand der Erfindung ist eine Armbanduhr, welche wesentliche Verbesserungen aufweist in bezug auf die Anordnung der Befestigungsriemen oder -bänder am Uhrgehäuse.

Der hauptsächlichste Zweck der Erfindung besteht darin, eine Armbanduhr zu schaffen, deren Befestigungsriemen oder -bänder mittels einer geschlossenen Schlaufe am Uhrgehäuse befestigt werden können, ohne daß irgendwelche nachträgliche Näharbeit nötig ist. Diese neue Anordnung der Befestigungsriemen oder -bänder verhütet, daß sich die Gehäuseteile unwillkürlich voneinander lösen, und hat im weiteren den Vorteil, daß solche Riemen oder Bänder mit geschlossenen Befestigungsschlaufen in den gangbarsten Größen auf Lager gehalten werden können.

Diese Armbanduhr, deren Uhrgehäuse aus zwei oder mehr miteinander verbundenen Teilen besteht, ist dadurch gekennzeichnet, daß an zwei Bestandteilen des Gehäuses Bügelsegmente vorgesehen und derart angeordnet sind, daß sie sich beim Zusammensetzen des Gehäuses je zu zweien miteinander vereinigen und zwei geschlossene Bügel bilden, an welchen je eine geschlossene Schlaufe eines Befestigungsriemens oder -bandes angreift.

In der Zeichnung sind zwei Ausführungsbeispiele des Erfindungsgegenstandes veranschaulicht.

Abb. 1 stellt eine Ausführungsform im Aufriß dar;

Abb. 2 zeigt im Aufriß, wie die Befestigungsriemen in die entsprechenden Bügelsegmente des Uhrgehäuses eingeführt werden;
Abb. 3 veranschaulicht im Aufriß verschiedene Bestandteile der Armbanduhr vor der Vereinigung derselben;
Abb. 4 veranschaulicht den Gehäusereifen im Aufriß;
Abb. 5 zeigt die Uhr im Grundriß ohne Glasreifen,
Abb. 6 den Glasreifen im Grundriß;
Abb. 7 und 8 veranschaulichen im Aufriß zwei zusammengehörende Gehäuseteile gemäß einer zweiten Ausführungsform;
Abb. 9 zeigt in größerem Maßstabe, in Aufsicht und teilweise im Schnitt, die Anordnung der Bügelsegmente an den Gehäuseteilen.

Das aus zwei oder mehreren Teilen zusammengesetzte Uhrgehäuse 11 besteht aus einem Gehäusemittelteil 12, einem Boden 13 und einem Glasreifen 14. Letzterer ist auf einen Schlußrand des Gehäusemittelteiles aufgesprengt, besitzt jedoch kein Scharnier. Seitlich am Uhrgehäuse sind Bügel 15 vorgesehen, an welchen die Befestigungsriemen der Uhr befestigt werden. Jeder Bügel 15 besteht aus zwei Bügelsegmenten 16 und 17. Die Segmente 16 sind am Gehäusemittelteil und die Segmente 17 am Glasreifen angeordnet. Diese könnten jedoch ebensogut am Gehäuseboden befestigt sein. Gemäß den Abb. 1 bis 6 sind die Bügelsegmente 16 und 17 je aus einem rechtwinklig abgebogenen Metallstück gebildet und derart angeordnet, daß, wenn der Gehäusemittelteil und der Glasreifen miteinander vereinigt sind, die freien Enden der Segmente 16 und 17 gegeneinanderstoßen und so die seitlichen Bügel des Uhrgehäuses bilden, an welchen die als Schlaufe ausgebildeten Enden 18 der Befestigungsriemen 19 befestigt werden. Zwecks Befestigung der Riemen 19 am Uhrgehäuse werden die zuvor gebildeten Schlaufen der Riemen über die freien Enden der Bügelsegmente 16 gesteckt und dann die freien Enden der Bügelsegmente 17 in die Schlaufen eingeführt, worauf der Glasreifen 14 auf den Schlußrand des Gehäusemittelteiles aufgesprengt wird.

Bei dem Ausführungsbeispiel nach Abb. 7 und 8 sind an den freien Enden der Bügelsegmente 17^a zapfenartige Ansätze 17^b vorgesehen, welche in entsprechende Vertiefungen 17^c der Bügelsegmente 16^a eingreifen oder einschnappen, wenn der Glasreifen auf dem Gehäusemittelteil befestigt wird. Es ist selbstverständlich, daß die Form der Bügelsegmente 16^a und 17^a von der in der Zeichnung veranschaulichten abweichen könnte. Ferner ist es nebensächlich, wie und an welchen Gehäuseteilen die Bügelsegmente angeordnet seien, wenn nur die Anordnung derselben so getroffen ist, daß sich die Segmente zu Befestigungsbügeln oder Ösen vereinigen, wenn die Gehäuseteile miteinander verbunden werden.

Jeder Befestigungsriemen besteht aus einem doppelt zusammengelegten dünnen Lederstreifen. Die beiden aufeinanderliegenden Teile sind durch Nähte 20 vereinigt. Das eine Ende der Riemen ist nicht genäht, wodurch die Schlaufen 18 gebildet werden. Das andere Ende 21 des einen Riemens ist mit einer Schnalle versehen, deren Dorn 22 dazu bestimmt ist, in eine der am Ende 24 des anderen Riemens vorgesehenen Öffnungen 23 eingeführt zu werden, so daß die Befestigung der Uhr entsprechend dem Umfang des Handgelenkes, wie üblich, stattfinden kann.

Die Bügelsegmente können mit den entsprechenden Gehäuseteilen aus einem Stück gefertigt oder an denselben durch Löten oder andere geeignete Mittel befestigt sein. Sie bilden somit ständige Befestigungsglieder, die sehr einfach hergestellt werden können und keine Verbindungsmittel oder besondere Sorgfalt hierbei bedingen.

PATENTANSPRÜCHE:

1. Armbanduhr, deren Uhrgehäuse aus zwei oder mehr miteinander verbundenen Teilen besteht, dadurch gekennzeichnet, daß an zwei Bestandteilen des Gehäuses Bügelteile vorgesehen und derart angeordnet sind, daß sie sich beim Zusammensetzen des Gebäudes je zu zweien miteinander vereinigen und zwei geschlossene Bügel bilden, an welchen je eine geschlossene Schlaufe eines Befestigungsriemens oder -bandes angreift.

2. Armbanduhr nach Anspruch 1, deren Gehäuse einen Gehäusemittelteil und einen Glasreifen aufweist, dadurch gekennzeichnet, daß die einen Bügelsegmente am Gehäusemittelteil, die entsprechenden anderen Bügelsegmente am Glasreifen vorgesehen sind, derart, daß sich diese Bügelsegmente mit ihren freien Enden je zu zweien miteinander vereinigen und auf diese Weise zwei einander gegenüberliegende geschlossene Bügel bilden, wenn der Glasreifen auf dem Gehäusemittelteil befestigt ist.

3. Armbanduhr nach Anspruch 1 und 2, dadurch gekennzeichnet, daß die Bügelsegmente des einen Gehäuseteiles und die entsprechenden Bügelsegmente des anderen Gehäuseteiles mit ihren freien Enden ineinandergreifen zwecks Sicherung ihrer gegenseitigen Lage.

Abb. 1.

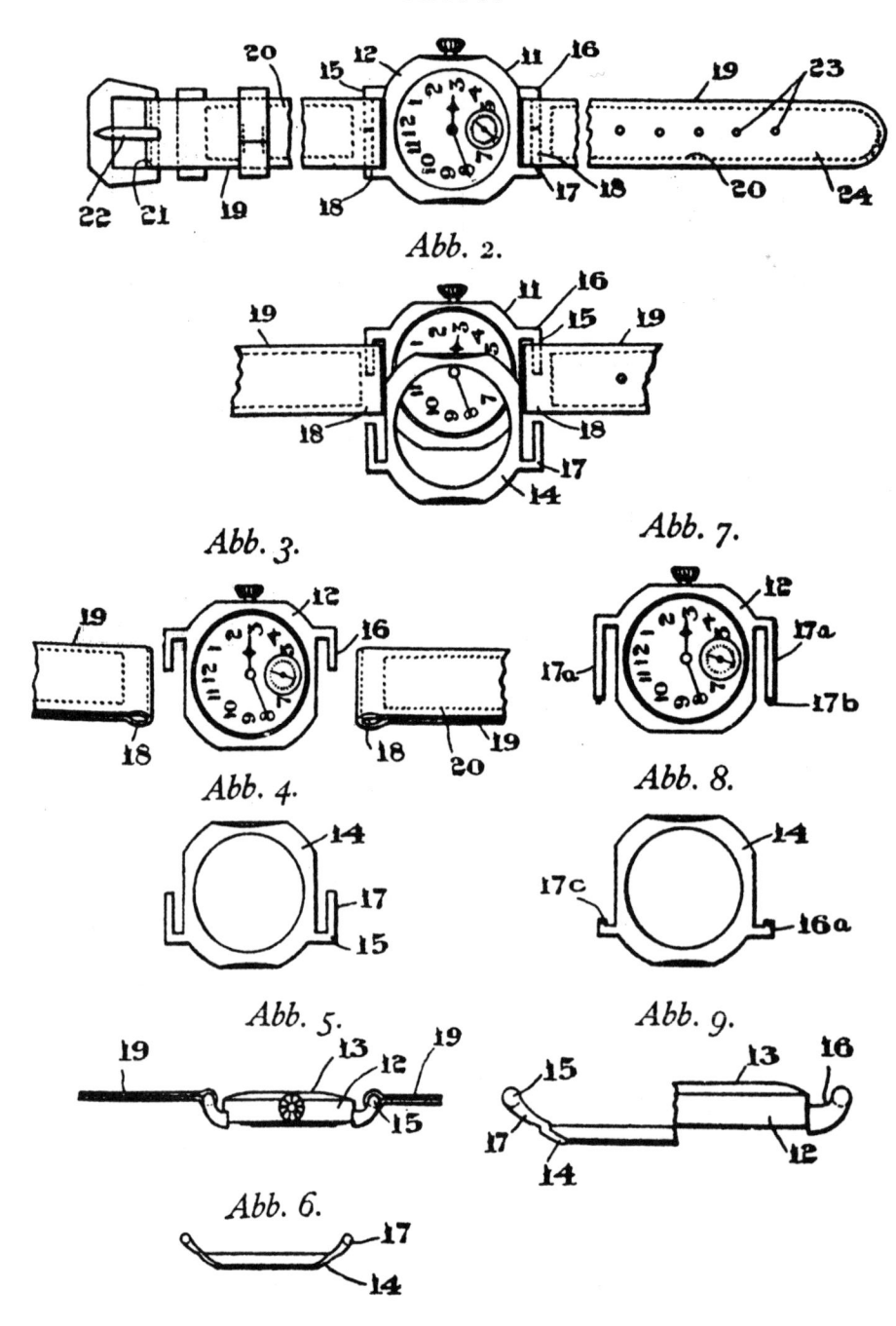

Abb. 2.

Abb. 3.

Abb. 7.

Abb. 4.

Abb. 8.

Abb. 5.

Abb. 9.

Abb. 6.

PATENTSCHRIFT Nr. 515 291, KLASSE 83a, GRUPPE 4/50

FREY & CO., FREY-UHREN AKT.-GES. (FREY & CO., MONTRES-FREY, SOCIÉTÉ ANONYME)
(FREY & CO., FREY-WATCH CO., LIMITED) IN BIEL, SCHWEIZ

Armbanduhr

Patentiert im Deutschen Reiche vom 25. Juni 1929 ab

Es sind schon Armbanduhren vorgeschlagen worden, deren Rohwerk so zusammengestellt ist, daß man es möglichst ohne großen Platzverlust in einem sich an die Wölbung des Armes anschmiegenden Gehäuse anpassen kann. Die dahin gehenden Rohwerkverschläge betreffen aber entweder Uhren mit winklig zueinander stehenden Platinteilen und Räderachsen oder solche mit mehreren aufeinander angeordneten Platinen. Schließlich sind noch Uhren mit gewölbten Gehäusen bekannt, in welchen flache Werke eingeführt werden. Dort ist das Zifferblatt gewölbt und schwer zu befestigen. An den Enden des Gehäuses entstehen auch Platzverluste.

Gegenstand der Erfindung ist eine Armbanduhr, bei welcher das Werk unter Beibehaltung der geraden Berührungsflächen zwischen Platine und Brücken auf der Unterseite ausgehöhlt und auf der Zifferblattseite gewölbt ist. Das Zifferblatt ist dann auf der Wölbung aufgespannt. Man erhält auf diese Weise ohne Platzverlust und ohne die Höhe der Uhr unschön zu vergrößern ein Uhrwerk, dessen verschiedene Teile leicht aufeinandergestellt und genügend groß gehalten werden können, um bei einer verhältnismäßig kleinen Raumbeanspruchung doch billig genug herstellbar zu sein, daß der Verkauf der Uhr möglich bleibt.

Die Zeichnung stellt ein Ausführungsbeispiel einer Armbanduhr dar, welche erfindungsgemäß ausgeführt ist.

Fig. 1 ist ein Schnitt nach Linie 1-1 der Fig. 2, welche eine Aufsicht darstellt, und

Fig. 3 ist eine Seitenansicht des Werkes.

Die Platte ist mit a bezeichnet. Sie besitzt die nötigen Senkungen für die Räder. Die Oberflächen dieser Senkungen, wie überhaupt alle Oberflächen, welche die Platte innerhalb der Uhr begrenzen, sind parallel zueinander und stehen senkrecht zu den Radachsen. Die Außenfläche der Platte dagegen ist erhaben, und man kann ihr ein ebenso geformtes Zifferblatt aufsetzen. Die Kloben b, c, d, welche auf der Platte durch nicht gezeigte Mittel befestigt sind, sind auf der Räderseite durch zueinander parallele Flächen begrenzt und auf der Außenseite durch hohle zum Gehäuse parallele Flächen. Diese Anordnung gestattet, eine richtige Unterlage für das Zifferblatt zu schaffen. Des weiteren sind die Höhenverhältnisse zwischen den Enden und der Mitte des durch das Werk gebildeten Gewölbes derart, daß die ganze Aufzugs- und Richtvorrichtung unterhalb des Ankerrades eingebaut werden kann.

PATENTANSPRUCH:

Armbanduhr von länglicher Form, dadurch gekennzeichnet, daß das Werk unter Beibehaltung der geraden Berührungsflächen zwischen Platine und Brücken auf der Unterseite ausgehöhlt, auf der Zifferblattseite gewölbt ist und das Zifferblatt auf der Wölbung aufgespannt ist.

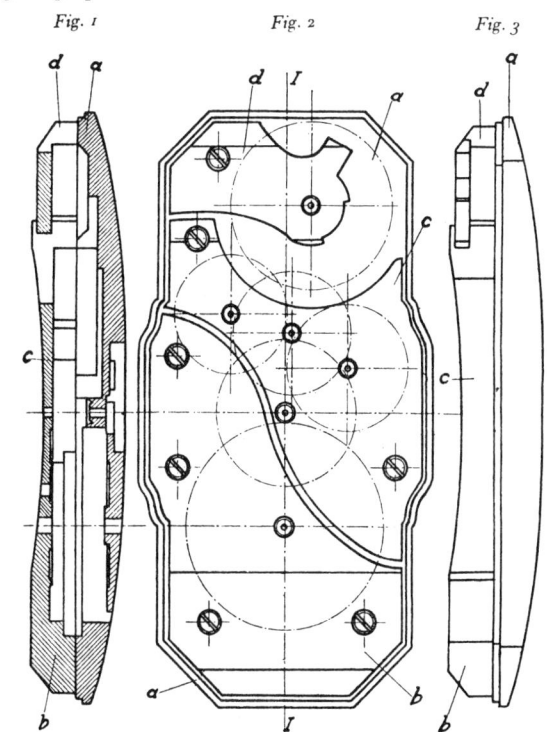

Fig. 1   Fig. 2   Fig. 3

DIPL.-ING. WALTER HARTUNG IN BERLIN-STEGLITZ
Kombinierte Taschen- und Armbanduhr
Patentiert im Deutschen Reiche vom 2. Dezember 1931 ab

Taschenuhrgehäuse, die zur Aufnahme von Armbanduhren geeignet sind, sind bekannt. Es handelt sich bei diesen bekannten Ausführungen jedoch immer nur um leichte Schutzgehäuse, die es gestatten, eine Armbanduhr in der Westentasche zu tragen. Die in der Zeichnung dargestellte kombinierte Armbanduhr und Taschenuhr ergibt jedoch zwei vollwertige Uhren mit den für die Einzelausführung kennzeichnenden Merkmalen. Der wesentliche Vorteil liegt darin, daß nach Einfügung der Armbanduhr in das Taschenuhrgehäuse durch Kupplung der Aufziehvorrichtungen eine vollständige Taschenuhr entsteht, bei der nicht nur das Aufziehen, sondern auch das Stellen des Uhrwerkes vorgenommen werden kann, ohne daß hierzu eine Herausnahme der Armbanduhr aus dem Taschenuhrgehäuse erforderlich ist.

In der Zeichnung ist zur besseren Erklärung eine der vielen Möglichkeiten für die Befestigung der Armbanduhr und Kupplung des Aufzuges und der Stellvorrichtung genauer ausgeführt. Durch Bewegung des kleinen seitlichen Druckknopfes öffnet sich der Sprungdeckel e. Die Armbanduhr wird über die federnden Riegel b in die genau passende Aussparung im vorderen Deckel a des Taschenuhrgehäuses gedrückt. Sie liegt hierdurch unverrückbar fest, wobei gleichzeitig der Aufzug der Armbanduhr mit dem Aufzug der Taschenuhr gekuppelt ist. In der dargestellten Ausführung ist der Aufzugsknopf der Armbanduhr in den Schlitten c beim Einlegen hineingeglitten und damit über Zahnräder mit dem Aufzug d gekuppelt. Nach dem Einlegen der Armbanduhr kann dann das Werk in der bei Taschenuhren gebräuchlichen Weise aufgezogen werden, und auch das Stellen kann von außen erfolgen, da in der dargestellten Ausführungsform der Schlitten c mit dem Knopf d gekuppelt ist. Nach Zudrücken des Deckels e ist die Taschenuhr fertig. Die Rückverwandlung in eine Armbanduhr erfolgt nach Öffnung des Deckels e durch einen leichten Druck auf die Vorderseite der Armbanduhr zur Überwindung der Federspannung der beiden Riegel d.

Durch den hinteren Sprungdeckel e ist die Uhr im geöffneten Zustand auch als Nachttischuhr verwendbar. Sinngemäß finden Damenarmbanduhren Verwendung als Handtaschenuhr, und zwar durch Einfügung in ein loses, an einer Kette zu tragendes oder aber in der Handtasche zu befestigendes Gehäuse.

PATENTANSPRÜCHE:

1. Kombinierte Taschen- und Armbanduhr, bei der die Armbanduhr im Taschenuhrgehäuse festgelegt werden kann, dadurch gekennzeichnet, daß im Taschenuhrgehäuse an der Aufziehwelle der Krone (a) Zwischenglieder (Zwischenräder c) angeordnet sind, die nach dem Einlegen der Armbanduhr mit ihrer Aufziehkrone in Eingriff kommen.

2. Uhr nach Anspruch 1, dadurch gekennzeichnet, daß die Zwischenräder in einem Schlitten gelagert sind, der mit einem Fortsatz unter die Krone der innenliegenden Armbanduhr greift, so daß auch ein Einstellen der Armbanduhr durch die Krone des Taschenuhrgehäuses ermöglicht ist.

3. Uhr nach Anspruch 1, dadurch gekennzeichnet, daß die Armbanduhr im Taschenuhrgehäuse durch federnde Riegel (b) gesichert wird, die über die Stäbe der Riemenbügel greifen.

359

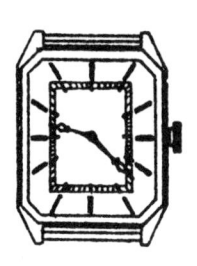

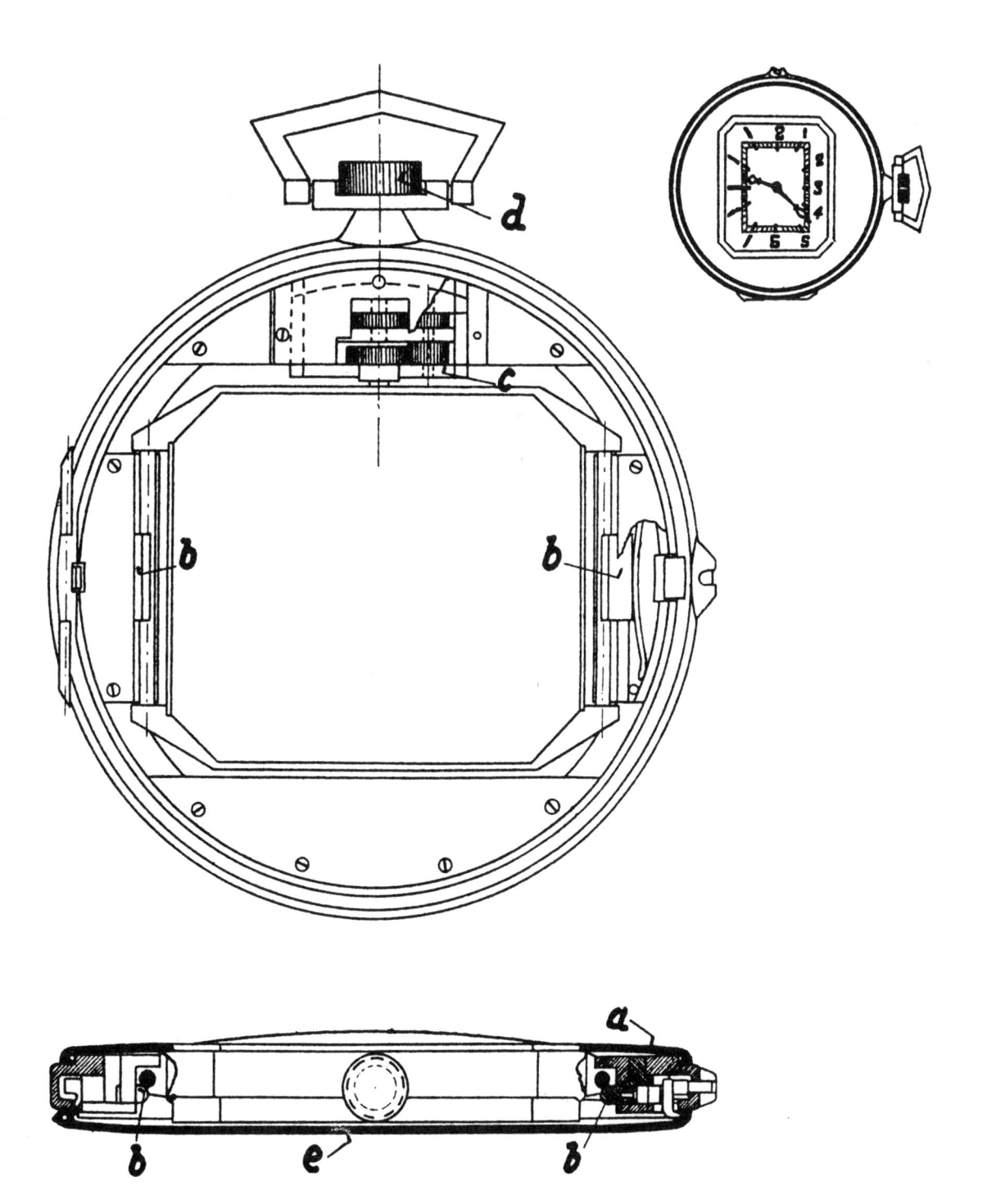

PATENTSCHRIFT Nr. 569 415, KLASSE 83a, GRUPPE 4/50

HENRI COLOMB IN TAVANNES, SCHWEIZ

Uhrwerk mit einer länglichen Platine
Patentiert im Deutschen Reiche vom 19. September 1931 ab

Man hat in der Uhrenmacherei in Armbanduhren das Großbodenrad schon aus der Uhrenmitte gerückt. Dabei war es aber stets mit dem Zeiger koaxial. Bei der vorliegenden Erfindung, deren Gegenstand ein Uhrwerk mit länglicher Platine insbesondere für Armbanduhren ist, ist das Minutentrieb mit der Zeigerachse nicht koaxial. Das zur Bewegung der Zeiger dienende Wechselrad sitzt auch auf dem Minutentrieb. Damit kann erreicht werden, daß Federhaus und Minutentrieb in der einen Werkhälfte untergebracht werden kann.
Eine solche Anordnung hat viele Vorteile.
Angewendet bei einer kleinen und schmalen Uhr, ist es nun möglich, in den verfügbaren Raum ein Federhaus, ein Räderwerk, eine Hemmung und eine Unruhe, alle relativ groß, unterzubringen, das Ganze derart, daß der für gewöhnlich sehr beschränkte Raum für die Aufzug- und Zeigerstellvorrichtung bedeutend vergrößert werden kann.
Bei einer Formuhr, deren Sekundenzeiger sich auf der mittleren Längsachse befindet, wird das erfindungsgemäße Uhrwerk mit besonderem Vorteil verwendet. Bei Uhren mit selbsttätigem Aufzug wird es möglich, das Federhaus an eines der Enden des Uhrwerkes zu verlegen und darauf das Räderwerk und die Hemmung an einer einzigen Seite des Kalibers unterzubringen, derart, daß Platz gewonnen wird für eine große Aufziehmasse.
Auf der Zeichnung sind mehrere erfindungsgemäße Ausführungsbeispiele dargestellt.
Fig. 1 ist eine Vergleichszeichnung.
In dieser sieht man in einem größeren Maßstab als 1:1 das Federhaus A mit einem Durchmesser von 800:100, das Laufwerk, die Hemmung und die Unruhe G von 710:100 der kleinen, länglichen Uhr 3¾''' der Fig. 2 oder 4 mit dem Minutentrieb a im Mittelpunkt der Uhrplatte, d. h. gemäß der bis jetzt gebräuchlichen Bauart für diese Art von Uhren. Auf diese Weise hängt die Anordnung des Laufwerkes und der Hemmung von der Stellung des Federhauses ab, dessen Platz seinerseits von dem auf der Aufziehwelle beweglichen Kronrad in der Zeigerstellvorrichtung vorbestimmt ist. Die Zahnung des Federhauses muß nämlich genügend weit von diesem Kronrad entfernt sein. Das Laufwerk, die Hemmung und die Unruhe dieser 3¾''' Uhr werden darauf so gut wie möglich untergebracht, aber mit den gleichen Sicherheiten wie bei einem erfindungsgemäßen Uhrwerk, dessen Umriß strichpunktiert angegeben ist. Man sieht, daß man die Uhrplatte um 1 mm breiter und um 1,7 mm länger machen muß, will man alle Teile, die in einem erfindungsgemäßen Uhrwerk Platz finden, darin unterbringen.
Fig. 2 ist ein Grundriß einer schematischen Anordnung eines schmalen Uhrwerkes 3¾''' (9×21 mm) gemäß der Erfindung.
Fig. 3 ist ein Schnitt nach der Linie y–y der Fig. 2 in größerem Maßstab.
Fig. 4 ist ein ähnlicher Grundriß wie der der Fig. 2, aber für eine andere Ausführungsform.
Fig. 5 ist ein Schnitt des in der Fig. 4 gezeigten Kalibers.
Fig. 6 zeigt einen schematischen Grundriß eines erfindungsgemäßen Uhrwerkes, dessen Sekundenzeiger jedoch auf der Längsachse liegt und das eine Zylinderhemmung aufweist.
Fig. 7 zeigt, teilweise im Grundriß und nur soweit es zum Verständnis der Erfindung notwendig ist, ein erfindungsgemäßes Uhrwerk, verwendet in einer sogenannten faßförmigen Uhr.
Fig. 8 und 9 sind Ansichten zur Erläuterung der Zeigerstellung und der das Zeigerwerk betreffenden Uhr.
Fig. 10 ist eine schematische Anordnung von Teilen, von denen weiter unten die Rede sein wird.
Fig. 11 ist ein Grundriß einer Formuhr mit selbsttätigem Aufzug, bei der man eine erfindungsgemäße Uhrwerkanordnung angewendet hat.
Fig. 12 zeigt teilweise eine ähnliche Uhr mit dem Sekundenzeiger im Mittelpunkt.
Fig. 13 ist ein teilweiser Schnitt nach der Linie x–y–z der vorhergehenden Figur.
Fig. 14 ist ein Schnitt durch die Schwenkachse der Aufziehmasse, nach einer Ausführungsform gemäß der Fig. 11 oder 12.
Gemäß den Fig. 2 und 4 steht das Federhaus A mit dem Minutenantrieb a in Eingriff; auf der Achse des letzteren ist das Großbodenrad B befestigt. Diese Achse ist für gewöhnlich im Mittelpunkt der Uhr, d. h. auf der Hälfte der Querachse x–x. In dem vorliegenden Fall befindet sich dieses Minutentrieb außerhalb des

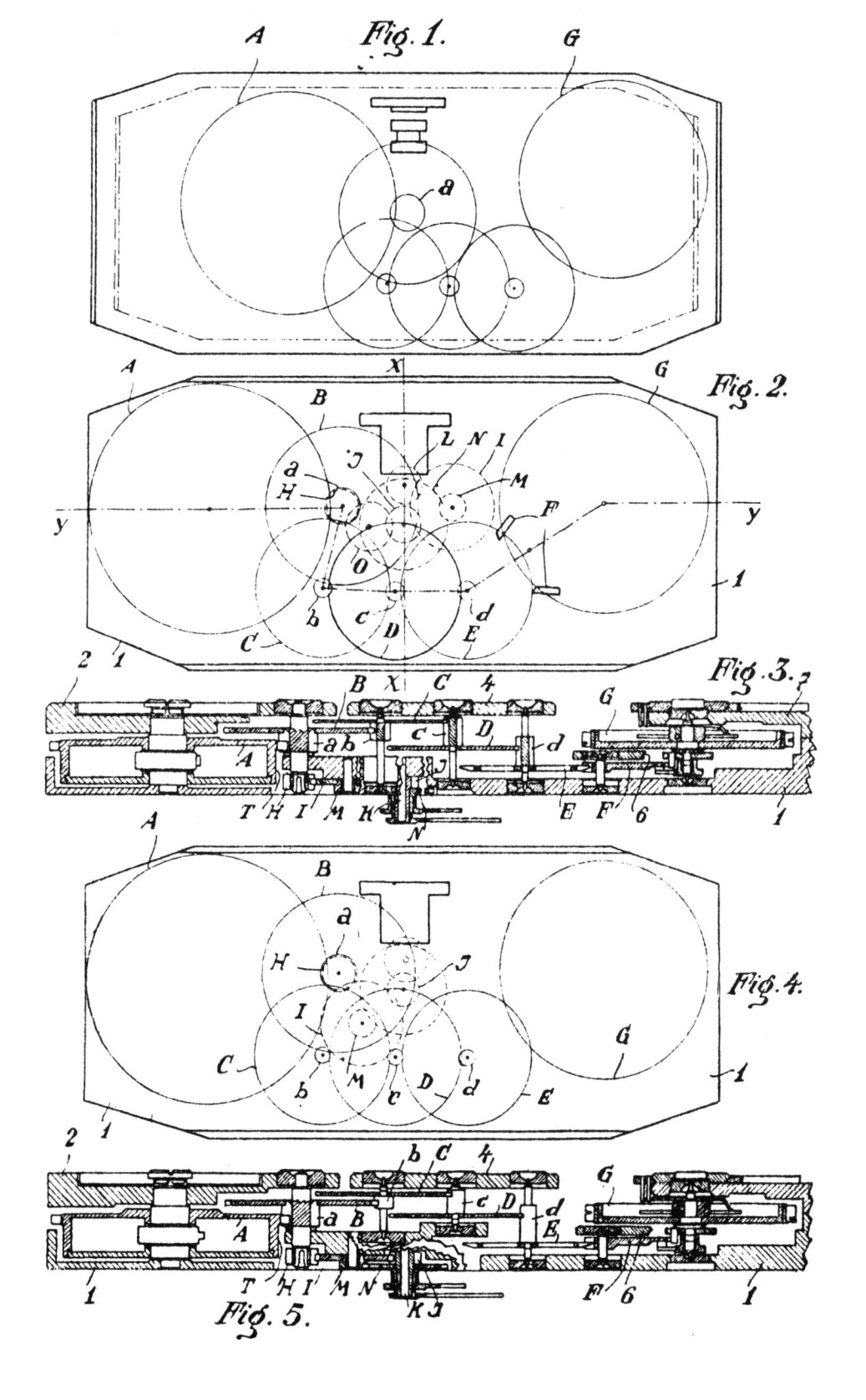

Fig. 1.

Fig. 2.

Fig. 3.

Fig. 4.

Fig. 5.

361

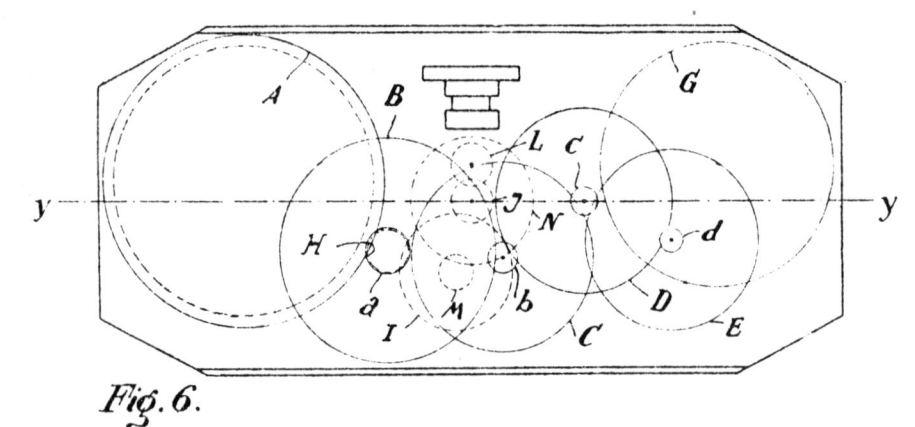

Fig. 6.

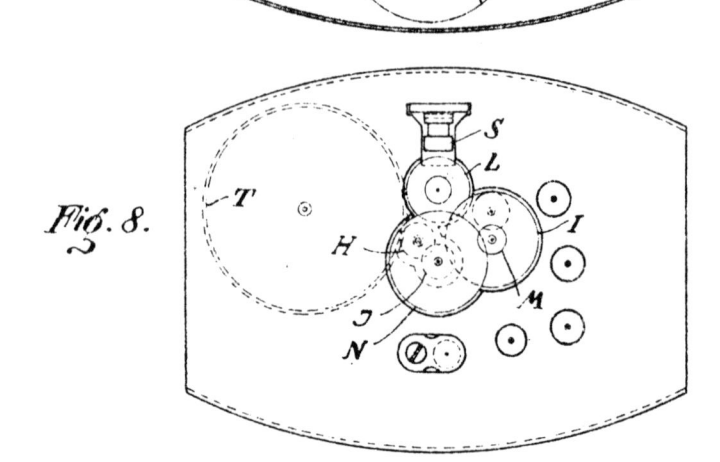

Fig. 7.

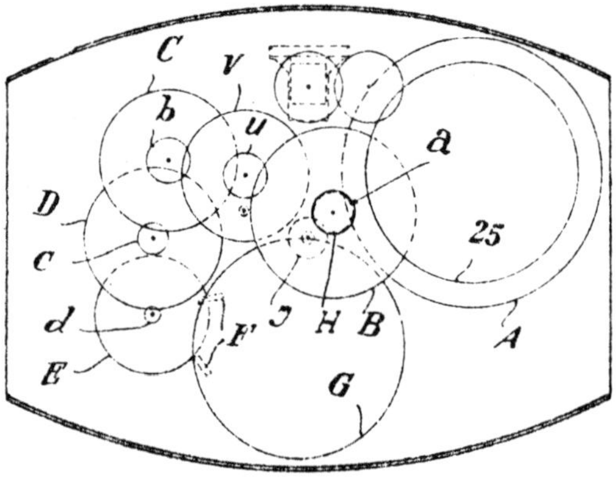

Fig. 8.

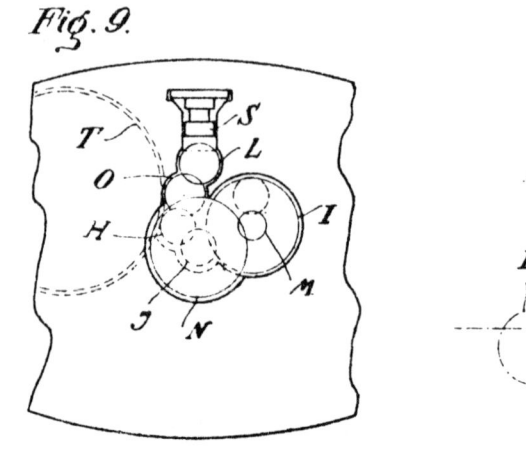

Fig. 9.

Fig. 10.

Mittelpunktes in dem linken Teil der Uhrplatte l, wenn man letztere von der Querachse x–x als in zwei Hälften geteilt betrachtet. Zwei Eigentümlichkeiten der Bauart gestatten es hier nun, ein verhältnismäßig großes Federhaus, Räderwerk und eine ebensolche Hemmung und Unruhe unterzubringen, wobei gleichzeitig der Raum für die Aufzieh- und Zeigerstellvorrichtung vergrößert werden kann. In erster Linie ist es die seitliche Verschiebung des Großbodenrades, um das Federhaus an das Ende der Uhrplatte zu bringen, und dann auch die Querverschiebung, welche gestatten, das Problem so vorteilhaft zu lösen. Trotz des großen Großbodenrades gestattet seine Längsverschiebung außerdem, einen großen Nachteil, der den meisten Formuhren anhaftet, zu beseitigen, nämlich die Beeinträchtigung des Eingriffes des Kronrades durch den Durchgang des Großbodenrades.

Bei einer noch schmäleren Uhr, bei der die Länge im Verhältnis zu der Breite noch größer ist als bei dem angeführten Beispiel, treten die Vorteile der Verschiebung des Minutentriebes und der Versetzung des Federhauses nach dem Ende der Uhrplatte noch deutlicher hervor, denn bei solchen Uhren mit dem Minutentrieb im Mittelpunkt findet man 2 bis 4 mm der Uhrplatte hinter dem Federhaus unbenutzt. Gemäß der Erfindung kann man diesen Platz dazu benutzen, um in der gleichen Uhr ein größeres Räderwerk, eine größere Hemmung und eine ebensolche Unruhe unterzubringen. In gewissen Fällen könnte man die wegen des kleinen verfügbaren Raumes verwendete Hemmung mit seitlichem Anker sogar durch eine normale, geradlinige Hemmung ersetzen.

Das Großbodenrad steht, wie üblich, mit der Unruhe G über ein Räderwerk b C c D d E und dem Anker F in Verbindung. Von diesem Anker sind in der Fig. 2 nur die Hebesteine sichtbar.

Ein Wechselrad H, das unter Zwischenschaltung eines Rades O

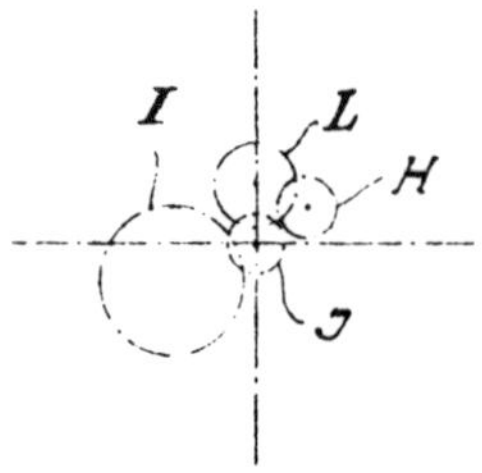

mit dem auf dem Rohrstift K sich drehenden Minutenrohr J in Verbindung steht, ist satt auf dem Minutentrieb aufgesetzt. Das Minutenrohr dreht das Zeigerwerkrad I, das mit dem Zeigerwerktrieb M fest verbunden ist. Das Stundenrad N wird von dem Zeigerwerktrieb M getrieben. Das Zwischenrad für die Zeigerstellung ist mit L bezeichnet. Der in Fig. 3 dargestellte senkrechte Schnitt zeigt, daß die Unterbringung des Räderwerkes und der Hemmung keinerlei besondere Schwierigkeiten bietet. Auch ist es leicht möglich, ein flaches Uhrwerk zu erhalten.

Bei dem Uhrwerk von 9×21 mm der Fig. 2 und 4 ist es möglich, für das Zwischentrieb, das Sekundentrieb und das Hemmungstrieb zwei Triebe mit sieben und einen Trieb mit sechs Zähnen zu wählen, währenddem man sonst nur drei Triebe mit je sechs Zähnen benutzen konnte.

Beachtenswert ist, daß bei dieser Ausführungsform diejenigen Teile der Uhr, die deren Wert und Qualität bedingen, d. h. also Federhaus, Hemmung und Unruhe, die gleichen Abmessungen haben wie diejenigen der in der Fig. 1 gezeigten Uhr von 10×23,7 mm. Hier ist die Uhrplatte viel kleiner, wie es in der Fig. 1 strichpunktiert angedeutet ist; sie mißt nur 9×21 mm.

Bei der Ausführungsform nach den Fig. 4 und 5 ist das Wechselrad O weggelassen. Es wird durch das Zeigerwerkrad I ersetzt, welches die Bewegungen des Wechselrades H an das Minutenrohr J weiterleitet. Hieraus folgt, daß die Achsen des Mitteltriebes b und des Sekundentriebes c ganz nahe dem Zeigerwerkrade I sind. Der Schnitt nach Fig. 5 zeigt, daß eine solche Anordnung eine etwas größere Höhe fordert. Die unteren Zapfenlager des Mittel- und Sekundentriebes müssen von der Unterseite der Uhrplatte entfernt sein, und das Hemmungsrad E geht unterhalb des Zapfenlagers des Sekundentriebes c hindurch. Die Bedingungen der Zapfenlagerung, welche die Eigentümlichkeit der Erfindung darstellt, finden sich auch in dieser Ausführungsform wieder.

Fig. 6 ist der Grundriß einer schmalen Formuhr mit Zylinderhemmung. Die Anordnung des Federhauses A und des Minutentriebes a gestattet die Verwendung eines größeren Räderwerkes, als sonst gebräuchlich. Hier spielt das Zeigerwerkrad I ebenfalls die Rolle des Bewegungsvermittlers zwischen dem Trieb H und dem Minutenrohr J bzw. dem Stundenrad N. Die Anordnung des Räderwerkes gestattet es, in diesem Falle die Achse des Sekundentriebes auf die Längsachse y–y der Uhrplatte zu verlegen, was mit den allgemeingebräuchlichen Teilen nicht möglich ist.

Fig. 7 zeigt die Anwendung des Erfindungsgedankens bei einer sogenannten faßförmigen Formuhr, bei der alle Räder dargestellt sind. Außer dem anläßlich der Beschreibung der Ausführungsformen der Fig. 2 bis 6 bereits aufgezählten, vollständigen Rädersatz sind hier ein zusätzliches Trieb u und ein zusätzliches Rad V eingeschaltet, welche die Bewegung des Großbodenrades B dem Trieb b des Kleinbodenrades C mitteilt. In diesem Falle steht das Wechselrad H unmittelbar mit dem nunmehr selbstverständlich zentrierten Minutenrohr J in Eingriff.

Bei der dargestellten Anordnung befindet sich das Minutentrieb a ebenfalls nicht im Mittelpunkt, sondern in einem der beiden von der die Zeigerwelle tragenden Querachse des Uhrwerkes gebildeten Teile der Uhrplatte. Dies hat den unmittelbaren Zweck, daß man nicht nur ein großes Federhaus von 11″, sondern auch eine entsprechend größere Unruhe einbauen kann. Bei einem Kaliber von 8¾″, das maximal 19,7 auf 26,5 mm mißt, gestattet die Verschiebung des Minutentriebes aus dem Mittelpunkt die Unterbringung einer Unruhe von 9,5 mm, die einer Uhr von 10½″ entspricht. Es ist möglich, alle Räder außer dem ersten genügend weit von der Unruhe und das Sekundenrad von dem Anker F zu entfernen. Die Hebesteine dieses Ankers sind von oben gut sichtbar, und die Vollendungsarbeit an der Hemmung ist sehr erleichtert.

Die Fig. 8 und 9 zeigen das faßförmige Uhrwerk, von der Seite des Zifferblattes her gesehen, sowie zwei Möglichkeiten, die Zeigerstellung mit dem auf der Aufziehwelle befindlichen Kronrad S zu verbinden. Bei dem in der Fig. 8 gezeigten Beispiel ist es das Wechselrad L, das unter Zwischenschaltung des Zeigerwerkrades das Minutenrohr bewegt, während es bei dem Beispiel der Fig. 9 mit Hilfe der Wechselräder L, O und H geschieht. Die Trommel des Federhauses ist mit 7 bezeichnet. Die anderen Räder tragen die gleichen Bezugszeichen wie in den vorhergehenden Figuren.

Bei dem Beispiel nach der Fig. 10 ist es das in der Zeigerstellung stehende Wechselrad L, das zwischen dem konzentrisch zum Minutentrieb befindlichen Wechselrad und dem Minutenrohr ist; das Zeigerwerkrad steht also bloß mit dem Minutenrohr in Eingriff.

Zu bemerken ist, daß das satt auf dem Minutentrieb aufgesetzte Wechselrad ein anderes festverbundenes, konzentrisches Wechselrad besitzen kann wie übrigens das Minutenrohr auch.

Das zum Minutentrieb konzentrische Wechselrad kann somit unmittelbar oder vermittels wenigstens eines Zwischenrades entweder mit dem Minutenrohr oder mit dem fest damit verbundenen Wechselrade in Eingriff stehen.

Die Fig. 11 bezieht sich auf eine Uhr mit selbsttätigem Aufzug, bei der die erfindungsgemäße Anordnung des Federhauses und des Minutentriebes angewendet worden ist. In der Figur ist das Räderwerk und die Hemmung mit seiner Unruhe schematisch angedeutet. Alle Räder tragen die gleichen Bezugszeichen wie die der vorhergehenden Figuren. Die Kloben sind deutlichkeitshalber weggelassen worden, und die Zeigerstellvorrichtung, deren Welle

Fig. 11.

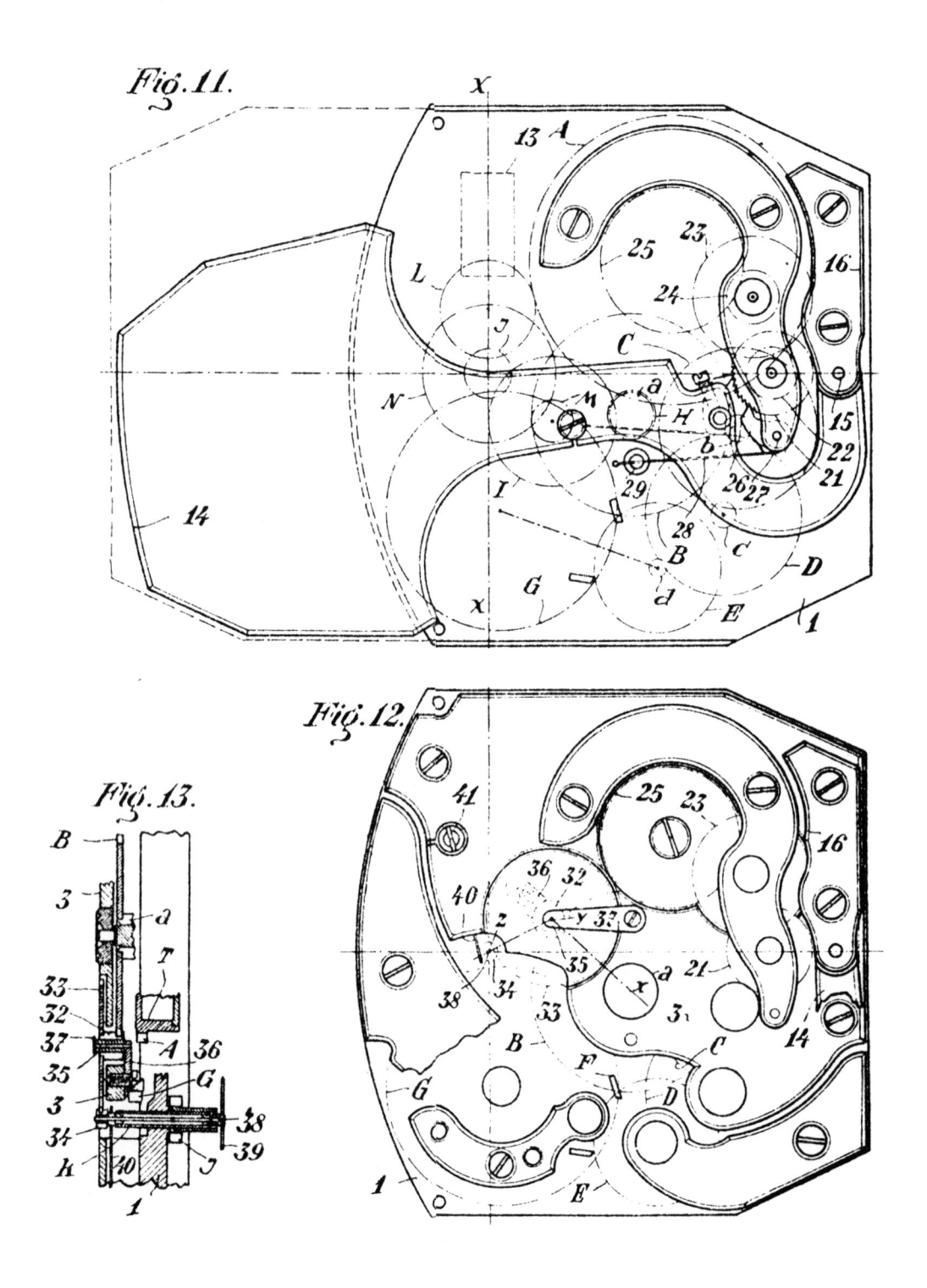

Fig. 13.

Fig. 12.

sich in der Querachse x–x befindet, ist nur durch ein gestricheltes Rechteck 13 angedeutet.

Die Masse 14 ist außerordentlich wirksam. Sie nimmt die ganze Höhe des Uhrwerkes sowie den größten Teil der linken Hälfte der Fig. 11 ein. Dieser bedeutende Vorteil ist eine unmittelbare Folge der Anwendung eines erfindungsgemäßen Uhrwerkes, bei dem der Minutentrieb aus dem Mittelpunkt verschoben ist und ein satt auf diesem Trieb aufgesetztes Wechselrad für die Zeigerbewegung vorgesehen ist.

Das in diesem Beispiel gezeigte rechteckige Uhrwerk mit abgeschnittenen Ecken mißt 21×31 mm und besitzt ein Federhaus, ein Räderwerk, eine Hemmung, eine Unruhe von 10½ Linien. Alle Räder vom Federhaus bis zum und mit dem Hemmungsrad und die Achse der Unruhe sind auf einer von der Querachse abgegrenzten Seite des Uhrwerkes untergebracht.

Um der nachfolgenden Erklärung besser folgen zu können, soll die Fig. 14 auch hinzugezogen werden.

Die Aufziehmasse 14 ist mittels zweier Zapfenfutter e^2 auf einen Stift 15 geführt. Diese Futter e^2 sitzen in den Enden eines Rohres e^1, das zur Masse 14 gehört. Der in die Uhrplatte eingetriebene Stift 15 ist an seinem anderen Ende von dem Kloben 16 gehalten, der gleichzeitig den Spielraum der Masse nach oben zu begrenzt.

Die Bewegungen der Masse werden vermittels eines mit dem Zahnrad 21 festverbundenen Triebes 22 dem auf dem Trieb befestigten Zwischenrad 23 übertragen. Das Trieb 24 bewegt seinerseits das Zahnrad 25 und die Antriebfeder.

Die in 27 drehbar gelagerte Sperrklinke 26 wird vermittels einer in dem Klötzchen 29 festgehaltenen Feder 28 mit der Verzahnung des Zahnrades 21 in Eingriff gehalten.

Die Arbeitsweise dieser Ausführungsform geht aus seiner Bauart selbst hervor.

Bei dem in den Fig. 12 und 13 gezeigten Ausführungsbeispiel ist die Anordnung der Teile für den selbsttätigen Aufzug, für das Räderwerk und für die Hemmung die gleiche wie bei dem vorgängig beschriebenen Uhrwerk. Hier steht jedoch das Großbodenrad B mit dem Trieb 32 in Eingriff, welches mit dem Rad 33 vernietet ist und sich mit diesem um einen auf dem Träger 36 befestigten Stift 35 dreht. das Rad 33 greift in ein zentrales Sekundentrieb 34 ein, das auf die den zentralen Sekundenzeiger 39 tragende Welle 38 aufgesetzt ist. Eine Bremsfeder 40 ist in dem Klötzchen 41 festgehalten, das mit strenger Reibung in dem Federhauskloben 3 eingesetzt ist und dazu dient, die Reibung der auf einer unterhalb des zentralen Sekundentriebes 34 angebrachten und auf der Welle 38 aufgetriebenen Hülse schleifenden Feder 40 einzustellen.

Die Hülse K, um die sich das Minutenrohr J dreht, ist in die Uhrplatte I eingetrieben und an jedem Ende mit einem Lager für die Welle 38 versehen. Auf diese Weise sind die Angaben des zentralen Sekundenzeigers ganz genau, da die auftretende Reibung die Wirkungen des im Laufwerk auftretenden Spiels, das zu diesem Zeiger gelangen konnte, aufhebt.

PATENTANSPRÜCHE:

1. Uhrwerk mit einer länglichen Platine, insbesondere für Armbanduhren, bei dem das Federhaus und das Minutentrieb unmittelbar miteinander in Eingriff stehen, dadurch gekennzeichnet, daß das Minutentrieb mit der Zeigerachse nicht koaxial ist und das zur Bewegung der Zeiger dienende Wechselrad trägt, zu dem Zweck, das Federhaus und das Minutentrieb in der einen durch obengenannte Ebene getrennten Werkhälften unterbringen zu können.

2. Uhrwerk nach Anspruch 1, dadurch gekennzeichnet, daß das Federhaus, das Großbodenrad, das Kleinbodenrad und die Sekundenachse auf der einen Hälfte der Uhrplatte untergebracht sind.

3. Uhrwerk nach Anspruch 1 mit Schwinggewichtsaufzug, dadurch gekennzeichnet, daß alle Räderwellen des Uhrwerkes vom Federhaus bis zur Unruhe auf einer Hälfte der Uhrplatte angeordnet sind, so daß der übrige Raum für das Schwinggewicht frei bleibt.

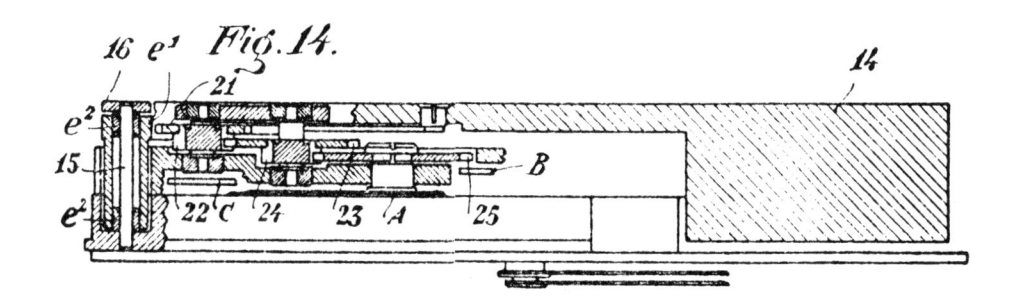

PATENTSCHRIFT Nr. 576 600, KLASSE 83a, GRUPPE 4/50

FABRIQUE D'HORLOGERIE DE FONTAINEMELON IN FONTAINEMELON, SCHWEIZ

Armbanduhr

Patentiert im Deutschen Reiche vom 7. Juli 1932 ab

In den billigen Taschenuhren ist der Widerstand der zwischen Federhaus und Gangregler eingeschalteten Zahnräder oft sehr groß, so daß man einerseits die Zahl dieser Räder möglichst vermindern, anderseits die Abmessung des Federhauses und die Stärke der Triebfeder so vergrößern muß, daß das Federhaus über die Mitte des Werkes reicht (Roskopfuhren). Der Platzbedarf hat in solchen Uhren nie Kopfzerbrechen verursacht. In einem Uhrwerk dieser Art hat es nie an Raum gefehlt.

Vorliegende Erfindung betrifft eine Armbanduhr, in welcher das Federhaus für ein normal groß ausgeführtes Hemm- und Laufwerk bemessen ist, welches aber die Eigentümlichkeit aufweist, zwischen dem Federhaus und dem Hemmwerk in bekannter Weise nur zwei Räder zu besitzen. Dies gestattet, in eine Armbanduhr, deren äußere Bemessung durch die herrschende Mode beschränkt wird, eine Triebfeder und ein Gangwerk unterzubringen, die bedeutend größer sind als solche, die mit dem üblichen Räderwerk zu verwenden wären. Dadurch wird die Uhr billiger, und ihre Güte wird erhöht. Diese Vereinfachung des Werkes wird durch das Unterbringen des Zeigerwerkes unter dem Federhaus ergänzt.

Die Zeichnung zeigt in

Fig. 1 eine Aufsicht und in

Fig. 2 einen Schnitt nach der Linie II–II der Fig. 1 eines Ausführungsbeispieles des Erfindungsgegenstandes.

1 bezeichnet die Platte. Der Federhauskloben 2 und der Laufwerkkloben 3 dienen ihren gewöhnlichen Bestimmungen mit dem Unterschied jedoch, daß der letztere nur drei Räder stützt: das Kleinbodenrad 7, das Zwischenrad 9 und das Hemmungsrad 11. Das Großboden- oder Stundenrad fehlt. Der Zahnkranz des Federhauses 5 kämmt mit dem Ritzel 6 des Kleinbodenrades. Man gewinnt auf diese Weise Platz, um in einer kleineren Uhr ein im Verhältnis zum Werk größeres, stärkeres, genauer laufendes und billigeres Hemmwerk unterzubringen, als wenn ein Großbodenrad vorhanden wäre.

Um dieses Rad entbehren zu können, hat man das Wechselgetriebe in an sich bekannter Weise auf das Federhaus verlegt. Das Minutenrohr 14 kämmt mit dem Rad des Zeigerwerks 17, welches vom Federhaus angetrieben wird und dessen Ritzel 16 das Stundenrad 15 antreibt. Das Rad 15 und das Rohr 14 werden von einer im Werk festsitzenden Achse 20 gestützt.

Im vorliegenden Fall erhält man für ein Hemmwerk von normal 18.000 stündlichen Schwingungen 100 Zähne für das Federhaus, das Übersetzungsverhältnis 7:84 für das Kleinbodenrad, 6:75 für das Zwischenrad und 6:15 für das Hemmungsrad.

PATENTANSPRUCH:

Armbanduhr in länglicher oder rechteckiger Form mit großem Federhaus in der einen Hälfte und großem Hemmwerk in der anderen Hälfte des Werkes, dadurch gekennzeichnet, daß zwischen Federhaus und Hemmungsrad nur zwei Zwischenräder eingeschaltet sind und das Wechselrad auf der Federwelle sitzt.

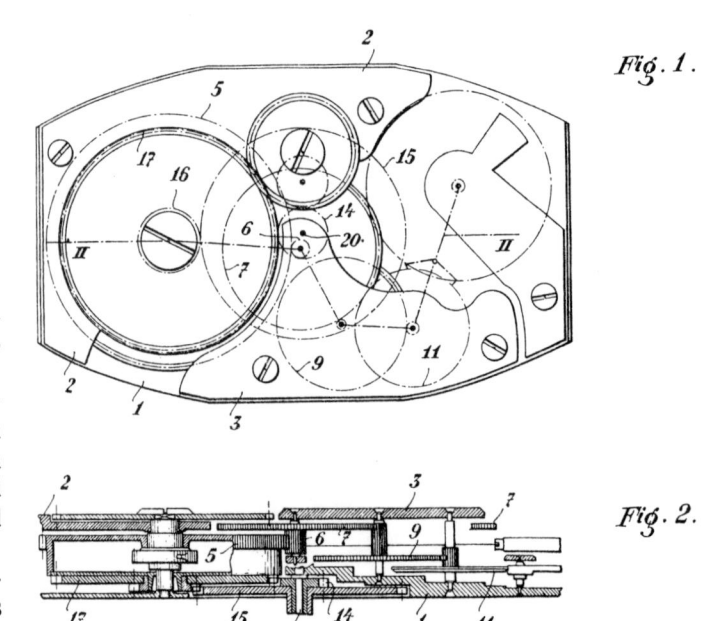

Fig. 1.

Fig. 2.

PATENTSCHRIFT Nr. 578 183, Klasse 83a, GRUPPE 46/50

DIPL.-ING. WALTER HARTUNG IN BERLIN-STEGLITZ

Kombinierte Taschen- und Armbanduhr

Patentiert im Deutschen Reiche vom 7. Juni 1932 ab

Bei der kombinierten Taschen- und Armbanduhr nach Patent 562 272 wird die vollständige Armbanduhr in ein entsprechendes Taschenuhrgehäuse eingefügt, wobei die Armbanduhr durch federnde Riegel in ihrer Lage festgehalten wird und gleichzeitig die Aufziehkronen über Zwischenglieder gekuppelt werden. Die in der Zeichnung Blatt I dargestellte kombinierte Taschen- und Armbanduhr unterscheidet sich von dem Hauptpatent dadurch, daß insgesamt drei Teile vorhanden sind, und zwar kann wahlweise die eigentliche Uhr in verschiedene Gehäuse eingelegt werden. Der wesentliche Vorteil liegt darin, daß man einmal durch das Armbanduhrgehäuse nicht gleichzeitig an eine bestimmte Form des Taschenuhrgehäuses gebunden ist und zweitens in der Möglichkeit, die eigentliche Uhr ganz gleichmäßig in größeren Mengen herstellen zu können, während in der äußeren Gestaltung des Taschen- bzw. Armbanduhrgehäuses jede Ausführung möglich bleibt. Bei der in der Zeichnung (Blatt II) dargestellten kombinierten Taschen- und Armbanduhr sind das Zifferblatt sowie die Zeiger mit ihren Antriebszahnrädern von dem eigentlichen Triebwerk getrennt und in den betreffenden Gehäusen befestigt. Beim Einlegen der Uhr werden dann die Zeiger erst mit dem Werk gekuppelt und außerdem wie in den anderen Ausführungen die Aufziehkronen und Stellvorrichtungen. Der weitere Vorteil dieser Ausführung ist, daß sowohl die Armbanduhr als auch die Taschenuhr ein der äußeren Form und der Größe des Gehäuses angepaßtes Zifferblatt und entsprechend bemessene Zeiger aufweisen kann.

Die kombinierte Taschen- und Armbanduhr nach Blatt I besteht aus der eigentlichen Uhr (Abb. 1 und 2), die ein Zifferblatt und ein Glas aufweist und überhaupt bis auf die äußere Formgebung des Gehäuses handelsüblichen Uhren entspricht, einem Armbanduhrgehäuse (Abb. 3 und 4) und einem Taschenuhrgehäuse (Abb. 5). An der Rückseite der Uhr sind drehbar gelagerte Blattfedern a angebracht, die einmal dazu dienen, die Uhr in das gewünschte Gehäuse einzulegen und außerdem für sichere Befestigung in den verschiedenen Gehäusen sorgen. Die eindeutige Lage der Uhr wird durch die Welle b der Aufziehkrone und durch den Zapfen c sowie die entsprechenden Aussparungen in den Gehäusen gewährleistet. Die Blattfedern a halten nach dem Schließen des Deckels d bzw. des Deckels des Taschenuhrgehäuses lediglich die Uhr fest. Bei der Einfügung in das Armbanduhrgehäuse bleibt die Aufziehkrone der Uhr außen sichtbar. Das Aufziehen und Stellen erfolgt also hier ohne Zwischenglieder unmittelbar. Beim Einlegen in das Taschenuhrgehäuse gleitet die Aufziehkrone b der Uhr in den Schlitten e hinein und wird hierdurch über Zwischenglieder mit der äußeren Aufziehkrone f des Taschenuhrgehäuses gekuppelt. Auch das Stellen kann von außen erfolgen, da die Krone f mit dem Schlitten e verbunden ist. Beim Umlegen der Uhr in ein anderes Gehäuse ist also lediglich der hintere Deckel zu öffnen, die Uhr mit Hilfe der Blattfedern a herauszunehmen und in andere Gehäuse einzulegen. Die Uhr ist durch ihre Form nicht nur für die dargestellten beiden Gehäuse, sondern auch für verschieden ausgeführte Gehäuse der gleichen Gattungen verwendbar.

Die kombinierte Taschen- und Armbanduhr nach Blatt II besteht auch hier wieder aus der eigentlichen Uhr (Abb. 6 bis 8), die jedoch kein Zifferblatt und keine Zeiger hat, dem Armbanduhrgehäuse (Abb. 9 und 10) mit eingeautem Zifferblatt g und angebauten Antriebszahnrädern und Zeigern und dem Taschenuhrgehäuse (Abb. 11 und 12) mit eingebautem Zifferblatt h, angebauten Zahnrädern i sowie Zeigern und Glas. Das Uhrwerk (Abb. 6 bis 8) weist gleichfalls auf der Rückseite zwei Blattfedern a auf, die zum Einlegen und zum Festhalten der Uhr dienen. Die Lage der Uhr in den verschiedenen Gehäusen wird durch Paßstifte und entsprechende Bohrungen k gesichert. Beim Einlegen in das Gehäuse wird einmal der Aufzug gekuppelt, und zwar durch das Kegelrad l und das Kegelrad m auf der Welle der Aufziehkrone oder auch über andersgeartete Zwischenglieder gekuppelt und außerdem die Zeiger mit dem Werk über die Kupplungsglieder n. Die Kupplung des Zeigerantriebes n mit den Zeigern erfolgt entweder durch Zahnräder (Abb. 11 und 13) oder durch Reibung (Abb. 14). Das Stellen wird bei jedem Gehäuse in gleicher Weise vorgenommen, und zwar durch Herabdrücken der Aufziehkronen p. Hierdurch wird der Stellknopf o der Uhr bedient. Das Umlegen der Uhr erfolgt in der gleichen, schon oben

beschriebenen Weise, d. h., es wird nur der hintere Deckel geöffnet, die Uhr mit Hilfe der Blattfedern herausgenommen und in ein anderes Gehäuse eingesetzt. Die Kupplung des Aufzuges sowie des Zeigerwerkes erfolgt damit zwangsläufig.

PATENTANSPRÜCHE:
1. Kombinierte Taschen- und Armbanduhr nach Patent 562 272, dadurch gekennzeichnet, daß das Einsatzwerk mit Schutzgehäuse, Zeigern, Zifferblatt, Glas und Aufziehvorrichtung versehen ist und wahlweise in ein Taschenuhr- oder Armbanduhrgehäuse eingelegt wird.
2. Kombinierte Taschen- und Armbanduhr nach Anspruch 1, dadurch gekennzeichnet, daß jedes der wahlweise verwendbaren Gehäuse ein eigenes Zifferblatt, Zeiger mit Antriebsrädern und Glas enthält und das Einsatzwerk nur aus dem Gehwerk besteht, das mit den Zeigern erst beim Einlegen gekuppelt wird.

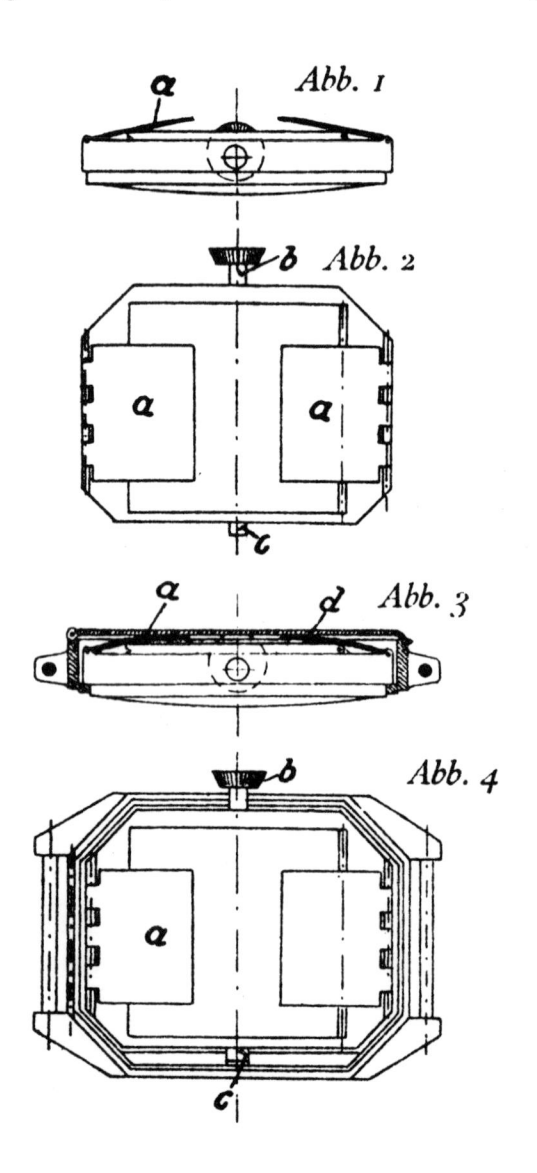

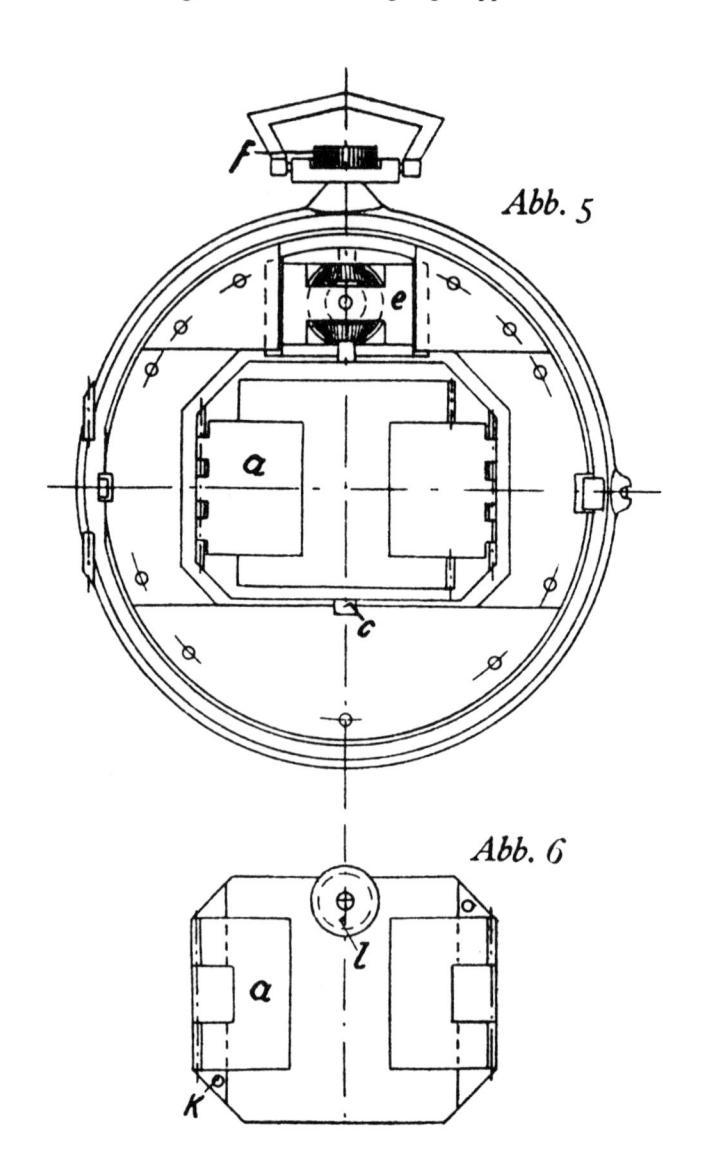

Abb. 7

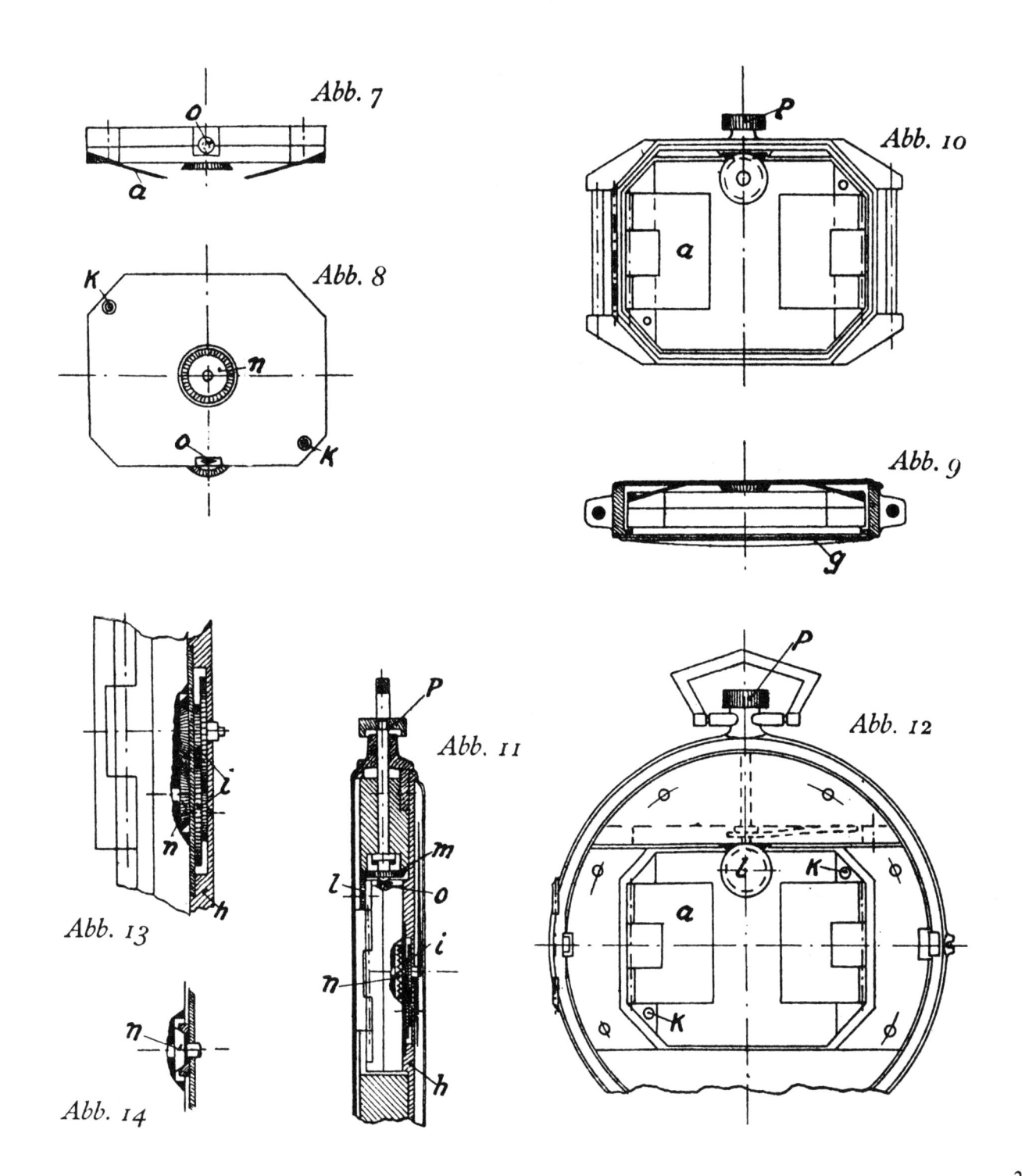

Abb. 8

Abb. 10

Abb. 9

Abb. 11

Abb. 13

Abb. 14

Abb. 12

PATENTSCHRIFT Nr. 587 949, KLASSE 83a, GRUPPE 4/50

FABRIQUE D'HORLOGERIE DE FONTAINEMELON IN FONTAINEMELON, SCHWEIZ

Uhrwerk für längliche Uhren
Patentiert im Deutschen Reiche vom 28. März 1933 ab

Es ist bekannt, bei länglichen Armbanduhren zur Platzgewinnung für eine große Hemmung das Sekundenrad größer zu machen als das Kleinbodenrad und mit einer längeren Achse zu versehen, die entsprechend den gegebenen Verhältnissen verschiedenartig gelagert sein kann.

Gegenstand der Erfindung ist nun ebenfalls ein Uhrwerk für längliche Uhren, insbesondere Armbanduhren, mit einem großen, über den oberen Zapfen des Kleinbodenrades hinüberragenden Sekundenrad, wobei jedoch erfindungsgemäß das Kleinbodenrad in einem besonderen Kloben unterhalb der gemeinsamen Brücke für das Minuten-, das Sekundenrad und das Steigrad gelagert ist. Auf diese Weise ist es möglich, die Sekundenradachse auf die Längsachse der Uhr anzuordnen und den Abstand zwischen der Sekundenradachse und der Steigradachse genügend groß zu halten, damit eine große und geradlinige Unruhe verwendet werden kann.

Die Zeichnung zeigt ein Ausführungsbeispiel des Erfindungsgegenstandes.

Fig. 1 ist ein Grundriß des Uhrwerkes, von der Seite der Kloben her gesehen, während Fig. 2 ein Schnitt nach der Linie I–II–III–IV in Fig. 1 im größeren Maßstabe ist.

Diese Figuren stellen ein Uhrwerk für eine kleine und schmale Uhr dar, deren Traggestell aus einer Uhrplatte 1, einem Federhauskloben 2, einem Zwischenräderkloben 3, einem besonderen Kleinbodenradkloben 4 und einem Unruhkloben 5 besteht.

Das Federhaus 6 treibt das Trieb 7 des Steigrades 8 über drei Zwischenräder an, von denen jedes ein Trieb und ein Rad besitzt. Es sind dies das Trieb 9 und das Großbodenrad 10, das Trieb 11 und das Kleinbodenrad 12 sowie das Trieb 13 und das Sekundenrad 14.

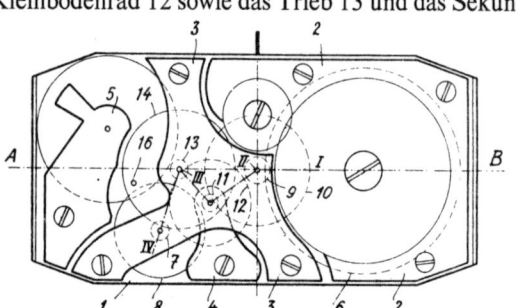

Um den für eine geradlinige Hemmung notwendigen Abstand zwischen den diesbezüglichen Achsen zu erhalten, hat man die Übersetzungsverhältnisse derart gewählt, daß man ein Sekundenrad mit großem Durchmesser in die Längsachse der Uhr verlegen und das Kleinbodenrad unterhalb des Großbodenrades anordnen kann. Der obere Zapfen der Achse dieses Kleinbodenrades ist in einem unterhalb des Zwischenräderklobens 3 liegenden Kloben 4 gelagert.

Das Sekundenrad 14 reicht über den Kloben 4 hinweg. Diese Anordnungsweise gestattet, die Achse dieses Rades in die Längsachse A–B der Uhr zu verlegen. Die Sekundenradachse besitzt einen verlängerten unteren Zapfen 15, der die Uhrplatte 1 durchsetzt und auf den ein Sekundenzeiger befestigt werden kann. Andererseits hat man genügend Platz für eine große und geradlinige Ankerhemmung. Der Abstand zwischen der Sekundenradachse und der Drehachse 16 der nicht gezeichneten Ankergabel ist genügend groß, damit diese Gabel an der Achse 18 des Sekundenrades vorbeigehen kann.

PATENTANSPRUCH:

Uhrwerk für längliche Uhren, insbesondere Armbanduhren, mit einem großen, über den oberen Zapfen des Kleinbodenrades hinüberragenden Sekundenrad, dadurch gekennzeichnet, daß das Kleinbodenrad (12) in einem besonderen Kloben (4) unterhalb der gemeinsamen Brücke (3) für das Minuten- (9, 10), das Sekundenrad (13, 14) und das Steigrad (7, 8) gelagert ist, das Ganze derart, daß die Sekundenradachse (18) auf der Längsachse (A–B) der Uhr angeordnet und der Abstand zwischen der Sekundenradachse und der Steigradachse genügend groß gehalten werden kann, damit es möglich ist, eine große und geradlinige Hemmung zu benützen.

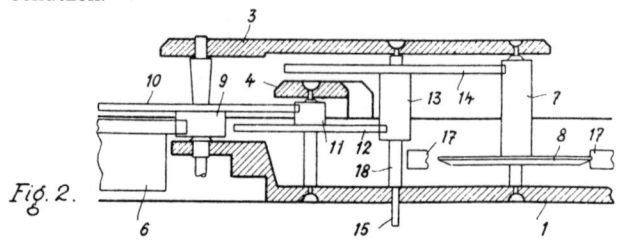

ETA S. A. IN GRENCHEN, SCHWEIZ

Kleinuhrwerk
Patentiert im Deutschen Reiche vom 7. August 1934 ab

Gegenstand der Erfindung ist ein Kleinuhrwerk von länglicher Form, insbesondere für Armbanduhren, bei welchem zwischen Federhaus und Steigrad ein gewöhnliches dreiachsiges Laufwerk, d. h. drei Zwischenräder mit je einem Trieb, vorgesehen ist. Die Erfindung bezieht sich auf die neuartige Anordnung der Zwischenräder und bezweckt, diese Anordnung so gedrängt als möglich zu gestalten, um dadurch verhältnismäßig viel Platz für das Federhaus einerseits, die Hemmungs- und Regulierteile anderseits in der Werkebene zu erübrigen.

Es sind Kleinuhrwerke bekannt, bei denen zum Zweck der Raumersparnis die Zwischenräder in ineinandergeschobenen Brücken mit Lagern in verschiedenen Höhenlagen gehalten werden. Die vorliegende Erfindung stellt eine vorteilhafte Lösung dieser Aufgabe im Hinblick auf die besondere Anordnung des Sekundenrades und des Steigrades dar, die sich dadurch kennzeichnet, daß die eingeschobene Brücke das Sekundenrad mit normaler Wellenlänge und durch einen gekröpften Brückenansatz das Steigrad mit kürzerer Welle führt.

Die Zeichnung veranschaulicht ein Ausführungsbeispiel des Erfindungsgegenstandes, und zwar zeigt
Abb. 1 eine hintere Teilansicht (Brückenseite) des Uhrwerkes,
Abb. 2 einen Schnitt in größerem Maßstabe nach der Linie I–II–III–IV der Abb. 1.

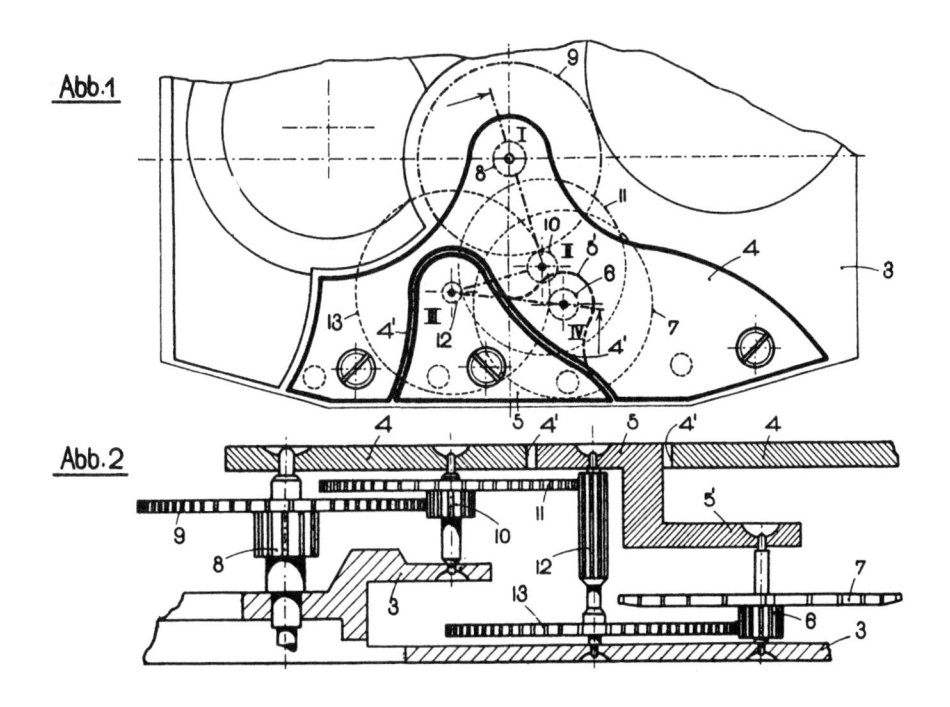

Das dargestellte Uhrwerk besitzt ein vieleckiges Werkgestell, das eine Werkgestellplatte 3, eine Laufräderbrücke 4 sowie eine Sekundenradbrücke 5 aufweist. Das nichtdargestellte gezahnte Federhaus treibt Trieb 6 des Steigrades 7 vermittels eines dreiachsigen Laufwerkes, bestehend aus folgenden gewöhnlichen Zwi-

schenrädern: Trieb 8 mit Großbodenrad 9, Trieb 10 mit Kleinbodenrad 11 und Trieb 12 mit Sekundenrad 13. Die hinteren Drehzapfen der Triebe 8 und 10 sind in der Brücke der Groß- und Kleinbodenräder gelagert, während der hintere Drehzapfen des Sekundentriebes 12 in der Brücke 5 gelagert ist. Das Sekundenrad 13 liegt unterhalb (Abb. 2) des Federhauses, einer Befestigungsschraube und eines Stellstiftes der Brücke 5, zum Teil in einer Aussparung der Werkgestellplatte 3; es liegt ferner unterhalb des Steigrades 7, welches in einer Aussparung der Werkgestellplatte 3 angeordnet ist, wobei sich diese Aussparung unter der Abstützfläche, der Befestigungsschraube und eines Stellstiftes der Brücke 5 hin erstreckt.

Der hintere Drehzapfen (Brückenseite) des Sekundentriebes 12 ist in der Brücke 5 gelagert, die mit der Brücke 4 in einer Flucht oder Ebene liegt und in einer Aussparung 4 dieser Brücke angeordnet ist. Der Kloben, der die Brücke 5 bildet, besitzt ein seitlich an letztere sich anschließendes, in einem rechten Winkel unter der Brücke 5 vorspringendes Ohr 5'. Dieses Ohr bildet eine zwischen Werkgestellplatte 3 und der Brücke 4 sich erstreckende, parallel zu den Brücken 4 und 5 gerichtete kleine Brücke, in welcher der hintere Drehzapfen des Steigrades 7 gelagert ist.

Das Ohr 5' ist mit der Brücke 5 aus einem Klobenstück gewonnen, könnte jedoch an diesem Kloben angestückt sein.

Aus der beschriebenen Konstruktion ergibt sich eine möglichst gedrängte Anordnung des Räderwerkes in der Ebene des Werkgestelles und folglich eine wesentliche Platzersparnis zugunsten des Federhauses einerseits und der Hemmungs- und Regulierteile anderseits.

PATENTANSPRUCH:

Kleinuhrwerk von länglicher Form, bei dem die Zwischenräder in ineinandergeschobenen Brücken mit Lagern in verschiedenen Höhenlagen gehalten werden, dadurch gekennzeichnet, daß die eingeschobene Brücke (5) das Sekundenrad (13) mit normaler Wellenlänge (12) und durch einen gekröpften Brückenansatz das Steigrad (7) mit kürzerer Welle führt.

PATENTSCHRIFT Nr. 625 560, KLASSE 83a, GRUPPE 46/50

GEBRÜDER JUNGHANS A.-G., UHRENFABRIKEN IN SCHRAMBERG, WÜRTTBG.

Armbanduhrgehäuse

Patentiert im Deutschen Reiche vom 23. Januar 1935 ab

Die Erfindung betrifft Armbanduhrgehäuse, bei denen die zur Befestigung des Werkes im Gehäuse dienende Werkzarge mit den Riemenösen aus einem Stück gefertigt und gegebenenfalls in den Gehäusebodenteil eingelassen ist. Zweck der Erfindung ist, solche Gehäuse im Hinblick auf einen möglichst einfachen, die beliebige Formgebung des Gehäuses nicht behindernden Aufbau zu verbessern.

Es sind Armbanduhrgehäuse bekannt, bei denen über den Gehäusebodenteil, in welchen die mit den Riemenbügeln aus einem Stück gestanzte Werkzarge eingelassen ist, eine das Schutzglas aufnehmende Deckkapsel übergestülpt wird. Ein solcher schachtelartiger Aufbau führt zu einem ziemlich umfangreichen und wenig formschönen Gehäuse, dessen Eindruck durch die Kanten der Deckkapsel gestört wird. Die Fuge zwischen Ober- und Unterkapsel ist außerdem ein unerwünschter Schmutzfänger.

Erfindungsgemäß wird dieser Übelstand dadurch beseitigt, daß die Werkzarge mit einem Hals zur Aufnahme des Glasreifes versehen wird. Der Glasreif sitzt somit unmittelbar auf der Werkzarge auf, und da diese in an sich bekannter Weise in den Gehäusebodenteil eingelassen ist, gehen Glasreif und Bodenteil glatt ineinander über. Ein derartiger Aufbau gestattet, dem Gehäuse eine außen ganz beliebig abgerundete Form zu geben, was offensichtlich bei einem schachtelartig aus Ober- und Unterteil zusammengesetzten Gehäuse nicht ohne weiteres möglich ist. Das neue Gehäuse wird außerdem wesentlich weniger umfangreich als das bekannte, da seine Seitenwand nur einfache Blechstärke aufweist. Die Werkzarge wird am besten derart in den Gehäusebodenteil eingelassen, daß sie diesen nur mit den vier Seitenarmen ihrer Riemenbügel durchsetzt. Ein solches Gehäuse unterscheidet sich vorteilhaft von einer bekannten Ausführung, bei der der ganze Lappen, aus dem die Riemenöse ausgestanzt ist, in einen entsprechenden Schlitz des Gehäusebodenteiles eingelassen ist, denn letz-

tere Ausführung erfordert, daß die Riemenösen verhältnismäßig weit vom Gehäuse abstehen, da eine gewisse Fläche über den Gehäuseboden vorstehen wird, damit die Werkzarge gut abschließt.

In der Zeichnung ist ein Ausführungsbeispiel eines Armbanduhrgehäuses gemäß der Erfindung dargestellt, und zwar zeigt
Abb. 1 einen Vertikalschnitt durch das Gehäuse,
Abb. 2 den Bodenteil des Gehäuses mit eingelegter Werkzarge und abgenommenem Glasreif in Ansicht von oben.

In dem Bodenteil a des Gehäuses ist die Werkzarge b eingelegt, die mit den Riemenbügeln c aus einem Stück gefertigt ist. Die Seitenarme e dieser Riemenbügel durchdringen in den Seitenwandungen des Gehäusebodenteiles vorgesehene Schlitze d. Die obere Fläche der Werkzarge steht mit den Rändern der Gehäusewand bündig.

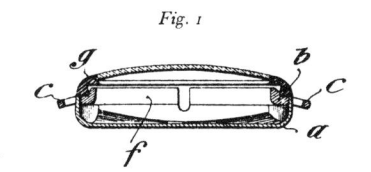

An der Werkzarge b ist weiterhin ein Hals f vorgesehen, über den der Glasreif mit einer entsprechenden Ausdrehung zur Befestigung gedrückt wird.

PATENTANSPRUCH:

Armbanduhrgehäuse, bei dem die zur Befestigung des Werkes im Gehäuse dienende Zarge mit den Riemenbügeln aus einem Stück gefertigt ist, dadurch gekennzeichnet, daß die Werkzarge einen Hals zur Aufnahme des Glasreifes besitzt.

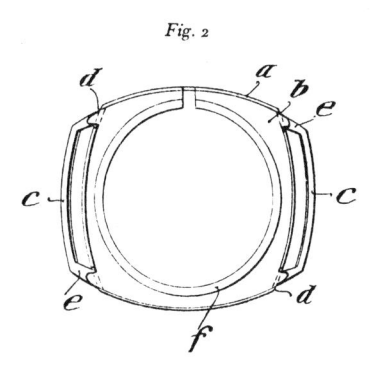

Fig. 1

Fig. 2

PATENTSCHRIFT, Nr. 688 199, KLASSE 83a, GRUPPE 4/50

FABRIQUE D'HORLOGERIE DE FONTAINEMELON IN FONTAINEMELON, SCHWEIZ

Uhrwerk
Patentiert im Deutschen Reiche vom 11. Oktober 1938 ab

Die Erfindung betrifft ein Uhrwerk mit zentralem Großbodenrad für kleine, runde Uhren und Fassonuhren, welche sich in ihren Verhältnissen dem regulären Vieleck nähern. Durch die Anordnung seiner Teile soll es gemäß der Erfindung möglich werden, ein verhältnismäßig großes Federhaus und eine große Unruh einzubauen, ohne die Abmessungen des Laufwerkes wesentlich zu beeinträchtigen.

Gegenwärtig ist in den Uhrwerken angedeuteter Art die Größe des Unruhdurchmessers, über die Schraubenköpfe gemessen, auf der Innenseite durch den Kopfkreis des Triebes des Großbodenrades sowie durch den Kopfkreis der Federhausverzahnung begrenzt. Auf der Außenseite bildet der Plattenrand die Grenze.

Gemäß der Erfindung ist der größtmögliche Durchmesser des genannten Regelorgans dadurch erreicht, daß die Unruh mit dem Außendurchmesser unter dem größten Durchmesser des Großbodenradtriebes greift.

Die Zeichnung zeigt ein Ausführungsbeispiel des Erfindungsgegenstandes.
Fig. 1 ist ein Grundriß des Werkes von der Klobenseite aus gesehen und
Fig. 2 ein Schnitt nach Linie I–II–III–IV–V–VI–VII in Fig. 1.
Das dargestellte Werk ist dasjenige einer runden Uhr und weist eine Platte 1 auf, einen Federhauskloben 2, einen Laufwerkkloben 3 und einen Unruhkloben 4. Das Federhaus 5 treibt den Trieb 6

des Steigrades 7 vermittels dreier Zwischenräder, von denen jedes einen mit dem Rad verbundenen Trieb aufweist, nämlich Trieb 8 mit Großbodenrad 9, Trieb 10 mit Kleinbodenrad 11 und Trieb 12 mit Kronrad 13.

Um die Unruh unter den Zahnkranz des Großbodenradtriebes bringen zu können unter Vermeidung einer Erhöhung des Werkes, ist der Zahnkranz des Federhauses so hoch als möglich angeordnet worden, wobei nur das Großbodenrad 9 das Federhaus 5 übergreift. Die Unruh 14 ist so tief angeordnet, daß sie unter den Zahnkranz des Großbodenradtriebes 8 greift. Die Spindel dieses Rades wird fast berührt. In der Draufsicht tangiert aber nur die Unruh den Außenkreis des Federhauszahnkranzes.

Um das Kleinbodenrad 11 möglichst groß zu machen, greift dieses Rad im dargestellten Fall unter den Zahnkranz des Federhauses. Die beschriebene Anordnung gestattet, den Durchmesser der Unruh um ein Merkliches zu vergrößern. Für ein rundes Uhrwerk ist dieser Durchmesser vom Radius des Werkes nur wenig verschieden. Die Vergrößerung des Unruhdurchmessers und des Federhauses gestattet, einen für die Verhältnisse einer bestimmten Uhrengröße viel größeren Regler zu verwenden.

PATENTANSPRUCH:

Uhrwerk, bei welchem das Federhaus den Trieb des Hemmungsrades vermittels dreier Laufwerkräder kämmt und das Großbodenrad zentral angeordnet ist, dadurch gekennzeichnet, daß die Unruh den Zahnkranz des Triebes des Großbodenrades untergreift.

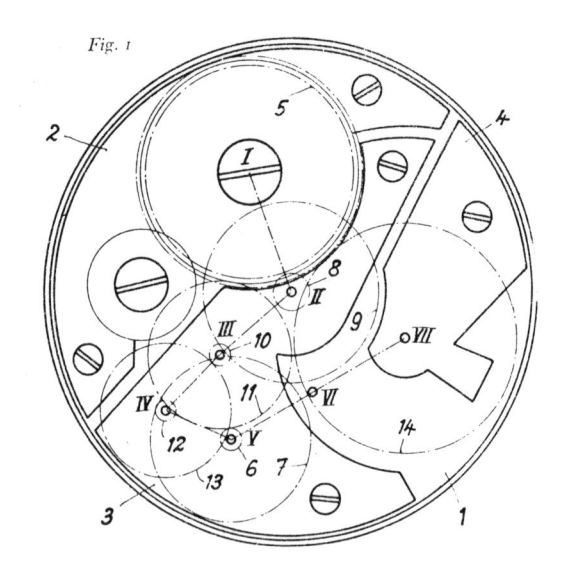

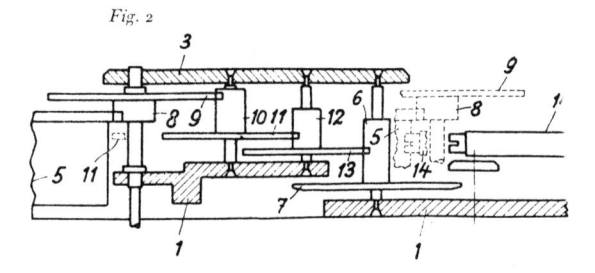

EXPOSÉ D'INVENTION Nr. 253 051 Classe 71k

GEORGES DUBEY ET RENÉ SCHALDENBRAND, LA CHAUX-DE-FONDS (SUISSE)

Chronographe à rattrapante

Demande déposée: 12 mars 1946, 18 h. – Brevet enregistré: 15 février 1948

L'objet de la présente invention est un chronographe à deux aiguilles de grandes secondes coaxiales dont une rattrapante, caractérisé par un ressort spiral reliant entre eux les mobiles des deux aiguilles et par au moins une butée d'appui portée par l'une des deux aiguilles et susceptible de coopérer avec l'autre.

Le dessin ci-annexé représente, à titre d'exemple, une forme d'exécution de l'objet de l'invention.

La fig. 1 est une vue en plan du mouvement de chronographe dans laquelle seuls les organes nécessaires à la compréhension de l'invention sont représentés.

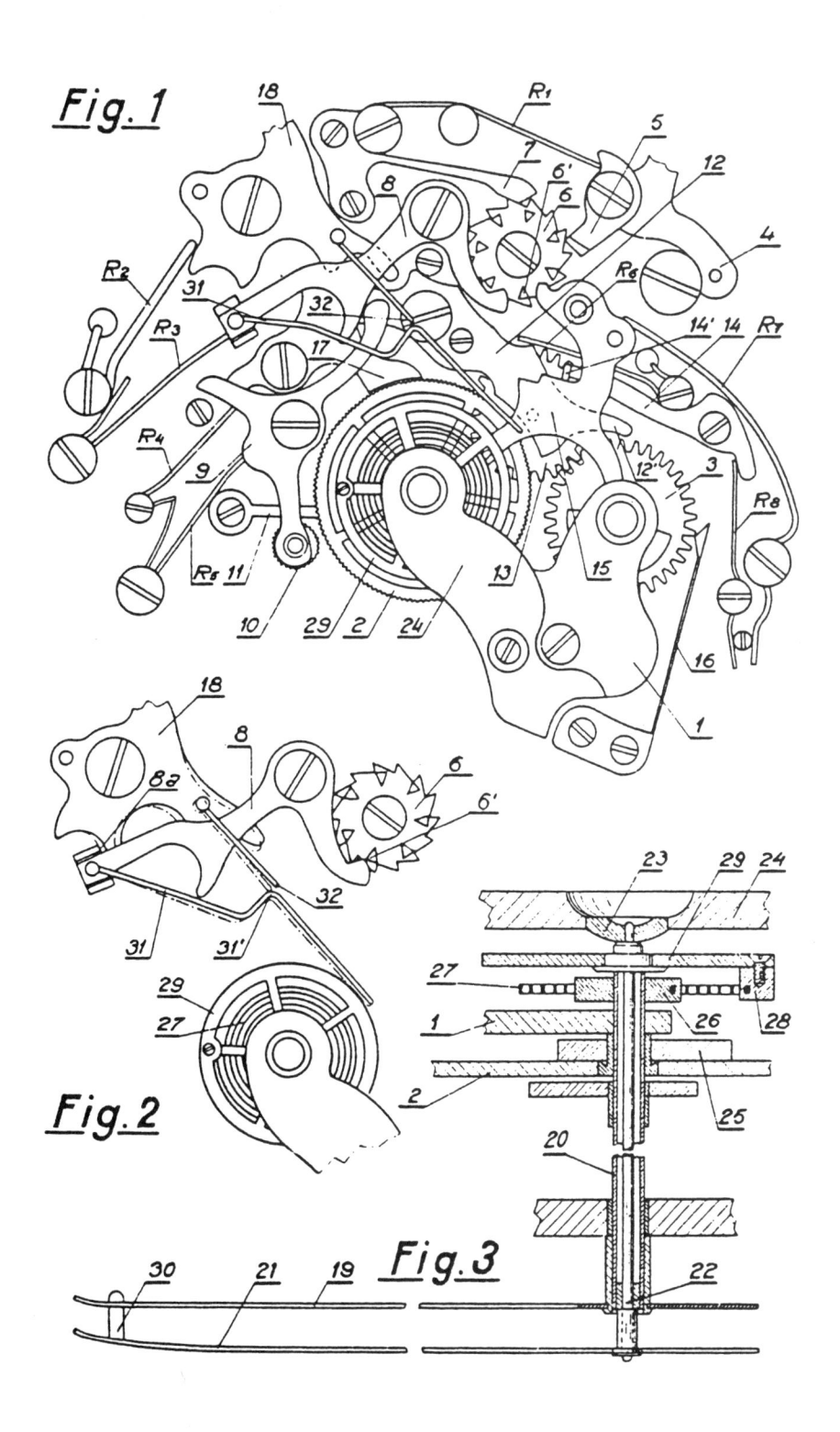

Fig. 1

Fig. 2

Fig. 3

La fig. 2 est une vue en plan partielle de ce mouvement, illustrant son fonctionnement, et
la fig. 3 est une coupe axiale, à échelle agrandie des mobiles de grandes secondes.

En se référant à la fig. 1, on trouve les éléments d'un chronographe-compteur ordinaire, 1 désigne un pont de centre, 2 la roue du chronographe, 3 la roue de compteur de minute, 4 une bascule de commande agissant sous l'action d'un poussoir non représenté, par son cliquet 5, sur la roue à colonnes 6 dont 6' est une des colonnes, 7 désigne le sautoir de la roue à colonnes, 8 un levier intermédiaire actionné par la roue à colonnes et contre lequel appuie une extrémité de la bascule de chronographe 9 portant à son autre extrémité le renvoi 10. 11 désigne un ressort de friction, 12 la bascule de compteur portant le renvoi de compteur 13 et destinée à agir par son nez 12' sur le levier 14 dont le bec 14' verrouille le marteau 15 de remise à zéro. 16 est le sautoir du compteur, 17 un frein et 18 la targette de remise à zéro agissant sur la bascule 12. Sous l'action d'un poussoir non représenté, les ressorts de rappel agissant sur différents organes susmentionnés sont désignés par R^1 à R^8.

Le chronographe présente deux aiguilles de grandes secondes coaxiales, à savoir: l'aiguille 19 montée sur l'axe creux 20 et l'aiguille 21 dont l'axe 22 (fig. 3) traverse de bout en bout l'axe creux 20 et est pivoté du côté du fond dans une pierre percée 23 sertie dans un pont auxiliaire 24 que l'on peut désigner par pont de rattrapante, l'aiguille 21 étant en effet rattrapante.

Sur l'axe creux 20 sont calés la roue de chronographe 2 et un cœur 25 de remise à zéro, ainsi qu'une virole 26 à laquelle est fixée l'extrémité intérieure d'un ressort spiral 27 dont l'extrémité extérieure est fixée à un tenon 28 fixé par une vis à la serge d'une roue 29 qui sera désignée par roue de rattrapante. Cette roue de rattrapante est calée sur l'axe 22 de l'aiguille rattrapante 21. Cette aiguille rattrapante 21 présente à son extrémité une languette 30 recourbée vers l'intérieur et destinée à appuyer contre l'aiguille de chronographe 19, sous l'action du ressort spiral 27. Un dispositif d'arrêt du mobile de rattrapante (21–22–29) est constitué par un levier d'arrêt 31 fixé sur le levier intermédiaire 8 et par un levier d'appui 32 fixé sur la targette 18 de remise à réro.

Le fonctionnement du chronographe à rattrapante représenté est le suivant: Dans la fig. 1, les différents organes sont en position de repos, le chronographe ne fonctionnant pas. Sous la pression de la bascule 4, la roue à colonnes 6 avance d'une dent, la colonne 6' faisant pivoter le levier intermédiaire 8 qui libère la bascule de chronographe 9, mettant en prise le renvoi 10 avec la roue de chronographe 2. L'axe creux 20 entraîné par le ressort spiral 27 la roue de rattrapante 29 et les deux aiguilles 19 et 21 se mettent

à tourner ensemble, appuyées l'une contre l'autre par la languette 30. Le pivotement du levier intermédiaire 8 permet au levier d'arrêt 31 de rappocher son extrémité de la périphérie de la roue de rattrapante 29; le coude 31' du levier 31 vient en regard de l'extrémité du levier d'appui 32; ces organes occupent la position représentée en traits pleins dans la fig. 2.

Si l'on exerce sur la targette 18 de remise à zéro une pression dans le sens de la flèche, le levier d'appui 32 presse le levier d'arrêt 31 contra la serge de la roue de rattrapante 29 arrêtant cette roue, son axe 22 et son aiguille 21, tandis que le mobile de chronographe (2–19–20) continue à tourner et avec lui la virole 26, le ressort spiral 27 s'arme ainsi de plus en plus. Le dispositif d'arrêt occupe la position représentée en pointillé dans la fig. 2.

Dès qu'on relâche la pression sur la targette 18, les leviers 31, 32 libèrent la roue de rattrapante 29 qui tourne brusquement sous l'impulsion du ressort 27 jusqu'à ce que l'aiguille rattrapante 21 rejoigne l'aiguille de chronographe 19 contre laquelle la languette 30 vient buter.

On peut ainsi mesurer un espace de temps allant jusqu'à 59 secondes sans arrêter l'aiguille de chronographe ni le compteur.

REVENDICATION:

Chronographe à deux aiguilles de grandes secondes coaxiales dont une rattrapante, caractérisé par un ressort spiral reliant entre eux les mobiles des deux aiguilles et par au moins une butée d'appui portée par l'une des deux aiguilles et susceptible de coopérer avec l'autre.

SOUS-REVENDICATIONS:

1. Chronographe suivant la revendication, caractérisé en ce que le ressort spiral est attaché par son extrémité extérieure à la serge d'une roue de rattrapante et par son extrémité intérieure à l'axe creux de l'aiguille de chronographe que traverse l'axe de l'aiguille rattrapante portant ladite roue.
2. Chronographe suivant la revendication et la sous-revendication 1, caractérisé en ce que l'axe de l'aiguille rattrapante est pivoté du côté du fond dans un palier porté par un pont auxiliaire.
3. Chronographe suivant la revendication, caractérisé en outre par un dispositif d'arrêt du mobile de rattrapante comprenant un levier d'arrêt solidaire du levier intermédiaire actionnant la bascule de chronographe et un levier d'appui coopérant avec le levier d'arrêt et solidaire de la targette de remise à zéro, le tout disposé de façon qu'une pression exercée sur la targette de remisc à zéro, lorsque le chronographe est en marche, bloque le mobile de rattrapante.

NISUS

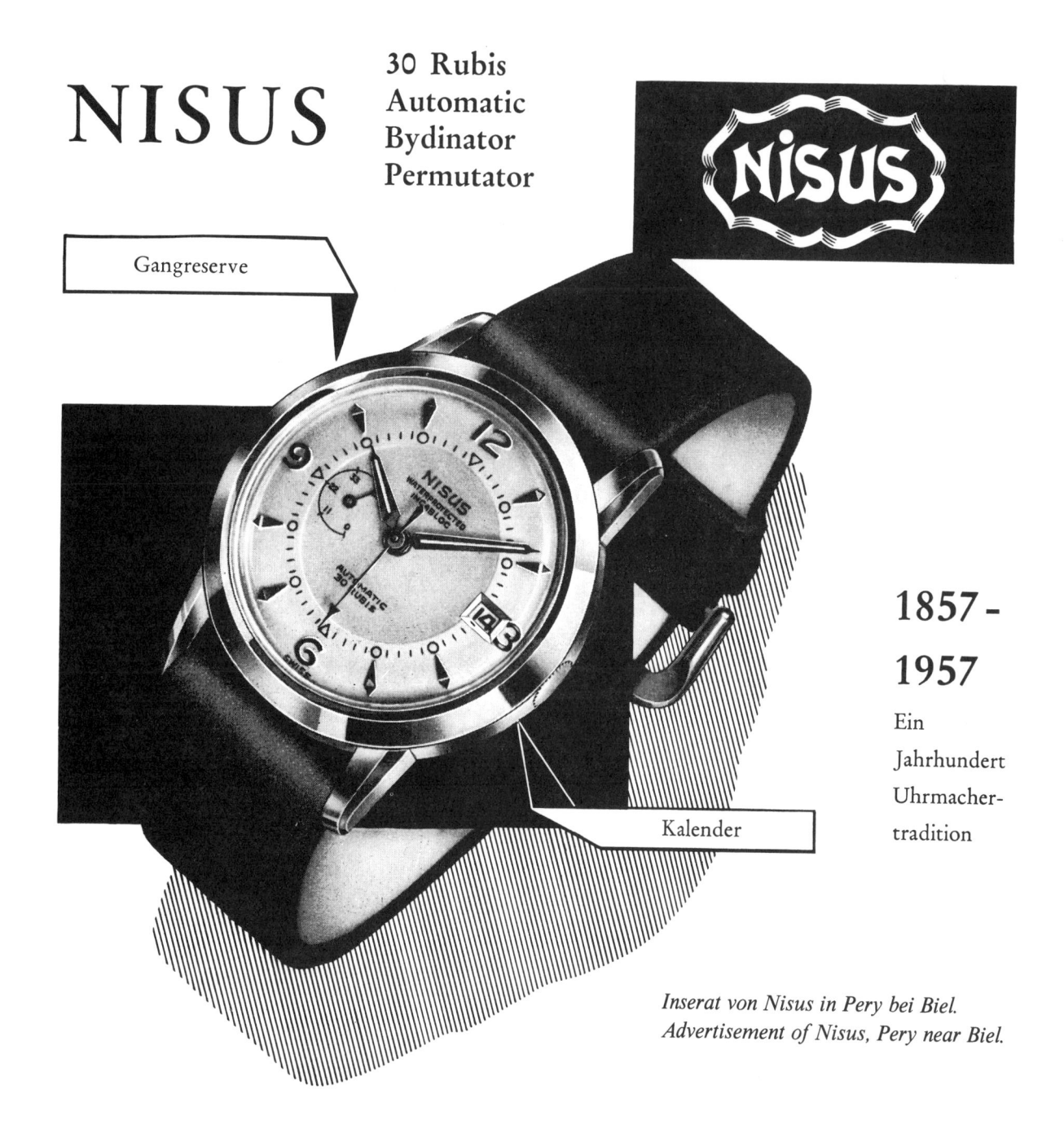

**30 Rubis
Automatic
Bydinator
Permutator**

Gangreserve

Kalender

1857 – 1957

Ein Jahrhundert Uhrmachertradition

*Inserat von Nisus in Pery bei Biel.
Advertisement of Nisus, Pery near Biel.*

ZEIT UND DATUM

Wenn man Sie plötzlich fragen würde: "Welches Datum haben wir heute?„ Könnten Sie auf diese einfache Frage sofort antworten? Sicher nicht, wie neun von zehn Personen, die nie das tägliche Datum wissen. Deshalb hat Tissot die Visodate-Datumuhr geschaffen, die nebst genauer Zeit noch das richtige Datum angibt. Dazu ist die Visodate — wie alle Tissot-Uhren — von einem erstklassigen Verkaufs- und Garantiedienst in der ganzen Welt unterstützt. Tissot blickt auf eine über hundertjährige Tradition in der Uhrenfabrikation und die Erfahrung von vier Generationen zurück. Dies bedeutet für Sie eine Gewähr von höchster Qualität und Präzision.

TISSOT – 100 JAHRE IM DIENSTE DER PRÄZISION

Tissot VISODATE

Tissot Visodate automatisch
(Rotoraufzug), wasserdicht S 1150.—
Andere Tissot Herrenmodelle ab S 525.—
Damenmodelle ab S 630.—

Einschaltung aus dem Jahr 1958. Lange Zeit wurde die Werbung von der Datumuhr beherrscht.

Advertisement from 1958. For a long time the date watch was dominating.

1924 gründete der Uhrmacher Gaston Ries in La Chaux-de-Fonds eine kleine Uhrenfabrik. Nach dem Eintritt des Neffen in die Firma im Jahr 1955 wählte man als Markennamen für die Fabrikate die Bezeichnung Corum. Vorgestellt wurde die neue Marke von Ries, Bannwart & Co. 1965 mit dem großen Herrenmodell Buckingham. Das massive Gehäuse (rechtes Modell) aus 18 ct Gold wiegt 35 g.

In 1924 the watch maker Gaston Ries founded a watch factory at La Chaux-de-Fonds. After his nephew had joined the firm in 1955, the products were given the brand name "Corum". This new series of Ries, Bannwart & Co. started with the man's modell Buckingham in 1965. The massive 18 carat gold case (on the right) has a weight of 35 g.

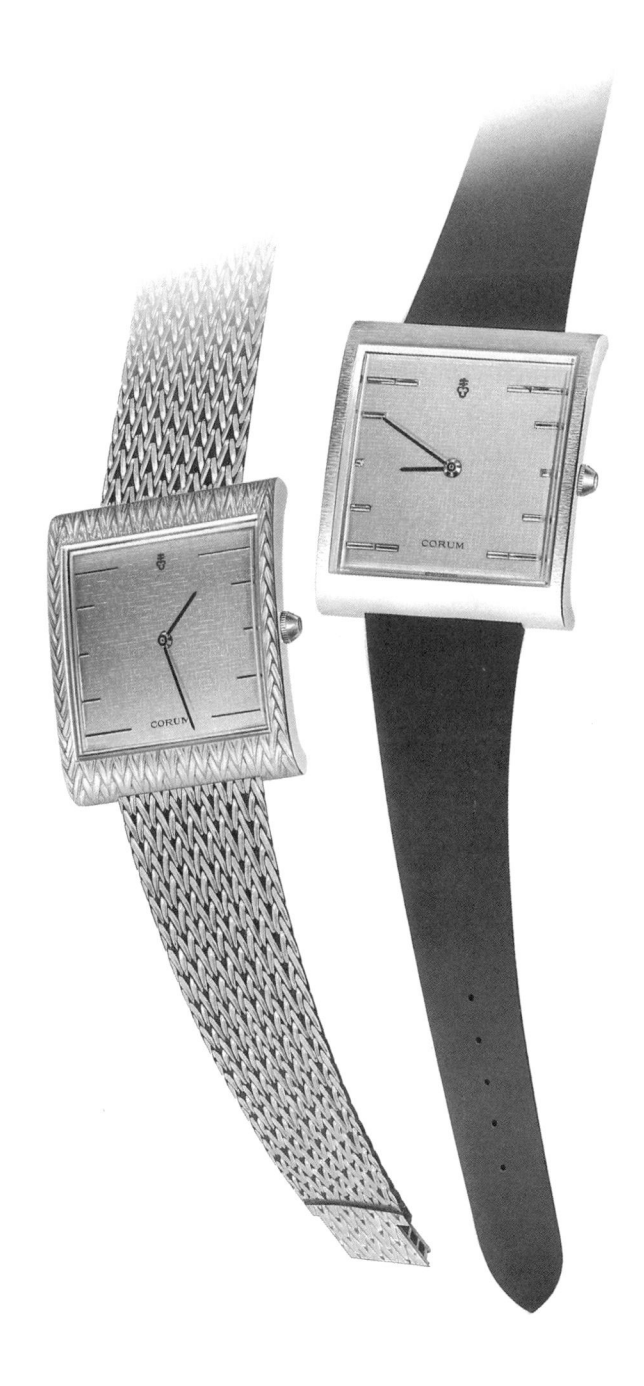

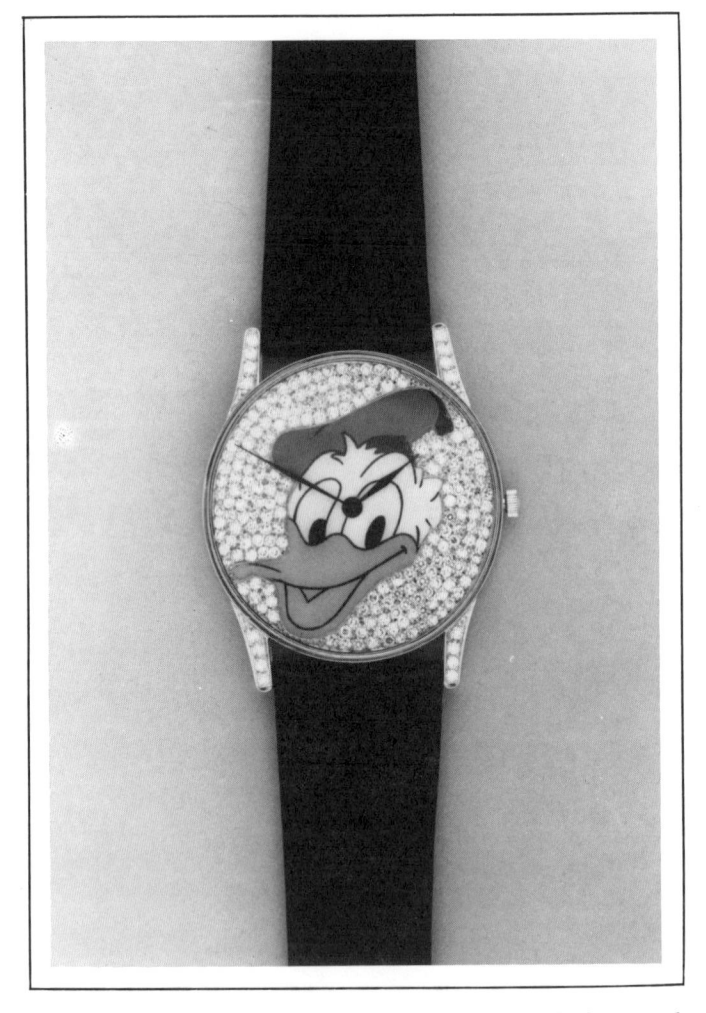

This gold quartz wrist watch was made by Garrad, the British Crown Jewellers, to commemorate the 50th birthday of Donald Duck in 1984. The model is studded with diamonds and shows the figure of Donald Duck in enamel. In 1985 this watch was sold by auction at Sotheby's, London (about £ 9,000).
(Foto: By courtesy of Sotheby's)

Diese goldene Quartz-Armbanduhr wurde zum 50-Jahr-Jubiläum der Donald-Duck-Figur 1984 vom englischen Hofjuwelier Garrad geschaffen. Die brillantenbesetzte Kreation besitzt ein Zifferblatt mit dem Bildnis von Donald Duck in Email. Das Stück wurde 1985 bei Sotheby's in London versteigert. Der Zuschlag erfolgte bei umgerechnet öS 225.000,–.

A technical innovation from 1984 is the Galileo Galilei by Ulysse Nardin (Le Locle). The mechanisms of this Astrolabium are driven by a selfwinding movement. Even if there were not more than 75 teeth, the indication of the tropical year is very accurate: Only after 144.000 years there would be a deviation of one day.

Eine Neuheit aus dem Jahr 1984 ist die Galileo Galilei von Ulysse Nardin in Le Locle. Die Mechanismen dieses Astrolabiums werden durch ein Automaticwerk angetrieben. Obwohl die Anzahl der Radzähne 75 nicht übersteigt, ist die Anzeige des tropischen Jahres so genau, daß die Abweichung von einem ganzen Tag erst nach 144.000 Jahren eintreten würde.

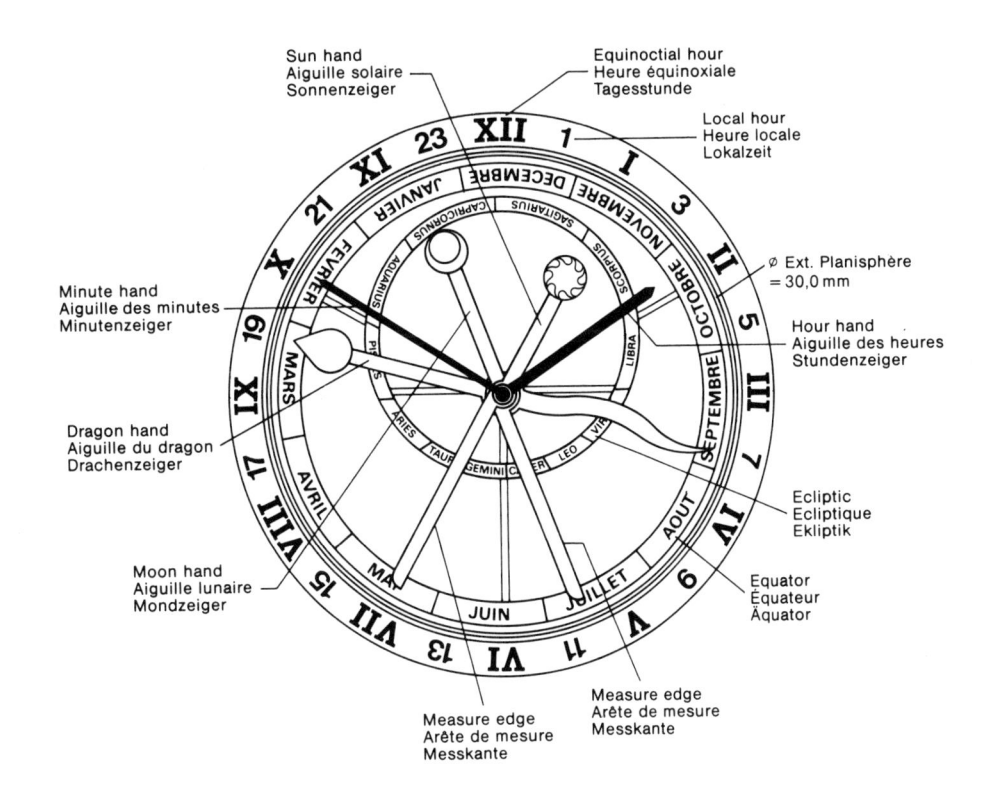

Equinoctial hour
Roman figures, indicated by black hour and minute hands.

Local time
Arabic numerals, indicated by the point of the sun hand.
Determined according to the local meridian to which the watch is adjusted to (e.g. Geneva).

Heure équinoxiale
Chiffres romains; indiquée par les aiguilles noires des heures et minutes.

Heure locale
Chiffres arabes; indiquée par la pointe de l'aiguille solaire. Déterminée d'après le méridien du lieu sur lequel la montre est réglée (par exemple Genève).

Tagesstunde
Römische Zahlen, durch schwarze Stunden- und Minutenzeiger angezeigt.

Lokalzeit
Arabische Zahlen, durch die Spitze des Sonnenzeigers angezeigt. Diese Zeitangabe ist nur an jenem Ort präzis auf dessen Meridian die Uhr eingestellt ist (z.B. Genf).

The planisphere
The planisphere is also the dial of the watch ① and represents the oblated image of the firmament, as seen from a specific point of view and latitude. In this case, the planisphere has been made for latitude 46° North (Geneva) ②. On request, it can be adapted to other latitudes.

Le planisphère
Le planisphère, qui est en même temps le cadran①, représente l'image aplatie de la voûte céleste, vue d'un certain point et d'une certaine latitude géographiques. Dans ce cas, il a été conçu pour la latitude nord de 46° (Genève) ②. Le planisphère peut être adapté à d'autres latitudes sur demande.

Das Planisphärium
Das Planisphärium ist zugleich das Zifferblatt ①. Es ist als ebenes Abbild des Himmelgewölbes aufzufassen, so wie es sich an einem Ort bestimmter geographischer Breite (Genf) präsentiert ②. Durch Austausch kann das Planisphärium auf andere Breiten angepasst werden.

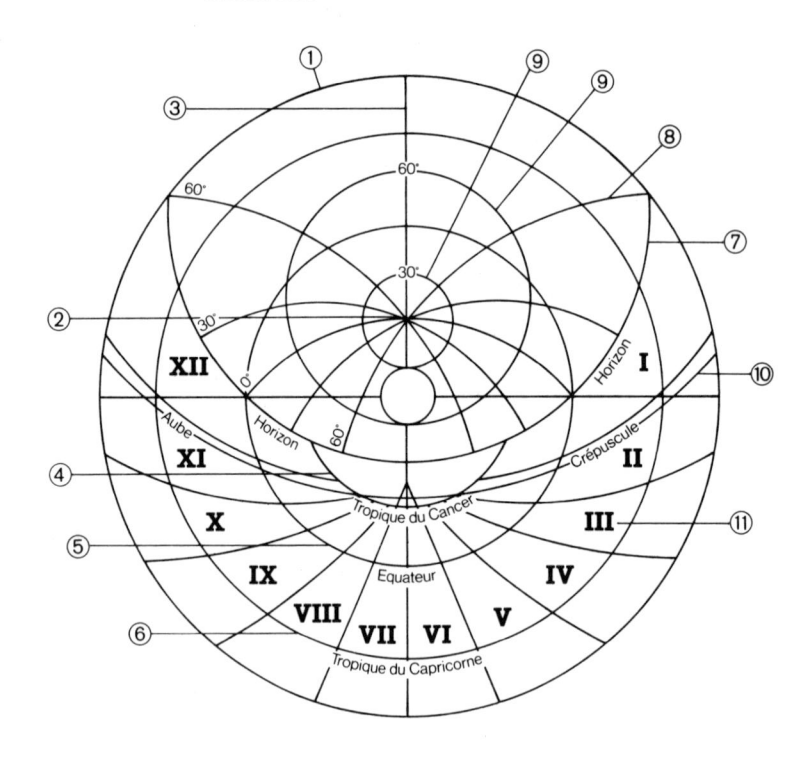

③ The reticule indicates the cardinal points North-South and West-Est.

The concentric circles are:

④ The tropic of Cancer (−23.5°).
⑤ The equinox (equator 0°).
⑥ The tropic of Capricorn (+23.5°).

These circles define the sun's highest, medium and lowest position during the course of the year.

⑦ The horizon, as it can be observed from a definite point and latitude.
⑧ The azimuth represented by the ascending lines above the horizon.
⑨ The two excentrical circles above the horizon are declinations.
⑩ The twilight line; dawn on the right, dusk on the left.
⑪ Temporal hour (Roman figures) or the twelfth part of the natural night the duration of the temporal hour varies according to the date; at the equinoxes, it is equal to the equinoctial hour.

③ Le réticule indique les points cardinaux nord-sud et ouest-est.

Les cercles concentriques représentent:

④ Le tropique du Cancer (−23.5°).
⑤ La ligne de l'équinoxe (équateur).
⑥ Le tropique du Capricorne (+23.5°).

Ces cercles indiquent la position du soleil la plus élevée, moyenne, ou la plus basse en cours d'année.

⑦ Ligne d'horizon vue du point et de la latitude géographiques (46° nord, Genève).
⑧ De l'horizon s'élèvent les lignes azimuts.
⑨ Les deux cercles excentriques au-dessus de l'horizon représentent les déclinaisons.
⑩ Ligne du crépuscule à droite, de l'aube à gauche (16°–18°).
⑪ Heure inégale (chiffres romains), la douzième partie du jour naturel. La durée de l'heure inégale varie suivant la date; aux équinoxes, elle est égale à celle de l'heure équinoxiale.

③ Das Fadenkreuz zeigt die Himmelsrichtungen Norden-Süden und Westen-Osten.

Die konzentrischen Kreise sind:

④ Der Wendekreis des Krebses (−23.5°).
⑤ Die Linie der Tag- und Nachtgleiche (Äquator 0°).
⑥ Der Wendekreis des Steinbocks (+23.5°).

Diese Kreise bezeichnen den höchsten, mittleren und tiefsten Stand der Sonne im Laufe des Jahres.

⑦ Die Horizontlinie für die geographische Breite des Beobachtungs ortes (Genf).
⑧ Vom Horizont aufsteigend, die Linien für die Himmelsrichtungen (Azimut).
⑨ Die beiden exzentrischen Kreise über dem Horizont sind Höhenlinien (Deklination).
⑩ Die Dämmerungslinie (16°–18°).
⑪ Temporalstunde (Römische Zahlen) oder zwölfter Teil der natürlichen Nacht. Die Dauer der Temporalstunde schwankt je nach Datum; bei Tag- und Nachtgleiche entspricht sie der Tages- resp. Nachtstunde.

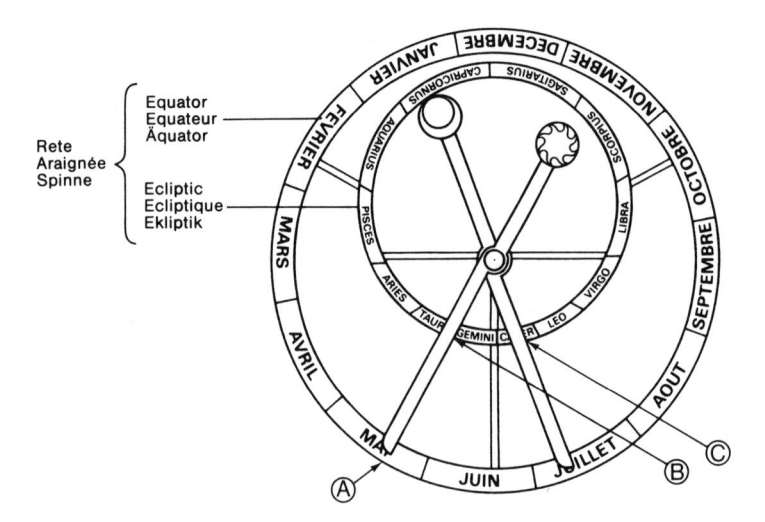

The rete

The rete (tympan) represents the celestial vault. It is composed of the ecliptic, showing the signs of the zodiac, and the equator with the month of the year.

The month is indicated by the point of the sun hand Ⓐ.

The sign of the zodiac by the measure edge of the sun hand Ⓑ.

The point of the intersection formed by the measure edge of the sun hand Ⓑ, respectively the moon hand Ⓒ with the outer rim of the ecliptic indicates the elevation and the azimuth of sun and moon on the planisphere.

L'araignée

L'araignée représente la voûte étoilée. Elle est composée de l'écliptique avec les images zodiacales; et l'équateur avec les indications des mois.

L'indication des mois est donnée par la pointe de l'aiguille solaire Ⓐ.

Les signes du zodiac sont indiqués par l'arête de mesure de l'aiguille solaire Ⓑ.

Le point d'intersection formé par l'arête de mesure de l'aiguille solaire Ⓑ et respectivement par l'aiguille lunaire Ⓒ avec le bord extérieur de l'écliptique, permet la lecture sur le planisphère de l'altitude et de l'azimut du soleil et de la lune.

Die Rete

Die Rete oder Spinne stellt den Sternenhimmel dar. Sie besteht aus der Ekliptik (Sonnenbahn) mit den Tierkreiszeichen und dem Äquator mit den Monaten des Jahres.

Die **Monatsanzeige** ist durch die Spitze des Sonnenzeigers ersichtlich Ⓐ.

Die Tierkreiszeichen sind durch die Messkante des Sonnenzeigers auf der Ekliptik gegeben Ⓑ.

Der Schnittpunkt der Messkante des Sonnenzeigers Ⓑ, bzw. des Mondzeigers Ⓒ mit dem äusseren Rand der Ekliptik zeigt die Höhe und Himmelsrichtungen der beiden Gestirne an.

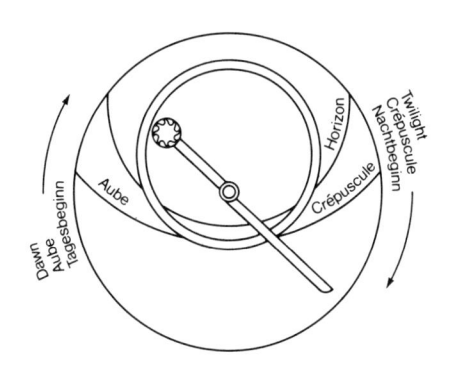

Diurnal and nocturnal duration are differentiated by the varying distance of the sun's position (intersection of the measure edge of the sun hand and the ecliptic's outer rim) from the centre, according to the seasons of the year.

The twilight line shows the duration of dawn and dusk.

Les durées diurnes et nocturnes sont différenciées par les distances variables de l'emplacement du soleil (intersection de l'arête de mesure de l'aiguille solaire et du bord extérieur de l'ecliptique) du centre par rapport aux saisons.

La durée de l'aube et du crépuscule est indiquée par la ligne correspondante.

Tag- und Nachtlängen werden durch die unterschiedlichen Entfernungen der Sonnenposition (Schnittpunkt der Messkante des Sonnenzeigers und dem Aussenrand der Ekliptik) vom Zentrum, den Jahreszeiten gemäss, differenziert.

Die Dämmerungslinie gibt die Länge der Übergangszeit von Tag und Nacht an.

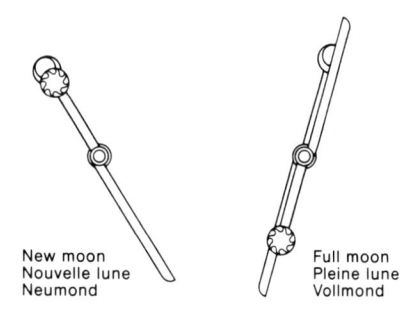

The phases of the moon will appear as follows:

New moon: sun and moon are located on the same side of the centre.

Full moon: sun and moon are on opposite sides.

Les phases de lune sont indiquées de la manière suivante:
Lorsque le soleil et la lune se trouvent du même côté du centre, c'est la nouvelle lune; lorsqu'ils sont à l'opposé, c'est la pleine lune.

Mondphasen
Die gegenseitige Lage von Sonne und Mond ist wie folgt angezeigt: Stehen die beiden Gestirne auf der gleichen Seite vom Zentrum aus gesehen, so ist Neumond (Sonnenzeiger deckt Mondzeiger); stehen sie sich gegenüber, ist Vollmond.

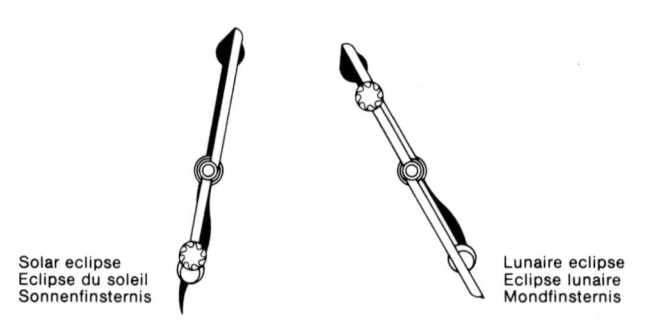

Solar eclipse / Eclipse du soleil / Sonnenfinsternis

Lunaire eclipse / Eclipse lunaire / Mondfinsternis

Eclipses

When the hands of the sun, moon and dragon are all aligned, the eclipse of the moon is indicated at full moon; the eclipse of the sun at new moon.

The eclipse of the moon occurs about every 6 months and can be observed from everywhere. The eclipse of the sun, however, is only visible locally.

Les éclipses

Lorsque les aiguilles solaire, lunaire et du dragon se rejoignent sur une même ligne, l'éclipse de la lune est indiquée à la pleine lune, celle du soleil à la nouvelle lune.
L'éclipse de la lune se produit tous les 6 mois environ. Elle est visible partout. Par contre, l'éclipse du soleil n'est que localement visible.

Finsternisse

Wenn Sonnen-, Mond- und Drachenzeiger gleichzeitig in einer Linie stehen, wird die Mondfinsternis bei Vollmond, die Sonnenfinsternis bei Neumond angezeigt.

Die Mondfinsternis tritt ungefähr alle 6 Monate ein und ist überall sichtbar. Die Sonnenfinsternis ist dagegen nur lokal sichtbar.

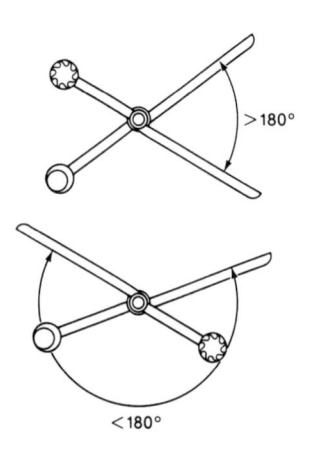

>180°

<180°

The aspects in which sun and moon stand to each other, are determined by the angle between the hands of the sun and the moon.

Is this angle inferior to 180°, the moon is waxing, if superior, it is on the wane.

Les aspects sous lesquels les deux astres se présentent, résultent de l'angle formé par l'aiguille solaire et par l'aiguille lunaire.

Si cet angle est inférieur à 180°, la lune est croissante; s'il est supérieur, elle est décroissante.

Die **Aspekte** in denen die beiden Gestirne zueinander stehen, ergeben sich aus dem Winkel zwischen Sonnen- und Mondzeiger.
Ist dieser Winkel kleiner als 180°, ist der Mond zunehmend. Ist er dagegen grösser als 180°, so ist der Mond abnehmend.

Abbildungsnachweis

Peter Puch, Klagenfurt 3, 44, 53, 64, 65, 76, 77 li., 80, 81
Dr. Herbert Ziegler, Klagenfurt 7
Anton Zimmermann, Wien 8, 9, 28, 33, 52, 54 oben, 346 links
D'Andre Francillon, Histoire de la Fabrique des Longines 28
Hans Jendritzki, Die Reparatur der Armbanduhr (Knapp Verlag, jetzt Düsseldorf) 19, 22 (2), 77 rechts, 78 links, 345
Antiquorum, Veyrier-Genève 22, 36, 42, 45, 47, 54 unten, 55, 57, 59, 69, 74, 346
Sotheby's, London 20, 380
Offizieller Katalog der Ersatzteile der Schweizer Uhr, Band 1: 26, 27, 299–312; Band: 2 278–298
Parechoc SA, Le Sentier 26
Le Porte-Echappement Universel SA, La Chaux-de-Fonds 26
Fabrique du Grenier Erismann-Schinz SA, Neuveville 27
Tissot SA, Le Locle 30, 31, 40, 50, 51, 79, 293–294, 378
Longines, Saint-Imier 28, 35, 159
Eberhard, La Chaux-de-Fonds 37–39
Dr. Kurtz, Pforzheim 46
Thiel, Ruhla 48
Time Museum, Rockford 49
Favoris Watch, Swiss 57
Klaus Kreuzer, Klagenfurt/Favre-Leuba, Genf/ Germanisches Nationalmuseum, Nürnberg 58
Grassy, Madrid 62
Le Livre d'Or de l'Horlogerie 68, 138–168
Gübelin, Luzern 74
Hans Jendritzki, Hamburg 78 rechts
Georg Jacob, Leipzig 84, 85
Omega AG, Biel 88, 105–120, 186–188, 190–191, 202–204, 270–276, 348
Hamilton Ltd., Lancaster 90
Busse, Berlin 92–97
Hans Hartmann Eisenach 99–100
Franz Verheyen, Frankfurt/Main 101–102
Selection Watch, La Chaux-de-Fonds 104
Die Uhrmacher-Woche, Leipzig 122–136
Journal Suisse d'Horlogerie 182–184
Elem Watch, Biel 141
Eta, Neuchâtel 26, 27, 142, 152, 153, 299–312, 366, 370, 371, 374
Excelsior Park, Saint-Imier 143, 170–172, 253, 283
Felsa, Grenchen 144
Audemars Piguet, Brassus 145
Hafis, Biel 146
Liga, Soleure 147
Glycine, Biel 148, 149
Mido, Biel 68, 149
Optima, Granges 150
IWC, Schaffhausen 151, 260
Buser Bros & Co, Niederdorf 154
General Watch, Biel 155, 182, 256–257
Grana, Granges 156
Lemania Watch, L'Orient/Lugrin SA, La Chaux-de-Fonds 157
Breitling, Grenchen 158, 174, 231–234, 323–327
Meylan Watch, Genève 160, 183
Robert Frères SA, Villeret 161, 265, 315
Orion Watch, Biel 162, 184
Le Phare, Le Locle 163
Reymond SA, Tramelan 164
Dreyfuß & Co. Péry Watch, Biel 165
Fabrique d'Horlogerie de Soneboz, Soneboz 166
Ulysse Nardin SA, Le Locle 167, 295, 380–386
Wega Watch, Grenchen 168
Huga SA, La Chaux-de-Fonds 178
Heuer, Biel 179–180
Meyer & Studeli SA, Soleure 183
A. F. Jobin, Klassifikation 193–210, 252–268, 314–322
Paul Buhre & Barbezat-Bole, Le Locle 193
Cortébert Watch, Cortébert 194–195
Doxa, Le Locle 196–199, 238–250
Frey & Co., Biel 200–201, 357
Schwarz-Etienne S. A., La Chaux-de-Fonds 205–207
Zenith, Le Locle 208–209
Zodiac, Le Locle 210
Rudolf Flume, Essen 212–219
Universal Genève, Genève 221–229, 268, 296–298, 330, 332–341
Rolex, Genève 236
Berdat Frères, Courtetelle 252
Geneva Sport, Genève 254–255
Henex, Tavannes 258–259
La Champagne SA, Biel 261
Mido, Biel 68, 262–264, 289, 329
Sportex, Saint-Imier 266
Tavannes Watch, La Chaux-de-Fonds 267
Girard-Perregaux, La Chaux-de-Fonds 284–285
Langendorf Watch, Langendorf 286–288
Recta Watch, Biel 292
Vacheron Constantin, Genève 314
Jaeger-Le Coultre, Le Seutier/Genève 314
Société Horlogère Reconvilier, Reconvilier 315
Moeris, Saint-Imier 316–322
Movado, La Chaux-de-Fonds 290–291, 350
Charles Leon Depollier, Brooklyn 352–353
Frank Farr, Montreal 356
Dipl.-Ing. Walter Hartung, Berlin-Steglitz 359, 368–369
Henri Colomb, Tavannes 361–365
Junghans, Schramberg 373
Georges Dubey, René Schaldenbrand, La Chaux-de-Fonds 376
Nisus AG, Pery bei Biel 377
Ries, Bannwart & Co., La Chaux-de-Fonds 379

Dieses Buch konnte nur dank des uneigennützigen Entgegenkommens von Institutionen und Einzelpersonen zustande kommen. Ganz besonders danken Verlag und Autor für wertvolle Hinweise und das leihweise Überlassen einschlägigen Materials:

W. Andrews, Time Museum, Rockford, USA
Deutsche Bücherei, DDR-7010 Leipzig
Bernard Ditesheim, Zenith International S. A., CH-2400 Le Locle
Roy Ehrhardt, Heart of America Press, Kansas City, USA
Eta, Groupe de Fabriques d'Ebauches, CH-2001 Neuchâtel
Rudolf Flume GmbH Essen, Berlin, Pforzheim, D-4300 Essen
Grassy, Auktionen, Madrid
Hans Jendritzki, Studienrat i. R., D-2000 Hamburg 65
Wilhelm Knapp Verlag, D-4000 Düsseldorf 1
Landesgewerbeamt Baden-Württemberg, D-7000 Stuttgart 1
Gerd-R. Lang, Chronoswiss, D-8000 München 50
Musée international d'horlogerie, CH-2301 La Chaux-de-Fonds
Osvaldo Patrizzi, Antiquorum, CH-1255 Veyrier-Genève
Marco Richon, Omega AG., CH-2500 Biel
Heinz Rollier, CH-2543 Lengnau
Sammlung & Archiv Industrielle keramische Alltagskunst um 1900, Jutta & Günter Griebel, D-7185 Rot am See
Direktor W. Schatz, Tissot S. A., CH-2400 Le Locle
R. Schild, Darwel S. A., CH-1001 Lausanne
Pierre Schmollgruber, antike Uhren, A-1010 Wien
Anton Zimmermann, A-1120 Wien
Scriptar S. A., Edition, CH-1001 Lausanne
Sotheby's, London

Register

Die Zahlen in Klammer beziehen sich auf die Bände „Die Uhr am Handgelenk" (I) und „Die Armbanduhr" (II)

ABGD (I/104)
About Time (II/115)
Abweichung (I/174)
Accutron (I/21, 43, 123, II/22, 150, 151)
Acht-Tage-Uhr 47, 139, 210 (I/9, II/110)
Admes (II/73, 74, 75)
Aegler 11 (I/9, 34, 95)
Aerospace (II/101)
Aero Watch (I/34)
Agon Watch (II/88, 149)
Airmann (II/99)
Albatros (I/102)
Alberta (I/82)
Alertic (II/106)
Allgemeine Schweizerische Uhrenindustrie (I/37, 98)
Almadia (I/34)
Alpina 23, 41, 278 (I/15, 19, 34ff., 49, II/65, 66, 70, 71, 116, 117, 118)
Altus (I/165)
ANA-DIGI (I/165)
Analoganzeige (I/161)
Anfibio (II/16)
Angelus 278 (II/79, 83, 84, 102)
Anker (I/178)
Ankergang (I/161)
Ankerhemmung (II/35, 37ff., 45)
Ankerrad (I/178)
Anzeige Gangreserve 49, 52, 86, 346, 377 (I/10, 16, 17, 66, 110, II/72ff.)
Anzeigewechsel (346 (I/18)
Aquamaster (II/92)
Aquarex (I/41)
Aquastar (II/110)
Aquatic (I/79)
Arbu (II/67, 79, 82)
Arctos (I/36, 89, 124, II/102, 103)
Ardath (I/35, II/104)
Aristo (I/36)
Armband mit Uhr 62 (I/7, 23, 152, 153)
Arsa (I/36, 38, II/87, 106)
AS (SA)) 299 (I/53, 98, 101, 168, 174)
Aster 251, 261 (I/80, 84, 85)
Astrographic (II/46)
Astrolabium 380–386
Astrolon (I/106, 124, 158, II/109)
Astronic (I/26, 30, 80)
Astronaut Mark II (II/22)

astro-quartz (I/69)
ASUAG (I/37, 98, 100)
Atelieruhren (I/45)
Atlantic (I/37, 38)
Atmungszähler (I/11)
Ato-Chron (II/150)
Attachen (II/150)
Aubry Frères (I/50)
Audemars (I/10)
Audemars, Jules (I/38)
Audemars Piguet 49, 145, 278 (I/18, 38ff., II/127, 130, 131)
Auf- und Abwerk siehe Anzeige Gangreserve
Aufzugskrone, ohne 52, 86, 346 (II/74, 90)
Ausfuhrstatistik, schweizerische (I/15)
Autavia (I/62, 63)
Autographic (II/74)
Autokühleruhr 68, 149 (I/49, II/127, 128)
Automatic 21ff., 25, 45, 49, 59, 74, 75, 86, 289, 291, 294, 298, 377, 380 (I/16, 17, 42, 48, 52, 53, 58, 59, 64, 80, 82, 98, 110, 122, 123, 161, 171, 173, 179, 181, II/17, 18, 19, 20, 35, 43, 44, 46, 47, 49ff., 62, 64, 71, 73, 74, 75, 79, 85, 86, 87, 88, 92, 93, 98, 101, 102, 104, 106, 107, 110, 111, 113, 120, 127)
Autorist (I/17)

Badenia (II/56)
Bader (I/40)
Bader-Mentor (II/105)
Baguette-Werk 75, 77, 78, 181, 183 (I/66, 71, 80, 84, 106, 110)
Balance (I/173)
Barbezat-Baillod, C. 193 (I/48)
Basis Watch (II/87)
Bathy 58, 59 (II/92, 107)
Batterien (I/161)
Bauer 73
Baume & Mercier (I/11, 37, 39, 40, 111, 112, 114, II/104)
Bautte, Jean-François (I/57)
Beck, Rainer (I/104)
Bedford (II/110)
beleuchtete Uhr (II/133)
Benedict (II/107)
Benrus (II/82)
Benz, Adolf L. (I/47, II/67)
Beobachtungsuhr 28, 29, 33 (I/112, II/94–96)
Berdat 252
Berg (I/41)
Bergana (I/41)
Bernheim & Co. (I/40)
Beryllium-Unruh (I/161, 165)

Beta 21 (II/22, 151, 153)
Wilhelm Beutter KG (I/40, 89)
Bidlingmaier 73, 129 (I/41, II/38, 41, 43, 44)
Bifora 73 (I/41, II/41, 52, 87)
Bijorhca Gold Trophy (I/49)
Bilastic (II/43, 44)
Bimetall-Unruh (I/161)
Biorhythmusuhr (II/110)
Bivouac 58, 59 (II/107)
Blindenuhr 315 (I/103, II/106)
Blondi (I/49)
Blümelink (I/41)
Blumus (I/41)
Boden (I/20)
Boden, durchsichtiger (I/20, 23)
Bonard (I/41)
Borel (I/104, II/46, 121, 133)
Bormand, André (II/69)
Bosch 122
Boutique (I/106)
Bradley Time (II/105)
Brandt, Louis (I/80, 81, 82)
Breguet 49
Breguetspirale 33, 41, 43, 45, 46, 47, 55, 64, 67, 69 (I/162, II/37, 69, 71, 95, 102, 131, 132)
Breitling 41, 173–177 (I/17, 41ff., 123, II/59, 63, 71, 101)
Breitschmid, Mauritz (I/60)
Brücke (I/162)
Buckingham 379
Bueche-Girod (II/84, 127)
Bueche & Fils (II/79)
Büren (I/123)
Buffy & Jodi (II/105)
Buhré 193 (II/74, 97, 111, 113)
Buler (II/31, 32, 88, 142, 149, 164, 168)
Bulova 29, 49, 71 (I/21, 43ff., 112, 113, 123, 124, II/22, 25, 151, 152)
Buren 75 (II/17, 54, 56, 75)
Burkhardt & Co. 123
Butex (I/46, II/79)
Buttes Watch (BWC) (I/46, II/60, 79, 107, 159)
Bydinator 377 (II/74)

Calculator (I/63)
Calendograph (I/80)
Candino Watch (II/101)
Caravelle (II/55)
Carribbean (II/93)
Carouge (I/108)
Carré (I/67)
Carrera (I/62)
Carrera Twin (I/63)

Cartier 15, 17, 19, 20, 29, 53 (I/8, 10, 45, 122, II/118, 131, 132)
Casio (I/45)
Cattin SA (II/97)
CEH (I/123)
Celestograph (I/80)
Cellini (I/97)
Centenaire (II/50, 51)
Centenary (I/106, 157)
Centre Electronique Horloger (I/21, 100, 123, II/22)
Century 2000 (II/88)
Certina (I/38/, II/53, 110 139, 149, 151)
Cervine 47
Champion (I/50 ff.)
Charlet, A. (I/46)
chassis (I/125)
Chip (I/162)
Chopard (I/45, 47, II/104)
Chrono (I/42)
Chrono Sport 49, 172
Chronodardiometer (I/60, II/25)
Chronodesk (II/61)
Chronograph 33, 35, 36, 37–40, 41, 42, 43, 49, 67, 69, 106, 161, 167, 172, 173–180, 199, 207, 221–234, 245–246, 253–255, 259, 262, 265–266, 268, 276, 283, 289, 291, 294, 295, 298, 300–312, 315, 323–341 (I/11, 17, 34, 41 ff., 46, 47, 50, 57, 61, 62, 63, 64, 69, 71, 72, 75, 80, 87, 90, 91, 102, 103, 106, 107, 108, 109, 111, 123, 124, 162, II/18, 22, 46, 57 ff., 71, 79, 94, 95, 100, 108, 109, 127, 138, 150, 151, 158, 164, 165)
Chronograph mit Schleppzeiger 39, 41, 42, 315, 374–376 (I/46, 87, II/14, 15, 67)
Chronomaster (II/63)
Chronomat (I/42)
Chronomatic (I/17, 42, II/63)
Chronometer (I/22, 59, 69, 70, 72, 82, 83, 95, 96, 97, 111, 122, 162, 172, II/14, 16, 41, 43, 44, 45, 46, 91, 95)
Chronoplan (I/26, 30, 79)
chronosplit (I/62, 124)
Chronosport 143
Citizen (I/46, 118, 119, 124, II/61, 164, 165, 168)
City time 79
Cocktail (I/104)
Cofram (II/88)
Comor (I/18, 47, 124, 158, II/31, 67, 71)
Concord (I/55, 75)
Conquest (I/75)
Constellation 43 (I/82, 83, 123, 170)
Consul (II/107)
Co-Pilot (I/42)
Cornes (I/150)

Cortébert 194–195, 278 (I/48, II/71, 75, 76, 80, 81, 84)
Cortébert/Juillard (I/11)
Cortedate (II/76, 81)
Cortina (I/62)
Corum 379 (I/19, 48, 124, II/28, 31, 71, 126, 127, 130, 159, 162)
Cosmic (II/76, 79)
Cosmonaute (I/42)
Cosmotron (I/46, II/144)
cricket 54 (I/18, 99, II/18)
Cristalonic Computer (II/168)
Crown 69
Crystal Seven (I/46)
Crystron (I/46, 118, 119)
Cuanillon & Cie (II/92)
Curviplan 45
Cutts, H. (I/16)
Cybernetica (II/107)
Cyma 41, 53, 65, 251, 267, 279 (I/49, 104, 159)

D (I/50, 71)
Damas (I/37, 38)
Daniels, George (II/28, 42)
Darwil (II/168)
Datachron (II/46)
Datalarm (II/102)
Datejust (I/95, 122)
Dato-chron (I/69, 123, II/22)
Datofix (II/75, 84)
Datora (I/42)
Dato-Timer (I/71)
Datumsanzeige, amerikanische (I/62)
Datumsanzeige, europäische (I/62)
David, Jacques (I/73)
da Vinci (II/116)
Day-Date (I/95)
Daytona (I/62)
Deckstein (I/162)
Defy (I/111, 182)
Delano (II/115)
Delirium (I/55, 124, II/25, 140–141)
Delirium Golden Silhouette (I/80)
Delwina (II/159)
Dent, J. 62
Depollier 17
Deutsche Uhrenrohwerke (I/50 ff., 71)
Deutsche Uhrmachergenossenschaft (I/15, 49)
Diagrafic (II/83)
Diamond International Award (I/84, 93)
Diana 76, 77
Diane (II/88)
Diantus (I/38)

Diastar (I/20, 94, 123, II/28, 29)
Digitalanzeige (I/9, 19, 78, 94, 162, 167, 170)
Digitalanzeige, mechanische 49, 55, 145, 183, 215 (II/12, 23, 24, 36, 85 ff.)
Diplomat (I/82)
Display (I/162)
Ditesheim, Achille (I/78, 79)
Ditesheim, Isidore (I/79)
Ditisheim, Maurice (I/99)
Ditisheim, Paul 80, 81
Ditisheim, R. (I/122)
Doehner (I/7)
Doktor-Uhr 43 (II/14, 15, 70, 71)
Doppelzeiger (I/162)
Double (I/173)
Doxa 41, 44, 45, 196–199, 237–250 (I/18, 49, 104)
Dritronic (II/155, 157, 159)
Driva Watch 57
Drusenbaum 125
Dual time 79
Dualanzeige (I/22, 36, 45, 50, 84, 85, 124, II/25, 142, 165)
Dubey, Georges (II/67)
Dubois & Drépaz (II/150)
Ducommun, Georges (I/49)
Dueber Hampden 71
Dugena (I/49)
Duo-Dial (II/70, 71)
Duoplan 45
Duo-Zifferblatt (I/10, 19)
Durowe 73 (I/50 ff., 53, 71, II/31, 108)
Dynasty (I/38)
Dynax (I/111)
Dynotron (I/123, II/150)

Ebauche (I/162)
Ebauches SA 299–312 (I/37, 50, 53, 54, 71, 98, 123, II/20, 22, 76, 80, 84, 145, 150, 155)
Ebauches Electroniques (I/53, 54, 78)
Ebauchesfabrik Bettlach (I/38, 53)
EBE (I/53)
Ebel (I/54)
Eberhard 37–39, 43 (II/66)
EBT (I/53)
Economique (II/62, 63)
Edox (I/38, II/101)
EEM (I/53, 54, 78, 79)
einzeigrige Uhr (II/127, 130)
Ekegren 55
Elastofixo (I/142, 148)
Elegance (I/55)
elektrische Uhr (I/21, 122, 123, 163, 164, II/20, 21, 137 ff., 152)

elektronische Uhr (I/164, 168, 169, II/20, 21, 22, 24, 25, 134, 138, 139ff., 150ff.)
Elem 141
Elevox (II/134)
Elgin 71 (I/111, 164, II/20, 70, 138)
El Primero (II/46, 64)
Emaileinlagen (I/7, 8, 82, 84)
Emes (I/54, II/36, 37)
Emka (I/9, II/113, 116)
Emrich 125
Endura (I/38, II/78)
Enicar 279 (II/101)
Epperlein (I/164, II/137, 145, 146)
Epple (I/36, II/76)
Eppo (I/54, II/76)
Equinoxe (I/83)
Era Watch (II/31, 101)
Ermano (II/36, 37)
Ermeto 279 (I/26, 29)
ESA (I/37, 38, 54, 78, 79, 101, 103, II/22, 28, 140–141, 147, 150)
Eska 69 (I/71)
Espada (I/111)
Espada Quartz (I/55)
ETA 142, 299, 303, 371 (I/22, 53, 54, 55, 56, 99, 168, 178, 179, 180, II/25, 31, 74, 93, 134, 140–141, 149)
Eterna 23, 47, 80, 81 (I/17, 54, 55, 56, 122, II/41, 49, 50, 51, 56, 78, 84, 127)
Eusi (I/104)
Everlight (II/133)
Ewiger Kalender (I/18, 19, 39, 57, 90, 91, 98, 122, 164, 167)
Exactus (II/79)
Excelsior Park 143, 169–172, 253, 278ff., 283
Exquisit (I/56, II/12, 87)

Fabrikanten 122–136, 138–140, 278–282, 299 (I/33–120)
FAR (I/37, 38)
Fass (I/110)
Favoris 57
Favre, Henry-Auguste (I/57)
Favre-Jacot, Georges (I/111)
Favre-Leuba 58, 59 (I/57, II/47, 92, 113)
Federhaus (I/178)
Federhaus, gekoppeltes (I/75, 124)
Federhäuser, zwei (II/47)
Federsteg (I/142, 150, 151)
Federzug (I/164)
Felca (II/46)
Felsa 23, 144
Felsers (I/48)
FER (I/53)

Ferex (II/88)
Fernseh-Armbanduhr (II/25)
Ferrari (I/75, 77)
Feuille d'Or (I/55, 75)
FHF (I/53)
First Lady (I/105)
Fixoflex (I/142, 148)
Fleurier Watch (II/61, 92)
Flash (II/133)
Fliegendes Zeigerwerk (I/171)
Fliegeruhr 28, 29, 33, 252, 276, 326, 327 (I/9, 16, 40, 61, 63, 71, 72, 73, 112, 122, II/94ff.)
Flintridge 69
Flüssigkristallanzeige (I/168, II/21, 24, 25)
Förster, Bernhard (I/57, II/31, 55, 88)
Fontainemelon 152, 153, 299, 366, 370, 373–374 (I/53, 125, II/76, 80)
Formwerk (I/164)
Fortis 21, 23
Francillon, Ernest (I/73)
Franz & Co. 126
Frenca 154
Freimaureruhr 47
Frequenz (Schwingungszahl (II/22, 24, 37, 43, 45, 46, 49, 51, 53, 55, 60, 61, 62, 64, 69, 76, 87, 91, 101, 120, 134, 146, 148, 150, 151, 157, 161, 163, 167)
Frey 74, 357
Frontonic (II/150)
Futurematic 52, 86, 346

Gaissert, Richard (I/86)
Gallet & Co. (I/8)
Gallet & Guinand (I/57)
Gang (I/164)
Gangreserve siehe Anzeige Gangreserve
Gasser-Ravussin (I/111)
General Watch 155, 182
Geneva 67, 254–255
Genta, Gérald (I/18, 19, 57, II/126, 131)
Geoscope (II/101)
Gesperr (I/178)
Gezeitenchronograph (I/11, 63)
Gigantic (II/75)
Girard, Joseph (I/55)
Girard-Perregaux 277, 284–285 (I/8, 17, 25, 26, 57ff., 107, 121, 123, 124, II/10, 45, 126, 151, 154)
Girolunette (II/90)
Giroxa (II/133)
Glashütte 41, 46, 71 (I/8, 14, 16, 34, 59, 71, 72, 105, 107, 108, 112, 162, 165)
Glucydur (I/165)

Glycine Watch 49, 148, 149 (II/99, 159)
GMT (I/62)
Golay Fils & Stahl 53 (II/131)
Goldbarren-Uhr (I/19, 48)
Golden Bridge (I/26, 32, 49, II/28, 127, 129)
Goldene Ellipse (I/90)
Golden Heart (II/50, 51)
Goldene Rose (I/64, 75, 93)
Golden Sands (II/46)
GP siehe Girard-Perregaux
Grana 156
Graphomatic (II/121)
Gruen 67, 346 (I/34, 60, 84, II/70)
Gübelin 54, 74, 79 (I/60, 64)
Gütenbach (I/60)
Gyromatic (I/17, 58, 59, 123)
Gyropan (I/60, II/25)

Hafis 139, 146
Hamilton 69, 89, 90 (I/34, 84, 123, II/20, 24, 63, 70, 107, 138, 145, 146, 155, 157)
Hampden 71
Hanhart (I/16, 18, 60, 61, 122, II/18)
Happy Diamonds (I/47)
Harwood 21, 23 (I/16, 17, 36, 122, II/90)
Hato, Léon 45 (I/17)
Hattori, Kintaro (I/102)
Hebdomas 47, 279
Hector 48
Heiwado Trading (I/111)
Helbein Frères & Cie (I/61)
Helbros (I/61)
Helvetia 27, 155, 181, 182, 256–257, 279 (I/111)
Hemmung (I/165)
Henex 258–259
Henzi & Pfaff (II/40)
Herbelin (I/61)
Hertz (I/134)
Hetzel, Max (I/43)
Heuer 174, 179–180 (I/33, 62, 63, 123, 124, 131, 132, II/59, 63, 109, 110, 162)
HF (I/59, 123)
Hillmann, Bruno 75, 343 (I/15, 139, 140, 141)
Hirsch, Alfred (I/63)
Hirsch, Klagenfurt (I/136, 137, 146, 148, 149, 152)
Hochfrequenz-Uhr (I/59, II/163)
Hörner (I/142, 150, 151)
Hoga (I/37, 38)
Holderbank (I/40)
Horlogers complets (I/65)
Huguenin (I/34)

Huma (I/61)
Hummel, Ludwig (I/50/71)
Hz (I/24, 134)

IC (I/165)
Illinois Watch 69
Ilona (II/36, 85, 87)
incabloc 25 ff. (I/93, 165, 166, 167)
Indimatic (II/73, 74, 75)
Ingenieur (I/18, 63, 64, II/94)
Ingersoll 59, 71
Integra (I/38)
integrierte Schaltung (I/165)
International Watch Co 24, 45, 80, 81, 151 (I/16, 17, 18, 20, 22, 63 ff., 122, 124, 163, 176, II/37, 84, 94, 97, 116, 126)
Inventic (I/38)
Invicta 49 (I/63, 111, II/121, 122)
Ipso matic 54
IR-100-Preis (I/75)
Ismeca (I/111)
Isochronismus (I/165)
IWC siehe International Watch Co

Jaeger, Edmond (I/65)
Jaeger-LeCoultre 52, 75, 314, 346 (I/10, 18, 21, 65, II/16, 18, 34, 74, 76, 79, 81, 84, 92, 116, 118, 119)
Jaguar (II/107)
Jahrhundertuhr (I/166)
Jaissle & Co. (II/56)
Jalousieuhr (II/125)
Jaquet-Droz (II/85)
Jaquet-Droz & Leschot (I/7, 121)
Jarama (I/62)
Jendritzki, Hans 75, 77, 343, 345
Jenny & Carribbean (II/93, 101)
Jowissa (II/36)
Jürgensen, Jules (I/71)
Junghans 44, 45, 71, 73, 372–373 (I/9, 18, 21, 66 ff., 107, 122, 123, II/20, 22, 37, 38, 39, 40, 41, 43, 44, 111, 150, 151, 153, 163)
Junod Paul SA (II/44, 56)
Jupiter Navitimer Quartz (I/41, 42)
Juvenia (I/71, II/107, 121, 124)

Kalenderuhr 314, 333–337, 378 (I/7, 9, 18, 50, 62, 166, II/2, 10, 20, 65, 76 ff., 126, 131)
Kallista (I/110, II/25, 26, 27)
Karex (I/94)
Kasper & Co. 73
Kentucky (I/62)

Kew-Teddington-Observatorium 13, 43, 67 (I/95)
Keystone 69
Kienzle 73 (I/71, II/36, 37, 39, 41, 44, 51, 52, 56, 87)
Kif 26
Kinderuhr (II/105)
Kleinbodenrad (I/178)
Kloben (I/167)
Knopfzelle (I/161)
Kocher & Co. (I/71, II/31, 104)
Kohnen, Hans (II/93)
Kollmar & Jourdan 19, 128
Kompaßuhr (I/64, 176, II/60, 97)
Kon Tiki (I/56)
Kosmos-Horometer (II/102, 103)
Kronrad (I/178)
Kulm (II/92)
Kummer AG (I/38)
Kurth (I/34)
Kurtz 46

La Champagne 49
Lacher & Co. (I/16, 71, II/95, 146)
Laco (I/16, 50, 71, II/44, 95, 148)
Lacroix, Maurice (I/72)
Lagerstein (I/168)
La Magique (I/22)
Lanco (II/112, 155, 159)
Landeron (I/164)
Lange & Söhne 129 (I/8, 9, 14, 16, 71, 72, 112, 162, 165, II/94)
Langendorf Watch 8, 286–288 (II/114)
Lassale, Jean (I/21, 72, 103, II/20)
LCD (I/124, II/21, 24, 25, 162, 164)
LeCoultre 20, 45, 47, 86 (I/17, 65, 66)
LED (I/123, 124, 168, II/21, 24, 162)
Lemania 139 (II/62, 63, 94, 109)
Lemania-Lugrin 157 (I/72)
Léon-Georges-Petit & Cie (II/88)
Leonidas 43, 158, 230–234, 323–327
Le Phare 163 (II/108)
Leroy, Léon 21 (I/16, 122)
Leuchtdiodenanzeige (II/21, 24)
life 2002 (II/87)
Liga 147
Lindbergh, Charles 29 (I/10, 43, 73, 111)
Linie (I/168)
Linien-Tabelle 219
Linkshänderuhr (II/107)
Lip 49, (II/20, 138, 149, 150, 151, 153, 156)
Lipp (I/164)
Lochstein (I/168)

Long-Distance (II/104)
Longines 18, 29, 35, 41, 53, 159 (I/10, 11, 16, 19, 20, 55, 73 ff., 122, 124, 152, 154–156, II/20, 22, 31, 46, 47, 85, 115, 151, 153, 155, 159)
Ludwig & Fries 61
LWO (II/60)

Magnetismus 29, 30, 31 (I/18, 63, 64, 161, 162)
Malteser-Stellung (I/171)
Manhattan (I/63)
Marin (I/53, 54)
Marine 273–275
Mark XI (I/16, 63, 64, 122, II/94)
Marken 122–136, 138–140, 278–282, 299 (I/33–120)
Mathey-Claudet, Jean-Pierre (II/69)
Mathey-Tissot (II/79)
Maurer & Reiling 73
Mauthe (II/38)
Maximatic (I/98)
Maxor (I/75)
Medana 183 (II/16)
Medicus (II/159)
Mediostat 40 (I/106, 122, 157)
Mega-Quartz (I/46, 69, 82, 118, 119, 124, 133, 169, II/163)
Memomatic (II/111)
Memomaster (I/83)
Memo-Raider (II/113)
Memory (I/86, II/107)
Memotron (II/134)
Memovox (I/18, 65, 66, II/18, 92)
Mercier, Paul (I/40)
Meyer & Studeli 183
Meylan 160, 181, 183 (I/84)
Michel (I/122)
Microma (I/38, 78, 79, II/165)
Microtor (II/54)
Midget 71
Mido 41, 68, 69, 149, 262–264, 277, 289, 329 (I/38, 78, 84, 85, II/18)
Mildia (II/79)
Milus (II/44, 56, 159)
Mimo Watch 149 (I/9, 17, II/71, 85)
Minerva 41, 53, 161, 265, 278, 315 (I/10, 80)
Mini-Park (II/109)
Ministop (II/108)
Minivox-Digital-Quartz (II/104)
Minu-Stop (II/109)
ML (I/72)
Mock & Reiß 130
Modul (I/169)
Moeris 41, 278 ff., 316–322 (II/110)
Mondaine (II/167, 168)

Mondia (II/55, 107)
Mondphasenanzeige 145, 333–335 (I/18, 47, 169, II/10, 65, 75, 76 77, 78, 79, 81, 84, 102, 131)
Montreal (I/62)
Monza (I/49, 63)
Mortima (II/97)
Mosaba (II/22, 150, 152)
Movado 13, 15, 45, 63, 64, 65, 67, 71, 278ff., 290–291, 349–350 (I/8, 9, 11, 26, 27–31, 78ff., 121, II/46, 53, 56, 81, 84, 101, 116)
Müller, Hugo (I/59)
Müller & Cie, Louis (I/17, 80, 122)
Müller-Schlenker 73 (I/54, II/36)
Münzuhren (I/19, 21, 48, 66, 92, 108, II/11, 20)
Multicenterchrono 69
Multifunktionsuhr (II/25, 164)
Mystère (II/121)
Mysterieuse-Uhr (I/23, II/120ff.)

National Watch (II/79)
Nautic Lady (II/149)
Nautilus (I/90, 112, 114)
Navigator (I/106, 123, 157, II/98, 99, 100)
Navitimer (I/41, 42, 123)
Navystar (I/49, 159)
Nepro Watch (II/104, 134)
Neptun 19
New York Standard 69
New Yorker 71
Nisus (II/74)
Nitot (I/7, 121)
NIV (I/37, 38)
Nivada (II/63)
Nivia (II/79)
Numa Jeannin (II/56, 79)

Ocean Star (I/78)
Octogon (I/67)
Odyssee 2001 (II/107)
Olma (II/55, 79)
Omega 9, 29, 36, 41, 43, 87, 88, 105–120, 185–191, 202–204, 269–276, 348 (I/8, 10, 11, 18, 20, 22, 23, 82ff., 102, 105, 106, 123, 124, 130, 133, 134, 135, 159, 160, 163, 170, 174, 177, II/14, 24, 37, 42, 48, 49, 56, 58, 59, 68, 69, 76, 79, 84, 91, 113, 115, 121, 151, 155, 157, 163, 165)
Optima 139, 150
Orfina (II/79, 86, 87, 89)
Orient (I/85, 118, II/25, 108)
Orientierungschronograph (I/11)
Orion 162, 184
Oris (I/38)
Ormo (I/86)

Osco (I/86, 89)
Oska (I/89)
Otero (I/54, II/76)
Oyster 17, 23, 29, 67 (I/10, 12, 13, 36, 95, 96, 122, 147, II/16, 91)

pallas (I/54, 57, 86, 89)
Para 19 (I/18, 89, 122)
Parat (I/36, 89)
Patek Philippe 20, 41, 42 (I/7, 18, 19, 87, 88, 89ff., 112, 114, 121, 122, 140, 141, 151, 152, 153, II/10, 56, 65, 69, 89, 102, 104, 126, 131, 132)
Perfecta Watch (II/90)
Perma-Date (II/78)
Permutator (II/74)
Perpetual 23 (I/95, 96, 97, 122)
Pery-Watch 61
Pfeilerwerk (I/169)
Pforzheimer Uhrenrohwerke (I/107)
Phenix 278 (II/52)
Philippe, Adrien (I/9)
Philosophic (II/127, 130)
Piaget (I/21, 22, 40, 92, 111, 112, 115–117, 123, 124, II/20, 115)
Piccard (II/92)
Pierce 43
Piezoelektrischer Effekt (I/169)
Piguet, Edward (I/38)
Piratron (II/164)
Planetenrotor (I/42, II/17, 54, 56, 64)
Plaquet (I/169)
Platine (I/169)
Plongee (II/93)
Polygraf (II/101)
Polyplan 45 (I/26, 28, 79, 121)
Polytropische Uhr (I/19)
Pontifa (II/79)
Porta-electron (II/148, 149)
Portescap (I/92, 93)
Präzision (I/22, 95, 111)
Precimax (II/2, 31, 79)
Pronto (II/75, 79)
Probst & Augenstein 131
Pulsar (II/24, 157, 164)
Pulsometer 41 (I/11, 62, 63 II/59, 70, 71, 159)
Punch (II/107)
PUW (I/107)

Quartz (I/169)
Quartztechnologie (I/59, 100, 123, 124, 165, 168, 169, 170, 171, 172)
Quartzuhr (I/22, 36, 100, 165, 168, 169, 170, 171, 172, 174, II/22, 24, 25, 151ff.)

Rado (I/38, 93, 123, II/28, 29, 31)
Räderwerk (I/70)
Raff 19, 131 (I/89)
Railrouter Chronomètre 49
Raisch (I/86)
Rapid 57
Reconvilier 278, 315
Record (II/50, 75, 84)
Recta 292
Reglage (I/170/171)
Reinigung (I/170)
Remonteur (I/170)
Rena (I/49)
reserv-o-graf (II/75)
Repetition 49, 57, 163 (I/10, 19, 48, 57, 80, II/126, 131, 132)
Retary (I/38)
Reverso 47 (I/66, II/34)
Revue Thommen (II/126)
Rexer, Karl (I/94)
Reymond 164 (I/37, 38, II/87, 106)
Ribbon (I/111)
Ricoh (II/151, 154)
Ries, Bannwart & Cie 379 (I/48)
Rio (I/49)
Riviera (I/11, 39, 40)
Rodania (II/105)
Rodi & Wienenberger 21
Röhm & Haas (II/110)
Rohwerk (I/170)
Rolex 13, 15, 17, 20, 29, 49, 67, 235–236 (I/10, 11, 12, 13, 18, 36, 84, 85, 94ff., 118, 120, 121, 122, 123, 147, 172, 174, 175, II/16, 49, 70, 71, 78, 91, 92, 93)
Rollamatic (II/52)
Rolls 45 (I/17)
Rond (I/67)
Roskopf (I/38, 99, 170, 171)
Rotary (II/73, 75)
Rothacker & Müller 133
Rotodate (II/56)
Rotodator (II/97)
Rotograph (II/74)
Rotor (I/171)
Rotowind (II/75)
Rouletteuhr (II/121)
Roxy-Delphin 21
Royal Oak (I/38)
Royce (I/71, II/104)
Rubin (I/171)
Rücker (I/171)
Ruhla 48 (I/104)
Ruhla-Electric (II/148)
Rutschkupplung (I/17/161)

San Diego (I/72)
St. Moritz (I/46, 94)
Sandoz (I/111)
Sans Soucis (I/18, 61, 122, II/18)
Santos 15 (I/10, 45, 121)
Saphir (I/171)
Schaldenbrand, René 374–376 (II/67)
Schaub-Tegrov (II/101)
Scherenbrand (I/142, 148)
Schild, A. 21, 23, 47 (I/16, 17, 98, 122, 123, 174)
Schild, Urs (I/55)
Schlagwerk siehe Repetition
Schleppfeder (I/161)
Schlund, Otto (I/86)
Schlupp (I/93)
Schmieren (I/171)
Schnellschwinger 57 (II/45, 46)
Schrauben (I/171)
Schutzgitter (I/8, 19)
Schweizer Uhrenindustrie (I/99)
Schweizerische Uhrmacher-Genossenschaft (I/34)
Schwerpunktfehler (I/171)
Schwingung (I/134, 168, 173)
Schwingungszahl siehe Frequenz
Sea-Dweller (I/124)
Seamaster 43 (I/82, 83)
Seastar (I/106)
Seeland (I/63)
Segelsport-Timer (II/62, 108, 109, 110)
Segelstoppuhr (I/63)
Seiko (I/22, 72, 102, 118, 123, 124, II/22, 25, 143, 151, 158, 161)
Seitz 134 (I/104)
Selbstaufzug siehe Automatic
Selze Watch 23
Senator (I/63)
Sensor Quartz (I/83, 106)
SGT (I/111)
Sherpa Guide (II/101)
Shock Absorber 27, 182
Shock-Resist 27, 41 (I/172)
Shockproof (I/172)
Sicura (II/107, 110)
Siegele, Eugen (I/104)
Siegele & Gerwig 134
Siegerin (I/49)
Sigura 165
Silverstone (I/63)
Sindaco (II/107)
Sinn, Helmut (II/94, 96, 106, 165)
Skelettuhr (I/19, 38, 57, 106, 111, 171, II/30, 31, 126)
Skilight 69

Skipper (I/63)
Slava (II/22, 151)
Smith 59
Smith & Son 71
Soccer (II/108)
Société des Garde-Temps (II/155, 159)
Solaruhr (II/25, 142, 166, 167, 168)
Solunar (II/63)
Sonceboz 166
Spacetronic (II/150)
Speedmaster Professional (I/18, 20, 82)
Speidel (I/142)
Sperrad (I/178)
Spiraux (I/11)
Sportex 266
Sprint (I/42)
Stabwerk (I/19, 49, 124, 171)
Stammregister (I/65)
Starliner (I/93, 94)
Stellaris (II/55)
Stellung (I/171)
Stiftanker (I/16, 38, 61, 63, 99, 170, 171, II/32, 35, 36, 37, 51, 52)
Stimmgabeluhr (I/21, 43, 171, II/22, 150, 151)
Stingray (II/102)
Stoppuhr 171, 178, 232, 253, 324, 326
Storz, Walter (I/104)
Stoßsicherung 21, 25ff., 31, 33, 41, 43 (I/18, 67, 93, 165, 166, 167, 172)
Stowa (I/89, 104, II/88, 96, 107, 109, 146)
Straub, Jakob (I/34)
Straub & Co. (I/36)
Stylist (I/106)
Subaqua (I/71)
Submariner (I/95, 123)
SUG (I/34)
Sunrex Corporation (II/168)
Superocean (I/42, 43)
Super Slender (II/54)
Supersport (I/62, 63, 124)
Surfer (II/109)
Suter (II/92)
Swissonic line (II/22, 147, 151, 156, 159)
Synchron AG (I/104)
Sytal (I/106)

T 12 (I/157)
Tachymeter (I/11, 62, 44, 63)
Täglicher Gang (I/164)
Takagi (I/111)
Tank 15, 20 (I/8, 122)
Taravana (I/82)

Tavannes Watch 4
Taucheruhr 58, 59 (II/62, 71, 91 ff., 101, 107, 114, 148, 149)
Technos (I/38, 111)
Tecno (II/70)
Telemeter (I/11)
Tele-Timer (II/110)
Tempomatic (I/80)
Tenor-Dorly (II/60, 87, 88)
Terminage (I/125)
Terminofix (II/76)
Texas Instruments (II/159)
Thermatron (I/44, 45, 124, 172, II/25)
Thermotime (II/160, 161)
Thiel (I/104)
Thommen 33
Tiffany & Co. (I/84)
Timeroy (I/38)
Timex 59 (I/50, 71, 105)
Timor (I/40)
Tissot 30, 31, 40 41, 49, 50, 51, 79, 293–294, 378, (I/10, 82, 105, 122, 123, 124, 135, 157, 158, II/98, 99, 100, 102, 109, 155, 159)
Tintenfisch (II/115)
Titan (I/64, 124, 163, II/91)
Top Time (I/42)
Tourbillon 43, 49 (I/19, II/68, 69)
Tourist (II/133)
Transistor-Uhr (I/21, 69, 123)
Transocean (II/71)
Transparence (I/19, 49, 124, II/127)
Tresor (I/49)
Triebe (I/173, 174)
Trigone (II/121, 123)
Trilastic (I/67, II/40, 41)
Trimmer (I/170, 173)
trivois (I/92, 93, 167)
Tropica (I/49)
TS X2 (I/107)
Türler (I/84, 85, II/71, 99)
Tutima 41, 73 (I/107, II/127)
Twin Time (I/56, II/127)
Twinlock-Aufzugskrone (I/95)

UBAH (I/98)
UFAG 41, 46 (I/107, 108)
Uhrband 11, 88–102, 212–214 (I/8, 9, 12, 13, 137 ff.)
Uhrenprüfung (I/173)
Ulysse Nardin 167, 295, 380–386 (I/11, 108, II/46)
unima (II/41, 43)
Union Horlogère (I/34)

393

Union der Verbände der Uhrenbestandteilfabriken (I/98)
Unitas 164 (II/96)
Unitime (I/42, II/101)
Universal Genève 49, 220–229, 268, 296–298, 330–341 (I/108, II/17, 54, 161)
Unruh (I/173)
Unruhstoppung 29, 43
Unruhwaage (I/171)
Unzerbrechliche Feder (I/164)
UROFA 46, 73, 75 (I/107, 108, 164)
Utopia (II/115)

Vacheron Constantin 41, 59, 314 (I/17, 21, 66, 84, 108ff., 121, II/20, 31, 79, 84, 126)
Vacuum Chronometer SA (II/107)
VAL (II/62)
Valentino (I/26, 29)
Valjoux (II/62, 65, 94, 150)
Venus 67, 205–207
Verona (I/63)
VICA-Erfindung (I/26)
Vigilant 9
Vinci, da (I/124)
Vogt 135
Vulcain 54, 278 (I/18, 99, 122, II/18, 79, 97)

Waagebalken 56
Wagner, Ernst (I/110)
Waisch & Wössner (I/86)
Waltham 17, 69, 71 (I/110)
Walzgold (I/173)
wasserdicht 15 ff., 31, 41, 182, 267 (I/164, 174)
Waterbury (I/105)
Weber (I/34)
Weckeruhr 44, 47, 52, 54 (I/18, 34, 46, 61, 65, 66, 72, 82, 85, 86, 98, 99, 103, 122, II/18, 106, 112 ff., 134, 164)
Wega 168
Wehrmachtswerk (I/174)
Weinmann, Hugo (I/56, II/31)
Weltzeituhr 79, (I/19, 88, 106, 108, II/19, 20, 98 ff., 143)
Wempe 33 (I/16, 72)
Werkplatte (I/169, 178)
Werndle 121, 136
White Star (II/83, 84)
WIW-WAG 22, 49 (I/17, 80, 84, 122)
Wilsdorf 11, 13, 17, 21, 23, 67 (I/9, 11, 17, 94, 121 II/14, 16)
Wittum 136
Wössner, Philipp (I/86)
World-Time (II/101)
Wyler 19, 25 (II/159)

X-8 (I/46, 124)
XL 18 (I/20, 75, 76)

Yacht Club (I/64)
Yact Timer (I/63, II/109)
Yema (II/62, 64, 66, 93)

Zahnräder (I/174)
Zanzara (II/134)
Zeiger 216–218 (I/21)
Zeigerstellung (I/8, 17)
Zeigerwerk (I/171, 174)
Zeitzonenuhr 74, 79 (I/35, 42, II/18, 22, 104, 116, 127)
Zenith 47, 52, 85, 208–209 (I/11, 18, 33, 111, 123, II/37, 40, 44, 46, 64)
Zentrumlageruhr (I/178)
Zentrumsekundenrad (I/178)
Zertifikat (I/59)
Zodiac 210 (II/46, 74, 85, 101, 120, 121, 150)
Zugband 69, 71, 83, 89, 90, 93–100 (I/148)
Zwischenrad (I/178)
Zykloiden (I/174)
Zylindergang (-hemmung) 73, 77 (I/11, 16, 38, 86, 174, II/35)

40 Jahre Armband Hirsch 1945-1985

An die ehemaligen Cabinotiers in Genf mag man denken, wenn Herr Kommerzialrat Hans Hirsch die Anfänge seiner Uhrbanderzeugung schildert. Wie einst Schweizer Uhrmacher in Dachkammern großartige Leistungen erbrachten, so ist auch die Produktionsstätte des Hirsch-Artikels zunächst nur die Wohnung einer kinderreichen Familie im vierten Stockwerk eines Hinterhauses im Stadtzentrum von Klagenfurt.

Der Zweite Weltkrieg ist gerade zu Ende, es herrscht Mangel an allem, auch im Süden Österreichs liegt die Wirtschaft völlig darnieder, aber das hindert den aus Schottwien am Semmering gebürtigen Gerber- und Riemermeister Hans Hirsch, Jahrgang 1906, keineswegs, an die Gründung eines eigenen Betriebes zu schreiten. Auf der Suche nach einem Produkt, das einerseits einen geringen Rohstoffbedarf und andererseits einen hohen Veredelungsgrad erfordert, kommt er auf die Idee, Lederuhrbänder zu fertigen. Der noch nicht Vierzigjährige beantragt einen Gewerbeschein, ersucht die Uhrmacher der Stadt um Überlassung der Schnallen von gebrauchten Uhrbändern und beginnt mit dem Taschenmesser aus dem bezugsscheinpflichtigen Leder oder aus Lederabfällen, die er im Rucksack nach Hause bringt, auf dem Küchentisch Bänder zu schneiden, die seine Frau Grete am Abend mit der Haushaltsnähmaschine zusammenfügt. Am Tag darauf werden damit die Uhrmacher Klagenfurts beliefert. Diese erweisen sich als dankbare Abnehmer. Hatte die Bevölkerung schon keine Möglichkeit, eine neue Uhr zu erwerben, da es in jenen Tagen keinen Import gab, konnte man ihr wenigstens ein neues Uhrband anbieten. In der ersten Zeit gehen etwa zehn Hirsch-Uhrbänder pro Tag in den Handel. Das Interesse daran hält nicht nur an, sondern es wird sogar größer, da die Handfertigkeit des Meisters mit Sorgfalt gepaart ist, und nur fehlerlose Stücke das Haus verlassen.

Wertarbeit und Fleiß sichern den steigenden Absatz, immer mehr Uhrmacher entscheiden sich für das Hirsch-Produkt aus Klagenfurt. 1946 beschäftigt die Familie, in der auch die heranwachsenden Kinder mitarbeiten, bereits Hilfskräfte. Außerdem errichtet sie im Hof des durch Bomben teilweise zerstörten Gebäudekomplexes eine Baracke, in die 1947 die handwerkliche Armbandproduktion verlegt wird. Zur Nähmaschine stoßen weitere technische Hilfsmittel wie Handstanze, Handpresse, Zuschneidemaschine und Prägemaschine. 1949 ziehen Familie und Betrieb in die Lastenstraße, wo der Firmeninhaber eine Bombenruine erworben hatte.

Der österreichische Markt wird in der Folge nach und nach erobert, nur die Bundeshauptstadt Wien verweigert sich dem Uhrband aus Klagenfurt. Dort bedient sich der Uhrenhandel seit Jahrzehnten der Wiener Uhrbänder, die einschlägigen Fachgeschäfte haben daher überhaupt keine Veranlassung, sich mit einem Produkt aus Kärnten auseinanderzusetzen. Hans Hirsch kann 1955 zwar auf eine Jahresproduktion von 180.000 Uhrbändern verweisen, scheint aber am Ende seiner Möglichkeiten angelangt zu sein. Er findet sich damit jedoch nicht ab und träumt von einem Produkt, das die Konkurrenz in die Knie zwingt. Er findet den Weg in die Zukunft bereits 1956 mit der Weiterentwicklung des Rembordé-Bandes. Bestand die einfache Machart bisher im Verleimen und Zusammennähen von Oberleder und Futter, wobei die scharfen Schnittflächen nicht nur sichtbar blieben, sondern auch noch den Nachteil hatten, daß die Ränder zum Aufquellen neigten, schlug man beim feineren Rembordé-Artikel die Schnittflächen des Bandes unter und verleimte Oberleder, Einlage und Futter zu einem Stück. Die Herstellung war allerdings zeitaufwendig und daher teuer. Hier setzt nun Hans Hirsch an und sorgt für einen entscheidenden Fortschritt: Er baut Spezialmaschinen, mit denen er in der Lage ist, Oberleder und Futter in einer eigenen Verleimtechnik so zu verbinden, daß es weder Schnittflächen noch scharfe Kanten gibt. Das Band ist schön, strapazfähig, zudem wasserfest und kann – was ganz besonders wichtig ist – in Großserien fabriziert werden. Diese Uhrbänder nach dem Patent Rembordé System Hirsch eröffnen der Firma den Zugang zu neuen und größeren Märkten. Die Schweizer Uhrenindustrie zeigt sich nicht wenig verwundert, als ein österreichischer Betrieb Ende der fünziger Jahre im Mutterland dieser Branche Fuß zu fassen versucht. Die Bestrebungen werden mehr oder minder belächelt, aber schließlich gestattet man Hans Hirsch Ansichtssendungen und Probelieferungen, die für diesen zu den erwarteten Großaufträgen führen. Dem ersten Export in die Schweiz 1959 folgen solche in die BRD und nach Skandinavien. Für 1960 kann das Klagenfurter Unternehmen in seiner Chronik vermerken, innerhalb von 12 Monaten nicht weniger als 346.000 Bänder auf den Markt gebracht zu haben.

Trotz der zunehmenden Exporte an Großkunden bleiben die kleinen Uhrenfachgeschäfte im Blickfeld des Firmeninteresses. Während einer Amerikareise zur Erkundung des Überseemarktes im Jahre 1956 hat der Uhrbandfabrikant abermals einen Einfall, der sich für den Aufstieg des Unternehmens als bedeutsam erweisen soll. Nach Klagenfurt zurückgekehrt, macht er sich an die Herstellung von Uhrband-Verkaufsständern, die zu einem zweiten

Markenzeichen für Hirsch werden. Sie lösen die Vorlagekartons und Mappen mit den durch Gummibänder festgehaltenen Bandkollektionen ab und sind so gestaltet, daß das Sortiment optimal präsentiert werden kann. Das Uhrband verläßt sein Versteck, die Schublade, und ist nun Blickfang in jedem Geschäft. Die Hirsch-Ständer und später die Hirsch-Verkaufsautomaten erfüllen mehrere Funktionen: sie lagern die Lederuhrbänder für jedermann sichtbar, präsentieren sie sortiert in Konsumentennähe, ermöglichen das Gustieren und die Selbstbedienung.

Wie einst die Pioniere der Schweizer Uhrmacherei nach dem Leitgedanken tätig waren, „alles kann man immer noch besser machen", strebt auch Hirsch in Klagenfurt unaufhörlich nach Perfektion. Das Unternehmen firmiert nun mit „Hans Hirsch & Söhne OHG". Ganz in die Fußstapfen des Vaters tritt der zweitgeborene Sohn, Hermann Hirsch, Jahrgang 1937. Der Lederwaren-Galanterist wird mit 19 Jahren in die Firma aufgenommen, 24jährig Gesellschafter und mit 30 Jahren geschäftsführender Gesellschafter. Er verschafft dem Lederuhrband von Hirsch nicht zuletzt dank eines ausgezeichneten Service und internationaler Tochterfirmen zufriedene Kunden in aller Welt.

Der erstgeborene Sohn, Karl Hirsch, Jahrgang 1936, übernimmt nach seiner Ausbildung zum elektrotechnischen Maschinenbauer und seinem Eintritt in die Firma die Produktion der Verkaufsständer. Der dritte Sohn, Hans Hirsch, Jahrgang 1942, ergreift den Beruf eines Schlossers und wird nach Ablegung der Meisterprüfung ebenfalls Gesellschafter, mit dem Aufgabenbereich Herstellung von Etuis und anderer Schmuckverpackung.

Das 20-Jahr-Bestandsjubiläum des Unternehmens wird 1965 mit einem Mitarbeiterstab von rund 45 Personen begangen, zehn Jahre später – nach Verlegung der Produktionsstätten 1970 an den Stadtrand im Süden, verbunden mit einer beträchtlichen Kapazitätserweiterung – zählt die Belegschaft 150 Personen. Der Jahresumsatz klettert im Jubiläumsjahr 1975 auf 74 Millionen Schilling. Die Ausstoßzahlen können sich sehen lassen: Verließen 1965 etwa 620.000 Lederuhrbänder das Werk, sind es 1975 2,3 Millionen. Qualitätsdenken bestimmt das Handeln der Firmenleitung. Hirsch-Uhrbänder sind ausschließlich aus hochwertigem Leder, abriebfest und extrem widerstandsfähig. Auf eine makellose Verarbeitung wird höchster Wert gelegt, Spezialmaschinen – im eigenen Haus entwickelt und gebaut – garantieren die fugenlose Verbindung von Ober- und Unterleder und absolut runde Übergänge. Das dynamische Management liefert durchschlagende Marketingkonzepte und die so wichtigen Produktinnovationen. Am 22. Mai 1975 – fast auf den Tag genau 30 Jahre nach der Gründung des Betriebes – kauft Hermann Hirsch die Uhrbandfabrik vom Vater und den Geschwistern. Die anderen Betriebe werden ausgegliedert und lauten nun wie folgt:

„Hans Hirsch Etui Hirsch" in Villach,
„Karl Hirsch Angebotsmappen, Ringbücher, Bankartikel" in Klagenfurt,

Beim vornehmen Oxford-Armband von Hirsch wird in der umgekehrten Weise rembordiert, da sich das geflochtene Oberleder nicht über die Kanten ziehen läßt.

With the distinguished Oxford watch-strap from Hirsch rembordering is carried out in reverse procedure because it is not possible to pull the plaited leather over the edges.

„Kurt Hirsch Kunststoffwerk GmbH" in Glanegg.
Das Kunststoffwerk hatte der vierte Sohn, Kurt Hirsch, Jahrgang 1952, erhalten, als er ins Berufsleben trat. Es handelte sich um ein Porozellwerk, das durch den Erwerb durch die Familie Hirsch einem drohenden Konkurs entging und zu neuer Blüte geführt wurde.

Das Unternehmen „Hermann Hirsch Uhrarmbanderzeugung" in der Hirschstraße in Klagenfurt geht 1975 unter seinem Alleininhaber mit großer Zuversicht in das vierte Jahrzehnt seines Bestehens. 1978 verläßt das dreißigmillionste Uhrband die Produktionsautomaten. Uhrband an Uhrband gereiht, ergäbe das 60.000 km, was dem anderthalbfachen Erdumfang entspräche. Ende des Jahres 1984 meldet die Firmenstatistik 50 Millionen Hirsch-Uhrbänder. Das Konzept, Ausbau der Produktion bei gleichzeitiger reger Forschungs- und Entwicklungsarbeit, ist voll aufgegangen. Innovationen auf dem Produkt- und Präsentationssektor und der kontinuierliche Einsatz von Werbemitteln machen Hermann Hirsch zum Marktleader, der jährlich auf Zuwachsraten von über 10% kommt. 1984 werden allein sieben Patente angemeldet, im Durchschnitt sind es pro Jahr mindestens zwei.

Zu den Neuheiten oder Spezialitäten der Markenarmbänder zählen:

Das Pastell- und Duftband für die Dame, das seinen speziellen Wohlgeruch ein Jahr lang verströmt.

Das Clic-Clac-Armband mit modischem Trend. Es ist leicht auswechselbar, da es in die Federstege nur eingehakt wird. Sein Vorteil besteht darin, daß derselbe Zeitmesser zu verschiedenen Anlässen jeweils mit dem passenden Band getragen werden kann. Das Antiallergie-Armband für jene Personen, deren Haut leicht zu Rötungen oder Irritationen neigt.

Beim geflochtenen Oxford-Armband erfolgt das Rembordieren aus technischen Gründen nicht von oben nach unten, sondern umgekehrt.

Armbänder mit Dekornaht sind lediglich im Oberleder genäht, der Faden ist durch die Verklebung am Futterleder arretiert. Bei Abrieb des Fadens bliebe daher das Band weiterhin verschweißt. Die Bio-Armbänder bestehen aus Ledersorten von Zuchttieren, die in freier Natur aufgewachsen sind, und deren Haut ausschließlich mit pflanzlichen Stoffen gegerbt wird. Damit wird einerseits dem Welttierschutzgedanken Rechnung getragen, andererseits zeichnet sich diese Ware durch dichte Faserstruktur, Widerstandsfähigkeit und Elastizität aus.

An der erfolgreichen Firmenstrategie hat sich in 20 Jahren nichts geändert. Schon als junger Gesellschafter suchte Hermann Hirsch für seine Markenbänder Generalvertreter, die vor allem eine Bedingung zu erfüllen hatten: Hirsch-Uhrbänder mußten exklusiv die Hauptprodukte sein. Neben dem Export in 45 Länder der Erde sorgen eigene Tochtergesellschaften in der Schweiz, in Deutschland, Canada, den USA, Belgien, Großbritannien und Irland für einen reibungslosen Verkauf. 1983 werden Hirsch-Japan und Hirsch-Iberica gegründet. Nach dem bewährten Rezept: Die Auslandsvertretung muß eine selbständige Hirsch-Firma sein, und der Vertrieb erfolgt mit eigenen Vertretern an den Uhren- und Schmuckhandel.

Im Jubiläumsjahr 1985 wird Hermann Hirsch mit 330 Beschäftigten rund fünf Millionen Uhrbänder fabrizieren. Das Geschenk zum Firmengeburtstag ist ein dreigeschossiger Betriebszubau, wodurch sich die Betriebsfläche auf insgesamt 6500 m^2 erweitert. Der Schritt ins fünfte Jahrzehnt des Unternehmens geschieht nach guter Tradition mit Optimismus, denn bei einer weltweiten Jahresproduktion von 320 Millionen Armbanduhren besteht bei Hirsch keinerlei Grund, sich mit einem Jahresvolumen von fünf Millionen Lederuhrbändern zufriedenzugeben.   *A. K.*

40 Years of Watch-Strap Development – Hirsch 1945–1985

When the Councillor of Commerce, Mr. Hans Hirsch, reminisces about the early days of his watch-strap production, one is inclined to think of the former cabinotiers in Geneva: The Swiss watchmakers performed magnificent achievements in small attics; the workshop for Hirsch articles is the flat of a large family on the fourth floor of a back-street house in the centre of Klagenfurt town. The second world war has just come to an end, there is a shortage of everything, in the south of Austria, too, and the economy is suffering from a paralysing depression; but that does not the least prevent Hans Hirsch, the tanner and master belt-maker, born in Schottwien am Semmering in 1906, from taking the necessary steps for the founding of his own enterprise. In the search for a product requiring not only little raw material but also a high degree of refinement, he finally decides on the manufacture of watch-straps. Hans Hirsch, not yet forty years of age, applies for a trading licence, asks the watchmakers in the town to provide him with the buckles of used watch-straps, and with his pocketknife he begins to cut straps from leather (then on ration) or from leather waste trimmings, which he brings home in a rucksack. He cuts the straps on the kitchen table, and in the evening his wife, Grete, sews them

These are Hirsch watch-straps with the patented clic-clac system. In the past it was only possible to wear a strap until, for hygienic reasons, it was time to replace it; but now with the clic-clac straps a fast, temporary change is easy. In spite of having only one watch, it is still possible to fashionably vary appearances at any time.

Das sind Hirsch-Armbänder nach dem patentierten Clic-Clac-System. Mußte man bisher ein Band tragen, bis es aus hygienischen Gründen zu ersetzen war, erlauben die Clic-Clac-Bänder das kurzfristige und vorübergehende Wechseln. Man kann trotz einer einzigen Uhr jederzeit modisch variieren.

on the household sewing machine. The next day the watchmakers in Klagenfurt are supplied with the straps, and grateful customers they are, too. As there was no possibility for anyone to buy a new watch in those days – nothing was being imported – at least the watchmakers were able to offer their customers a new watch-strap. Initially approximately ten Hirsch-watch-straps per day are supplied to the trade. The demand for them does not only continue but becomes even greater due to the care and dexterity of the master, and to the company policy of only allowing faultless products to leave his workshop.

Excellent craftmanship and diligence provide a growing market and more and more watchmakers choose the Hirsch product from Klagenfurt. In 1946 the family, in which the growing children also help out, already employ their first workers. Furthermore, they erect a hut in the court-yard of the building complex, which had been partly destroyed by bombs and to where the manual watch-strap production was transferred in 1947. In addition to the sewing machine further technical aids are acquired such as a hand punch, a hand press, a cutting machine and an embossing machine. In 1949 both the family and the company move to the Lastenstraße where the proprietor purchases a building which has been devastated by bombs. The Austrian market is gradually captured – only the capital, Vienna, refuses to accept the watch-strap from Klagenfurt. For decades the watch trade has been supplied with Viennese watch-straps, and therefore specialized shops consider it unnecessary to entertain a product from Carinthia. Although by 1955 Hans Hirsch is proud of an annual production of 180.000 watch-straps, he appears to have reached the end of the market potential. However, he defies resignation, and dreams of a product which could eliminate competition. It is with the further development of the rembordé-strap in 1956 that he finds the answer. With the usual simple fabrication of glueing and sewing the upper leather and lining together, the sharp edge surfaces remained not only visible but also had the disadvantage of the tendency for the edges to swell up. Now with the refined rembordé article the edge surfaces of the strap were tucked in and the upper leather, the inlay and the lining glued together in one piece. The manufacture is, however, exceedingly time consuming and consequently expensive. Hans Hirsch sets about finding a solution and finally makes decisive progress: he constructs a special machine which enables

The patent straps from Hirsch are not just ordinary articles of use. The manufacturer not only considers it of paramount importance that the skin of the person wearing a strap should only come into contact with leather, leather being a natural product, but what is more, for persons with sensitive skin an anti-allergy strap has been created.

Die Markenbänder von Hirsch sind keine gewöhnlichen Gebrauchsartikel. Es wird vom Hersteller nicht bloß darauf Wert gelegt, daß die Haut des Trägers mit dem natürlichen Produkt Leder in Berührung kommt, sondern für Menschen, deren Haut empfindlich reagiert, wurde sogar ein Antiallergieband geschaffen.

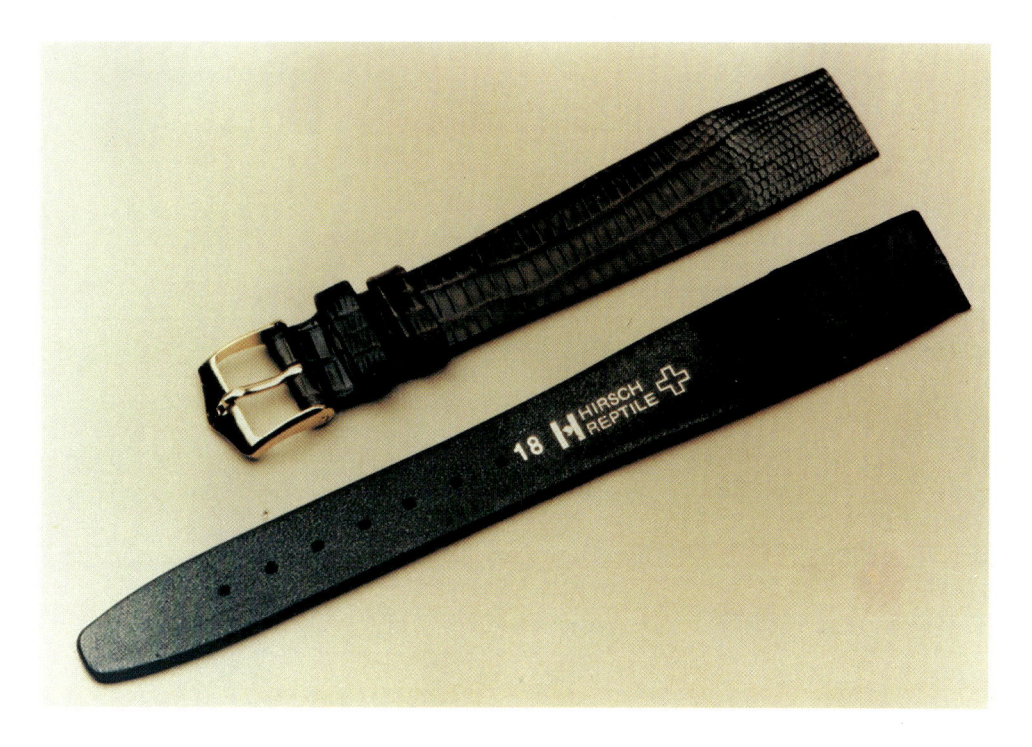

him, with his own special bonding technique, to glue the upper leather and lining in such a way that there are neither sharp edge surfaces, nor sharp edges. The strap looks beautiful, it is durable and water resistant but what is more – an all essential factor – it can be manufactured on a large scale. These watch-straps, made according to the Rembordé System Hirsch patent, open up new and larger markets for the company. The Swiss watch industry is truly amazed to see an Austrian company at the end of the fifties trying to establish itself in the home country of this industry. These endeavours are more or less looked upon with amusement, but finally Hans Hirsch is allowed to send samples and trials, which subsequently lead to large orders. The first exports to Switzerland are followed by exports to the German Federal Republic and Scandinavia. The Klagenfurt enterprise notes in its chronicle for 1960 to have put not less than 346,000 straps onto the market within 12 months.

In spite of the increasing exports the small specialized watch shops remain the centre of interest for the company. During a trip to America in 1956 the watch-strap manufacturer has another idea, which is to be significant for the expansion of the company. After returning to Klagenfurt he sets about the production of watch-strap vending stands, which are also to become another trademark for Hirsch. They replace the loose presentation cards and folders, which had the strap collection secured by rubber-bands, and are designed for optimal presentation of the strap range. The watch-strap now leaves its hiding place in the drawer, and is now the centre of attraction in every shop. The Hirsch vendors and later the Hirsch vending automats fulfil several functions: they store the leather watch-straps whilst remaining visible to the customer, present an assortment within the customer's reach, are pleasing to the eye, and enable self-service.

Just like the original keynote of the Swiss watchmaking pioneers: „There is always room for improvement", Hans Hirsch strives incessantly for perfection.

The enterprise is now formed into „Hans Hirsch & Söhne OHG". The second eldest son, Hermann Hirsch, born in 1937, now treads in his father's footsteps. At the age of nineteen the fancy leather goods salesman enters the company, at twenty-four he becomes a shareholder and at thirty the corporate managing director. For the leather watch-strap from Hirsch he wins satisfied customers throughout the world, among other things because of the exellent service and the founding of international subsidiaries.

The eldest son, Karl Hirsch, born in 1936, takes over the production of the vending stands after his training as an electro-mechan-

ical engineer and his entry into the company. The third eldest son, Hans Hirsch, born in 1942, becomes a locksmith and after successfully passing the master examination also becomes a shareholder responsible for the manufacture of étuis and other jewellery packing objects.

The 20th anniversary of the company is celebrated in 1965 with a staff of 45, ten years later – after moving the production works to the southern periphery of the town, coupled with a considerable capacity expansion – the company has a staff of 150.

The annual turnover soared in the anniversary year, 1975, to 74 million Austrian Schillings. The production figures speak for themselves: in 1965 approximately 620,000 leather watch-straps left the works, and in 1975 2,3 million. Quality thinking determines company policies. Hirsch watch-straps are made exclusively from top quality leather, wear resistant and extremely durable. The greatest importance is attributed to a perfect finish, special machines – developed and constructed on the premises – guarantee the seamless binding of the upper and bottom leather as well as completely even transitions. The dynamic management leads the way with its effective marketing concepts and the all important production innovations. On the 22nd May 1975 – almost exactly on the same day 30 years after the founding of the company – Hermann Hirsch purchases the watch-strap factory from his father and his brothers. The other operations are disincorporated and are henceforth known as:

„Hans Hirsch Etui Hirsch" in Villach,

„Karl Hirsch Angebotsmappen, Ringbücher, Bankartikel" in Klagenfurt,

„Kurt Hirsch Kunststoff GmbH" in Glanegg.

The synthetic materials works were taken over by the fourth eldest son, Kurt Hirsch, born in 1952, when he left school. This porocell producing company was purchased by the Hirsch family, who saved it from impending bankruptcy and led it to new prosperity. The „Hermann Hirsch Watch-Strap Manufacturing Enterprise" in the Hirschstraße in Klagenfurt enters the fourth decade of its existence with great confidence under the sole ownership of Hermann Hirsch.

In 1978 the thirtymillionth watch-strap leaves the automated production plant. With this number of watch-straps placed in a row, they would make 60.000 km, which is appropriate to one and a half times the circumference of the earth. By the end of 1984 company statistics show 50 million Hirsch watch-straps. The concept of expanding production whilst participating in active research and development work has been a complete success. Product and presentation innovations together with the continuous use of advertising media help Hermann Hirsch to become the market leader with an annual increase of over 10%. Seven patents are registered in 1984 alone; on an average there are at least two per year.

Among the latest models or specialities of the patent watch-straps there are:

– the ladies' pastel and perfumed straps, which give off a pleasant fragrance for a whole year;
– the clic-clac watch-strap with its fashionable trend is easily interchangeable because it is simply hooked into the spring-pin. The advantage being that the same watch can be worn with a matching strap on different occasions;
– the anti allergy strap for persons whose skin is inclined to reddening or irritations;
– with the plaited Oxford watch-strap the rembordering is, for technical reasons, not carried out from the top to the bottom but vice-versa;
– watch-straps with decorative seams are simply sewn in the upper leather, the thread is sustained by the adhesion to the lining leather, so that should the thread become worn out the strap still remains welded together;
– the bio-watch-straps are made of leather from breeding stock which are bred in the open air of the countryside the skin of which is tanned exclusively with vegetable substances. On the one hand the world animal protection concept is taken into consideration, and on the other these goods stand out for their compact fibre structure, their durability and their elasticity.

Nothing has changed in the company strategy over the last 20 years. Even as a young shareholder Hermann Hirsch was on the lookout for general agents for his patent straps. Above all, however, they had to fulfil one condition: Hirsch watch-straps had to be exclusively the main product. In addition to exporting to 45 countries throughout the world, the subsidiaries in Switzerland, Germany, Canada, USA, Belgium, Great Britain and Ireland ensure a smooth sales distribution. In 1983 Hirsch-Japan and Hirsch-Iberica are founded according to a well-proven concept: the representation abroad has to be an independent Hirsch company, and selling to the watch and jewellery trade is carried out with company own representatives.

In the anniversary year 1985 Hermann Hirsch with 330 employees will have manufactured approximately five million watch-straps. A three storey works extension increasing the works area to a total of 6500 m² is the company's anniversary present. The step into the fifth decade of the enterprise is one of traditional optimism because with a world-wide annual production of 320 million wrist watches there is no reason whatever to be content with an annual volume of five million leather watch-straps.

A. K.

In the Hirsch range there are also watch-straps which give off a pleasant fragrance for a whole year.

In der Hirsch-Kollektion gibt es auch Armbänder, die ein ganzes Jahr lang einen angenehmen Duft verströmen.

Translations by: Mag. phil. Peter John Taylor M.I.L.

Die Zeit wird immer wertvoller.
Le temps devient toujours plus précieux.
Il tempo diventa sempre piu precioso.
Time becomes more and more precious.

時は金なり。

Pierre Schmollgruber Alte Uhren

Rolex
Cartier
Vacheron & Constantin
Patek-Philippe

1010 Wien
Dorotheergasse 12
Tel. 52 59 53

Interessante Stockuhr mit Zentralsekunde und 6-Stunden-Zifferblatt (Quadrante alla romana)

ANTIKE UHREN
UHRENAUKTIONEN

Christian Schöggl

A-8740 ZELTWEG · FLOSSWEG 5

TEL. (0 35 77) 37 52 (81 7 52) · PRIV. (0 35 12) 31 58

Auktionen
Dr. H. Crott & K. Schmelzer

Ankauf. Verkauf. Schätzungen. Vier Spezialauktionen jährlich. Einlieferungsschluß: 1. März und 1. September. Ausgefallene Armbanduhren der Exklusivmarken sind unsere Spezialität. Auch außerhalb der Auktionen verfügen wir über ein reichhaltiges Angebot. Das Auktionshaus mit der langjährigen Erfahrung im Verkauf von hochwertigen Armbanduhren.

Auktionen
Dr. H. Crott & K. Schmelzer

Postfach 146, Pontstraße 21, D-5100 Aachen
Tel.: (0241) 36 9 00
Geschäftszeiten: täglich 10 bis 18 Uhr, samstags 11 bis 14 Uhr und nach Vereinbarung.

DIE PHILOSOPHIE EINER UHRMACHERFAMILIE

Seit Generationen ist die Uhrmacherkunst das höchste Gut der Familie Hübner. Bereits im vorigen Jahrhundert – in der Makart-Zeit – entdeckte Schätzmeister Carl Hübner seine Liebe zu antiken Uhren. Anfang dieses Jahrhunderts gründete er das erste Geschäft am Petersplatz, welches Rudolf Hübner Am Graben in Wien weiterführte.

In den frühen zwanziger Jahren trafen die beiden begeisterten Uhrensammler Rudolf Hübner und Rolex-Gründer Hans Wilsdorf zusammen. Hübner war fasziniert von dem Menschen, der 1914 den ersten A-Klasse-Armband-Chronometer der Welt baute und begeistert von der Genauigkeit, Schönheit und Lebensdauer der Rolex-Uhren. Nach dem Zweiten Weltkrieg ging dann Hübners Wunsch in Erfüllung: Er brachte Rolex nach Österreich.

Carl Hübners Wissen und sein Sinn für schöne Kunstwerke wurde von Generation zu Generation weitergegeben und vergrössert. Seither ist der Uhrmachermeister Hübner Am Graben in Wien ein Begriff für hohe Qualität und Handwerkstradition. Hübner ist der Spezialist für exclusive Uhren. Das Angebot reicht von der gesamten Rolex-Kollektion bis hin zu den besten und ausgesuchtesten Stücken moderner und antiker Uhrmacherkunst. Vier langjährig bei Hübner beschäftigte Meister und natürlich auch Christian Hübner selbst pflegen und restaurieren die ältesten und schönsten Kunstwerke internationaler Sammler. Dieses Können und die uneingeschränkte Liebe zum Uhrmacherhandwerk spiegelt sich in jeder Uhr wider, die Hübner seinen Kunden anbietet: in den Meisterwerken Breguets ebenso wie in Raritäten wie Tourbillons, ausgesuchten alten Armbanduhren und modernen Kollektionen für Individualisten.

Hübner

Uhrmachermeister Rudolf Hübner
1010 Wien, Am Graben 28, Tel. 52 88 98